Roman Töppel

Kursk 1943

SCHLACHTEN

Stationen der Weltgeschichte

Roman Töppel

Kursk 1943

Die größte Schlacht des Zweiten Weltkriegs

2., durchgesehene Auflage

Ferdinand Schöningh

Für Virginie

Coverbild: Panzerkampfwagen IV des Panzerregiments der „Leibstandarte SS Adolf Hitler" beim Vorstoß auf Teterewino (Nord) am 6. Juli 1943.
Foto: Horst Schumann

Bibliografische Information der Deutschen Nationalbibliothek

Die Deutsche Nationalbibliothek verzeichnet diese Publikation in der Deutschen Nationalbibliografie; detaillierte bibliografische Daten sind im Internet über http://dnb.d-nb.de abrufbar.

2., durchgesehene Auflage
© 2017 Verlag Ferdinand Schöningh, ein Imprint der Brill-Gruppe
(Koninklijke Brill NV, Leiden, Niederlande; Brill USA Inc., Boston MA, USA;
Brill Asia Pte Ltd, Singapore; Brill Deutschland GmbH, Paderborn, Deutschland)

Internet: www.schoeningh.de

Einbandgestaltung: Nora Krull, Bielefeld
Herstellung: Brill Deutschland GmbH, Paderborn

ISBN 978-3-506-78867-2

Inhalt

Vorwort

Das erste Buch über Militärtechnik, das ich in meinem Leben gelesen habe, war „Panzer gestern und heute" von Wladimir Mostowenko. Das war 1984 und ich war erst acht Jahre alt. Schon damals fesselte mich das Thema Zweiter Weltkrieg, war es doch genau wie die Verherrlichung des „Freundeslands" und „großen Bruders" Sowjetunion ein zentraler Bestandteil der Erinnerungskultur der Deutschen Demokratischen Republik. Regelmäßig wurde in der Schule an die Heldentaten der Roten Armee erinnert. Immer wieder liefen im DDR-Fernsehen die sowjetischen Filmepen, allen voran der Fünfteiler „Befreiung". Der erste Teil mit dem Titel „Der Feuerbogen" setzte mit großer Dramatik die Panzerschlacht um Kursk im Juli 1943 in Szene. Aber nicht nur Spielfilme, sondern auch Fernsehdokumentationen über den Zweiten Weltkrieg wurden an den Jahrestagen der großen Ereignisse ausgestrahlt. Kein Wunder, dass die Schlacht bei Kursk immer im Mittelpunkt meines Interesses stand, war sie doch aus sowjetischer Sicht die Essenz des Panzerkriegs, die „größte Panzerschlacht des Zweiten Weltkriegs". Seitdem hat mich das Thema nicht mehr in Ruhe gelassen. Auch in den Zeiten, in denen ich mich mit anderen historischen Ereignissen auseinandersetzte, blieb Kursk stets präsent.

Aber braucht man heute noch neue Bücher über diese Schlacht, wo doch gerade in den vergangenen Jahren zahlreiche Titel in Amerika, Großbritannien und Russland erschienen sind? Unbedingt! Und zwar nicht nur, weil es nach wie vor offene Fragen gibt, sondern auch, weil sich zahlreiche Historiker noch immer nicht von den Vorurteilen lösen können, die sie aus der Memoirenliteratur übernommen haben. Viele Verfasser stützen sich zudem ausschließlich auf bereits veröffentlichte Darstellungen. Deshalb gibt es trotz der Flut an Literatur über zentrale Entscheidungen im Vorfeld der Schlacht und über die Einzelheiten der Kämpfe im Sommer 1943 erstaunlich viele falsche Informationen und Forschungslücken.

Der begrenzte Umfang dieser Studie gestattet es nicht, eine umfassende Darstellung der Schlacht bei Kursk zu liefern, in der alle

Kampfhandlungen bei den beteiligten Großverbänden geschildert werden. Deshalb sollen in diesem Buch vor allem Entwicklungen und Begebenheiten beschrieben werden, die kaum bekannt sind oder denen bislang nur wenig Beachtung geschenkt wurde. Dies gibt mir zugleich die Möglichkeit, dem Leser in fast jedem Kapitel neue, zum Teil überraschende Forschungsergebnisse zur Schlacht bei Kursk zu präsentieren. Entsprechend der Konzeption der Reihe habe ich dabei auf einen ausführlichen Anmerkungsapparat verzichtet und lediglich wörtliche Zitate nachgewiesen.

Äußerst aufschlussreich waren für mich bei meinen Recherchen die Unterlagen aus dem Nachlass des Generalfeldmarschalls Erich von Manstein. Ich danke daher Rüdiger von Manstein, dass er mir Einblick in diese Papiere seines Vaters gewährt hat. Ebenso danke ich Jens Mulzer, der mir Briefe und Tagebücher seines Vaters Rainer Mulzer zur Einsicht überließ. Mündliche oder schriftliche Auskünfte über die Kämpfe im Sommer 1943 oder zu taktischen, technischen und organisatorischen Fragen erteilten mir die Kriegsveteranen Adolf Albers, Otto Altmann, Kurt Arp, Ernst Barkmann, Heinz Becher, Hans Behrend, Heinz Berner, Hans-Ekkehard Bob, Georg Bose, Anton Bumüller, Günther Burdack, Peter Richard von Butler, Otto Carius, Rolf Diercks, Gerhard Dilling, Edmund Dreilich, Heinrich Engel, Julius Faulhammer, Ulrich Felden, Oswald Filla, Hans Findeisen, Hans Joachim Fischer, Hans-Gottfried Fischer, Hellmuth Franke, Johann Franz, Fritz Fuchs, Günther Gaul, Alfred Genath, Heinz Gentzsch, Joachim Glade, Werner Gösel, Heinz Günther Guderian, Erhard Gührs, Norbert Hartmann, Eberhard Heder, Hermann Hehn, Horst Hellner, Fritz Henke, Richard Henze, Hermann Herz, Carl Hupfeld, Clemens Graf Kageneck, Bruno Kahl, Werner Kindler, Rolf Kliemann, Ernst Knauff, Werner Kortenhaus, Fritz Kosmehl, Horst Krönke, Willi Kubik, Rudolf Kuntzsch, Fritz Langanke, Günther Lange, Martin Lange, Heinz Lorenz, Heinrich Marenbach, Hubert Meyer, Günter Möbus, Helmut Mück, Horst Naumann, Heinrich Neff, Karl Neunert, Wilhelm Nußhag, Viktor Petermann, Hermann Pfitzner, Hellmuth Pock, Günther Polzin, Walter Pregetter, Rudolf Pufe, Hans-Dietrich Rade, Walter Rahn, Günther Rall, Alfred Regeniter, Günther Reichhelm, Rudolf von Ribbentrop, Gernot Richter, Werner Ritter, Wilhelm Roes, Hermann Röhm, Richard von Rosen, Alfred Rubbel, Kurt Sametreiter, Erich

Schmidhäuser, Max Schmidt, Karl-Heinz Schnarr, Walter Schüle, Gerhard Schulze, Horst Schumann, Eibe Seebeck, Hans Siegel, Hans Siptrott, Kurt Söhrmann, Josef Steinbüchel, Ewald Stellmach, Ralf Tiemann, Werner Völkner, Rupert Weiss, Werner Wendt und Waldemar Wienke.

Ein großes Dankeschön geht an die Mitarbeiterinnen und Mitarbeiter der Archive und Bibliotheken, die mich bei meinen Recherchen unterstützt haben, allen voran Barbara Kiesow und Andrea Meier vom Bundesarchiv, Abteilung Militärarchiv in Freiburg im Breisgau, und Wolfgang Loof vom Archiv des Vereins Garnisongeschichte Jüterbog „St. Barbara" e. V. Ich bedanke mich zudem bei Ulf Balke, der mir nicht nur Materialien zur deutschen Luftwaffe zur Verfügung gestellt, sondern auch einen ersten Einblick in das Zeichnen von Kartenskizzen gewährt hat. Weiterhin danke ich Karl-Heinz Frieser. Auch wenn sich unsere Wege nach einiger Zeit eines fruchtbaren Austauschs getrennt haben, habe ich ihm viele wertvolle Tipps und Anregungen zu verdanken. Für fachliche Unterstützung und Hinweise danke ich außerdem Christian Bauermeister, Jürgen Förster, Johannes Hürter, Peter Lieb, René Pfahlbusch, Markus Pöhlmann, Ralf Raths, Marco Sigg, Boris Sokolow, Sebastian Stopper, Katharina Straub, Philipp Vogler, Jürgen Wedemeyer, Adrian Wettstein und Maria Solotarjowa. Sarafina Märtz war so freundlich, mich bei der Recherche zum Thema Spionage zu unterstützen. Sehr dankbar bin ich Laura Notheisen, Markus Pöhlmann, Virginie Spenlé, Katharina Straub, Joachim Töppel, Adrian Wettstein und Jörg Wolf, dass sie das Manuskript dieses Buchs in Teilen oder komplett Korrektur gelesen haben.

Dem Verlag Ferdinand Schöningh gilt mein Dank, weil er mein Buch in die Reihe „Schlachten" aufgenommen hat. Diethard Sawicki, der die Reihe betreut, danke ich ganz besonders dafür, dass er mir mit großem Verständnis entgegengekommen ist, als ich die Arbeit an diesem Buch aufgrund schwerer Krankheit für viele Monate ruhen lassen musste und dadurch den ursprünglich anvisierten Termin nicht einhalten konnte. Mein Kollege Othmar Plöckinger, der beste Kenner der Frühgeschichte der NSDAP und wichtigste Experte für die Geschichte von Hitlers „Mein Kampf", war einer der ersten, die mir in jener schweren Zeit durch ihre persönliche und fachliche Wertschätzung wieder Auftrieb gegeben haben. Herzlichen Dank dafür! Ähnliches gilt für meine Freunde oder Familienangehörigen Jana Augustin, Natascha Böck, Courtney Burrell, Jonas Lechner, Alexandra Marohn, Birgit Naumann-Kolter, Laura Notheisen, Sarah K. Reader, Daniel Ristau, Barbara Schäffler, Steffi Scheu, Thomas Schlemmer, Dietmar Schönfeld, Coretta Storz, Ines Täuber, Alexander Töppel, Felix Töppel, Caterina Venus, Silke Wagner und Klaus Weber. Ebenfalls für die Hilfe in schwerer Zeit geht ein spezieller Dank an Tomás Enrique Araya Díaz. Thank you very much, my friend. And don't ever let your anger interfere with your big smile!

Für ihre Liebe, ihr Verständnis und ihre Unterstützung gilt mein größter Dank meiner Frau. Ihr ist dieses Buch gewidmet.

Roman Töppel, München, im Sommer 2016

1. Einleitung: „Kursker Schlacht" oder „Schlacht zwischen Orel und Belgorod"?

Am 22. Juli 1943 ging beim Kriegsrat der Panzer- und mechanisierten Truppen der Roten Armee, Generalleutnant Nikolai Birjukow, ein Telegramm der sowjetischen 1. Panzerarmee ein. Darin hieß es: „Die Kämpfe der großen Panzerverbände, die vom 5. bis 15. Juli 1943 stattfanden, haben das gewachsene militärische Können unserer Kommandeure von Verbänden, Truppenteilen und Einheiten, von Panzerkommandanten, Kraftfahrern, Artilleristen und MG-Schützen gezeigt sowie die <u>Überlegenheit</u> der sowjetischen Technik gegenüber der Technik des Feindes".[1] Dieses Telegramm unterschrieben der Oberbefehlshaber der 1. Panzerarmee, Generalleutnant Michail Katukow, sowie Generalmajor Nikolai Popjel, ein Mitglied des Kriegsrats von Katukows Armee. In seinen Erinnerungen, die 1960 erschienen, legte derselbe General Popjel hingegen einem „Parteiorganisator" der 1. Panzerarmee folgende Worte in den Mund: „Aber der Deutsche hat uns mit seinen Panzern wieder den Rang abgelaufen. Wie lange soll das noch gehen? Dass sie mehr Panzer haben, ist halb so schlimm. Schlimm ist, dass unsere Kanonen und Panzer dem ‚Tiger' nicht gewachsen sind."[2] – Diese Darstellung widersprach nicht nur den Aussagen im oben aufgeführten Telegramm an Generalleutnant Birjukow, sondern auch der offiziellen sowjetischen Geschichtsschreibung. Sie verdeutlicht zugleich, wie schwierig es offensichtlich war, in der Sowjetunion die Geschichte der Schlacht bei Kursk wahrheitsgemäß zu erzählen. Popjel sprach die unleugbare Tatsache, dass die deutschen Panzer den sowjetischen bei Kursk überlegen waren, nicht selbst aus, sondern gab nur die Meinung eines Untergebenen wieder, der sich vorher durch besondere Tapferkeit hervorgetan hatte.

Solche Widersprüche durchziehen die gesamte Geschichtsschreibung der Schlacht bei Kursk. Sowjetische Darstellungen schildern meistens minutiös das tief gegliederte Verteidigungssystem, das die Rote Armee in den Monaten vor der Schlacht im Kursker Frontbogen errichtete. Aber wieso hielten gerade die ersten beiden Verteidigungsgürtel, die von den Sowjets besonders stark ausgebaut und mit unzähligen Minen und Abwehrmitteln versehen worden waren, dem deutschen Angriff nur wenige Tage stand? Und wie kann es sein, dass die deutsche Panzerwaffe, obwohl sie bei Kursk zerschlagen worden sein soll, im Anschluss an die Kursker Schlacht immer wieder kraftvolle Gegenangriffe durchführte und bis zum Ende des Zweiten Weltkriegs „ein extrem angriffslustiger und gefährlicher Gegner" blieb, wie es der kanadische Militärhistoriker Gregory Liedtke vor einigen Jahren formuliert hat?[3] Die Reihe solcher Fragen ließe sich beliebig fortsetzen.

Bedauerlicherweise sind auf deutscher Seite einige wichtige Quellen verloren gegangen, beispielsweise die meisten Protokolle von Hitlers Lagebesprechungen, das Kriegstagebuch der Heeresgruppe Mitte vom Frühjahr 1943 und der Großteil der Luftwaffenakten. Diese Verluste können kaum durch Parallelüberlieferungen ausgeglichen werden. Dagegen lassen sich die fehlenden Kriegstagebücher der Heeresgruppen Süd und Mitte aus dem Zeitraum der Schlacht recht gut durch die noch vorhandenen Akten der beteiligten Armeen, das Kriegstagebuch der Operationsabteilung des Generalstabs des Heeres sowie durch die Handakten des Oberbefehlshabers der Heeresgruppe Süd kompensieren.

Aufgrund der Fülle der insgesamt noch vorhandenen Akten konnte ich mich bei der Rekonstruktion der Vorbereitungsphase und der Schlacht selbst für die deutsche Seite fast ausschließlich auf zeitgenössische Dokumente stützen. Ebenfalls ausgewertet wurden die nachträglich entstandenen Berichte, allen voran die Memoiren und die zahlreichen Studien und Aufsätze beteiligter Befehlshaber. Allerdings musste ich feststellen, dass diese Darstellungen, die immer der Rechtfertigung der Handlungen ihrer Verfasser dienen, vor allem Legenden tradieren. Deshalb habe ich mir angewöhnt, Memoiren führender Militärs grundsätzlich als unglaubwürdig zu betrachten, solange sich ihr Wahrheitsgehalt nicht durch den Abgleich mit zeitgenössischen Quellen überprüfen lässt.

Doch zunächst stellt sich die Frage: Wie wird die Schlacht bei Kursk überhaupt definiert? Die deutsche Propaganda bezeichnete die Kämpfe bei Kursk im Sommer 1943 lediglich als „Schlacht zwischen Orel und Bjelgorod".[4] Selbst deutsche Kursk-Veteranen antworteten mitunter auf die Frage, ob sie an der Schlacht bei Kursk teilgenommen hätten, mit einem Nein: Sie seien zwar im Frühjahr 1943 bei den Kämpfen um Charkow (Char'kov) dabei

gewesen und im Sommer 1943 dann beim Belgorod-Einsatz, aber
bei Kursk? Dabei war mit dem Einsatz bei Belgorod das Unternehmen „Zitadelle" gemeint, also die erste Phase der Schlacht im
Kursker Frontbogen. Doch der Name Kursk war nicht im Gedächtnis haften geblieben, weil er auf deutscher Seite in der zeitgenössischen Öffentlichkeit keine große Rolle spielte.

Auf sowjetischer Seite hingegen wurden die Sommerkämpfe des
Jahres 1943 bei Orjol (Orël), Kursk und Charkow als „Kurskaja
bitwa" (deutsch: Kursker Schlacht) bezeichnet und in drei Phasen
unterteilt: erstens die Verteidigungsphase, die im Norden von
Kursk vom 5. bis 11. Juli 1943 und im Süden von Kursk vom
5. bis 23. Juli 1943 gedauert habe, zweitens die Gegenoffensive
bei Orjol vom 12. Juli bis 18. August 1943 und drittens die Gegenoffensive bei Charkow vom 3. bis 23. August 1943. Diese Ein-
teilung der „Kursker Schlacht" hat sich auch in der modernen
Geschichtsschreibung durchgesetzt. Genau genommen ist sie jedoch nicht korrekt. Denn die drei Phasen schließen keinen lücken-
losen Zeitraum ein, sondern lassen einen Zwischenraum. Laut
sowjetischer Darstellung trat zwischen dem 23. Juli und dem
3. August 1943 im Südabschnitt von Kursk eine Kampfpause ein.
Bei einer Prüfung der zeitgenössischen Kriegstagebücher erweist
sich diese Behauptung indes als falsch, worauf weiter unten noch
eingegangen wird. Diese Tatsache ist vor allem für die Berechnung
der Verluste beider Seiten in der Kursker Schlacht relevant, denn
die Addition der sowjetischen Verluste in den drei oben genannten
Phasen der Schlacht ergibt somit noch nicht die sowjetischen Gesamtverluste bei Kursk. In der bislang erschienenen Literatur ist
dies jedoch unbeachtet geblieben.

Kursk ist als größte Panzerschlacht des Zweiten Weltkriegs in
die Geschichte eingegangen. Tatsächlich hatte die Verteidigungsphase im Südabschnitt des Kursker Bogens vor allem den Charakter einer gewaltigen Panzerschlacht. Das trifft auch für die sowjetischen Gegenoffensiven bei Orjol und Charkow zu. Im
Nordabschnitt des Kursker Bogens kam es während der Verteidigungsphase zwar ebenfalls zu heftigen Panzergefechten, aber hier
war die Auseinandersetzung in erster Linie durch den außergewöhnlich massiven Artillerie-Einsatz gekennzeichnet. Überdies
war Kursk eine der größten Luftschlachten des Zweiten Weltkriegs, was bislang ebenfalls eher am Rande berücksichtigt wurde.

Eine zentrale Rolle bei den Kämpfen im Sommer 1943 spielte auch eine heute fast vergessene Schlacht des Zweiten Weltkriegs, nämlich die sowjetische Offensive im Donezbecken, die am 17. Juli 1943 begann. Die sowjetische Seite betrachtete die Kampfhandlungen im Donezbecken mitunter sogar als Teil der Kursker Schlacht. In der von Iwan Bagramjan herausgegebenen „Geschichte der Kriegskunst" heißt es: „Die Verteidigungsoperation von Kursk ist eine der größten strategischen Operationen; an ihr waren Truppen der Zentral- und der Woronesher Front im Zusammenwirken mit den Fronten, die in Richtung Orjol und Donezbecken angriffen, beteiligt."[5] Trotzdem wurde die Juli-Schlacht im Donezbecken auch von der neueren russischen Geschichtsforschung bislang wenig beachtet. Doch selbst wenn man sie nicht zur Kursker Schlacht hinzurechnet, bleiben die Kämpfe um Kursk, Orjol und Charkow im Sommer 1943 die größte Schlacht des Zweiten Weltkriegs – und wahrscheinlich sogar die „größte Schlacht der Geschichte".[6]

2. Das Gesetz des Handelns: Die Vorbereitungen auf die Sommerschlacht 1943

„Uns fehlt vollkommen die politische Richtlinie".[1] –
Die strategische Lage des Deutschen Reichs im Frühjahr 1943

Das Kriegsjahr 1943 begann für das Deutsche Reich mit einer Reihe katastrophaler Niederlagen: Im Februar mussten die Reste der 6. Armee im Kessel von Stalingrad kapitulieren. Die Meldung darüber löste „im deutschen Volke eine Art von Schockwirkung aus", wie Propagandaminister Joseph Goebbels am 4. Februar 1943 in seinem Tagebuch festhielt.[2] Doch nicht nur die „Heimatfront" war über Stalingrad erschüttert, auch die Frontsoldaten fragten sich, wie es nun weitergehen solle. Denn der Vormarsch der Roten Armee schien zunächst unaufhaltsam. Am 8. Februar eroberten sowjetische Truppen Kursk zurück, am 16. Februar mussten die Deutschen Charkow räumen. Zwei Tage später rief Joseph Goebbels im Berliner Sportpalast den „totalen Krieg" aus. Leutnant Ludwig Schön, Zugführer in einer Sturmgeschütz-Batterie an der Ostfront, schrieb am 3. März 1943: „Der Fall Stalingrads und der totale Krieg scheinen mächtig an den Nerven zu reißen. Frieden um jeden Preis?"[3]

Stalingrad war jedoch nicht das einzige Menetekel des Kriegsumschwungs zuungunsten der Achsenmächte. Japan, Deutschlands wichtigster Verbündeter, musste nach den Niederlagen bei Midway im Juni 1942 sowie auf Guadalcanal und Neuguinea Anfang 1943 endgültig zur strategischen Defensive übergehen. Am 21. Januar 1943 einigten sich die Alliierten zudem auf ein gemeinsames Konzept zur Intensivierung des strategischen Bombenkriegs gegen Deutschland, die so genannte „Casablanca-Direktive". Die verschärfte Phase des Luftkriegs, die auch mit neuen technischen Mitteln geführt wurde, fand ihren ersten spürbaren Ausdruck in der Luftoffensive gegen das Ruhrgebiet („Battle of the Ruhr"). Die „Ruhrschlacht" begann in der Nacht zum 6. März 1943 mit einem schweren Luftangriff auf Essen und dau-

erte bis zum 31. Juli 1943, wobei über 15.000 Menschen im
Ruhrgebiet ihr Leben verloren. Am 9. April äußerte Generalfeldmarschall Erhard Milch, der Generalluftzeugmeister, gegenüber
Goebbels, es werde voraussichtlich erst ab November 1943 möglich sein, „in größerem Stil den Engländern zu antworten, und
erst im kommenden Frühjahr, also erst in einem Jahr, ihnen mit
gleicher Münze heimzuzahlen. […] Bis dahin können die Engländer, wenn sie es richtig verstehen, einen großen Teil des Reichsge-
biets in Schutt und Asche legen."[4] Allein bei dem Angriff auf
Dortmund in der Nacht zum 24. Mai 1943 warf die Royal Air
Force mehr als 2.500 Tonnen Bomben ab; das war so viel, wie die
deutsche Luftwaffe im gesamten Jahr 1943 auf Großbritannien
abwarf. Auch Städte außerhalb des Ruhrgebiets wurden während
der „Ruhrschlacht" durch schwere Luftangriffe zerstört. Beim
Angriff auf Wuppertal in der Nacht zum 30. Mai 1943 brach zum
ersten Mal ein „Feuersturm" aus, der 3.500 Menschenleben aus-
löschte.

Im Mai 1943 musste das Deutsche Reich zwei weitere schwere
Niederlagen hinnehmen: Am 13. Mai kapitulierten die Reste der
Heeresgruppe Afrika. 270.000 deutsche und italienische Soldaten
gerieten in Gefangenschaft. Noch zwei Monate zuvor hatte der
Oberbefehlshaber der deutschen Kriegsmarine, Großadmiral Karl
Dönitz, Tunesien gegenüber Hitler als eine „strategische Position
erster Ordnung" bezeichnet.[5] Nun war es endgültig verloren und
damit eine alliierte Invasion in Italien abzusehen. Derselbe Monat
ging darüber hinaus als „schwarzer Mai" in die Geschichte der
deutschen Kriegsmarine ein. Durch taktische und technische Neu-
erungen war es den Alliierten gelungen, die endgültige Wende im
U-Boot-Krieg zu erzwingen. Noch im März 1943 hatten die deutschen U-Boote der alliierten Handelsschifffahrt im Nordatlantik
hohe Verluste zugefügt – ein letzter Erfolg, der Goebbels am 2. April in seinem Tagebuch triumphieren ließ: „Der U-Boot-Krieg ist ja
in der Tat unsere große Waffe, die den Engländern sehr viel zu
schaffen macht."[6] Umso bestürzter war die deutsche Führung, als
im Mai nicht nur die Erfolge ausblieben, sondern fast jeden Tag
deutsche U-Boote versenkt wurden – bis zum Ende des Monats
insgesamt 40 Stück. Am 14. Mai berichtete Großadmiral Dönitz
Adolf Hitler, dass sich die Deutschen zur Zeit in der „größten
Krise des U-Bootkrieges" befänden, weil der Gegner den U-Booten

zum ersten Mal durch neue Ortungsmittel das Kämpfen unmöglich mache und ihnen schwere Verluste zufüge.[7]

Angesichts all dieser Probleme und der äußerst angespannten Lage glaubte Hitler nur eine Lösung zu haben: eine militärische Entscheidung herbeizuführen. Bei einer Besprechung auf dem Obersalzberg am 25. Juni 1943 legte er Goebbels gegenüber dar, dass man die derzeitige Phase der Defensive mit Geduld aushalten müsse, dass in den nächsten Wochen und Monaten aber neue Waffen zur Verfügung stünden, die sowohl im Luft- als auch im U-Boot-Krieg eine Wende zugunsten des Deutschen Reichs herbeiführen würden. Die entscheidende Front, so hob Hitler hervor, sei die Ostfront. Immerhin war es der Wehrmacht im März 1943 gelungen, die sowjetische Winteroffensive aufzuhalten und im Gegenstoß Charkow zurückzuerobern. Dieser Sieg bedeutete nicht nur einen Prestigegewinn, der die wankenden Verbündeten des Deutschen Reichs beruhigte, sondern gab auch Anlass zur Hoffnung, dass der Krieg militärisch doch noch nicht verloren sei. Generalfeldmarschall Erich von Manstein, der Oberbefehlshaber der Heeresgruppe Süd, schrieb am 14. März 1943 erleichtert an seine Frau: „So scheint es, dass wir die Krise im Osten, dank unseres Erfolges, mal wieder überstanden haben. Man darf eben nicht, wenn mal was schief geht, immer gleich glauben, nun sei es zu Ende, wie es ja bestimmt viele Leute zu Hause geunkt haben."[8]

Auch Hitler glaubte angesichts dieses Erfolgs, dass der Krieg noch nicht verloren sei. Einen politischen Kompromiss mit der Sowjetunion schloss er aus. In einer Ansprache vor Reichs- und Gauleitern am 7. Mai 1943 gab er als politisches Ziel sogar seinen alten Traum von deutscher Weltherrschaft zum Besten. Joseph Goebbels hielt fest: „Der Führer gibt seiner unumstößlichen Gewissheit Ausdruck, dass das Reich einmal ganz Europa beherrschen wird. Wir werden dafür noch sehr viel [sic!] Kämpfe zu bestehen haben, aber sie werden zweifellos zu den herrlichsten Erfolgen führen. Von da ab ist praktisch der Weg zu einer Weltherrschaft vorgezeichnet. Wer Europa besitzt, der wird damit die Führung der Welt an sich reißen."[9] Am 1. Juli 1943 wiederholte Hitler vor Oberbefehlshabern und Kommandierenden Generälen des Ostheeres, der Kampf im Osten sei für Deutschland „ein Kampf um Lebensraum. Ohne diesen Lebensraum kann das Deutsche Reich und die deutsche Nation nicht bestehen. Sie muss die

Hegemoniemacht von Europa werden."[10] Doch nicht nur als künf-
tiger „Lebensraum" für das deutsche Volk behielten die deutsch-
besetzten sowjetischen Gebiete für Hitler zentrale Bedeutung, sondern auch wirtschaftlich maß er dem Osten kriegsentscheidendes
Gewicht bei. Zum einen glaubte er, den Krieg ohne die reichen
Bodenschätze des Donbass bzw. Donezbeckens, des Kohlegebiets
im Südosten der Ukraine, auf längere Sicht nicht weiterführen zu
können. Zum anderen benötigte die deutsche Wirtschaft immer
neue Arbeitskräfte, die größtenteils nur noch durch Zwangsmaßnahmen aus den besetzten Ostgebieten gewonnen werden konnten. Selbst bei militärisch-operativen Planungen spielte nun der
Mangel an Arbeitskräften eine große Rolle. Hatte man 1941/42
noch zwei Millionen sowjetische Kriegsgefangene verhungern lassen, war es 1943 ein ausdrückliches Ziel der deutschen Sommeroffensive, durch die Gefangennahme möglichst vieler Soldaten der
Roten Armee Arbeitskräfte zu gewinnen. Schließlich spielte der
östliche Kriegsschauplatz noch in anderer Hinsicht für die Deutschen eine große Rolle, war er doch 1941/42 der Ort der Massenmorde an den europäischen Juden, über die sich seit Mitte 1942
immer mehr Nachrichten in Deutschland verbreiteten. Die Bevölkerung reagierte darauf mit Bestrafungsängsten, die von der deutschen Propaganda noch geschürt wurden, um den Durchhaltewil-
len zu stärken.

Angst verbreitete sich unter den Deutschen aber nicht nur wegen
des Unrechtsbewusstseins angesichts der Massenmorde an den
Juden. Die Siege der Roten Armee gaben den sowjetischen Kriegs-
gefangenen und Zivilisten, die als „Ostarbeiter" im Deutschen
Reich eingesetzt waren, neue Hoffnung und Selbstvertrauen. In
einem Bericht des Sicherheitsdienstes der SS vom 25. Februar 1943
über die Stimmung in Deutschland heißt es, durch den Umschwung
der militärischen Lage habe sich nicht nur die „Disziplin und Ar-
beitsmoral" der „Ostarbeiter" gelockert; diese sprächen auch offen von Vergeltungsmaßnahmen an den Deutschen. Dabei äußerten sie die Überzeugung, dass die Sowjets alle Deutschen nach
ihrem Einmarsch quälen und töten würden. „Ostarbeiterinnen",
die als Haushaltsgehilfinnen bei deutschen Familien arbeiteten,
hätten geäußert, dass sie sich „für die gute Behandlung dadurch
erkenntlich zeigen würden, dass sie für einen schnellen Tod der
betreffenden deutschen Familie sorgen wollten".[11] Die Furcht der

Deutschen vor einer Niederlage steigerte sich in den folgenden Wochen noch weiter: Anfang 1943 wurden bei Katyn westlich von Smolensk die Leichen von etwa 4.500 polnischen Offizieren gefunden, die im Frühjahr 1940 durch die sowjetische Geheimpolizei ermordet worden waren. Goebbels nutzte diese Entdeckung im April 1943 für eine umfassende Propaganda-Kampagne mit dem Ziel, in der deutschen Bevölkerung die Angst vor sowjetischen Verbrechen zu schüren. Zugleich zweifelten jedoch immer mehr Deutsche daran, dass der Krieg noch zu gewinnen sei. Selbst manche alten Parteigenossen wie der Landeshauptmann der Provinz Westfalen, Karl-Friedrich Kolbow, wurden zunehmend pessimistisch. Am 22. März 1943 vermerkte Kolbow in seinem Tagebuch, es komme „alles darauf an, ob es uns gelingt, Russland in diesem Sommer den Fangschuss zu geben".[12]

„Vorhand" oder „Nachhand"? – Deutsche Überlegungen zur Strategie an der Ostfront 1943

Für die deutsche Seite stellte sich angesichts der nicht wieder auszugleichenden Verluste in zwei großen Feldzügen an der Ostfront 1941 und 1942 und den schweren Niederlagen Anfang 1943 die Frage, welche Strategie künftig an der Ostfront verfolgt werden sollte – und welche überhaupt noch verfolgt werden konnte. Sollte die Wehrmacht im Frühjahr 1943 an der Ostfront so rasch wie möglich wieder zum Angriff antreten, um den erwarteten sowjetischen Offensiven zuvorzukommen und die Initiative zu behalten? Daraus ergäbe sich der Vorteil, den Schwerpunkt der Kämpfe selbst bestimmen zu können. Oder wäre es besser, zunächst in der Defensive zu bleiben und abzuwarten, bis die Rote Armee zum Angriff anträte? Nach der Abwehr der sowjetischen Offensiven (wenn sich der Gegner verausgabt hätte) würde die Wehrmacht dann zur Gegenoffensive antreten und diese weit über die Ausgangsstellungen hinaustragen können. Letzteres Konzept bezeichneten Manstein und andere deutsche Militärs als „Schlagen aus der Nachhand".[13] Die Rote Armee hatte diese Strategie im November 1942 bei Stalingrad erfolgreich angewandt; Manstein bediente sich ihrer im Februar/März 1943, als er die sowjetische

Winteroffensive bei Charkow abfing und die sowjetischen Offensivkräfte abschnitt und vernichtete. Ein solcher Schlag aus der Nachhand schwebte Manstein nun für das kommende Frühjahr und den Sommer im großen Stil vor. Am 3. Februar 1943 schickte er an General Kurt Zeitzler, den Chef des Generalstabs des Heeres, „zur Übermittlung an den Führer" ein Fernschreiben mit einer Lagebeurteilung. Darin schlug Manstein vor, „den russischen Südflügel im Kampf bis in die Linie Melitopol–Dnjepropetrowsk hinter sich herzuziehen, um sodann, gestützt auf günstige Bahnverbindungen, zunächst seine nördliche Angriffsfront zu schlagen, seine Nord-Süd-Verbindungen zu durchschneiden und (unter Abdeckung nach Norden) nach Südwesten [*sic!*] einschwenkend, ihn gegen das Asowsche Meer zu drängen. Für diese Operation", so Manstein weiter, „ist [*die*] rechtzeitige Zurücknahme der Heeresgruppe [*Süd*] zur Erhaltung ihrer Kampfkraft, Zuführung der nötigen Kräfte und das Halten des Raumes Orel–Kursk (mindestens aber Brjansk–Bahnhof Lgow) Voraussetzung."[14]

Doch die von Manstein genannten Prämissen für den großen Schlag aus der Nachhand waren nicht gegeben: Zum einen lehnte Hitler die geforderte zeitweilige Räumung des Donezbeckens strikt ab. Zum anderen eroberte die Rote Armee am 3. März 1943 den wichtigen Eisenbahnknotenpunkt Lgow (L'gov) zurück, dessen Halten Manstein ausdrücklich gefordert hatte. Ohnehin wollte Hitler an der Ostfront im Jahr 1943 keine Großoffensive mehr führen. Das wurde bei einer Lagebesprechung deutlich, die am 18. Februar 1943 im Hauptquartier der Heeresgruppe Süd in Saporoschje (Zaporož'e) stattfand. „Wir können in diesem Jahr keine großen Operationen machen", so Hitler zu den versammelten Militärs. „Wir müssen jedes Risiko vermeiden. Ich denke mir, dass wir nur kleine Haken schlagen."[15] Diese „kleinen Haken" wollte Hitler allerdings nicht aus der Nachhand schlagen, sondern aus der Vorhand. Das heißt, er wollte der Roten Armee mit kleineren Offensivstößen zuvorkommen, um die Initiative zu behalten. Bei einer Lagebesprechung am 5. März im Führerhauptquartier „Werwolf" bei Winniza (Vinnica) meinte er, man müsse die Panzerverbände an der Ostfront in den nächsten Wochen so verstärken, dass sie nach Ende der Schlammperiode gleich wieder angreifen könnten. Diese Meinung, so Hitler, vertrete auch Generalstabschef Zeitzler. Mit der Schlammperiode war die Frühjahrs-Tauwetterperiode gemeint, in der sich die sowjetischen Straßen und Wege buchstäblich in Moräste verwandelten, die jede größere Truppenbewegung unmöglich machten.

Da Manstein die Hoffnung aufgeben musste, einen groß angelegten Schlag aus der Nachhand führen zu können, machte er sich ebenfalls die Idee eines Angriffs aus der Vorhand zu eigen. Am 8. März 1943 erstellte er für Hitler eine Lagebeurteilung, in der er erstmalig auf die Zeit nach der Schlammperiode einging. Manstein riet zu einem gemeinsamen Angriff der Heeresgruppen Mitte und Süd, um einer sowjetischen Offensive gegen die Heeresgruppe Süd zuvorzukommen. Dazu sollten Verbände der Heeresgruppe Süd aus der Gegend westlich von Charkow nach Norden und Verbände der 2. Armee der Heeresgruppe Mitte aus der Gegend nördlich von Sumy nach Südosten antreten. Das war die kleine Variante eines Zangenangriffs südlich von Kursk (**Karte 1**). Die größere Variante kam zwei Tage später erstmals ins Gespräch. Vorgeschlagen wurde sie allerdings nicht von Manstein oder Hitler, sondern von einem General, dessen Rolle in diesem Zusammenhang in der Forschung bislang völlig unbekannt ist: Am 10. März 1943 telefonierte der Oberbefehlshaber der Heeresgruppe Mitte, Generalfeldmarschall Hans Günther von Kluge, mit dem Oberbefehlshaber der ihm unterstellten 2. Panzerarmee, Generaloberst Rudolf Schmidt. Die 2. Panzerarmee stand zu dieser Zeit südlich von Orjol. Zwischen ihr und ihrer Nachbarin, der 2. Armee, klaffte eine gewaltige Frontlücke; dort war die Rote Armee bis zum Fluss Desna durchgebrochen. Kluge drängte gegenüber Schmidt telefonisch darauf, die Lücke zwischen beiden Armeen noch vor dem Eintritt der Schlammperiode zu schließen. Dazu wollte Kluge eine zusätzliche Stoßgruppe heranführen, und zwar die 9. Armee unter Generaloberst Walter Model, die gerade durch die Räumung des Frontbogens von Rschew (Ržev) frei geworden war. Models Armee sollte nun aus der Gegend südlich von Orjol zum Angriff auf Kursk antreten. Zu diesem Vorschlag Kluges nahm Schmidt noch am selben Tag schriftlich Stellung. Er argumentierte, dass sich seine 2. Panzerarmee zurzeit in schwerem Abwehrkampf befinde und vollauf damit beschäftigt sei, den sowjetischen Stoß auf Brjansk zu verhindern. Selbst mit den neu herangeführten Kräften der 9. Armee würde die Front gerade zu halten sein. Dagegen sei es nicht möglich, noch vor der Schlammperiode eine Offensivgruppe südlich von Orjol zu bilden. Vielmehr müsse man zunächst „auf offensive Absichten verzichten und möglichst Kräfte sparen". Schmidt regte deshalb die „Bildung einer stärkeren operativen Kräftegruppe" an, „deren Ansatz aus dem Raum südlich Orel gegen Kursk im Zusammenwirken mit einer aus dem Raum Charkow nach Norden vorstoßenden Kräftegruppe denkbar erscheint" – allerdings erst nach der Schlammperiode.[16] Das war genau der Kräfteansatz, der später beim Unternehmen „Zitadelle" umgesetzt wurde. Schmidt war demnach der Urheber dieses Plans. Das belegt auch die Reaktion Kluges, als er Schmidt noch am späten Abend des 10. März anrief und meinte: „Ich muss schon sagen, Ihre Gedankengänge haben Manches für sich."[17] Die 9. Armee, so Kluge weiter, würde zwar trotzdem herangeführt, aber dies müsse dann nicht mit der vorgesehenen Schnelligkeit geschehen. Tatsächlich telefonierte Kluge am selben Abend mit Generaloberst Model und teilte ihm mit, dass aufgrund der beginnenden Tauwetterperiode eine Angriffsoperation jetzt wahrscheinlich nicht mehr möglich sei. Models Armee werde deshalb nicht sofort, sondern erst später in den Raum südlich von Orjol verlegt.

Am folgenden Tag, dem 11. März 1943, besuchte Hitler erneut das Hauptquartier der Heeresgruppe Süd in Saporoschje. Manstein äußerte bei dieser Gelegenheit zum wiederholten Mal den Wunsch, den Frontbogen um Kursk noch vor der Schlammperiode zu beseitigen. Darauf entgegnete Hitler, dass man diesen Bogen „nicht wegfallen lassen" könne. „Man würde damit die Möglichkeit zu kleineren Offensivstößen verlieren." Große Operationen, so Hitler weiter, seien in der nächsten Zeit nicht möglich. „Durch dauernde Stöße müssen wir die Initiative behalten und den Kräfteverbrauch möglichst im Verhältnis 1:10 halten. Der Russe muss systematisch geschwächt werden, weniger mit Divisionen als mit modernen Waffen. Und dann müssen wir halten und verteidigen!"[18] Manstein war von diesem Konzept nicht überzeugt. Er notierte am selben Tag über die Lagebesprechung und Hitler in sein privates Kriegstagebuch: „Über die eigene Absicht im Großen nichts Klares. Wir bewegen uns eben in zwei Ebenen. Ich auf der operativen, er auf der des Materials und der Zahlen. Infolgedessen kommt man nie zu einem Resultat."[19] Hitler war sich zu dieser Zeit selbst noch nicht im Klaren, wo genau die Angriffsoperationen im kommenden Frühjahr und Som-

mer geführt werden sollten. Das Einzige, was er mit Nachdruck
immer wieder betonte, war sein Wunsch, das Donezbecken um
jeden Preis zu halten, da es ausschlaggebende wirtschaftliche Bedeutung für die weitere Kriegführung habe. Zwei Tage später, am
13. März 1943, erhielt er jedoch die entscheidende Anregung, als
er das Hauptquartier der Heeresgruppe Mitte in Smolensk besuchte. Neben Hitler, Zeitzler und Kluge nahmen an der Lagebesprechung auch die Armee-Oberbefehlshaber teil, darunter Generaloberst Schmidt, der nun Gelegenheit erhielt, Hitler sein
Angriffskonzept vorzustellen. Hitler, offensichtlich davon beeindruckt, erließ noch am selben Tag den Operationsbefehl Nr. 5
(„Weisung für die Kampfführung der nächsten Monate"), in dem
es heißt: „Auf dem Nordflügel der Heeres-Gruppe [*Süd*] ist sofort
die Bildung einer starken Panzer-Armee, deren Versammlung bis
Mitte April beendet sein muss, in die Wege zu leiten, um nach
Beendigung der Schlammperiode <u>vor</u> dem Russen zur Offensive
antreten zu können. Ziel dieser Operation ist die Vernichtung der
Feindkräfte vor [*der*] 2. Armee durch Stoß nach Norden aus der
Gegend von Charkow im Zusammenwirken mit einer Angriffs-
gruppe aus dem Gebiet der 2. Panzer-Armee."[20] Damit war der
Angriffsplan „Zitadelle", der Zangenangriff auf Kursk, aus der
Taufe gehoben. Der Vater des Kindes hieß Rudolf Schmidt, seine
Taufpaten Kluge und Hitler. Ins Reich der Legenden gehört dage-
gen die Behauptung, Schmidt habe bei dieser Lagebesprechung
Hitler mit den Worten beleidigt, „Ihre Kriegserfahrung trägt ein
Spatz auf dem Schwanz weg".[21] Zum einen hätte sich Hitler eine
solche Verächtlichkeit nicht gefallen lassen und Schmidt umgehend
gemaßregelt. Zum anderen enthält das Tagebuch von Goebbels
einen Gegenbeweis. Bekanntlich wurde Hitler nicht müde, seine
Generäle im Kreis seiner alten Parteigenossen zu beschimpfen,
wenn er mit ihnen unzufrieden war. Eine Beleidigung, wie Hitler
sie angeblich durch Schmidt in Smolensk erfahren haben soll,
hätte einen seiner gefürchteten Zornausbrüche zur Folge gehabt.
Stattdessen vermerkte Goebbels am 15. März 1943 in seinem Tagebuch: „Der Führer hat seinen Flug an die Mittelfront beendet.
Er hat dort ausgezeichnete Verhältnisse vorgefunden. Die Lage in
der Mitte wird als sehr positiv geschildert. Auch von der Führung
dort hatte der Führer den besten Eindruck."[22]

Generaloberst Schmidt wurde zwar im April 1943 beurlaubt, als Oberbefehlshaber der 2. Panzerarmee abgelöst und am 30. September 1943 schließlich aus der Wehrmacht entlassen. Grund dafür waren jedoch Briefe an seinen Bruder Hans-Thilo, der wegen des Verdachts auf Landesverrat ins Visier der deutschen Spionageabwehr geraten und am 2. April 1943 verhaftet worden war. Goebbels vermerkte dazu am 10. Mai 1943 in seinem Tagebuch, nachdem sich Hitler ihm gegenüber bitter über die Generalität beklagt hatte: „Beispielsweise ist jetzt beim Bruder des Generalobersten Schmidt, der wegen Landesverrats verhaftet werden musste, eine ganze Serie von Briefen des Generalobersten selbst gefunden worden, die sehr scharf gegen den Führer gerichtet waren. Das ist nun einer der Generalobersten, auf die der Führer besonders viel gesetzt hatte. Er hat also wieder einmal eine schwere Enttäuschung erlebt."[23] Schmidts Angriffskonzept wurde deswegen nicht verworfen. Allerdings war Hitler davon keineswegs so überzeugt, wie oft dargestellt. Das zeigt sich an den Gegenvorschlägen, die er in den folgenden Wochen machte.

„Habicht", „Panther" oder „Zitadelle"? – Deutsche Operationsplanungen im Frühjahr 1943

Obwohl mit dem Operationsbefehl Nr. 5 vom 13. März 1943 festgelegt wurde, dass der Zangenangriff auf Kursk erst nach der Schlammperiode erfolgen sollte, ließ Manstein nicht locker. Er drängte in den folgenden Tagen beim Generalstab des Heeres immer wieder darauf, den Kursker Frontbogen sofort zu beseitigen. Am 18. März telefonierte er mit dem Generalstabschef Zeitzler und meinte: „[Der] Russe ist vor unserem linken Flügel und vor rechtem Flügel [der Heeresgruppe] Mitte nicht mehr zu viel fähig. Ich glaube, dass Heeresgruppe Mitte jetzt ohne Schwierigkeiten Kursk nehmen könnte." Darauf erwiderte Zeitzler: „Der Führer möchte gern eine Operation von Tschugujew nach Isjum."[24] Die beiden Städte Tschugujew (Čuguev) und Isjum (Izjum), südöstlich von Charkow gelegen, befanden sich in einer Frontausbuchtung, die im Norden des Donezbeckens in die Front der Heeresgruppe Süd hineinragte (**Karte 1**). Hitler befürchtete, dass die Rote Armee von dort aus eine Offensive nach Südwesten, Richtung Dnepr starten könnte, um das Donezbecken abzuschneiden – für ihn der neuralgische Punkt der gesamten Ostfront.

Manstein lehnte eine Offensive bei Tschugujew und Isjum vor Eintritt der Schlammperiode mit der Begründung ab, dass seine Kräfte dafür nicht ausreichen würden. Zwei Tage später, am 20. März, telefonierte er mit Generalleutnant Adolf Heusinger, dem Chef der Operationsabteilung des Generalstabs des Heeres. Manstein erklärte, dass sich ein Vorgehen auf Kursk jetzt anbiete, jedoch ohne die Mitwirkung der Heeresgruppe Mitte nicht möglich sei. Heusinger betonte dagegen, Hitler wünsche den sofortigen Vorstoß in Richtung Isjum. Dies lehnte Manstein jedoch ab. Er wiederholte, dass er eine Operation auf Kursk bevorzuge, um die tiefe offene Nordflanke seiner Heeresgruppe westlich von Charkow zu beseitigen. Diese Ansicht wiederholte Manstein am folgenden Tag, dem 21. März, in einem Ferngespräch mit Zeitzler: Wenn man sofort zum Angriff auf Kursk antrete, könne der Vorstoß auf Isjum im Anschluss immer noch durchgeführt werden. Noch am selben Tag brachte Zeitzler diesen Wunsch Mansteins während der Mittags-Lagebesprechung auf dem Obersalzberg zur Sprache. Hitler war jedoch dagegen: Wenn überhaupt ein Vorstoß vor der Schlammperiode noch zweckmäßig sei, so Hitler, „dann nur bei Isjum". Dass die Heeresgruppe Süd ihren Stoß Richtung Kursk weiterführe, habe dagegen „gar keinen Sinn".[25] Zeitzler musste Manstein daher am Abend mitteilen, Hitler habe befohlen, die von der Heeresgruppe Süd beabsichtigte Operation auf Kursk einzustellen und eine Operation von Charkow aus nach Südosten vorzubereiten.

Manstein gab sich aber noch nicht geschlagen. Er schickte umgehend eine Stellungnahme zu der von Hitler geplanten Operation bei Tschugujew und Isjum an Zeitzler und betonte darin, diese Offensive bringe im Moment nur Nachteile. Zum einen sei die Truppe zu sehr geschwächt, um diese Operation vor Eintritt der Schlammperiode noch durchführen zu können. Zum zweiten müssten die Panzerdivisionen dringend aufgefrischt werden und dazu eine Ruhepause erhalten. Drittens würde durch die zu erreichende neue Frontlinie keine Kräfteeinsparung erzielt; die Gefahr für die Heeresgruppe Süd an ihrem Nordflügel bei Charkow bliebe nicht nur bestehen, sondern würde durch den Abzug eigener Kräfte sogar größer.

Obwohl sich Manstein auf Lagebeurteilungen seiner unterstellten Panzerarmee-Oberbefehlshaber stützen konnte, die ebenfalls
von der Operation bei Tschugujew und Isjum abrieten, und obwohl er sich am folgenden Tag, dem 22. März, gegenüber Zeitzler
noch einmal gegen diese Operation aussprach, setzte sich Hitler
erneut über Mansteins Bedenken hinweg und erließ am selben Tag
die „1. Ergänzung zum Operationsbefehl Nr. 5". Darin befahl er,
der beabsichtigten Offensive auf Kursk habe ein Angriff über den
Donez zur Vernichtung der feindlichen Kräfte westlich Kupjansk
vorauszugehen. Erst im Anschluss an diese Operation sei der Angriff auf Kursk durchzuführen. Immerhin war es Manstein gelungen, auch die Offensive auf Kupjansk von Tschugujew und Isjum
aus auf die Zeit nach der Schlammperiode hinauszuschieben.

Manstein musste sich beugen und befahl am 23. März den Oberkommandos der 1. Panzerarmee und der Armeeabteilung Kempf
die Vorbereitung einer Operation gegen die sowjetischen Kräfte
am Donez im Dreieck Tschugujew–Isjum–Kupjansk. Dieses Unternehmen war für Mitte April anvisiert und erhielt den Decknamen „Habicht" (**Karte 1**). Am folgenden Tag befahl die Heeresgruppe Mitte der 2. Armee, der 2. Panzerarmee und der 9. Armee,
den Vorstoß auf Kursk vorzubereiten, der zusammen mit Kräften
der Heeresgruppe Süd gleich im Anschluss an die Operation „Habicht" durchgeführt werden sollte. Zum ersten Mal wurde in diesem Befehl der Deckname der geplanten Offensive genannt: Operation „Zitadelle".[26] Als Termin für „Zitadelle" war zunächst der
1. Mai 1943 vorgesehen.

Nun begann sich allerdings breiter Widerstand gegen das Unternehmen „Habicht" zu regen. Am 24. März stimmten die General-
stabschefs der 1. Panzerarmee und der Armeebteilung Kempf –
also jener beiden Armeen, die für den Angriff „Habicht"
vorgesehen waren – überein, dass es falsch sei, mehrere kleinere
Angriffsschläge hintereinander zu führen. Denn die Truppe „würde auf diese Weise auch in diesem Jahr um ihre Auffrischung gebracht". Stattdessen solle man „lieber später, aber dann einen
größeren Schlag führen".[27] Hitler hatte indessen mit der „1. Ergänzung zum Operationsbefehl Nr. 5" am 22. März gezeigt, dass
seine Absichten für den Angriff auf Kupjansk bereits über die ursprünglich für „Habicht" vorgesehenen Ziele hinausreichten. Die
Angriffsverbände sollten nun weiter ausholen und damit mehr

sowjetische Kräfte zerschlagen, die neue Frontlinie von Wolt-
schansk (Volčansk) über Kupjansk nach Lissitschansk (Lisičansk)
verlaufen. Diese größere Variante des Unternehmens „Habicht"
erhielt den Decknamen „Panther" (**Karte 2**). Am 25. März über-
sandte das Oberkommando der 1. Panzerarmee einen ersten Operationsvorschlag für das Unternehmen „Panther" an die Heeresgruppe Süd. Darin hieß es, „Panther" sei etwa ab dem 1. Mai 1943
möglich. Das war allerdings der Termin, der bereits für „Zitadelle"
vorgesehen war. Damit war klar, dass das größere Unternehmen
„Panther" nicht vor dem Angriff auf Kursk durchgeführt werden
konnte, sondern eine Alternative zu „Zitadelle" darstellte. Am
27. März besuchte Manstein die 1. Panzerarmee und kam mit
deren Oberbefehlshaber Generaloberst Eberhard von Mackensen
überein, dass das Unternehmen „Panther" Erfolg versprechender
sei als „Habicht". Allerdings, so Manstein, liege die Entscheidung
darüber, welches Unternehmen durchgeführt werde, beim Oberkommando des Heeres (und damit letztlich bei Hitler). Noch am
selben Abend versuchte sich Manstein Klarheit zu verschaffen und
telefonierte mit Zeitzler, der ihm mitteilte, dass Hitler zur Operation „Panther" neige. Am folgenden Tag begab sich Manstein zur
Armeeabteilung Kempf und erfuhr, dass auch hier das Unternehmen „Panther" gegenüber der Operation „Habicht" bevorzugt
würde.

Doch nun veränderte sich die operative Lage. Wie Manstein am
29. März in einer Lagebeurteilung für Zeitzler schrieb, verlegte die
Rote Armee immer stärkere Kräfte in den Raum südlich von Kursk.
Deshalb, so Manstein in seiner Lagebeurteilung weiter, könne „als
erster Schlag ein Stoß im Zusammenwirken mit Heeresgruppe
Mitte in Richtung Kursk und ostwärts notwendig werden" – also
das Unternehmen „Zitadelle".[28] Am 2. April 1943 befahl das
Oberkommando des Heeres, nötigenfalls alle drei Operationen
vorzubereiten: Falls das Unternehmen „Habicht" aus „Wettergründen zeitgerecht nicht durchgeführt werden kann, soll außerdem das Unternehmen ‚Panther' vorbereitet werden. Weiterhin
muss die Heeres-Gruppe [*Süd*] in der Lage sein, bei veränderter
Feindlage auch zum Unternehmen ‚Zitadelle' gegebenenfalls antreten zu können."[29]

„Zitadelle" war das Unternehmen, das die Armee-Oberbefehlshaber der Heeresgruppe Süd gegenüber Hitlers Offensivplänen

„Habicht" und „Panther" eindeutig bevorzugten. Dies teilte der
Chef des Generalstabs der 1. Panzerarmee, Generalmajor Walther
Wenck, am 4. April dem Ersten Generalstabsoffizier der Heeresgruppe Süd, Oberst Georg Schulze-Büttger, in einer Lageorientie-
rung mit. Am selben Tag besuchte Generaloberst Model die 4. Panzerarmee. Model führte gerade die Heeresgruppe Süd als
Stellvertreter Mansteins, da sich dieser einer Mandeloperation
unterziehen musste und deswegen Urlaub genommen hatte. Vom
Oberbefehlshaber der 4. Panzerarmee, Generaloberst Hermann
Hoth, erfuhr Model, die Ziele der Operation „Panther" seien mit
den vorhandenen Kräften nicht erreichbar. Außerdem, so Hoth
weiter, verspreche sich die 4. Panzerarmee von der Operation „keinen durchschlagenden Erfolg, zumal der angestrebte Zweck des
Angriffs – Zerschlagen der feindlichen Angriffskorps – nicht erreicht wird, da sich diese außerhalb des Operationsraumes befin-
den".[30] Auch Hoth bevorzugte das Unternehmen „Zitadelle" als
Erfolg versprechendsten Angriffsplan.

Das begrenzte Unternehmen „Habicht", das dem Unternehmen
„Zitadelle" vorausgehen sollte, wurde in der Zwischenzeit obso-
let: Am 5. April schickte die Heeresgruppe Süd ein Gutachten ihrer
Wehrgeologenstelle an das Oberkommando des Heeres, aus dem
hervorging, dass mit dem Bau von Brücken über den Donez selbst
bei günstiger Wetterentwicklung nicht vor Anfang Mai 1943 begonnen werden könne. Damit verschob sich der früheste Angriffstermin für alle drei Unternehmen auf Anfang Mai. Dies teilte die
Heeresgruppe Süd dem Oberkommando des Heeres am 8. April
noch einmal mit. Sie unterstrich dabei, dass die Voraussetzungen
sowohl für „Habicht" als auch für „Panther" nicht mehr gegeben
seien, denn die Operation „Habicht" sollte als begrenztes Unternehmen zeitlich vor den anderen Operationen durchgeführt werden, was nun nicht mehr möglich sei. Das Unternehmen „Panther"
werde wiederum aufgrund der veränderten Lage sein Ziel nicht
erfüllen können, starke Feindkräfte zu vernichten. Gegenüber diesen praktisch nutzlos gewordenen Operationen sprach sich das
Oberkommando der Heeresgruppe Süd für das Unternehmen „Zitadelle" aus. In seinem privaten Kriegstagebuch hielt Manstein in
einem Rückblick auf den Monat März 1943 zusammenfassend
fest: „Meine Absicht, [*noch vor der Schlammperiode*] bis Kursk
weiterzustoßen, um [*den*] Bogen zwischen uns und [*Heeresgruppe*]

Mitte abzuschneiden, wird abgelehnt, da [*Heeresgruppe*] Mitte sich außerstande erklärt, alsbald mitzuwirken." Die aus „Wettergründen und [*durch den*] Zustand der eigenen Truppe bedingte Verschiebung bis zweite Hälfte April", so Manstein weiter, „führt dann auf Antrag Heeres-Gruppe [*Süd*] in Übereinstimmung mit [*Heeresgruppe*] Mitte zu dem Entschluss des O.K.H. [*Oberkommando des Heeres*], zunächst den Kursker Bogen abzuschneiden und die um ihn herum stehenden Reserven zu schlagen, da dies nun Voraussetzung für eine Offensive in den Donezbogen geworden ist."[31] Auch aus diesem Tagebucheintrag geht klar hervor, wer die treibenden Kräfte für die Durchführung des Unternehmens „Zitadelle" waren, und zwar die Oberbefehlshaber der beiden Heeresgruppen Süd und Mitte – nicht Hitler, wie in der Literatur immer wieder kolportiert wird.

Hitler stimmte schließlich den Anträgen der Heeresgruppe Süd zu und entschied am 15. April im Operationsbefehl Nr. 6, „sobald die Wetterlage es zulässt, als ersten der diesjährigen Angriffsschläge den Angriff ‚Zitadelle' zu führen".[32] Trotz dieser Entscheidung für „Zitadelle" hatte Hitler die Operation „Panther" aber noch nicht aufgegeben. Denn im selben Befehl hieß es, Hitler behalte sich vor, bei planmäßigem Ablauf der Operation „Zitadelle" so schnell wie möglich zum Unternehmen „Panther" überzugehen, um die Verwirrung des Gegners auszunutzen.

Die Oberbefehlshaber der Heeresgruppen und Armeen waren über die Entscheidung Hitlers für „Zitadelle" erleichtert. So äußerte sich General Werner Kempf, der Oberbefehlshaber der gleichnamigen Armeeabteilung, in einem Telefongespräch mit dem Ersten Generalstabsoffizier der Heeresgruppe Süd am 19. April optimistisch: Der Erfolg der Operation „Zitadelle" sei „nicht zweifelhaft. Umso mehr könne und müsse man die Donez-Front stärken, um hier jedem Versuch, die Operation aus den Angeln zu heben, begegnen zu können."[33]

Hitler selbst war hingegen von der Operation „Zitadelle" nicht so überzeugt, vor allem nicht vom Ansatz der Kräfte der 9. Armee im Raum südlich von Orjol. Am 19. April ließ er sich vom General des Transportwesens der Heeresgruppe Mitte, Oberst Hermann Teske, melden, ob es möglich sei, die Angriffsverbände der 9. Armee kurzfristig in die Gegend von Woroschba (Vorožba) zu verschieben, um sie von Westen aus frontal gegen den Kursker Bogen

angreifen zu lassen (**Karte 2**). Teske meldete, dass die Aufgabe der
Verlegung der 9. Armee transporttechnisch verhältnismäßig leicht
zu lösen sei, da der Verkehrsknotenpunkt Woroschba gute Voraussetzungen für die rasche Verschiebung größerer Verbände biete.
Am folgenden Tag, dem 20. April 1943, erfuhr der Chef des Generalstabs der Heeresgruppe Süd, Generalmajor Theodor Busse,
bei einer Besprechung mit Zeitzler, dass Hitler den Gedanken er-
wäge, „den von [*der*] Heeresgruppe Mitte aus bei ‚Zitadelle' zu
führenden Angriff aus dem Raum der 2. Armee (nicht [*der*] 2. Panzer-Armee) anzusetzen".[34] Anwesend waren bei dieser Besprechung auch der Chef der Operationsabteilung des Generalstabs
des Heeres, Generalleutnant Heusinger, und der Chef des Generalstabs der Heeresgruppe Mitte, Generalleutnant Hans Krebs. Sowohl Busse als auch Heusinger und Krebs sprachen sich gegen
Hitlers alternativen Angriffsplan aus. Sie argumentierten, der Aufmarsch im Bereich Woroschba werde zu viel Zeit kosten, das Gelände sei dort ungünstig und der Erfolg zweifelhaft, da man den
Gegner, statt ihn einzuschließen, aus dem Raum Kursk herausdrü-
cken werde. Zeitzler stimmte dieser Auffassung zu und schaffte es,
Hitler diese Idee auszureden, zumal auch das Oberkommando der
2. Armee, die im Raum Woroschba stand, sich gegen diese Alternative aussprach. Außer Hitler waren fast alle gegen den Vorschlag, den Kursker Bogen frontal aufzurollen. Diese Tatsache
muss hier ausdrücklich betont werden, da diese Alternative in der
Memoirenliteratur deutscher Militärs und in der Militärgeschichts-
schreibung bis heute als (verpasste) Chance dargestellt wird, welche die Militärs eigentlich gerne genutzt hätten, wenn Hitler nicht
dagegen gewesen wäre. In Wirklichkeit kam die Idee von Hitler,
und dieser kam am 10. Juli 1943, auf dem Höhepunkt der Operation „Zitadelle", noch einmal auf diesen Gedanken zurück. Da
der Angriff der 9. Armee zu diesem Zeitpunkt feststeckte, schlug
er vor, die bei der Heeresgruppe Mitte noch vorhandenen Panzerreserven an die Stirnseite des Kursker Bogens zu verschieben und
frontal angreifen zu lassen. Manstein sprach sich jedoch dagegen
aus und betonte: „Der Kessel muss von <u>Osten</u> her aufgerollt werden."[35]
   Hitler, in der Memoirenliteratur oft als „unbelehrbar" beschrieben, war also im Frühjahr und Sommer 1943 einige Male bereit,
auf seine Generalität zu hören und sich von Gegenargumenten

überzeugen zu lassen. So blieb er dabei, die Offensive „Zitadelle"
nicht nur als erste Operation nach der Schlammperiode durchzuführen, sondern den Kursker Bogen gegen seine eigenen Bedenken
auch so anzugreifen, wie es die Oberbefehlshaber der Heeresgruppen Mitte und Süd wünschten. Erst als der Angriff wiederholt
verschoben wurde und sich die Gefahr abzeichnete, die eigenen
Kräfte würden für einen raschen Durchbruch des tief gegliederten
sowjetischen Stellungssystems nördlich und südlich von Kursk
nicht ausreichen, kamen noch einmal Alternativvorschläge ins
Spiel. Am 7. Mai 1943 kam Hitler von München nach Berlin und
traf sich am Abend mit Goebbels. Dieser berichtete über die Un-
terredung: „Im Osten wird der Führer demnächst eine beschränkte Offensive, und zwar auf Kursk hin, vornehmen. Allerdings will
er unter Umständen abwarten, ob die Bolschewisten uns zuvorkommen wollen. Dann wäre uns eine noch günstigere Chance
gegeben, als wenn wir die Initiative ergriffen."[36] Am 23. Mai hielt
Goebbels noch einmal in seinem Tagbuch fest, Hitler habe die
Absicht, zuerst die Rote Armee angreifen zu lassen, um dann aus
der Nachhand zu schlagen.

Hitler war allerdings nicht der Einzige, dem immer wieder Zweifel am Erfolg des Unternehmens „Zitadelle" kamen. Am
1. Juni 1943 äußerte Manstein in einem Schreiben an das Oberkommando des Heeres Bedenken, ob das Unternehmen „Zitadelle" jetzt noch sinnvoll sei. Manstein schlug vor, lieber weiter aus-
holend anzugreifen und damit an den stärksten sowjetischen
Befestigungen vorbeizustoßen, und zwar in Richtung Kastornoje
(Kastornoe) (**Karte 2**). Als weitere Alternative machte auch Manstein den Vorschlag, auf eine eigene Offensive zu verzichten, die
Rote Armee angreifen zu lassen und dann aus der Nachhand zu
schlagen. Zeitzler war Mansteins Vorschlag nicht abgeneigt, einen
größeren Stoß auf Kastornoje zu wagen. Er wollte aber zunächst
anfragen, ob sich die Heeresgruppe Mitte zur Mitwirkung an einem solch umfassenden Angriff in der Lage sähe, was allerdings
nicht der Fall war. Stattdessen legte die Heeresgruppe Mitte am
19. Juni 1943 eine Lagebeurteilung vor, die den Ausschlag für die
Durchführung des Unternehmens „Zitadelle" gab. Darin stellte
Kluge fest, auf jeden Fall sei mit einer sowjetischen Offensive zu
rechnen, und die beste Gegenmaßnahme sei der eigene Angriff
„Zitadelle", der sobald wie möglich durchgeführt werden müsse.

Am folgenden Tag ging bei den Heeresgruppen Süd und Mitte ein Fernschreiben des Oberkommandos des Heeres ein: „Der Führer hat die Durchführung ‚Zitadelle' entschieden."[37] Am 25. Juni legte Hitler als endgültigen Angriffstermin den 5. Juli 1943 fest.

Doch warum wurde der Angriff so spät durchgeführt? Lag es lediglich an Hitlers Willen, auf die neuen Panzer und Selbstfahrlafetten zu warten, von denen er sich eine entscheidende Wirkung versprach, wie in der Literatur immer wieder behauptet wurde? Oder spielten andere Gründe eine Rolle?

„Unsere Offensive wird noch einiges auf sich warten lassen."[38] – Die Verschiebungen des Angriffstermins

Ursprünglich war der 1. Mai 1943 als Beginn der Offensive „Zitadelle" vorgesehen. Dieser Termin wurde jedoch rasch in Frage gestellt. Bereits am 12. April hatte das Oberkommando der Heeresgruppe Mitte in seinem Operationsentwurf für den Angriff auf Kursk als frühesten Angriffstermin den 10. Mai genannt und ausgeführt: „Jede Witterungsverschlechterung, auch nur eine vorübergehende, wird die Angriffsvorbereitungen, vor allem die Panzerinstandsetzung, entsprechend verzögern. Soweit bisher zu übersehen ist, wird die Lieferung der erforderlichen Waffen, insbesondere der Panzerkampfwagen, sowie die Zuführung des Ersatzes nicht in vollem Umfang bis zu diesem Termin abgeschlossen sein können. Es ist daher erwünscht, den 15.5. als Angriffstermin vorzusehen."[39] Das Oberkommando des Heeres lehnte eine Verschiebung bis Mitte Mai jedoch ab und teilte der Heeresgruppe Mitte mit, dass es bei dem vorgesehenen Angriffsbeginn am 1. Mai bleiben würde. Am 14. April rief Generalleutnant Krebs, der Chef des Generalstabs der Heeresgruppe Mitte, den Chef des Generalstabs der 9. Armee Oberst Harald von Elverfeldt an und informierte ihn über diese Entscheidung. Elverfeldt, dessen Stab den Operationsentwurf ausgearbeitet hatte, wandte ein, dass ein so früher Termin wie der 1. Mai zu „schlechterdings unüberbrückbaren Schwierigkeiten" führen würde.[40] Aus Gründen der Auffrischung der Truppe und der Bevorratung müsse am 10. Mai als frühestem Termin festgehalten werden. Selbst wenn man auf eine

ausreichende Ausbildung des Personalersatzes und eine genügende
Auffrischung der Truppe verzichte, wäre der Angriff nicht vor dem
5. Mai möglich. Am selben Tag, dem 14. April, fand in Charkow
eine Besprechung zwischen General Kempf und mehreren Kommandierenden Generälen seiner Armeeabteilung statt. Kempf äußerte, dass der Angriff „Zitadelle" auch im Bereich der Heeresgruppe Süd nicht vor dem 10. Mai durchgeführt werden könne.

Hitler setzte sich jedoch über die Bedenken seiner Oberbefehlshaber hinweg und legte im Operationsbefehl Nr. 6 vom 15. April 1943 als „früheste[n] Angriffstermin" für „Zitadelle" den
3. Mai 1943 fest.[41] Er hatte also lediglich einen Aufschub von zwei
Tagen gewährt. Damit fanden sich die Oberbefehlshaber der Heeresgruppen und Armeen und ihre Generalstabsoffiziere allerdings
nicht ab. Am 20. April 1943 hatten sie Gelegenheit, ihre Bedenken
noch einmal geltend zu machen. An diesem Tag fand im Oberkommando des Heeres eine Besprechung zwischen Zeitzler, Heusinger
und den Chefs der Generalstäbe der Heeresgruppen Mitte und Süd,
den Generälen Krebs und Busse, statt. Sowohl Krebs als auch
Busse baten dabei um eine längere Verschiebung von „Zitadelle",
weil es nicht möglich sei, die Vorbereitungen bis zum vorgesehenen
Zeitpunkt abzuschließen. Zeitzler sagte den beiden Generälen zu,
ihre Bitte Hitler vorzutragen. Dieser lehnte aber eine Verschiebung
des Angriffstermins erneut ab. Noch am Abend des 20. April rief
Krebs den Oberbefehlshaber der 9. Armee, Generaloberst Model
an, um ihm mitzuteilen, dass das Oberkommando des Heeres
weder die von Model geforderten weiteren Zuweisungen erfüllen
könne noch den Angriffstermin verschieben wolle. Daraufhin bekam Model einen seiner berüchtigten Zornausbrüche und erwiderte Krebs, er sei nicht bereit, den Angriff unter diesen Umständen
durchzuführen. Wenn es bei dem frühen Termin bleibe, müssten
die Angriffsziele zurückgesteckt werden. Falls es jedoch bei dem
vorgesehenen Angriffsplan bleibe, fordere er eine Verschiebung des
Angriffsbeginns bis zum 15. Mai und weitere Zuführungen von
Waffen. Andernfalls sei die Durchführung von „Zitadelle" nicht
zu verantworten, und die Heeresgruppe müsse sich für die 9. Armee einen anderen Oberbefehlshaber suchen. Model setzte umgehend ein entsprechendes Fernschreiben auf, das die Heeresgruppe
Mitte an das Oberkommando des Heeres weiterleitete. Model
erreichte vorerst zwar keine Terminverschiebung, aber am 23. Ap-

ril rief ihn Zeitzler an und informierte ihn, dass seiner Armee in
den nächsten Tagen weitere Verstärkungen zugeführt würden, darunter 135 Panzer und Sturmgeschütze. Model war nun beruhigt
und sah dem Unternehmen „Zitadelle" zuversichtlich entgegen.
Jetzt regte sich aber bei der Heeresgruppe Süd erneut Widerstand
gegen den verfrühten Angriffstermin. Am 24. April beantragte die
Heeresgruppe beim Oberkommando des Heeres die Verschiebung
von „Zitadelle" auf den 5. Mai, da es vor diesem Zeitpunkt nicht
möglich sei, alle Angriffskräfte heranzuführen. Diesmal gab Hitler
nach und verschob am 26. April den Termin für „Zitadelle" auf
den 5. Mai.

Hatten bislang operative und taktische Gründe sowie die Wetterlage zu Verzögerungen des Angriffs geführt, kam nun ein stra-
tegischer Aspekt ins Spiel, der in der Literatur bislang unterschätzt
wurde. Meist wird übersehen, dass die Generäle lediglich auf die
operative Lage in ihrem Frontabschnitt fokussiert waren, während
Hitlers Denken von der Gesamtsituation gelenkt wurde. Daher
sind seine Bedenken nicht immer als starres Beharren zu werten,
sondern als berechtigte strategische Überlegungen. Ende April
zeichnete sich nämlich bereits sehr deutlich die deutsch-italienische
Niederlage in Nordafrika ab. Nach ihrem Sieg in Nordafrika, so
glaubte Hitler, hätten die Westalliierten genügend Kräfte frei, um
sowohl in Italien als auch auf dem Balkan zu landen. Hitler wollte die Offensive an der Ostfront deshalb so schnell wie möglich
durchführen, um nach einem raschen Erfolg im Osten Reserven
für andere Kriegsschauplätze zu gewinnen. Deshalb weigerte er
sich, die Wünsche seiner Oberbefehlshaber zu erfüllen und „Zitadelle" bis Mitte Mai zu verschieben. Hitler meinte, die Offensive
müsse unbedingt Anfang Mai durchgeführt und vor der endgültigen Niederlage in Nordafrika abgeschlossen werden.

Doch diese Absicht wurde nun von Generaloberst Model durch-
kreuzt. Am 27. April traf Model auf dem Obersalzberg ein, um
von Hitler das Eichenlaub mit Schwertern zum Ritterkreuz des
Eisernen Kreuzes entgegenzunehmen. Anschließend erhielt er Gelegenheit, Hitler seine Vorstellungen vorzutragen, wie die 9. Armee
beim Unternehmen „Zitadelle" einzusetzen sei. Er legte Hitler
dazu Luftbilder des sowjetischen Stellungssystems vor der Angriffsfront der 9. Armee vor, auf denen zu erkennen war, dass die
sowjetischen Stellungen eine Tiefe von 20 Kilometern hatten und

äußerst stark ausgebaut waren. Ein rascher Durchbruch durch dieses Stellungssystem, so Model, sei nicht möglich. Der Angriff sei zwar durchführbar, aber allein die Durchbruchskämpfe würden sechs Tage in Anspruch nehmen. Sechs Tage waren von der Heeresgruppe Mitte bislang aber als Zeitraum für die gesamte Operation „Zitadelle" eingeplant worden. Davon waren zwei Tage für den Durchbruch durch das sowjetische Stellungssystem vorgesehen und weitere vier Tage bis zum Erreichen der Stadt Kursk.

Hitler war von Models Vortrag beeindruckt. Ihm kamen Zweifel, ob es den Angriffskräften der 9. Armee angesichts der Tiefe des sowjetischen Stellungssystems überhaupt gelingen würde, einen Durchbruch zu erzielen. Und sollten die Durchbruchskämpfe, wie von Model berechnet, tatsächlich fast eine Woche dauern, hätten die im Kursker Frontbogen stehenden Verbände der Roten Armee genügend Zeit, auszuweichen und sich einer Einkesselung zu entziehen. Folglich sei weder mit einem raschen Erfolg noch mit einem großen Sieg bei Kursk zu rechnen. Zudem wuchs die Gefahr, dass die Offensive bei Kursk noch nicht abgeschlossen wäre, wenn die Angloamerikaner in Italien oder auf dem Balkan landeten. Hitler beschloss deshalb, „Zitadelle" bis zum 12. Juni 1943 zu verschieben, was aus seiner Sicht zwei Vorteile hatte: Zum einen lag ihm eine Berechnung der Lieferzeiten von Waffen vor, aus der hervorging, dass bis zum 10. Juni zahlreiche neue Panzer, Sturmgeschütze und schwere Panzerabwehrkanonen zur Verfügung stünden. Damit könne die 9. Armee für ihren Angriff wesentlich verstärkt und damit ihre Erfolgschancen deutlich gesteigert werden. Zum anderen ermöglichte die Verschiebung des Angriffs, auch die Abwehrkraft der deutschen Verbände in Italien und auf dem Balkan bis zum Juni wesentlich zu erhöhen. Alliierte Landungsunternehmen in diesen Gebieten würden dann keinen Abzug von Kräften von der Ostfront mehr notwendig machen, und die Offensive „Zitadelle" könne dann durchgeführt werden, selbst wenn die Angloamerikaner im Mittelmeerraum landen würden. Hitler selbst äußerte sich dazu am 26. Juli, einen Tag nach dem Sturz des italienischen Diktators Benito Mussolini, sehr deutlich: „Ich habe diese Entwicklung eigentlich immer befürchtet. Das war auch der ganze Grund, warum ich immer die Sorge hatte, hier im Osten [*im Frühjahr 1943*] frühzeitig loszuschlagen, weil ich mir immer dachte, es geht im Süden sofort der Tanz los: die Engländer werden das ausnutzen, die Russen werden brüllen, die Engländer werden landen, und bei den Italienern lag doch der Verrat, ich möchte geradezu sagen, in der Luft. Unter diesen Umständen lag mir daran, [mit der Offensive an der Ostfront] wenigstens so lange zu warten, bis mehrere Verbände [als Eingreifreserven für Italien] bereit sind. Es ist hier doch so, dass wir im Westen Verbände [als Reserven] besitzen. Denn ich bin entschlossen, hier [in Italien] natürlich blitzartig zuzuschlagen, genau wie ich es im Falle Jugoslawiens gemacht habe."[42]

Gegen die Verschiebung des Angriffs auf den 12. Juni opponierte nun jedoch der Generalstabschef Zeitzler. Es gelang ihm, Hitler zu überreden, die Meinung der Oberbefehlshaber der Heeresgruppen Mitte und Süd anzuhören, bevor er den neuen Angriffstermin bekannt gab. Zeitzler war sicher, dass sich auch Kluge und Manstein gegen eine so lange Verzögerung des Angriffs aussprechen würden. Am 4. Mai 1943 fand in München eine Lagebesprechung statt, an der neben Hitler und Zeitzler die Generalfeldmarschälle von Kluge und von Manstein, der Generalinspekteur der Panzertruppen Generaloberst Heinz Guderian, der Chef des Generalstabs der Luftwaffe Generaloberst Hans Jeschonnek und weitere Offiziere teilnahmen. Wie Zeitzler gehofft hatte, unterstützten Kluge und Manstein seinen Standpunkt und sprachen sich gegen eine Verschiebung der Offensive aus. Kluge war zwar dafür, den Angriff um einige Tage, bis zum 11. oder 12. Mai zu verschieben. Einen Aufschub bis Juni lehnte er jedoch vehement ab und erklärte, dass er Models Pessimismus für übertrieben halte. Darauf antwortete ihm Hitler, der Pessimist sei nicht Model, sondern er, Hitler selbst. Guderian unterstützte den Standpunkt Hitlers und sprach sich für die vorgeschlagene Verschiebung von „Zitadelle" aus. Außerdem war er dafür, sämtliche Panzerkräfte entweder bei der Heeresgruppe Mitte oder der Heeresgruppe Süd zusammenzufassen und den Kursker Frontbogen lediglich aus einer Richtung mit vereinten Kräften anzugreifen – ein Vorschlag, den Generaloberst Jeschonnek unterstützte, der aber später nicht weiter verfolgt wurde. Jeschonnek betonte indes, dass eine wesentliche Verstärkung der eigenen Luftstreitkräfte bei einer Verschiebung des Angriffs nicht zu erwarten sei. Außer Hitler und Guderian sprach sich demnach keiner der Anwesenden für die geplante Verschiebung von „Zitadelle" bis Juni aus. Trotzdem ließ sich Hitler nicht beirren und gab am folgenden Tag, dem 5. Mai, als neuen Angriffstermin für „Zitadelle" den 12. Juni 1943 bekannt.

Von den Armee-Oberbefehlshabern war lediglich Generaloberst Model über die Verschiebung des Angriffs auf Juni erfreut. Der Chef des Generalstabs der Heeresgruppe Mitte, Generalleutnant Krebs, informierte Model bereits am Abend des 4. Mai darüber, dass „Zitadelle" voraussichtlich um mehrere Wochen verschoben würde, der genaue Termin aber noch nicht feststehe. Model entgegnete darauf, die Verschiebung sei günstig für die Durchführung von „Zitadelle", weil sie der Ausbildung der Truppe zugute komme. General Kempf äußerte bei einem Telefongespräch mit Zeitzler am 7. Mai hingegen „schwere Bedenken" gegen die Verschiebung von „Zitadelle". Er betonte, die Vorbereitungen seien in ausreichendem Umfang abgeschlossen, die Truppe in guter Verfassung und die zusammengezogenen Kräfte erheblich. Die Verschiebung des Angriffs sei sowohl vom operativen als auch vom psychologischen Standpunkt aus unerwünscht. Außerdem bringe die hinzugewonnene Zeit dem Verteidiger mehr Nutzen als dem Angreifer. Überdies bestehe die Gefahr, dass die Rote Armee der Wehrmacht im Angriff zuvorkomme und die Wehrmacht in die Hinterhand gerate. Zeitzler betonte, er sei der gleichen Meinung, aber er habe Hitler nicht davon überzeugen können.

Allerdings gilt zu berücksichtigen, dass die Durchführung von „Zitadelle" im Mai 1943 kaum möglich gewesen wäre, selbst wenn Hitler sie gewollt hätte. Das lag an einem Faktor, der in der Literatur bislang vollkommen vernachlässigt wurde: dem Wetter. Gerade an der Ostfront war die Truppe aufgrund der schlechten Infrastruktur auf gutes Wetter angewiesen. Doch von Mitte bis Ende Mai regnete es im Bereich von Models 9. Armee fast jeden Tag, wodurch sich der Zustand der zumeist unbefestigten Straßen derart verschlechterte, dass sie zeitweilig für alle Fahrzeuge gesperrt werden mussten. Militärische Großoperationen waren in dieser Zeit schlichtweg nicht durchführbar. Erst im Juni besserte sich das Wetter und machte Straßen und Wege wieder befahrbar.

Die Heeresgruppe Mitte nutzte die Pause bis zum Angriffsbeginn nicht nur für die Ausbildung ihrer Truppen und den intensiven Stellungsbau im Frontbogen von Orjol, sondern auch für mehrere Unternehmen zur Partisanenbekämpfung. Das größte davon fand südlich Brjansk statt und trug den Decknamen „Zigeunerbaron".

Daran nahmen mehrere Divisionen teil, die für den Angriff „Zitadelle" vorgesehen waren, und zwar die 4. Panzerdivision, die 18. Panzerdivision, die 10. motorisierte Infanterie-Division, die 7. Infanterie-Division und die 292. Infanterie-Division. Der Einsatz dieser Verbände unterstreicht zum einen, wie groß die Gefahr eingeschätzt wurde, die von den Partisanen im rückwärtigen Gebiet der Heeresgruppe Mitte ausging, zumal der Eisenbahnknotenpunkt Brjansk die neuralgische Stelle für die Versorgung der gesamten Heeresgruppe Mitte war. Zum anderen macht das Unternehmen „Zigeunerbaron" deutlich, wie schwach die deutschen Gesamtkräfte an der Ostfront waren, wenn sogar schlagkräftige Panzer- und motorisierte Divisionen zur Partisanenbekämpfung herangezogen werden mussten. „Zigeunerbaron" begann am 17. Mai 1943 und dauerte drei Wochen. Dabei zeigte sich, wie gut die Partisanen ausgerüstet waren: Am 27. Mai erbeutete die 7. Infanterie-Division einen Panzer vom Typ T-34, den die Partisanen bei einem Gegenangriff eingesetzt hatten. Der Abschlussbericht der Heeresgruppe Mitte vom 8. Juni 1943 zählte als gegnerische Verluste auf: 3.152 Tote, 569 Überläufer, 24 Geschütze, drei Panzer, 14 Panzerabwehrkanonen, 55 Granatwerfer, zwei Flugzeuge und zahlreiche Infanteriewaffen. Bemerkenswert ist ein Vergleich mit dem Bericht, den das Panzerarmee-Oberkommando 2, in dessen Bereich „Zigeunerbaron" stattgefunden hatte, am Tag zuvor vorgelegt hatte: Darin ist von 1.584 Toten und 1.568 Gefangenen die Rede. In Übereinstimmung mit den Befehlen zur Behandlung gefangener „Banditen" waren demnach sämtliche beim Unternehmen „Zigeunerbaron" gefangenen Partisanen erschossen worden.

Vom 21. bis zum 28. Mai lief mit dem Unternehmen „Freischütz" eine weitere Aktion zur Partisanenbekämpfung, an der ebenfalls ein Verband teilnahm, der für den Angriff „Zitadelle" vorgesehen war, und zwar die 6. Infanterie-Division. Durch diese beiden Unternehmen verzögerte sich der Termin für „Zitadelle" weiter, weil die 9. Armee zusätzliche Zeit für die Rückführung der beteiligten Divisionen benötigte, wie sie am 29. Mai an die Heeresgruppe Mitte meldete. Außerdem wurden die Verbände durch die Kämpfe gegen die Partisanen in ihrer Angriffskraft geschwächt. So verlor allein die 7. Infanterie-Division beim Unternehmen „Zigeunerbaron" 859 Soldaten: Vier Offiziere sowie 33 Unteroffiziere und Mannschaften wurden getötet oder vermisst und 183 Offiziere sowie 639 Unteroffiziere und Mannschaften verwundet.

Inzwischen hatte sich die strategische Lage weiter verschärft: Am 13. Mai kapitulierten die letzten Teile der in Nordafrika eingesetzten Achsenstreitkräfte. Für Hitler kam „Zitadelle" nun vorerst nicht in Frage. Am 19. Mai erklärte er in einer Lagebesprechung, dass auf die Italiener kein Verlass sei. Falls in Italien „eine Schweinerei passieren sollte", das heißt, falls Italien kapitulieren würde, wolle er „in erster Linie die drei SS-Divisionen" nach Italien schicken, „weil sie den Faschismus am besten kennen".[43] Damit waren die drei SS-Panzergrenadier-Divisionen „Leibstandarte SS Adolf Hitler", „Das Reich" und „Totenkopf" gemeint – jene drei Divisionen, die beim Unternehmen „Zitadelle" als Schwerpunktdivisionen vorgesehen waren. Am folgenden Tag brachte Hitler nochmals seine Sorge in Bezug auf Italien zum Ausdruck und meinte, dass dort in jedem Moment eine Krise möglich sei. Drei Tage später stellte der deutsche Militärattaché in Rom in einem Bericht über die italienische Armee fest, „dass sie überall versagt habe, weil sie unzureichend ausgerüstet, das Offizierkorps mangelhaft ausgebildet" sei und eine „ungenügende innere Bereitschaft der meisten Soldaten" bestehe. „Der Kern des italienischen Heeres sei in Afrika, Griechenland und Russland vernichtet worden. Die restliche Luftwaffe sei technisch rückständig und nur bedingt einsatzbereit. Die Bewaffnung für die Küstenverteidigung sei gänzlich mangelhaft. [...] Eine erfolgreiche Abwehr eines feindlichen Großangriffs auf Italien sei nur bei starker deutscher Unterstützung zu erwarten."[44]

Dass diese Einschätzung zutraf, zeigte sich am 11. Juni 1943. An diesem Tag gaben die Italiener Pantelleria kampflos an die Alliierten auf. Diese als „italienisches Malta" bezeichnete Insel wurde ein wichtiger Stützpunkt für die spätere alliierte Landung auf Sizilien. Innerhalb der nächsten 24 Stunden ergaben sich auch die Nachbarinseln Lampedusa und Linosa den Alliierten. „Die Übergabe dieses Stützpunktes", heißt es im Kriegstagebuch der deutschen Seekriegsleitung über den Verlust von Pantelleria, „der für die Behinderung der feindlichen Schifffahrt in der Sizilienstraße von entscheidender Bedeutung ist, bedeutet eine schwere effektive und moralische Niederlage für die Sache der Achsenmächte. [...] Pantelleria bedeutet kein Ruhmesblatt für die Italiener und [*ist*] hoffentlich kein Omen für ihre Haltung in den künftigen Kämpfen um die Inseln."[45] Ähnlich kommentierte Goebbels in seinem Tagebuch: „Die Kapitulation Pantellerias scheint zu zeigen, dass die Theorie, die Italiener würden sich auf eigenem Grund und Boden besser schlagen als in Afrika, nicht zutrifft. Sie beweist ferner, dass man bei den Italienern allein mit der Luftwaffe [...], ohne einen Angriff zu Lande, etwas erreichen kann. Es ist hier das erste Mal der Fall eingetreten, dass die Luftwaffe eine Festung nimmt."[46]

Erst Ende Juni war Hitler zuversichtlich, dass sich die Lage in Italien durch die Zuführung von Divisionen aus dem Westen für die Deutschen so verbessert habe, dass man im Falle eines Ausscheidens Italiens aus dem Krieg ohne den Abzug von Kräften von der Ostfront auskomme und die Offensive im Osten nun durchgeführt werden könne. Der Termin für „Zitadelle" war in der Zwischenzeit entsprechend verschoben worden. Bereits am 11. Mai hatte das Oberkommando des Heeres der Heeresgruppe Süd mitgeteilt, dass der zuletzt vorgesehene Termin, der 12. Juni, lediglich der frühestmögliche Zeitpunkt für „Zitadelle" sei, also noch nicht der endgültige Stichtag. Am 1. Juni benachrichtigte das Oberkommando des Heeres die Heeresgruppen Mitte und Süd, dass das Unternehmen „Zitadelle" frühestens am 25. Juni durchgeführt würde. Vier Tage später, am 5. Juni, gab das Oberkommando des Heeres einen neuen vorläufigen Termin bekannt, und zwar den 20. Juni. Zugleich informierte es die Heeresgruppen, dass die Entscheidung über den endgültigen Termin voraussichtlich in der kommenden Woche fallen würde. Doch diese Entscheidung ließ weiter auf sich warten. Erst am 16. Juni erhielten die Heeresgruppen Mitte und Süd die Mitteilung, dass ab dem 18. Juni mit der Bekanntgabe des endgültigen Termins für „Zitadelle" zu rechnen sei.

Hitler ging es bei den wiederholten Verzögerungen des Angriffstermins indes nicht nur darum, die Abwehrkraft im Mittelmeerraum genügend zu festigen und die Angriffsverbände an der Ostfront mit neuen Panzern zu versorgen. Er hätte es gern gesehen, wenn ihm die Entscheidung zum Angriff im Osten durch eine sowjetische Offensive abgenommen worden wäre. Dementsprechend notierte Goebbels am 23. Mai in sein Tagebuch: „Bezüglich der Ostoffensive wird weiterhin von beiden Seiten an dem Grundsatz festgehalten: ‚Hannemann, geh Du voran, Du hast die längsten Stiefel an!' […] Der Führer hat die Absicht, zuerst einmal die Bolschewisten anrennen zu lassen."[47] Am 6. Juni hatte Goebbels eine Besprechung mit Guderian, über die er festhielt: „Guderian ist glücklich darüber, dass der Führer die Mai-Offensive abgesagt hat. Er sieht die militärischen Operationen natürlich nur unter dem Gesichtspunkt der Panzerwaffe. Immerhin aber hat er Recht, wenn er behauptet, dass jeder Monat Gewinn für uns einen Gewinn von tausend Panzern darstellt. Wenn wir also noch eine gewisse Zeit zuwarten könnten, so bedeutete das für uns nur einen Vorteil. Der Führer hat Guderian gegenüber die Befürchtung zum Ausdruck gebracht, dass man ihn für feige hielte, weil er jetzt nicht angriffe. Es ist Guderian gelungen, diese Befürchtung zu zerstreuen."[48]

In der Zwischenzeit drängten die Oberbefehlshaber der Heeresgruppen und der Armeen an der Ostfront weiterhin darauf, die Offensive „Zitadelle" so bald wie möglich durchzuführen oder gänzlich auf sie zu verzichten. Wiederholt wiesen sie darauf hin, dass die Zeit des Wartens vor allem der Roten Armee zugute komme und der eigene Kräftezuwachs das Anwachsen der sowjetischen Stärke nicht ausgleichen könne. Am 15. Juni schickte Manstein ein Fernschreiben an Zeitzler, in dem er erklärte, je länger „Zitadelle" hinausgeschoben würde, desto geringer wären die operativen Erfolgsmöglichkeiten, selbst wenn die taktischen Chancen durch weitere Zuführung von Panzern verbessert würden. Drei Tage später legte die Heeresgruppe Süd dem Oberkommando des Heeres eine zusammenfassende Feindbeurteilung vor, in der es hieß, der Gegner habe sich an der gesamten Front der Heeresgruppe Süd verstärkt und operative Kräftegruppen gebildet. Mit einer Offensive gegen den Raum von Charkow sei zu rechnen. Ebenfalls am 18. Juni erstellte der Wehrmachtführungsstab für Hitler eine Lagebeurteilung, die in dem Vorschlag gipfelte, bis zur Klärung der strategischen Gesamtlage auf die Offensive „Zitadelle" zu verzichten und stattdessen an der Ostfront und in Deutschland starke operative Reserven zu bilden.

Doch nun wollte Hitler nicht länger warten, bis die Rote Armee die Initiative ergriffe. Noch am 18. Juni bestimmte er, dass das Unternehmen „Zitadelle" durchzuführen sei. Am 24. Juni äußerte er in einer Lagebesprechung, der Eindruck, den die „Tunis-Katastrophe" hinterlassen habe, könne nicht durch Propaganda, sondern müsse durch neue Leistungen und Taten verwischt werden. Am folgenden Tag bestimmte er den endgültigen Angriffstermin, der den Heeresgruppen Mitte und Süd am 27. Juni 1943 unter Tarnbezeichnung mitgeteilt wurde. Im Kriegstagebuch des Panzer-armee-Oberkommandos 4 heißt es dazu: „Erntefest für ‚Zitadelle' Blumenduft Karl minus 9. Damit ist der 5.7. als Angriffstag für das Unternehmen ‚Zitadelle' festgelegt."[49]

„Es muss gefordert werden, dass das Beste in der Konstruktion und im Material gemacht wird, was überhaupt möglich ist."[50] – Das Ringen um die qualitative Überlegenheit auf dem Schlachtfeld

„Zitadelle" ist vor allem als Panzerschlacht in die Geschichte ein-gegangen. Und in der Tat waren es gerade die neuen Panzer und Sturmgeschütze, in die Hitler für die Sommeroffensive 1943 große Hoffnungen setzte. Bereits in der Lagebesprechung am 18. Februar 1943 in Mansteins Hauptquartier in Saporoschje hatte Hitler erklärt: „Wir werden Anfang Mai 98 schwere Sturmgeschütze von der neuen Konstruktion Porsches haben. Dazu werden wir 150 neue Tiger haben. Dazu werden 200/250 Panther kommen. Dazu 50 schwere Infanteriegeschütze auf Selbstfahrlafetten, dazu 100 Flammenwerfer-Panzer und eine Anzahl Panzer IV. Die meis-ten dieser neuen Waffen sind unverletzbar. Ihre Waffenwirkung ist unerreicht. Mit dem Sturmgeschütz [*von Porsche*] schießt man auf 2.000 Meter jeden Feindpanzer ab. Mit dieser gigantischen Sum-mierung von modernsten Angriffswaffen muss es gelingen, die Initiative wieder in die Hand zu bekommen."[51]

Um was für Panzerfahrzeuge handelte es sich genau, die Hitler hier nannte? Mit den 98 schweren Sturmgeschützen von Porsche waren die schweren Panzerjäger „Ferdinand" gemeint – eine von Ferdinand Porsche entworfene Selbstfahrlafette, mit deren Ent-wicklung Ende 1942 begonnen wurde. In einem kastenförmigen, nicht drehbaren Aufbau war eine 8,8-cm-Kanone mit einer Rohr-länge von fast 6,3 Metern eingebaut – die damals wirksamste Panzer- und Panzerjägerkanone überhaupt. Sie konnte mit ihrer Standardmunition noch auf 2.000 Meter Entfernung Panzerplat-

ten von mehr als 13 cm Stärke durchschlagen und damit praktisch
auf jede beliebige Kampfentfernung jeden gegnerischen Panzer
ausschalten. Der „Ferdinand", benannt nach seinem Konstrukteur
Ferdinand Porsche, hatte selbst eine Frontpanzerung von 20 cm
und war damit von vorn fast unverwundbar. Allerdings hatte er
ein Gefechtsgewicht von mehr als 68 Tonnen und verbrauchte auf
100 Kilometer etwa 1.200 Liter Benzin, was die Truppe vor erhebliche logistische Schwierigkeiten stellte.

Im Frühjahr 1943 wurden insgesamt 91 (nicht 98) schwere
Jagdpanzer vom Typ „Ferdinand" hergestellt, von denen zwei als
Testfahrzeuge an die Heeresversuchsstelle Kummersdorf abgegeben wurden und in der Heimat verblieben. 89 „Ferdinande" wurden an die Front geliefert, und zwar 45 Stück an die schwere
Panzerjäger-Abteilung 654 und 44 an ihre Schwesterabteilung 653.
Die beiden Abteilungen bildeten zusammen mit der Sturmpanzer-
Abteilung 216 das schwere Panzerjäger-Regiment 656 und wurden für den Angriff auf Kursk Models 9. Armee unterstellt. Ursprünglich wurde der „Ferdinand" als „Sturmgeschütz" bezeichnet,
ab Frühjahr 1943 dann allerdings als „Panzerjäger", wobei in den
zeitgenössischen Dokumenten für dieses Fahrzeug auch im Sommer 1943 noch beide Bezeichnungen auftauchen. 1944 erfolgte
schließlich die Änderung des Namens von „Ferdinand" in „Ele-
fant", was den Typenbezeichnungs-Wirrwarr noch vergrößerte.

Der von Hitler an zweiter Stelle erwähnte schwere Panzerkampfwagen „Tiger" war eigentlich kein neuer Panzer, sondern wurde
bereits seit September 1942 an der Ostfront und seit Dezember 1942 in Nordafrika eingesetzt. Der „Tiger" war auch nicht,
wie oft angenommen wird, als Antwort auf den sowjetischen T-34
entwickelt worden. In Wirklichkeit hatte seine Entwicklung als
„Durchbruchswagen" bereits 1937 begonnen. Nach vielen Umar-
beitungen des ursprünglichen Entwurfs, Tests und Verzögerungen
lief seine Produktion als schwerer Panzerkampfwagen im August
1942 an. Als der „Tiger" bei der Truppe eingeführt wurde, waren
die Soldaten zunächst enttäuscht. Sie hatten sich einen Panzer mit
einer modernen Form, mit abgeschrägten Panzerplatten ähnlich
dem damals gefürchteten sowjetischen T-34 gewünscht. Schräge
Panzerplatten erhöhen den Panzerschutz nicht nur deshalb, weil
mancher Treffer an der Schräge abprallt, sondern auch dadurch,
dass das Geschoss, wenn es in die Panzerplatte eindringt, einen

längeren Durchschlagsweg zurücklegen muss. Meist unterschätzt wird ein dritter Aspekt: Ein Geschoss, das in eine geneigte Panzerplatte eindringt, nimmt keinen geraden Weg durch die Panzerplatte, sondern wird durch die Gegenkräfte aus seiner geraden Bahn „weggedrückt", was den Durchschlagsweg noch verlängert. Eine stark geneigte Panzerplatte kann somit unter Umständen eine dreimal so große Schutzwirkung bieten; das heißt, eine Panzerplatte von 4 cm Stärke hat dann die gleiche Standfestigkeit wie eine senkrechte Panzerplatte von 12 cm Stärke. Oder mit den Worten des „Nachrichtenblatts der Panzertruppen" vom September 1943: „Als Faustregel kann man sich merken, dass auf die gleiche Entfernung bei einem Aufschlagwinkel von 30 Grad nur noch ein Drittel der Plattenstärke wie bei einem Aufschlagwinkel von 90 Grad durchschlagen werden kann."[52]

Trotz solcher Erkenntnisse war der „Tiger" mit meist senkrechten Panzerplatten konstruiert worden und wirkte von der Form wie ein Kasten. Allerdings lernten die Besatzungen rasch die Vorzüge ihres Kampfwagens schätzen: Die Frontpanzerung war 10 bis 12 cm stark und widerstand Treffern aus fast allen im Sommer 1943 eingesetzten sowjetischen Panzer- und Panzerabwehrkanonen. Die Seitenwände des Turms und der oberen Wanne waren 8 cm gepanzert und boten damit gegen die 7,6-cm-Kanone F-34 des T-34 noch guten Schutz. In einem Bericht des Kriegsrats der Panzer- und mechanisierten Truppen der Roten Armee vom 4. Mai 1943 heißt es über die Ergebnisse eines Beschusstests auf einen erbeuteten „Tiger": „Ein Beschuss der 82-mm-Seitenpanzerung des Panzers T-VI [‚Tiger'] aus der 76-mm-Kanone F-34 aus einer Entfernung von 200 Metern hat gezeigt, dass die panzerbrechenden Geschosse dieser Kanone sich als zu schwach erweisen und beim Auftreffen auf die Panzerung scheitern, die Panzerung nicht durchschlagen."[53] Nur mit speziellen Unterkalibergranaten oder auf äußerst kurze Entfernung und bei günstigstem Auftreffwinkel des Geschosses konnte die Kanone des T-34 die Seitenpanzerung des „Tigers" durchschlagen. Im selben Bericht heißt es, dass die 8,8-cm-Kanone des „Tigers" hingegen selbst die am stärksten gepanzerten Bugteile des T-34 auf 1.500 Meter Entfernung durchschlagen könne. Dabei war in den „Tiger" nicht einmal die überlange 8,8-cm-Kanone des „Ferdinand" eingebaut, sondern eine ältere Version mit einer Rohrlänge von 4,9 Metern und einer geringeren Treibladung des Geschosses. Trotzdem konnte die 8,8-cm-Kanone des „Tigers" im Sommer 1943 jeden gegnerischen Panzer auf große Entfernung zerstören.

Doch nicht nur seine überlegene Panzerung und Feuerkraft machten den „Tiger" bei seinen Besatzungen sehr beliebt. Der Panzer war relativ geräumig und bot der Besatzung gute Gefechtsbedingungen. Außerdem war der „Tiger" im Gegensatz zu den bisherigen Panzertypen mit einem halbautomatischen Schaltgetriebe und einem Lenkgetriebe ausgestattet, das dem Fahrer die Lenkung mit einem Lenkrad statt den üblichen Lenkhebeln ermöglichte. Darüber hinaus konnte der Fahrer den „Tiger" auf der Stelle drehen, ohne die eine Seite des Fahrwerks völlig abbremsen zu müssen. Der Fahrkomfort war damit außergewöhnlich hoch, und ehemalige Panzerfahrer erinnern sich, dass sich der „Tiger" so einfach steuern ließ wie ein Lastkraftwagen.

Die große Kampfkraft und der verhältnismäßig hohe Komfort für die Besatzung machten den „Tiger" allerdings zu einem aufwändig herzustellenden und teuren Fahrzeug, das nicht für die Massenproduktion in Frage kam. Sein Einsatz erfolgte deshalb meist in selbstständigen Heeresverbänden, so genannten „schweren Panzerabteilungen". Im Sommer 1943 gab es erst fünf solcher schweren Panzerabteilungen, von denen nur drei an der Ostfront eingesetzt waren. Zwei davon nahmen am Angriff auf Kursk teil, und zwar die schweren Panzerabteilungen 503 und 505, jede mit einer Sollstärke von 45 „Tigern". Die Abteilung 505 kam bei Models 9. Armee zum Einsatz, begann das Unternehmen „Zitadelle" allerdings mit nur zwei Kompanien und 31 „Tigern". Die dritte Kompanie traf mit ihren 14 „Tigern" erst am 8. Juli, drei Tage nach Angriffsbeginn, bei der Abteilung an der Front ein.

Die schwere Panzerabteilung 503 kam dagegen bei der Armeeabteilung Kempf im Südabschnitt zum Einsatz. Sie trat zwar mit ihrer vollen Stärke von 45 „Tigern" zum Angriff auf Kursk an, aber General Kempf hatte befohlen, die einzelnen Kompanien der Abteilung je einer der drei Panzerdivisionen des III. Panzerkorps zu unterstellen. So wurde die 1. Kompanie der 6. Panzerdivision zugewiesen, die 2. Kompanie der 19. Panzerdivision und die 3. Kompanie der 7. Panzerdivision. Kempf hatte diese Aufteilung in Anbetracht der Schwäche der drei Panzerdivisionen und ihrem Mangel an modernen Panzern vorgenommen. Er ging davon aus, dass jede der drei Panzerdivisionen erheblich mehr Schlagkraft hätte, wenn sie über eine Kompanie „Tiger" verfüge.

Auch die vier Elite-Panzergrenadier-Divisionen „Großdeutschland", „Leibstandarte SS Adolf Hitler", „Das Reich" und „Totenkopf" hatten je eine Kompanie „Tiger", was die Anzahl der gesamten am Unternehmen „Zitadelle" beteiligten Fahrzeuge dieses Typs auf 147 erhöhte. Allein diese geringe Zahl spricht für sich, denn kein Waffensystem hat das Bild der Schlacht um Kursk so geprägt wie der „Tiger". In sowjetischen Gefechtsberichten, Büchern und Kriegsfilmen tauchen bei Kursk Hunderte von „Tigern" auf, von denen die meisten durch die sowjetischen Truppen zerstört werden. Die Wirklichkeit sah freilich anders aus: Vom Beginn der Produktion im August 1942 bis Ende Juni 1943 wurden insgesamt lediglich 340 „Tiger" hergestellt; 65 folgten im Juli und 60 im August 1943. An allen Fronten gingen im Juli und August 1943 nur 73 „Tiger" verloren; im gesamten Kriegsjahr 1943 insgesamt 307 Stück. Auch dies unterstreicht die Qualität dieses Waffensystems, das stets an den Schwer- und Brennpunkten der Kämpfe eingesetzt wurde und bei Angriffsunternehmen immer wieder als „Rammbock" diente.

Der dritte von Hitler am 18. Februar 1943 erwähnte Kampfwagen war der „Panther". Dabei handelte es sich tatsächlich um einen völlig neuen Panzertyp, dessen Entwicklung als Antwort auf den sowjetischen T-34 zur Jahreswende 1941/42 begonnen hatte. Ursprünglich war der neue Panzerkampfwagen als mittlerer Panzer mit einem Gewicht von 30 bis 35 Tonnen entworfen worden. Durch die laufende Verstärkung der Panzerung während der Entwicklung erreichte der „Panther" jedoch schließlich ein Gefechtsgewicht von 45 Tonnen. Damit war er eigentlich kein mittlerer Panzer mehr, sondern fiel in die Gewichtsklasse der schweren Panzerkampfwagen. Er hatte das gleiche Gewicht wie der schwere sowjetische Panzer KW-1 und der 1944 eingeführte IS-2, der in deutschen Quellen manchmal als „überschwerer Panzer" bezeichnet wird, obwohl er nicht mehr wog als der „Panther". Taktisch war der „Panther" allerdings kein schwerer „Durchbruchspanzer", sondern für die „mittleren Panzerkompanien" vorgesehen; er sollte als neuer Standardpanzer den mittleren Panzerkampfwagen IV ersetzen. Vom Beginn der Fertigung im Januar 1943 bis Ende Juni 1943 wurden etwa 500 „Panther" hergestellt; im Juli 1943 folgten 190 und im August circa 120 Stück. Durch erhebliche technische Schwierigkeiten verzögerte sich allerdings die Auslieferung an die Truppe. Erst wenige Tage vor Beginn des Unternehmens „Zitadelle" erreichten die ersten 200 „Panther" die Front. Sie waren im Panzerregiment 39 zusammengefasst, das aus den beiden Panzerabteilungen 51 und 52 bestand und bei der Heeresgruppe Süd zum Einsatz kam. Noch vor Beginn des Unternehmens „Zitadelle" wurden zwei „Panther" durch Motorbrände zerstört, so dass das Panzerregiment 39 den Angriff „Zitadelle" mit 198 „Panthern" begann. Beim Einsatz zeigte sich, dass die beiden Panzerabteilungen 51 und 52 nicht nur viel zu überstürzt und schlecht ausgebildet an die Front geschickt worden waren, sondern auch mit völlig unzureichend erprobten Kampfwagen. Die „Panther" wiesen noch zahlreiche technische Mängel auf, welche die Besatzungen manchmal fast zur Verzweiflung brachten. Die Panzersoldaten klagten insbesondere über das mangelhafte Seitenvorgelege, das die Aufgabe hatte, die Drehzahl des Getriebes auf die Antriebsräder zu übersetzen. Beanstandet wurden außerdem die schlechte Benzinpumpe, die ungenügenden Dichtungen der Kraftstoff- und Ölleitungen, die unzureichende Befestigung der Vergaser und die schlechte Motorkühlung. „Wir mussten mit diesen Krüppeln in den Einsatz fahren, mit selbstverständlich ganz klar zu erwartendem Ergebnis", schrieb später ein Angehöriger der I. Abteilung des SS-Panzerregiments 2.[54] Diese Abteilung war wie das Panzerregiment 39 mit „Panthern" der ersten Ausführung ausgestattet und griff ab Ende August 1943 noch in die letzte Phase der Schlacht um Kursk ein. Bereits eine Woche nach dem ersten Einsatz der Abteilung waren von ihren 71 „Panthern" 40 reparaturbedürftig.

Die zahlreichen technischen Mängel der Kampfwagen und der schlechte Ausbildungsstand der Besatzungen verminderten ganz entscheidend die Wirksamkeit der 198 „Panther", die zum Unternehmen „Zitadelle" antraten. Hitler setzte große Hoffnungen in diesen Panzertyp, der oft als die gelungenste Panzerkonstruktion des Zweiten Weltkriegs beschrieben wird. Diese Erwartungen erfüllten sich bei Kursk jedoch noch nicht. Prozentual erlitten die „Panther" bei Kursk sogar die höchsten Ausfälle aller eingesetzten deutschen Panzertypen: Von den 200 „Panthern", die Anfang Juli 1943 an der Front eingetroffen waren, mussten bis zum Ende des Monats 83 Stück als Totalverluste abgeschrieben werden.

Ein weiteres Fahrzeug, das Hitler in der Lagebesprechung am 18. Februar 1943 hervorhob, ist erst auf den zweiten Blick zu identifizieren. Denn die Bezeichnung „50 schwere Infanteriegeschütze auf Selbstfahrlafetten" trifft auch auf die Fahrzeuge vom Typ „Grille" zu – eine leicht gepanzerte Selbstfahrlafette mit dem bewährten schweren Infanteriegeschütz 33 mit einem Kaliber von 15 cm. Dieses Fahrzeug kann Hitler allerdings nicht gemeint haben: Zum einen wurden von diesem Fahrzeugtyp bis zum Sommer 1943 nicht 50, sondern 100 Stück an die Front geliefert. Zum anderen gehörte die „Grille" mit ihrem schwach gepanzerten, offenen Kampfraum auch nicht in die Kategorie der Fahrzeuge, die Hitler als „unverletzbar" beschrieb. Tatsächlich meinte Hitler ein anderes Kampffahrzeug mit einem 15-cm-Geschütz, und zwar den „Sturmpanzer", eine Selbstfahrlafette, die in einem schwer gepanzerten, nicht drehbaren Aufbau eine 15-cm-Sturmhaubitze trug, welche die gleiche Munition verschoss wie das schwere Infanteriegeschütz 33. In der Literatur wird dieses Fahrzeug oft fälschlich als „Brummbär" bezeichnet. Dieser Name taucht zwar bereits in zeitgenössischen alliierten Dokumenten auf, wurde von deutscher Seite jedoch nie verwendet. 60 Sturmpanzer wurden im Frühjahr 1943 hergestellt, von denen sich Anfang Juli 1943 insgesamt 45 Stück bei der Sturmpanzer-Abteilung 216 an der Ostfront befanden. Zehn weitere Sturmpanzer kamen im Juli 1943 noch als Ersatzfahrzeuge zur Truppe. Mit seinen frontal 8 bis 10 cm starken, geneigten Panzerplatten bot das Fahrzeug der Besatzung guten Schutz. Wie bereits der Name andeutet, sollte der Sturmpanzer zusammen mit den „Sturmgeschützen" vom Typ „Ferdinand" bei der 9. Armee als „Rammbock" eingesetzt werden und stark befestigte Widerstandsnester im direkten Beschuss zerstören. Dabei bildete die Sturmpanzer-Abteilung 216 die III. Abteilung des schweren Panzerjäger-Regiments 656, das während des Unternehmens „Zitadelle" beim XXXXI. Panzerkorps und beim XXIII. Armeekorps zum Einsatz kam und die 86. Infanterie-Division, die 292. Infanterie-Division und die 78. Sturmdivision unterstützte. Von den 55 Sturmpanzern, die im Juli 1943 an der Ostfront eingesetzt wurden, gingen im selben Monat insgesamt 17 Stück verloren.

Wie Hitler in der Lagebesprechung angekündigt hatte, wurden im Frühjahr 1943 insgesamt 100 Flammenwerfer-Panzer hergestellt. Es handelte sich um Panzerkampfwagen III, in die an Stelle der üblichen 5-cm-Kanone ein Flammenwerfer eingebaut war, der eine Reichweite von fast 60 Metern hatte. Allerdings wurden den Divisionen, die am Unternehmen „Zitadelle" teilnahmen, nur 41 dieser Flammenwerfer-Panzer geliefert: 14 Stück kamen bei der 6. Panzerdivision zum Einsatz, 13 bei der 11. Panzerdivision und 14 bei der Panzergrenadier-Division „Großdeutschland". Die übrigen Flammenwerfer-Panzer wurden an Panzerdivisionen geliefert, die nicht an der Ostfront standen.

Etwas irreführend ist auch Hitlers Aussage, dass zu den verschiedenen neuen Panzern und Selbstfahrlafetten „eine Anzahl Panzer IV" komme. Denn der mittlere Panzerkampfwagen IV wurde in großen Stückzahlen hergestellt und war bereits seit dem ersten Tag des Zweiten Weltkriegs bei der Panzertruppe im Einsatz. In den ersten Kriegsjahren war sein Kampfwert durch verschiedene technische Verbesserungen gesteigert worden, insbesondere durch die Verstärkung seiner Panzerung von ursprünglich 1,5 cm auf 5 cm an der Front und 3 cm an den Seiten. Schwachpunkt blieb zunächst seine Bewaffnung: Bis Anfang 1942 wurde er mit einer 7,5-cm-Kanone ausgeliefert, die eine Rohrlänge von lediglich 1,8 Metern hatte und von den Soldaten „Stummelkanone" genannt wurde. Die Durchschlagsleistung der Panzergranate war aufgrund der niedrigen Mündungsgeschwindigkeit gering: Auf 100 bis 500 Meter Entfernung konnten nur 4 cm starke Panzerplatten durchschlagen werden. Gegen die Frontpanzerung des T-34 – 4 bis 5 cm dicke, stark geneigte Panzerplatten – konnte die kurze Kanone des Panzerkampfwagens IV nichts ausrichten. Dagegen konnte die 7,6-cm-Kanone des T-34 die schwache Panzerung des deutschen Kampfwagens auf jede beliebige Gefechtsentfernung durchschlagen.

Abhilfe schaffte die 1942 eingeführte Ausführung G des Panzerkampfwagens IV: Zunächst wurde als wichtigste Verbesserung eine 7,5-cm-Kanone mit einer Rohrlänge von 3,2 Metern eingebaut. Zugleich wurde die Treibladung der Granatpatrone deutlich vergrößert. Dadurch konnte die Durchschlagsleistung des Geschosses mehr als verdoppelt werden: Auf 500 Meter Entfernung durchschlug das Standardgeschoss 9 cm Panzerstahl, auf 1.000 Meter Entfernung noch 8 cm. Nun konnte der T-34 wirksam bekämpft werden. Anfang 1943 wurde die Panzerung des Wannenbugs von 5 cm auf 8 cm verstärkt. Die Turmpanzerung

von 5 cm konnte allerdings aus strukturellen Gründen nicht weiter
verstärkt werden; so blieb der Turm bis zum Kriegsende die frontale Schwachstelle des Panzerkampfwagens IV.

Ab April 1943 wurde der Kampfwert des Panzers IV noch einmal gesteigert, als eine neue Kanone mit einer Rohrlänge von
3,6 Metern eingebaut wurde. Dadurch wurden die Mündungsgeschwindigkeit und die Durchschlagsleistung des Geschosses noch
einmal geringfügig erhöht. Zur gleichen Zeit wurden für die Panzerkampfwagen III und IV sowie für die Sturmgeschütze und
Sturmpanzer so genannte „Panzerschürzen" eingeführt – großflä-
chige Stahlplatten, die an den Seiten der Panzer befestigt wurden
und fast den gesamten Turm und die Wanne abdeckten. Im Gegensatz zur landläufigen Meinung waren diese 0,5 bis 0,8 cm starken
Stahlplatten nicht aus Panzer-, sondern aus Weichstahl gefertigt.
Trotzdem erhöhten sie den Schutz. Denn die Stärke der Seitenpanzerung des Panzers IV betrug nur 3 cm und konnte (wie die Stärke
der Turmfront) nicht weiter erhöht werden. Ohne Schürzen war
der Panzer IV seitlich selbst durch leichte sowjetische Panzerabwehrwaffen verwundbar, darunter auch durch die sowjetischen
Panzerbüchsen vom Kaliber 1,45 cm. Diese wurden von der Roten
Armee im Sommer 1943 massenhaft eingesetzt: Allein die drei
sowjetischen Fronten, die den Kursker Bogen verteidigen sollten,
verfügten über etwa 36.000 Panzerbüchsen. Sie waren leicht zu
bedienen und konnten unter günstigen Bedingungen 5 bis 6 cm
Panzerstahl durchschlagen. Die Panzerbüchsengeschosse verloren
allerdings einen großen Teil ihrer Wirkung, wenn sie auf Widerstand trafen, bevor sie das eigentliche Ziel erreichten – und dafür
genügte bereits eine relativ schwache Stahlplatte, welche die Seitenpanzerung des Panzers abschirmte. Am 14. Mai 1943 führten
die Deutschen in der Heeresversuchsstelle Kummersdorf einen
Beschusstest auf die Wanne eines Panzer IV mit Schürzen durch.
Dabei stellte sich heraus, dass die Schürzen nicht nur Schutz gegen
die sowjetische Panzerbüchse vom Kaliber 1,45 cm boten, sondern
auch gegen 7,5-cm-Sprenggranaten.

Die Truppe war über die Einführung der Schürzen zunächst
nicht begeistert. In einem Erfahrungsbericht der 20. Panzerdivision vom 27. Mai 1943 finden sich ausschließlich kritische Bemerkungen: Die Aufhängung der Schürzen sei zu schwach, schon ge-
ringes Anstoßen führe zum Verbiegen der Halterungen. Beim

Fahren im Schlamm staue sich dieser zwischen den Schürzen und den Ketten und verursache zusätzlichen Widerstand. Bei trockenem Wetter würden die Schürzen aufgewirbelten Sand und Staub direkt zu den Luftansaugklappen des Motorraums leiten, was innerhalb kurzer Zeit zur Verstopfung der Luftkanäle des Kühlers führe. Außerdem erschwerten die Schürzen nicht nur Reparaturen am Laufwerk, sondern auch das Tanken. Hinzu komme, dass die Schürzen die Schussluken für Maschinenpistolen verdeckten, wodurch Nahkämpfer sich unbemerkt dem Panzer nähern könnten. Für Sprengladungen wirkten die Schürzen wie ein Auffangkorb, überdies verstärke die Wirkung der Dämmung die Wucht der Explosion. Bei einer Übung sei die Decke einer Panzerwanne sogar durch eine Handgranate durchschlagen worden; die Explosion habe zu Materialausbruch geführt. Nicht zuletzt würden durch das Gewicht der Stahlplatten Fahrgestell und Motor des Panzers zusätzlich belastet. „Zusammengefasst", heißt es in dem Bericht, „sieht die Division nach den bisher gemachten Erfahrungen die Nachteile für größer an als die Vorteile. Der zusätzliche Arbeits- und Material-Aufwand erscheint daher als nicht gerechtfertigt."[55]

Die Meinung der Truppe über die Schürzen änderte sich durch die Erfahrungen in den Kämpfen um Kursk, wie sich vielen Berichten entnehmen lässt. Ein Offizier des Generalstabs des Heeres, der im August 1943 die Heeresgruppe Mitte besuchte, hielt fest: „Die Panzer-Schürzen wurden zuerst von der Truppe völlig abgelehnt und teils abgelegt, haben sich aber bald als dringend notwendig herausgestellt und wurden schnell wieder an den Panzern angebracht. Es ist nicht selten vorgekommen, dass ein Panzer auf seinen Schürzen über 100 Treffer gehabt hat."[56] Problematisch blieb allerdings die schlechte Aufhängung der Schürzen, die bis heute zahlreichen Veteranen der Panzertruppe als Manko im Gedächtnis geblieben ist. Immer wieder fielen die Schürzen ab, wenn der Panzer an Hindernissen wie Gebüschen oder Bäumen entlangfuhr. Einzelne Besatzungen behalfen sich damit, dass sie die Schürzen kurzerhand an den Halterungen anschweißten. Dadurch gingen sie zwar nicht mehr verloren, aber wenn sie für Wartungsarbeiten am Panzer oder bei Eisenbahntransporten entfernt werden mussten, waren sie nicht mehr leicht abzumontieren. Die Soldaten wendeten dann mitunter brachiale Gewalt an und schlugen die Schürzen mit Vorschlaghämmern wieder von den Halterungen ab.

Die stärkere Kanone, die verstärkte Panzerung und der zusätzliche Schutz, den die Panzerschürzen boten, steigerten den Kampfwert des Panzers IV so sehr, dass er den Anforderungen des Panzerkampfs im Sommer 1943 noch vollauf genügen konnte. Als wichtigste Kriterien für die Kampfkraft eines Panzers gelten bis heute die vier Faktoren Führungsfähigkeit, Feuerkraft, Beweglichkeit und Schutz/Panzerung. 1941 war der T-34 dem Panzer IV hinsichtlich Feuerkraft, Beweglichkeit und Panzerung weit überlegen. Nur in puncto Führungsfähigkeit war der deutsche Kampfwagen dem sowjetischen Panzer deutlich voraus. Dem T-34 fehlte vor allem ein fünftes Besatzungsmitglied für eine effiziente Aufgabenverteilung. So musste der Kommandant gleichzeitig die Funktion des Richtschützen übernehmen und war im Durcheinander des Gefechts oft völlig überfordert. Zudem besaßen viele sowjetische Panzer keine Funkgeräte. Die deutschen mittleren und schweren Kampfwagen hatten hingegen alle eine fünfköpfige Besatzung (Fahrer, Funker, Kommandant, Richtschütze, Ladeschütze). Außerdem waren sie mit Funkgeräten und Bordsprechanlagen versehen – sowie mit einer optimierten Turmkonstruktion. Sowjetische Panzer hatten keine Turmbühne, auf der die Turmbesatzung arbeitete und die sich mit dem Turm drehte. Kommandant und Ladeschütze des T-34 hatten lediglich je einen Sitz, der am Turm befestigt war, standen ansonsten aber auf dem Wannenboden, auf dem sich zusätzlich noch Munition befand, die mit einer Neopren-Matte abgedeckt war. Wollte der Ladeschütze auf diese Munition zugreifen, musste er erst die Matte zur Seite rollen und die darunter befindlichen Munitionskästen öffnen. Außerdem hatten die meisten sowjetischen Panzer 1943 keine Kommandantenkuppel, welche die Gefechtsfeldbeobachtung erleichterte, sondern ein Periskop, das nur ein eingeschränktes Sichtfeld bot. – Als 1942/43 für die Ausführungen G und H des Panzers IV die neuen Kanonen eingeführt wurden, war der deutsche Kampfwagen dem T-34 auch hinsichtlich Feuerkraft weit überlegen, zumal er obendrein über deutlich bessere Zieleinrichtungen verfügte. Unterlegen blieb der Panzer IV dem T-34 in puncto Beweglichkeit und Panzerung, wenngleich sich die „Überlebensfähigkeit" des deutschen Kampfwagens auf dem Schlachtfeld durch die Verstärkung der Panzerung wesentlich verbesserte.

In der ersten Jahreshälfte 1943 wurden insgesamt 1.278 Panzer IV hergestellt. Den Panzer- und Panzergrenadier-Divisionen, die am 5. Juli 1943 zum Unternehmen „Zitadelle" antraten, standen insgesamt 685 Panzer IV der Ausführungen G und H zur Verfügung. Hinzu kamen 50 veraltete Panzer IV mit „Stummelkanone". Diese hatten seit der Einführung von Hohlladungsgranaten Ende 1941 sogar wieder eine Chance, den Kampf gegen den T-34 erfolgreich aufzunehmen. Die Hohlladungsgranaten durchschlugen mehr als 7 cm Panzerung, waren allerdings unzuverlässig. Zum einen mussten sie das Ziel in einem günstigen Winkel treffen, um überhaupt Wirkung zu zeigen; bei einem ungünstigen Auftreffwinkel prallten sie oft von der Panzerung ab, ohne zu zünden. Detonierte die Granate auf der Panzerplatte, hing die Wirkung wie bei einer normalen Panzergranate ebenfalls vom Auftreffwinkel ab. Im Bericht einer deutschen Panzerabwehr-Kompanie, die am 6. Juni 1943 mit ihren 7,5-cm-Panzerabwehrkanonen ein Versuchsschießen auf einen erbeuteten T-34 durchführte, heißt es: „Die [Hohlladungs-]Granate 38 HL/B soll auf alle Entfernungen (bis etwa 1.200 Meter) gleiche Durchschlagsleistungen erzielen, nämlich 75 mm. Dieses wurde durch das Schießen in keiner Weise bestätigt. Die Durchschlagsleistung der Granate 38 HL/B ist vor allem abhängig von dem Auftreffwinkel." Dementsprechend, so der Bericht weiter, setze die Truppe „wenig Vertrauen" auf die Hohlladungsgranaten.[57] Ähnliche Erfahrungen hatte eine andere Panzerabwehr-Kompanie bereits am 18. Mai 1943 bei einem Versuchsschießen auf einen erbeuteten schweren Panzer KW-1 gemacht. Dabei hatte sich herausgestellt, dass die Hohlladungsgranaten „völlig unbefriedigend" waren. „Nach dem Schießen", so der Bericht, „war bei den Bedienungen zur HL-Granate und damit zu ihren Geschützen kein Vertrauen mehr vorhanden".[58] Solche Erfahrungen beschränkten sich nicht nur auf die Bedienungen von Panzerabwehrkanonen, sondern wurden von Panzer-, Panzerjäger- und Sturmgeschütz-Besatzungen geteilt. Jene Panzer und Sturmgeschütze, die im Sommer 1943 noch mit Kurzrohrkanonen ausgerüstet waren, eigneten sich dementsprechend nur noch sehr bedingt für den Panzerkampf.

Allerdings verfügten die deutschen Truppen neben den Panzerkampfwagen IV der Ausführungen G und H, den „Tigern", „Panthern" und den schweren Jagdpanzern „Ferdinand" im Sommer

1943 noch über eine große Zahl moderner Sturmgeschütze und
leichter Panzerjäger, die den sowjetischen Kampfwagen hinsichtlich Feuerkraft ebenfalls überlegen waren. Besonders großer Be-
liebtheit erfreuten sich bei der Truppe die Sturmgeschütze. Dabei
handelte es sich um Selbstfahrlafetten auf dem Fahrgestell des
mittleren Panzerkampfwagens III, die anstelle des üblichen Dreh-
turms mit der 5-cm-Kampfwagenkanone einen festen Aufbau besaßen, in den eine wirkungsvolle 7,5-cm-Sturmkanone eingebaut
war. Diese Kanone hatte die gleichen ballistischen Leistungen wie
die 7,5-cm-Kanone der Ausführungen G und H des Panzerkampfwagens IV. Ein großer Vorteil der Sturmgeschütze war ihr flacher
Aufbau. Im Gegensatz zu dem 2,7 Meter hohen Panzer IV und den
3 Meter hohen „Tigern" und „Panthern" waren die Sturmgeschütze nicht einmal 2,2 Meter hoch und dementsprechend schwieriger
zu treffen. Außerdem war der gesamte Bug 8 cm stark gepanzert
und bot damit mehr Schutz als die Frontpanzerung des Panzers IV.
Darüber hinaus verfügte der Geschützführer des Sturmgeschützes
neben der üblichen Kommandantenkuppel über ein Scherenfernrohr und damit über hervorragende Beobachtungsmittel.

Obwohl die Sturmgeschütze ursprünglich zur direkten Infanterieunterstützung vor allem gegen ungepanzerte Ziele konzipiert
worden waren, entwickelten sie sich im Laufe des Zweiten Weltkriegs zu einer der wichtigsten Panzerabwehrwaffen der Wehrmacht. Einer Vortragsnotiz des Panzeroffiziers beim Chef des Generalstabs des Heeres vom 6. Dezember 1943 ist zu entnehmen,
dass Sturmgeschütze damals die effizientesten deutschen Kampf-
fahrzeuge überhaupt waren: Sie erreichten das beste Verhältnis
zwischen Produktionszahlen, geringen eigenen und hohen gegnerischen Verlusten sowie einsatzbereiten Fahrzeugen. Dabei waren
sie einfacher und kostengünstiger herzustellen als Panzerkampfwagen: Der Preis für ein Sturmgeschütz lag bei etwa 87.000 Reichsmark. Demgegenüber kostete ein Panzerkampfwagen III etwa
103.000 Reichsmark, ein Panzer IV 117.000, ein „Panther"
130.000 und ein „Tiger" 300.000 Reichsmark. In der ersten Jahreshälfte 1943 wurden 1.230 Sturmgeschütze hergestellt, im gesamten Kriegsjahr 1943 mehr als 3.000 Stück. Den Verbänden, die
am 5. Juli 1943 zum Angriff auf Kursk antraten, standen
432 Sturmgeschütze mit 7,5-cm-Langrohrkanonen zur Verfügung.
Hinzu kamen 42 Sturmhaubitzen, in die anstelle der 7,5-cm-Ka-

none eine 10,5-cm-Haubitze eingebaut war, sowie vier veraltete Sturmgeschütze mit 7,5-cm-Kurzrohrkanonen.

Meist unterschätzt und in Stärkeaufstellungen vernachlässigt werden in der Literatur die leichten Panzerjäger vom Typ „Marder". Es handelte sich um 7,5-cm- und erbeutete sowjetische 7,6-cm-Panzerabwehrkanonen, die auf Panzerfahrgestelle montiert wurden, um die Panzerabwehr beweglicher zu machen. Die Feuerkraft der „Marder" entsprach derjenigen der Panzerkampfwagen IV und der Sturmgeschütze mit Langrohrkanonen. Allerdings besaßen die „Marder" einen offenen, nur leicht gepanzerten Kampfraum und waren mit ihren circa 2,5 Metern Höhe im Gelände wesentlich einfacher auszumachen als eine normale Panzerabwehrkanone. Deshalb mussten ihre Besatzungen gute Deckungen suchen und häufig Stellungswechsel vornehmen, um nicht von sowjetischen Panzern unter Feuer genommen zu werden. In einem Erfahrungsbericht der Panzerjäger-Abteilung der 6. Panzerdivision vom Februar 1943 heißt es dazu: „Im Feuerduell zwischen T-34 und Selbstfahrlafette auf Entfernungen, die der Durchschlagskraft beider Waffen entspricht, ist die Selbstfahrlafette durch ihre schwache Panzerung in jedem Falle dem T-34 unterlegen."[59]

Gegenüber normalen Panzerabwehrkanonen, die von Last- oder Zugkraftwagen gezogen wurden, hatten die Selbstfahrlafetten den Vorteil, dass sie sich gegnerischem Beschuss durch rasche Stellungswechsel entziehen konnten. Laut Berichten von Frontoffizieren der Heeresgruppe Mitte vom August 1943 waren die Panzerjäger-Selbstfahrlafetten trotz ihrer Nachteile bei der Truppe sehr beliebt, da sie in der Lage waren, gegnerische Panzer aktiv „zu jagen".[60] Mit den gezogenen Panzerabwehrkanonen war das nicht möglich: Das deutsche Standard-Geschütz, die schwere 7,5-cm-Pak 40, wog in Feuerstellung fast 1,5 Tonnen. Die Geschützbedienungen konnten mit solchen schweren Kanonen im Gelände nicht einfach im Mannschaftszug eine neue Feuerstellung beziehen; im Gefecht waren die schweren Panzerabwehrkanonen deshalb meist stationär. In einem Erfahrungsbericht über die Schlacht bei Kursk im Bereich der 9. Armee vom 20. August 1943 heißt es dazu: „Die Abwehr von Panzerangriffen gelang mit <u>gezogener</u> Panzerabwehr selten, mit Panzerjägern auf Selbstfahrlafette, mit Panzern und Sturmgeschützen stets, auch wenn die Zahl der angreifenden Panzer <u>weit überlegen</u> war. Die einzige wirksame Panzerabwehrwaffe ist die Selbstfahrlafette, entweder in Form des Panzers, Sturmgeschützes oder Panzerjägers auf Selbstfahrlafette. Die gezogene Pak ist erstens der feindlichen Artillerie- und Luftwaffenvorbereitung zu stark ausgesetzt, zweitens zu unbeweglich, als dass sie entscheidende Erfolge hätte erringen können."[61]

Neben den neuen Panzerkampfwagen, den Sturmgeschützen, Sturmpanzern sowie den Panzerjägern „Ferdinand" und „Marder", die bei den Kämpfen um Kursk eine große Rolle spielten, erhielten die deutschen Verbände im Sommer 1943 noch eine Reihe weiterer neuer Fahrzeugtypen: zum einen Artillerie-Geschütze auf Selbstfahrlafetten, und zwar „Wespen" (10,5-cm-Panzerhaubitzen) und „Hummeln" (15-cm-Panzerhaubitzen), zum anderen Panzerjäger „Hornissen", die in einem leicht gepanzerten, oben offenen Kampfraum die neue überlange 8,8-cm-Kanone eingebaut hatten. Ergänzt wurde das Arsenal neuer Waffensysteme durch „Ladungsträger" – kleine ferngesteuerte Kettenfahrzeuge, die Sprengladungen trugen und gegen Minenfelder, befestigte Stellungen und Bunker eingesetzt wurden. Beim Angriff auf Kursk kamen zwei Versionen zum Einsatz: zum einen der leichte Ladungsträger „Goliath", ein unbemanntes, etwa 400 Kilo schweres, 1,5 Meter langes und 60 cm hohes Raupenfahrzeug aus Weichstahl, das fast wie eine Miniaturausführung der britischen Tanks des Ersten Weltkriegs aussah. Es trug eine 60 oder 75 Kilo schwere Sprengladung. Zum Einsatz kamen die „Goliaths" bei zwei Panzer-Pionier-Kompanien, die im Abschnitt des XXIII. Armeekorps den Angriff der 78. Sturmdivision und der 383. Infanterie-Division unterstützten. Die zweite, schwere Version von Ladungsträgern war der „Sonderschlepper B IV", der von der Firma Borgward hergestellt wurde. Er war 3,7 Meter lang, 1,2 Meter hoch und 3,6 Tonnen schwer, hatte eine leichte Panzerung, trug eine 500-Kilo-Sprengladung und wurde von einem Fahrer gelenkt, der den Ladungsträger in die Ausgangsstellung brachte. Den Weg bis zum Ziel legte das Fahrzeug dann ferngesteuert zurück. Die Sprengladung wurde im Ziel abgeworfen und erst zur Detonation gebracht, wenn das Fahrzeug wieder in Sicherheit gefahren war. Nur wenn die Fernsteuerung für den Abwurf der Sprengladung versagte oder der B IV aus anderen Gründen nicht mehr aus dem Zielraum fahren konnte, wurde das Trägerfahrzeug mit gesprengt. Die 500 Kilo schweren Sprengladungen des B IV dienten beim Angriff auf Kursk vor allem dazu, Gassen in die sowjetischen Minenfelder zu sprengen. Für das Unternehmen „Zitadelle" standen Models 9. Armee drei Funklenk-Panzerkompanien mit jeweils 36 schweren Ladungsträgern Borgward B IV zur Verfügung. Die Funklenk-Panzerkompanie 312 kam beim XXXXVII. Panzerkorps zum Einsatz und unterstützte die „Tiger" der schweren Panzerabteilung 505. Die beiden Kompanien 313 und 314 wurden beim XXXXI. Panzerkorps eingesetzt und sollten den Jagdpanzern „Ferdinand" und den Sturmpanzern des schweren Panzerjäger-Regiments 656 den Weg ebnen.

Den zahlreichen neuen Waffensystemen, die auf deutscher Seite bei Kursk zum Einsatz kamen, hatte die Rote Armee qualitativ wenig entgegenzusetzen. Der sowjetische Standardpanzer T-34 war seit 1941 nicht wesentlich verbessert worden. Eine neue Version, der T-34/85 mit einer wirkungsvollen 8,5-cm-Kanone und einer fünfköpfigen Besatzung, kam erst Anfang 1944 zum Einsatz. Während der Schlacht bei Kursk waren fast zwei Drittel aller sowjetischen Panzer T-34/76. Der zweite Hauptpanzertyp der Roten Armee war der leichte Panzer T-70. Er wog etwa zehn Tonnen, hatte eine zweiköpfige Besatzung und war mit einer 4,5-cm-Kanone bewaffnet, deren Geschosse auf 100 Meter Entfernung etwa 4 cm Panzerstahl durchschlagen konnten. Damit war der T-70 allen mittleren und schweren deutschen Panzern hoffnungslos unterlegen. Neben den T-34/76 und den T-70 verfügten die Verbände der Roten Armee, die den Kursker Frontbogen verteidigen sollten, noch über einige Hundert Panzer anderer Typen, die ebenfalls nicht an die Kampfkraft der neuen deutschen Panzer heranreichten: schwere Panzer KW-1, die zwar über eine starke Panzerung verfügten, aber lediglich mit der inzwischen veralteten 7,6-cm-Kanone bewaffnet waren; leichte Panzer T-60 mit einer 2-cm-Maschinenkanone als Hauptbewaffnung, sowie Panzertypen, die von Großbritannien und den USA an die Sowjetunion geliefert worden waren. Darunter befanden sich leichte amerikanische Panzer M3 „Stuart", mittlere amerikanische Panzer „Grant" und „Lee" sowie britische Panzer der Typen „Churchill", „Matilda" und „Valentine" – alles Fahrzeuge, deren Kampfkraft weder von sowjetischer noch von deutscher Seite besonders hoch eingeschätzt wurde.

An Selbstfahrlafetten standen der Roten Armee im Sommer 1943 drei Typen zur Verfügung: SU-76, SU-122 und SU-152. Der leichte Panzerjäger SU-76 auf dem Fahrgestell des T-70 ähnelte dem deutschen „Marder". Seine 7,6-cm-Kanone hatte die gleichen ballistischen Eigenschaften wie die Kanone des T-34 und war für den Kampf gegen die schweren deutschen Panzer und Selbstfahrlafetten ungeeignet. Bei der mittleren Selbstfahrlafette SU-122 auf dem Fahrgestell des T-34 handelte es sich um ein Sturmgeschütz, das mit einer 12,2-cm-Haubitze bewaffnet war, die sich durchaus für den Kampf gegen die schweren deutschen Panzer eignete – wenngleich nur auf kurze Entfernungen oder mit Spezialmunition. Laut einem Bericht von Wjatscheslaw Malyschew, dem Volkskommissar der Panzerindustrie der UdSSR, vom 10. April 1943 war die panzerbrechende Standardmunition der 12,2-cm-Haubitze nicht in der Lage, die Seitenpanzerung des „Tigers" aus Entfernungen von mehr als 400 bis 500 Metern und die Frontpanzerung aus Entfernungen von mehr als 200 bis 300 Metern zu durchschlagen – wobei solche Berichte meist sehr optimistisch gehalten waren, zumal wenn sie sich wie in diesem Fall direkt an Stalin richteten. Die entsprechenden Beschusstests waren nämlich unter günstigsten Bedingungen, das heißt bei optimalem Auftreffwinkel der Geschosse, durchgeführt worden und widerspiegelten keineswegs die Wirklichkeit auf dem Gefechtsfeld.

Das einzige sowjetische Kampffahrzeug, das die schweren deutschen Panzer im Sommer 1943 wirksam bekämpfen konnte, war die Selbstfahrlafette SU-152, ein schweres Sturmgeschütz auf dem Fahrgestell des KW-1, das mit einer 15,2-cm Kanonenhaubitze bewaffnet war. Die maximale Durchschlagsleistung der Panzergranaten dieses Geschützes lag bei 13 bis 14 cm, allerdings nur auf kürzeste Entfernung und bei senkrechtem Auftreffwinkel. Theoretisch konnten damit alle deutschen Panzerfahrzeuge außer der „Ferdinand" frontal durchschlagen werden. Auf 1.000 Meter Entfernung wurden bei optimalem Auftreffwinkel noch 11 bis 12 cm Panzerstahl durchschlagen, doch sank dieser Wert bei einem Auftreffwinkel, der 30 Grad von der Senkrechten abwich – dem deutschen Standard bei Beschusstests – auf 9 bis 10 cm ab. Die Besatzungen der „Tiger" und „Panther" hatten demnach unter Gefechtsbedingungen noch Chancen, frontale Treffer durch SU-152 unbeschadet zu überstehen, wenngleich die Wirkung der fast

50 Kilo schweren 15,2-cm-Panzergranaten in der Realität zerstörerischer war, als es die theoretischen Durchschlagswerte suggerieren. So heißt es in einem Erfahrungsbericht der schweren Panzerabteilung 503 vom 10. Oktober 1943, „Sturmgeschütztreffer am Tiger" hätten „selbst von 1.500 Metern an aufwärts noch schwere Wannen- und Frontplattenrisse" hervorgerufen.[62] Außerdem seien durch die starken Erschütterungen bei Treffern stets alle möglichen Halterungen im Kampfraum abgeplatzt.

Für die Besatzungen der sowjetischen Selbstfahrlafetten wurde es allerdings brenzlig, wenn sie von deutschen Panzern entdeckt wurden, denn die 6 bis 7,5 cm dicke Frontpanzerung der SU-152 konnte von den Kanonen der „Tiger" und „Panther" auf jede beliebige Gefechtsentfernung durchschlagen werden. Aufgrund der großen Kaliber gab es für die Kanonen der SU-122 und SU-152 zudem keine Granatpatronen; Granate und Kartusche mussten getrennt geladen werden, wobei der Kampfsatz bei der SU-152 lediglich für 20 Schuss reichte. Von den 20 Granaten war wiederum nur ein Teil für den Kampf gegen Panzer geeignet, da immer auch Sprenggranaten mitgeführt wurden. Beim Abfeuern der 15,2-cm-Kanonenhaubitze kam es darüber hinaus zu einer gewaltigen Rauchentwicklung, die nicht nur eine erhebliche Beeinträchtigung für die Besatzung in dem schlecht belüfteten Kampfraum der SU-152 darstellte, sondern auch weithin die Position des Fahrzeugs verriet – ein Grund mehr, warum die Besatzungen der SU-152 beim Kampf gegen deutsche Panzer und Selbstfahrlafetten möglichst mit dem ersten Schuss treffen mussten. Bis die Kanonenhaubitze für einen zweiten Schuss geladen war, konnte eine deutsche Panzerbesatzung mehrere Granaten abfeuern.

Das Hauptmanko für die sowjetische Seite bestand im Sommer 1943 darin, dass von den Selbstfahrlafettentypen, welche die schweren deutschen Panzer überhaupt bekämpfen konnten, viel zu wenige Fahrzeuge zur Verfügung standen. Die Verbände der Zentralfront, die den Vorstoß von Models 9. Armee aufhalten sollten, besaßen lediglich 25 SU-152 und 32 SU-122. Der Woronescher Front, die den Südabschnitt des Kursker Bogens gegen Hoths 4. Panzerarmee und gegen die Armeeabteilung Kempf verteidigte, war nur ein einziges schweres Selbstfahrlafetten-Regiment mit zwölf SU-152 unterstellt; hinzu kamen 24 mittlere SU-122. Die Steppenfront, die als Reserve zur Unterstützung der Worone-

scher Front bereitstand, verfügte immerhin über 72 SU-122, aber
keine SU-152. Die Hauptlast der sowjetischen Panzerabwehr lag
deshalb auf den Schultern der regulären, gezogenen Panzerabwehrkanonen. Die Masse davon waren 7,6-cm- und 4,5-cm-Ka-
nonen. Die 7,6-cm-Divisionskanone SiS-3 hatte die gleichen ballistischen Eigenschaften wie die 7,6-cm-Kanone F-34, die in die
Panzer T-34 und KW-1 eingebaut war, und konnte die Frontpanzerung der neuen deutschen Panzermodelle nicht durchschlagen.
Die zweite sowjetische Standard-Panzerabwehrkanone, ein Geschütz vom Kaliber 4,5 cm, existierte in zwei Versionen: dem äl-
teren Modell 1937 und dem Modell 1942, das eine höhere Durchschlagsleistung hatte. Diese war aber immer noch geringer als die
Durchschlagskraft der 7,6-cm-Kanone. Bei Tests mit einem erbeuteten „Tiger" im April 1943 konnte zwar zumindest die Spezialmunition beider Geschützmodelle die Seitenpanzerung des deutschen Kampfwagens durchschlagen – die Unterkalibergranate der
4,5-cm-Panzerabwehrkanone Modell 1937 bis zu einer Entfernung von 200 Metern, die Unterkalibergranate des Modells 1942
bis 350 Meter. Allerdings waren die Beschussversuche auch in
diesem Fall unter günstigsten Bedingungen, das heißt bei genau
senkrechtem Auftreffwinkel durchgeführt worden und widerspiegelten nicht die tatsächlichen Durchschlagsleistungen unter Gefechtsbedingungen.
Eine Waffe, die wirklich eine Gefahr für die schweren deutschen
Panzer darstellte, war die sowjetische 5,7-cm-Panzerabwehrkano-
ne SiS-2. Sie war bereits 1940 entwickelt worden, und im Sommer
1941 hatte die Rote Armee die ersten Exemplare erhalten. Doch
bereits im Dezember 1941 war die Produktion zugunsten der
7,6-cm-Divisionskanone SiS-3 eingestellt worden. Die Rote Armee
bevorzugte die 7,6-cm-Kanone, denn ihre Sprenggranaten hatten
eine größere Splitterwirkung als die 5,7-cm-Granaten, und die
Durchschlagskraft der 7,6-cm-Panzergranaten genügte vollauf für
den Kampf gegen die damals nur relativ leicht gepanzerten deutschen Kampfwagen. Als die Rote Armee die ersten „Tiger" erbeutete und sich bei Beschussversuchen zeigte, dass die panzerbrechenden Geschosse der 4,5-cm- und 7,6-cm-Kanonen zu schwach
waren, wurde beschlossen, die Produktion der 5,7-cm-Kanone SiS-
2 erneut aufzunehmen. Am 15. Juni 1943 wurde dieses Geschütz-
modell wieder in der Roten Armee eingeführt – zu spät, um bei

den Kämpfen um Kursk noch eine große Rolle zu spielen. Hätte diese Kanone den sowjetischen Verbänden, die den Kursker Bogen verteidigten, Anfang Juli 1943 bereits in nennenswerten Stückzahlen zur Verfügung gestanden, wären die deutschen Panzerverluste bei Kursk mit Sicherheit deutlich höher ausgefallen. Darauf lässt auch der Erfahrungsbericht der schweren Panzerabteilung 503 vom 10. Oktober 1943 schließen, in dem auf die Gefährlichkeit der 5,7-cm-Panzerabwehrkanone hingewiesen wird: Diese habe „mit ihrem Stahlkerngeschoss den Tiger auf gefechtsmäßigen Entfernungen von 800 bis 1.000 Metern an den senkrechten Flächen vom Turm und Panzerkastenoberteil, auch bei schrägem Auftreffwinkel", glatt durchschlagen.[63] In dem Bericht wird die 5,7-cm-Kanone zwar als amerikanische Panzerabwehrkanone bezeichnet, und möglicherweise handelte es sich tatsächlich um die britische „6-Pfünder-Kanone" mit dem Kaliber 5,7 cm, die auch von den Amerikanern unter der Bezeichnung M1 genutzt und in größeren Stückzahlen an die Sowjetunion geliefert wurde. Allerdings hatte diese Kanone etwa die gleiche Durchschlagsleistung wie die 5,7-cm-Panzerabwehrkanone SiS-2, sodass letztlich irrelevant ist, auf welches Geschütz sich der deutsche Bericht bezog.

Die Verbände der Roten Armee besaßen im Juli 1943 bei Kursk jedoch nur sehr wenige 5,7-cm-Geschütze; leistungsfähige Panzerabwehrkanonen waren somit insgesamt Mangelware. Deshalb griffen die sowjetischen Soldaten auf ein Mittel zurück, das die Deutschen bereits seit dem Feldzug in Frankreich 1940 anwandten, wenn sie auf überlegene gegnerische Panzer stießen: Sie setzten ihre schweren Flugabwehrkanonen zur Panzerbekämpfung ein. Die berühmte deutsche 8,8-cm-Flak hatte sich sehr schnell einen gefürchteten Ruf als Panzerabwehrwaffe erworben. Ihr sowjetisches Gegenstück war die 8,5-cm-Flak 52-K, die allerdings deutlich geringere Durchschlagsleistungen als die deutsche Kanone hatte. Der Kriegsrat der Panzer- und mechanisierten Truppen der Roten Armee berichtete am 4. Mai 1943 an Stalin, dass die 10 cm dicke Frontpanzerung am Wannenbug des „Tigers" von den panzerbrechenden Geschossen der sowjetischen 8,5-cm-Flak aus einer Entfernung von 1.000 Metern durchschlagen würde. Wie so oft war diese Einschätzung sehr optimistisch, denn eine Durchschlagsleistung von 10 cm erreichte die 8,5-cm-Panzergranate lediglich bei genau senkrechtem Auftreffwinkel. Bei einem Auftreffwinkel,

der 30 Grad von der Senkrechten abwich, ergab sich erst ab einer
Entfernung von 100 Metern und weniger eine Durchschlagsleistung von annähernd 10 cm. Zusammen mit der 15,2-cm-Kano-
nenhaubitze stellte die 8,5-cm-Flak im Sommer 1943 dennoch eine
der wirksamsten Panzerabwehrwaffen der Roten Armee dar. Allerdings standen den sowjetischen Truppen nur relativ wenige dieser Kanonen für die Panzerabwehr zur Verfügung.

Sowohl bei den Panzern als auch bei den Panzerabwehrkanonen
war die Rote Armee im Sommer 1943 gegenüber den Deutschen
qualitativ deutlich ins Hintertreffen geraten. Auf dieser Tatsache
beruhte Hitlers Hoffnung, dass der Angriff auf Kursk trotz der
großen zahlenmäßigen Überlegenheit der Roten Armee und trotz
des tief gegliederten sowjetischen Stellungssystems zum Erfolg führen würde.

*„Es müssen möglichst viele feindliche Angriffsmittel zerschlagen
werden".*[64] *– Die deutsche Operationsplanung für „Zitadelle"*

Für beide Seiten stellte die Schlammperiode im Frühjahr 1943 eine
notwendige Erholungspause dar. Die in der Literatur über die
Schlacht bei Kursk gelegentlich auftauchende Behauptung, das
Unternehmen „Zitadelle" hätte bereits im April 1943 durchgeführt werden können, ist eine grobe Verkennung der Realität. Zum
einen hätten die Wetterverhältnisse keine größeren Operationen
zugelassen, zum anderen waren die Truppen zu erschöpft, um
unmittelbar nach Abschluss der Winteroperationen 1942/43 sogleich wieder zum Angriff antreten zu können. Im Kriegstagebuch
des Armee-Oberkommandos 9 heißt es dementsprechend, ein großer Teil der Angriffsverbände, vor allem die Panzertruppen, wäre
„durch die starke Beanspruchung in den Winterkämpfen" im April 1943 nicht zum Angriff geeignet gewesen.[65]

Die wiederholten Verschiebungen von „Zitadelle" gaben der
Truppe nun die Möglichkeit, sich intensiv auf die Kämpfe um den
Kursker Frontbogen vorzubereiten. Drei deutsche Armeen mit insgesamt 33 Divisionen sollten am Angriff auf Kursk teilnehmen,
und zwar 17 Infanterie-, fünf Panzergrenadier- und elf Panzerdivisionen. Hinzu kam eine große Anzahl von „Heerestruppen", das

heißt Verbänden, die von den Divisionen unabhängig waren und von den höheren Kommandobehörden nur zeitweilig einzelnen Divisionen zugewiesen wurden, um Schwerpunkte zu bilden. Unter diesen „Heerestruppen" befanden sich neben Artillerie-Verbänden eine ganze Reihe von Panzer-, Panzerjäger- und Sturmgeschütz-Abteilungen.

Die 9. Armee stand im Norden von Kursk, im Raum Orjol, zum Angriff bereit. Sie wurde von Generaloberst Walter Model befehligt. 17 ihrer 22 Divisionen nahmen am Angriff auf Kursk teil, davon neun Infanterie-Divisionen (6., 7., 31., 36., 86., 216., 258., 292., 383.), eine verstärkte Infanterie-Division (78. Sturmdivision), eine Panzergrenadier-Division (10.) und sechs Panzerdivisionen (2., 4., 9., 12., 18., 20.).

Im Süden von Kursk, im Raum um Belgorod, standen die 4. Panzerarmee und die Armeeabteilung Kempf. Letztere war nach ihrem Oberbefehlshaber, General der Panzertruppe Werner Kempf, benannt. Von den neun Divisionen der Armeeabteilung Kempf nahmen sechs am Unternehmen „Zitadelle" teil, davon drei Infanterie-Divisionen (106., 168., 320.) und drei Panzerdivisionen (6., 7., 19.). Eine weitere Infanterie-Division (198.) wurde einige Tage nach dem Beginn der Offensive herangeführt, um die Armeeabteilung Kempf zu verstärken. Diese Kräfte hatten den Auftrag, den Vorstoß der 4. Panzerarmee offensiv nach Osten abzuschirmen und die 4. Panzerarmee gegen sowjetische Flankenangriffe zu schützen (**Karte 3**).

Die 4. Panzerarmee wurde von Generaloberst Hermann Hoth geführt. Ihr fiel die wichtigste Aufgabe der südlichen Angriffskräfte zu: das tief gegliederte sowjetische Stellungssystem südlich von Kursk so rasch wie möglich zu durchbrechen, nach Norden vorzustoßen und sich mit der 9. Armee von Generaloberst Model zu vereinigen, um den Ring um die sowjetischen Kräfte im Kursker Frontbogen zu schließen. Dem Panzerarmee-Oberkommando 4 unterstanden während der Operation „Zitadelle" insgesamt zehn Divisionen, von denen neun am Angriff auf Kursk teilnahmen. Zu ihnen zählten die schlagkräftigsten Verbände, welche die deutsche Seite aufzubieten hatte, nämlich die vier Elite-Panzergrenadier-Divisionen „Großdeutschland", „Leibstandarte SS Adolf Hitler", „Das Reich" und „Totenkopf". Außerdem nahmen zwei Panzerdivisionen (3., 11.) und drei Infanterie-Divisionen (167., 255.,

332.) der 4. Panzerarmee am Angriff auf Kursk teil. Auffällig ist die geringe Zahl an Infanterie-Divisionen, die Manstein bis zum Beginn von „Zitadelle" gegenüber Zeitzler und Hitler immer wieder monierte. Infanterie-Divisionen waren nicht nur für die Besetzung und „Säuberung" eroberter Gebiete erforderlich, sondern auch für den Flankenschutz der Panzerverbände. Mansteins Warnungen waren jedoch vergeblich. Stattdessen betonte Hitler, dass infanteristische Kräfte durch den verstärkten Einsatz von Panzern ersetzt werden müssten.

Die 2. Armee unter General Walter Weiß, die an der Stirnseite des Kursker Frontbogens stand, sollte sich ursprünglich ebenfalls an der Offensive beteiligen. Allerdings waren dieser Armee nur acht Infanterie-Divisionen und einige wenige Panzerjäger- und Sturmgeschütz-Abteilungen unterstellt. Damit war sie so schwach, dass selbst die zunächst vorgesehenen Fesselungsangriffe zu Beginn von „Zitadelle" nicht in Frage kamen. Die Führung der 2. Armee musste sich im Gegenteil mit der Frage beschäftigen, ob ihre Verbände einem möglichen sowjetischen Angriff überhaupt würden standhalten können, der den Durchbruch nach Westen und die Vereinigung mit den starken Partisanengruppen bei Brjansk zum Ziel hätte. Deshalb wurde entschieden, dass die 2. Armee erst zum Angriff antreten sollte, wenn keine Gefahr mehr für ihre Front bestand und sich der Gegner nach einem gelungenen Durchbruch der 9. Armee und der 4. Panzerarmee von der Front der 2. Armee lösen würde, um nach Osten auszubrechen.

Aufgrund des deutschen Kräftemangels mussten die Frontabschnitte aller Armeen und Korps, die nicht am Unternehmen „Zitadelle" teilnahmen, zugunsten der Angriffsverbände stark entblößt und bei der Zuführung von Truppen und Material benachteiligt werden. Selbst die 2. Panzerarmee, die den Frontbogen von Orjol gegen sowjetische Gegenangriffe verteidigen sollte, hatte fast alle gepanzerten Verbände für „Zitadelle" an die 9. Armee abgegeben.

Das Hauptaugenmerk der deutschen Führung lag im Frühjahr 1943 auf den drei Angriffsarmeen: der 9. Armee, der 4. Panzerarmee und der Armeeabteilung Kempf. Am 1. April 1943 legte die Armeeabteilung Kempf den ersten Entwurf für „Zitadelle" vor, damals noch Operationsvorschlag „K" genannt. Obwohl die Korps zu dieser Zeit noch anders gegliedert und die Aufgaben

anders verteilt waren als später beim endgültigen Operationsplan
„Zitadelle", finden sich im Operationsvorschlag „K" schon die
maßgeblichen Weichenstellungen: Das SS-Panzerkorps mit den
Panzergrenadier-Divisionen „Leibstandarte SS Adolf Hitler",
„Das Reich" und „Totenkopf" sollte den Schwerpunkt des Angriffs bilden. Ziel der Offensive war, die im Kursker Bogen stehenden starken sowjetischen Verbände einzuschließen und zu vernichten, den Kursker Bogen zu beseitigen und damit die Front um
330 Kilometer zu verkürzen. Dadurch wäre die Einsparung starker
Kräfte möglich. Die vorgesehene neue Frontlinie verlief zudem in
einem Gelände, das für die Abwehr sowjetischer Gegenangriffe gut
geeignet erschien. Als wichtig wurde auch die Gewinnung der
Bahn- und Straßenverbindung Belgorod–Kursk–Orjol angesehen.
Und schließlich würde der Kursker Bogen als Ausgangsbasis für
sowjetische Offensiven in die Flanken der Heeresgruppen Mitte
und Süd wegfallen.

Am 3. April 1943 meldete die Heeresgruppe Süd an das Oberkommando des Heeres, das Endziel der Operation „Zitadelle" sei
der Vorstoß bis zum Abschnitt Korotscha–Skorodnoje–Tim
(Koroča–Skorodnoe–Tim) (**Karte 3**). Für die Offensive waren
sechs Tage vorgesehen: In den ersten drei Tagen sollten die Angriffsverbände der Heeresgruppe Süd die sowjetischen Stellungen
durchbrechen und bis nach Obojan und Skorodnoje vorstoßen. In
den folgenden drei Tagen sollten sie bis nach Kursk und Tim wei-
terstoßen und sich mit der von Norden angreifenden Kräftegruppe
der Heeresgruppe Mitte vereinigen. Im Anschluss sollten die im
Kursker Bogen eingeschlossenen sowjetischen Verbände vernichtet
werden.

Am 8. April legte die 9. Armee ihren Vorschlag für die Durchführung der Operation „Zitadelle" vor. Dieser wiederum bildete
die Grundlage des Operationsentwurfs, den die Heeresgruppe Mitte vier Tage später dem Oberkommando des Heeres übermittelte.
Der Plan sah vor, mit dem XXXXVII. Panzerkorps (2., 9. und
20. Panzerdivision) als Schwerpunktgruppe bis in die Gegend östlich von Kursk durchzustoßen, anschließend Kursk einzunehmen
und die Verbindung mit den von Süden angreifenden Verbänden
der Heeresgruppe Süd herzustellen. Das Armee-Oberkommando 9
hielt es für besonders wichtig, das Höhengelände östlich von Kursk
so schnell wie möglich in Besitz zu nehmen, da es als Schlüssel für

alle Ost-West-Verbindungen angesehen wurde. Bei einem Blick auf die Karte leuchtet dies sofort ein: Die Bahnstrecke Lgow–Kursk–Schtschigry (L'gov–Kursk–Ščigry) war die einzige Bahnverbindung, die von Osten in den Kursker Frontbogen hinein und von Westen aus dem Bogen herausführte. Ihre Eroberung hätte sowohl die rasche Zuführung starker sowjetischer Reserven als auch das schnelle Abfließen von Verbänden, die von der Einschließung bedroht waren, wesentlich erschwert.

Bei beiden Heeresgruppen (Mitte und Süd) wurde ein möglichst rascher Ablauf der Operation als entscheidend angesehen. Am 25. April 1943 unterstrich der Chef des Generalstabs der Heeresgruppe Süd, General Busse, in einem Schreiben an die Oberbefehlshaber der 4. Panzerarmee und der Armeeabteilung Kempf, dass es bei der Operation „Zitadelle" darauf ankomme, „die Abwehrfront des Feindes so schnell zu zerschlagen und zu durchbrechen, dass die Masse seiner Reserven in diese Operations-Phase nicht mehr rechtzeitig eingreifen kann". Busse schrieb weiter, es müsse gelingen, „die Reserven des Gegners durch schnellen Ablauf unserer Operation zum möglichst kleckerweisen, überstürzten Einsatz zu bringen, um sie nacheinander schlagen zu können". Schnelligkeit sei außerdem geboten, um ein Ausweichen der im Kursker Frontbogen stehenden sowjetischen Kräfte nach Osten zu verhindern. Ein solches Ausweichmanöver sei bei einem sich abzeichnenden deutschen Erfolg zu erwarten, denn, so Busse: „Der Russe hat in den letzten Schlachten bewiesen, dass er es jetzt vermeidet, sich in aussichtsloser Lage vernichten zu lassen."[66]

Drei Tage später wiederholte Busse auch gegenüber Generalfeldmarschall Wolfram von Richthofen, dessen Luftflotte 4 die Angriffskräfte der Heeresgruppe Süd unterstützen sollte, dass das Hauptziel von „Zitadelle" der schnelle Durchstoß auf Kursk sei. Am selben Tag sagte Busse dem Generalstabschef Zeitzler, dass für den geplanten raschen Stoß auf Kursk weitere Panzerkräfte notwendig seien, und zwar das XXIV. Panzerkorps mit der 23. Panzerdivision und der SS-Panzergrenadier-Division „Wiking". Hitler wollte dieses Korps jedoch unbedingt im Donezbecken belassen, um es im Fall eines sowjetischen Gegenangriffs im Donbass rasch als Eingreifreserve zur Verfügung zu haben. Demgegenüber betonte Busse, dass die Heeresgruppe Süd das Heranziehen des XXIV. Panzerkorps für „Zitadelle" unter allen Umständen riskieren wolle. Hitler ließ sich jedoch nicht umstimmen und hielt das Korps weiterhin zurück.

Angesichts des immer längeren Hinauszögerns von „Zitadelle" wurden Ende Juni 1943 bei der 4. Panzerarmee Zweifel am Operationsplan laut. In einer Lagebeurteilung vom 20. Juni schlug das Oberkommando der 4. Panzerarmee deshalb eine Änderung der Operationsabsichten vor: Die Armeeabteilung Kempf wurde als zu schwach befunden, um mit den von Osten erwarteten starken sowjetischen Gegenangriffen in die Flanke der 4. Panzerarmee allein fertig zu werden. Das Panzerarmee-Oberkommando 4 plante deshalb, nach dem Durchbruch durch das sowjetische Stellungssystem nicht, wie ursprünglich vorgesehen, gleich nach Norden auf Kursk weiterzustoßen. Stattdessen sollten die beiden Panzerkorps der 4. Panzerarmee (SS-Panzerkorps und XXXXVIII. Panzerkorps) zunächst nach Osten eindrehen, um die von Osten herangeführten sowjetischen Kräfte zu schlagen. Erst nach der Vernichtung möglichst vieler feindlicher Verbände in ihrer Ostflanke sollte die 4. Panzerarmee weiter nach Norden angreifen und den Vorstoß zur Vereinigung mit der 9. Armee fortsetzen. Mit dieser Absicht konnte sich das Oberkommando der 4. Panzerarmee allerdings nicht bei der Heeresgruppe Süd durchsetzen; im Operationsbefehl „Zitadelle", den es am 28. Juni 1943 vorlegte, wurde daher die ursprüngliche operative Absicht übernommen. Demnach sollte die Armeeabteilung Kempf die Ostflanke der 4. Panzerarmee decken, während sich die 4. Panzerarmee auf den Vorstoß nach Kursk konzentrieren sollte.

Die wichtigste Änderung bei der Planung des Angriffs „Zitadelle" ging erneut von Generaloberst Model, dem Oberbefehlshaber der 9. Armee, aus. Am 27. April 1943 hatte er Hitler mit seinem skeptischen Vortrag bereits dazu bewogen, das Unternehmen „Zitadelle" um mehrere Wochen zu verschieben. Da sich in der Folgezeit immer deutlicher abzeichnete, dass die Rote Armee den deutschen Angriff mit eigenen Offensiven gegen den Frontbogen von Orjol beantworten würde, beantragte Model am 11. Juni bei der Heeresgruppe Mitte einen Neuansatz der Kräfte der 9. Armee für das Unternehmen „Zitadelle". Model schlug vor, sämtliche Panzerdivisionen herauslösen und mit diesen eine operative Reserve zu bilden. Damit wollte er auch der aktuellen Entwicklung auf deutscher Seite Rechnung tragen: Noch hatte Hitler den Angriffstermin nicht endgültig festgelegt. Es war demnach noch nicht klar, ob „Zitadelle" aus der Vorhand durchgeführt werden würde oder ob die Heeresgruppe Mitte die erwarteten sowjetischen Angriffe gegen den Frontbogen von Orjol aus der Nachhand würde zurück-schlagen müssen oder gar völlig zur Abwehr gezwungen wäre. Model argumentierte, dass die Fronten der 2. Panzerarmee im Bogen von Orjol durch die Abgaben von Kräften an die 9. Armee so geschwächt und die vorhandenen Reserven so gering seien, dass die Panzerdivisionen der 9. Armee für Gegenangriffe als Eingreif-reserven zur Verfügung stehen müssten.

Die Heeresgruppe Mitte und das Oberkommando des Heeres akzeptierten Models Forderungen weitgehend, und drei Tage spä-ter, am 14. Juni, erließ die 9. Armee einen neuen Operationsbefehl für das Unternehmen „Zitadelle". Anstelle der 2. und der 9. Pan-zerdivision, die ursprünglich für den ersten Schlag vorgesehen waren, sollte nun die 6. Infanterie-Division, und anstelle der 12. Panzerdivision die 31. Infanterie-Division den Stoß durch das gegnerische Stellungssystem führen. Lediglich die 20. Panzerdivi-sion verblieb bei der ersten Angriffswelle. Die restlichen Panzerdi-visionen sollten der Infanterie erst als zweites und drittes Treffen folgen, um nach dem erfolgreichen taktischen Durchbruch der Infanterie den operativen Stoß auf Kursk auszuführen. Am 20. Juni 1943 stellte Model allerdings in einer Lagebeurteilung fest: „Die neu zugeführte und im letzten Vierteljahr fast ausschließ-lich im Stellungsbau verwandte 31. Infanterie-Division bedarf ebenso wie die 6. Infanterie-Division noch der Auffrischung sowie einer intensiven Ausbildung für die neue Aufgabe."[67]

Wie gering die Kräfte trotz der langen Wartezeit bemessen waren und wie zersplittert sie deshalb mitunter eingesetzt werden muss-ten, zeigt das Beispiel der 12. Panzerdivision. Am 28. Juni geneh-migte die Heeresgruppe Mitte einen Antrag Models, zumindest eine Panzerkompanie und eine Kompanie Panzerjäger auf Selbst-fahrlafetten der 12. Panzerdivision in der ersten Angriffswelle ein-zusetzen. Die Masse der ohnehin schwachen Division war hinge-gen für das dritte Treffen vorgesehen und blieb bis zu ihrem geplanten Einsatz eine Heeresgruppenreserve, über die Model keine Verfügungsgewalt hatte.

Angesichts des eklatanten Kräftemangels musste umso größeres Gewicht auf eine gute Ausbildung der Truppe für den Angriff ge-

legt werden. Bei der 4. Panzerdivision, dem stärksten Angriffsverband von Models 9. Armee, fanden allein in der letzten Woche vor Angriffsbeginn zwölf Bataillons- bzw. Abteilungsübungen statt. Einer dieser Übungen wohnte Generaloberst Model selbst bei, worüber es in einem Bericht der 4. Panzerdivision heißt: „Dieser [*Model*] nimmt mit äußerster Tatkraft Einfluss auf alle Angriffsvorbereitungen, von der Aufstellung und Tarnung der Trosse und deren Beladung, die ein beauftragter General überprüft, über die Tarnung der Truppen, die aus der Luft kontrolliert wird, bis zum Tarnanstrich, dem Spatengebrauch und den Gefechtsformen der Panzergrenadiere."[68]
Auch die Angriffsverbände der Heeresgruppe Süd betrieben intensive Ausbildung. So bildete das Infanterie-Regiment 240 der 106. Infanterie-Division im Frühjahr 1943 eine Sturmkompanie, in der meist freiwillige Soldaten aus allen Kompanien des Regiments eingehend für Sonderaufgaben ausgebildet wurden, unter anderem für Stoßtruppunternehmen sowie den Nahkampf ohne Waffen. Bei den drei Panzergrenadier-Divisionen der Waffen-SS, die im Süden den Schwerpunkt des Angriffs bilden sollten, fanden ebenfalls zahlreiche Lehrgänge und Übungen statt. Ein Angehöriger der Division „Totenkopf" schrieb darüber: „Manchmal schüttel[te]n wir die Köpfe über die Genauigkeit der Ausbildung und über die Umständlichkeit der Vorbereitungen. Später wurden uns schon die Beweise dafür erbracht, dass alles notwendig [*war*]."[69]
Dessen ungeachtet war der Ausbildungsstand bei vielen deutschen Verbänden Ende Juni und Anfang Juli 1943 noch mangelhaft. Das lag nicht zuletzt daran, dass die Truppe immer wieder mit Nebenaufgaben wie der Partisanenbekämpfung oder dem Bau von Verteidigungsstellungen belastet wurde. Da sowohl die Heeresgruppe Süd als auch die Heeresgruppe Mitte mit sowjetischen Gegenoffensiven gegen ihre Fronten rechneten, wurde dem Stellungsbau große Bedeutung beigemessen. Mangels genügend geeigneter Arbeitskräfte musste die Truppe selbst dazu herangezogen werden, was immer wieder zu Lasten der Ausbildung ging. In welchen Abschnitten die sowjetischen Gegenangriffe erfolgen würden, war der deutschen Führung klar: bei der Heeresgruppe Süd vor allem gegen das Donezbecken und Richtung Charkow, bei der Heeresgruppe Mitte in erster Linie gegen den Frontbogen von

Orjol. Das Oberkommando der Heeresgruppe Mitte erließ deshalb bereits am 17. März 1943 einen Befehl, in dem der starke Ausbau der Verteidigungsstellungen angeordnet wurde, um den Gegner anrennen und ausbluten zu lassen. Im Frontbogen von Orjol legten die Deutschen daraufhin mehrere hintereinander verlaufende Verteidigungsstellungen an. Das Kriegstagebuch des Armee-Oberkommandos 9 berichtet unter dem 21. Mai 1943, dass der Ausbau der zweiten Stellung gerade mit aller Energie vorangetrieben werde, denn es müsse damit gerechnet werden, dass sich der Gegner nicht nur defensiv verhalte. Zwei Tage später heißt es im selben Kriegstagebuch: „Die artilleristische Stärke des Gegners und seine weit abgesetzten Reserven, die gegen einen deutschen Angriff in jeder Richtung angesetzt werden können, lassen die Absicht möglich erscheinen, dass der Feind selbst zum Angriff antritt, um den Frontbogen Orel zum Einsturz zu bringen."[70] Am 12. Juni 1943 vermerkte das Kriegstagebuch des Armee-Oberkommandos 9 schließlich, dass eine sowjetische Offensive gegen den gesamten Frontbogen von Orjol jederzeit möglich sei. Um eine einheitliche Kampfführung der gesamten in diesem Frontbogen stehenden deutschen Kräfte zu gewährleisten, war vorgesehen, dass Generaloberst Model den Befehl über alle deutschen Verbände bei Orjol, also auch über die 2. Panzerarmee, übernehmen sollte, sobald die sowjetische Offensive begänne. Model schien aufgrund seines energischen Führungsstils dafür besonders geeignet. Zudem hielt Hitler große Stücke auf ihn, was Model bald den Ruf einbrachte, Hitlers Lieblingsgeneral zu sein.

Auch einige Verbände der Heeresgruppe Süd konnten sich nicht im gewünschten Maß auf die Angriffsvorbereitungen konzentrieren. Im Gegensatz zur Heeresgruppe Mitte gab es im Bereich der Heeresgruppe Süd zwar keine starke Partisanentätigkeit; größere Partisanen-Bekämpfungsaktionen wurden deshalb nicht durchgeführt. Dafür musste sich die Truppe aber genauso wie die Verbände der Heeresgruppe Mitte auf die Verteidigung gegen mögliche sowjetische Offensiven vorbereiten – zumal im Frühjahr 1943 längere Zeit unklar blieb, ob der eigene Angriff aus der Vorhand oder doch aus der Nachhand durchgeführt würde. Am 10. Mai 1943 erließ der Oberbefehlshaber der 4. Panzerarmee einen grundlegenden Befehl für die Verteidigung, in dem das LII. Armeekorps (57., 255. und 332. Infanterie-Division) und die 167. Infanterie-

Division den Auftrag erhielten, ihre Stellungen in größtmöglicher Tiefe und Stärke auszubauen. Die 167. Infanterie-Division war die einzige Infanterie-Division, die dem XXXXVIII. Panzerkorps und dem SS-Panzerkorps zur Verfügung stand. Beide Korps mussten sich die Division für den Angriff auf Kursk sogar teilen. Statt intensiver Vorbereitung auf die Offensive musste diese wichtige Division nun zusätzlich Stellungsbauarbeiten durchführen.

Mängel gab es jedoch nicht nur bei der Ausbildung, sondern auch bei der materiellen Ausstattung. Dies betraf selbst die Panzer- und Panzergrenadier-Divisionen. Theoretisch sollte jede Panzerdivision 1943 über ein Panzerregiment mit zwei Panzerabteilungen verfügen. Das galt auch für die Heeres-Panzergrenadier-Division „Großdeutschland" und die SS-Panzergrenadier-Divisionen „Leibstandarte SS Adolf Hitler", „Das Reich" und „Totenkopf". Diese vier Divisionen waren ihrer realen Stärke und Gliederung nach im Grunde keine Panzergrenadier-Divisionen mehr und wurden dementsprechend im Herbst 1943 in „Panzerdivisionen" umbenannt.

Eigentlich hatte jede Panzerabteilung eine Sollstärke von 96 Panzerkampfwagen, ein Panzerregiment mit zwei Abteilungen also 192 Panzer. Hinzu kam ein Regimentsstab mit einer Sollstärke von acht Panzern. Pro Panzerdivision ergab sich somit eine theoretische Stärke von 200 Panzern. Doch keine einzige der Panzerdivisionen erreichte im Sommer 1943 eine solche Stärke. Den meisten Panzerdivisionen standen nicht einmal zwei Panzerabteilungen zur Verfügung: Acht der elf Panzerdivisionen und zwei der vier Elite-Panzergrenadier-Divisionen traten mit Panzerregimentern zum Angriff auf Kursk an, die nur eine statt zwei Panzerabteilungen hatten. Lediglich die 7., 11. und 19. Panzerdivision sowie die Panzergrenadier-Divisionen „Großdeutschland" und „Totenkopf" verfügten wie vorgesehen über Panzerregimenter mit zwei Abteilungen. Zahlenmäßig erreichten sie dennoch bei weitem nicht die vorgesehene Ausstattung mit 200 Panzern. Die 19. Panzerdivision war sogar eine der schwächsten Panzerdivisionen überhaupt; ihr Panzerregiment hatte zu Beginn von „Zitadelle" nur 87 Panzerkampfwagen. Die 11. Panzerdivision brachte es immerhin auf 114 Panzer, von denen allerdings 89 veraltet waren. Und die 7. Panzerdivision, die sich in den vorangegangenen Feldzügen besonders bewährt hatte und als eine der besten Panzerdivisionen

der Wehrmacht galt, war für die Offensive auf Kursk lediglich mit
112 Panzerkampfwagen ausgestattet, von denen obendrein 75 veraltet waren. Der am besten ausgerüstete Panzerverband war die
Division „Großdeutschland", doch auch ihr Panzerregiment erreichte mit 135 Panzerkampfwagen nicht die Sollstärke. Das Gleiche gilt für die SS-Division „Totenkopf", der zwar 139 Panzer zur
Verfügung standen, von denen allerdings 80 veraltet waren und
nicht an die Kampfkraft des sowjetischen Standardpanzers T-34
heranreichten.

Auf dem Papier wirkt der materielle Zuwachs, den die Panzerverbände der Heeresgruppen Mitte und Süd im Frühjahr 1943
erhielten, eindrucksvoll. So war den beiden Heeresgruppen bereits
vor dem ursprünglichen Angriffstermin vom Oberkommando des
Heeres vorausgesagt worden, ihnen würden so viele Panzer zugeführt, dass sie am 10. Mai 1943 über insgesamt 1.000 mittlere
Panzer und 66 schwere „Tiger" verfügen würden. Diese Zahlen
wurden tatsächlich sogar übertroffen: Am 10. Mai hatten die beiden Heeresgruppen insgesamt 1.008 mittlere Panzer und 87 „Tiger", also 29 Panzer mehr als vorausgesagt. Ein großer Teil der
mittleren Panzer bestand allerdings aus veralteten Panzerkampfwagen III, die immer noch produziert wurden. Einen Teil der
Panzer dieses Typs erhielt die Truppe zudem nicht aus der Neu-
produktion, sondern aus der Instandsetzung. So meldete die
Heeresgruppe Süd am 2. Mai 1943, dass bis zum 10. Mai aus
den Großwerkstätten und Instandsetzungsdiensten für „Zitadelle"
50 Panzer III, 24 Panzer IV und 14 Sturmgeschütze zur Truppe
kämen. Zwar besaß auch die Rote Armee im Sommer 1943
noch zahlreiche veraltete Panzer, aber gerade angesichts der gewaltigen quantitativen sowjetischen Überlegenheit war das deutsche
Ostheer auf Panzerfahrzeuge angewiesen, die denen der Roten
Armee deutlich überlegen waren.

Durch die Verschiebungen von „Zitadelle" sollte nicht zuletzt
die Verstärkung der Panzerverbände mit einer großen Zahl moderner Panzer erreicht werden. Betrachtet man die Gesamtzahlen
der Panzerfahrzeuge, die in den Monaten Mai und Juni 1943 an
die Ostfront geliefert wurden, so ist der Zuwachs zwar recht groß,
aber nicht unbedingt beeindruckend, wenn man die gleichzeitige
Kräftezunahme auf sowjetischer Seite berücksichtigt. Auf diese
Tatsache wiesen die Oberbefehlshaber der deutschen Heeresgrup-

pen und Armeen und der Generalstabschef Zeitzler schon damals immer wieder besorgt hin.

Von Mitte Mai bis Anfang Juli 1943 nahm die Zahl der deutschen Panzerfahrzeuge an der Ostfront um 19 Panzerbefehlswagen, 124 Panzer III mit 5-cm-Langrohrkanone oder 7,5-cm-Kurzrohrkanone, 291 Panzer IV, 200 „Panther", 41 „Tiger" und 45 Sturmpanzer zu. Von diesen 720 Panzern waren jedoch 150 veraltet oder nur bedingt für den Panzerkampf geeignet, und zwar die 19 Panzerbefehlswagen, die 124 Panzer III und sieben der 291 Panzer IV – es handelte sich dabei um alte Modelle mit der 7,5-cm-Kurzrohrkanone. Die 200 „Panther" waren zudem noch nicht felderprobt und erwiesen sich als technisch nicht ausgereift. Zu den 570 modernen Panzern, welche an die Ostfront geliefert wurden, kamen noch 179 Sturmgeschütze und 415 Panzerjäger- sowie Artillerie-Selbstfahrlafetten. Für die gesamte Ostfront ergab sich somit auf deutscher Seite ein Zuwachs von 1.314 Panzern und Selbstfahrlafetten. Demgegenüber erhielten allein die drei sowjetischen Fronten, die den Kursker Bogen verteidigen sollten, von Mitte April bis Anfang Juli 1943 einen Zuwachs von 3.790 Panzern und Selbstfahrlafetten.

Hitlers wiederholte Versprechen, die Truppe mit einer großen Zahl überlegener Panzer und Sturmgeschütze auszustatten, die den Kräftezuwachs auf sowjetischer Seite ausgleichen würden, konnten nicht gehalten werden. Der Mangel an modernen Panzern führte vielmehr dazu, dass diese ungleichmäßig – und aus der damaligen Sicht der Truppe ungerecht – auf die Angriffsverbände verteilt wurden. Während das SS-Panzerkorps und die Division „Großdeutschland", oft auf direkte Anweisungen Hitlers, im Frühjahr 1943 die modernsten Panzer geliefert bekamen, hatten die übrigen Panzer- und Panzergrenadier-Divisionen das Nachsehen. Zwar drängten die Oberbefehlshaber der Armeen und der Heeresgruppen sowie der Panzeroffizier beim Chef des Generalstabs des Heeres immer wieder auf eine gleichmäßige Verteilung der verschiedenen Panzertypen auf die Divisionen. Eine solche kam aber in der Realität nicht zustande. Anfang Juli 1943 verteilten sich die Panzer deshalb sehr ungleich auf die einzelnen Divisionen.

Ausstattung der am Unternehmen „Zitadelle" beteiligten Panzer- und Panzergrenadier-Divisionen mit Panzern und Selbstfahrlafetten, Stand: 30.6.1943

Division	moderne Panzer	davon „Tiger"	veraltete Panzer	Sturmgeschütze	Panzerjäger (Selbstfahrlafetten)	Artillerie (Selbstfahrlafetten)	gesamt
„Großdeutschland"	81	15	54	35	28	34	232
SS-„Das Reich"	73	14	73	34	13	30	223
SS-„Totenkopf"	59	15	80	35	14	30	218
SS-„Leibstandarte"	96	13	26	35	29	30	216
2. PzDiv.	65	-	51	-	34	30	180
4. PzDiv.	79	-	22	-	26	30	157
9. PzDiv.	56	-	53	-	28	18	155
11. PzDiv.	25	-	89	-	14	18	146
7. PzDiv.	37	-	75	-	14	12	138
6. PzDiv.	32	-	85	-	12	6	135
20. PzDiv.	40	-	42	-	28	6	116
3. PzDiv.	22	-	78	2	14	-	116
12. PzDiv.	36	-	50	-	16	6	108
19. PzDiv.	38	-	49	-	14	-	101
18. PzDiv.	29	-	46	-	16	6	97
10. PzGrenDiv.	-	-	-	-	39	-	39

(Abkürzungen: PzDiv. = Panzerdivision, PzGrenDiv. = Panzergrenadier-Division)

Als Hitler in seinem Tagesbefehl zum Angriffsbeginn am 5. Juli 1943 seinen Soldaten verkündete, sie hätten jetzt endlich bessere Panzer als „der Russe", so musste das gerade auf die Soldaten jener Panzerdivisionen, die größtenteils mit veralteten Kampfwagen ausgestattet waren, wie billige Propaganda wirken. Im Bericht, den ein Offizier des Generalstabs des Heeres über eine Reise zur Heeresgruppe Mitte im August 1943 verfasste, heißt es dementsprechend: „Im Radio und in der Zeitung wird von den modernsten Waffen in ungeheurer Zahl gesprochen – dagegen sieht der Soldat, dass seine alten Waffen nicht ersetzt werden."[71] Allerdings stellte sich den Soldaten der Roten Armee ebenfalls ein großes Problem: Viele ihrer Panzer und Panzerabwehrwaffen waren zwar einem großen Teil der Panzer der Wehrmacht überlegen, die neue Generation deutscher Panzer und Sturmgeschütze deklassierte aber sämtliche sowjetischen Kampfwagen und Panzerabwehrkanonen. Wie bereits in früheren Schlachten musste die Rote Armee deshalb auch im Sommer 1943 auf Quantität setzen – und auf die gewaltigen Verteidigungsanlagen, die den Kursker Frontbogen Anfang Juli zu einer regelrechten Festung machten.

„Hauptaufgabe der Ausbildung war, Infanterie, Artillerie, Panzertruppen und Pioniere im Kampf gegen deutsche Panzer zu schulen."[72] – Die sowjetischen Vorbereitungen auf die Schlacht bei Kursk

Nicht nur für die deutschen Offensivplanungen im Frühjahr und Sommer 1943 spielte der Kursker Frontbogen eine entscheidende Rolle. Auch der sowjetische Generalstab erkannte sehr rasch die Möglichkeiten, die diese ausgedehnte Frontausbuchtung als Operationsbasis bot. Von hier aus waren sowohl Angriffe in die Flanke und den Rücken der Kräfte der Heeresgruppe Mitte im Raum Orjol als auch Operationen gegen die Verbände der Heeresgruppe Süd bei Belgorod und Charkow möglich. Zugleich rechnete die Stawka, das Hauptquartier des sowjetischen Obersten Befehlshabers, bereits Ende März 1943 damit, dass die Deutschen den Kursker Frontbogen als Angriffsziel für ihre eigene Frühjahrsoffensive wählen würden. Die Stawka beschloss deshalb, dass die

beiden „Fronten", die im Kursker Bogen standen (Zentralfront
und Woronescher Front), zunächst defensiv bleiben und ein tief
gegliedertes Verteidigungssystem errichten sollten. Jede dieser
„Fronten" stellte etwa das Äquivalent einer deutschen Heeresgruppe dar. Zudem wurde die Aufstellung einer ganzen Reserve-
Front beschlossen, die am 13. April den Namen Steppen-Militärbezirk erhielt und am 9. Juli in Steppenfront umbenannt wurde.
Diese sollte nicht nur helfen, den Kursker Bogen gegen deutsche
Angriffe zu verteidigen, sondern hauptsächlich für Offensiven aus
dem Raum um Kursk heraus zur Verfügung stehen.

Am 27. März 1943 erging an die Woronescher Front der Befehl
zum Ausbau von zwei Verteidigungsstreifen, die bereits am 15. April fertiggestellt sein sollten. Dazu wurde in großem Umfang die
lokale Bevölkerung mit herangezogen. Am 31. März folgte der
Befehl, einen dritten, rückwärtigen Verteidigungsstreifen zu errichten und mit Truppen zu besetzen. Stalin und General Nikolai
Watutin, der Oberbefehlshaber der Woronescher Front, äußerten
allerdings Zweifel, ob es sinnvoll sei, eine deutsche Offensive abzuwarten. Sie plädierten dafür, so schnell wie möglich selbst anzugreifen, um den Deutschen zuvorzukommen und ihre Kräfte im
Raum Belgorod und Charkow zu zerschlagen. Marschall Georgi
Schukow, der stellvertretende Oberbefehlshaber der Roten Armee,
wandte sich jedoch ebenso gegen diesen Plan wie Marschall Alexander Wassilewski, der Chef des sowjetischen Generalstabs. Am
8. April 1943 gab Schukow eine Lagebeurteilung ab, in der er die
Ansicht äußerte, die Deutschen planten zunächst einen Zangenangriff auf Kursk. Er schlug vor, den deutschen Angriff defensiv
abzuwarten, die deutschen Kräfte im Kursker Bogen zu dezimieren
und anschließend mit frischen Reserven zu einer eigenen Großoffensive anzutreten. Zwei Tage später vertrat der Stab der Zentralfront, die von General Konstantin Rokossowski geführt wurde, in
einer Lageeinschätzung ebenfalls die Auffassung, die Deutschen
würden den Kursker Bogen angreifen, allerdings frühestens in der
zweiten Maihälfte. Aus einer Lagebeurteilung, die der Stab der
Woronescher Front am 12. April erstellte, ging hervor, dass auch
die Führung dieser Front den beabsichtigten deutschen Zangenangriff auf Kursk klar erkannt hatte. Allerdings erwartete die Woronescher Front die deutsche Offensive früher als die Zentralfront,
und zwar Anfang Mai.

Am selben Tag, dem 12. April 1943, trafen sich Schukow und Wassilewski mit Stalin und konnten ihn überzeugen, die geplanten eigenen Offensiven nicht als Präventivschläge, sondern erst nach der Abwehr des erwarteten deutschen Angriffs auf den Kursker Bogen durchzuführen. Schukow glaubte, der Zangenangriff auf Kursk sei nur der Auftakt für weitere deutsche Operationen, deren Endziel erneut Moskau sei. Trotzdem war er zuversichtlich, dass es zum ersten Mal seit Beginn des „Großen Vaterländischen Krieges" gelingen würde, eine deutsche Sommeroffensive abzuwehren. Mit aller Energie sollten die drei Verteidigungsstreifen in der Frontzone des Kursker Bogens weiter ausgebaut werden. Hierbei handelte es sich um so genannte Armee-Verteidigungsgürtel, die bis zu 40 Kilometer tief in den Kursker Bogen hineinreichten. Nach Abschluss der Bauarbeiten sollte diese Zone vollständig von der Zivilbevölkerung geräumt werden. Zusätzlich zu diesen drei Verteidigungsabschnitten ließ die sowjetische Führung drei so genannte Front-Verteidigungslinien errichten. Vier der insgesamt sechs Verteidigungsgürtel wurden bereits vor Beginn der Kämpfe mit Truppen besetzt, und zwar die drei Armee-Verteidigungsgürtel und der erste Front-Verteidigungsgürtel. Bei der Zentralfront bedeutete das konkret, dass die Verteidigungsstellungen im Abschnitt der sowjetischen 13. Armee, wo mit dem deutschen Hauptstoß gerechnet wurde, bis zu einer Tiefe von 30 Kilometern mit Truppen besetzt wurden. Bei der Woronescher Front waren die Verteidigungsstellungen, die mit Truppen besetzt waren, sogar bis zu 60 Kilometer tief. Denn hier wurde der deutsche Angriff in einem deutlich breiteren Frontabschnitt erwartet. Die deutschen Hauptangriffsachsen waren nicht so klar erkennbar wie bei der Zentralfront, und die Deutschen hatten mehr Raum, um ihre Schwerpunkte zu verlagern. Die Woronescher Front wollte sich deshalb mit einer tieferen Truppenstaffelung absichern.

Waren Model und Hitler Ende April 1943 schon angesichts von Luftbildern besorgt, die 20 Kilometer tiefe sowjetische Verteidigungsstellungen zeigten, so hätten sie Alpträume bekommen, wenn sie geahnt hätten, wie stark die Rote Armee den Kursker Bogen bis Anfang Juli 1943 ausbaute. Insgesamt erreichten die sowjetischen Verteidigungsstellungen eine Tiefe bis zu 110 Kilometern. An der Sehne des Kursker Bogens, hinter dem letzten Front-Verteidigungsgürtel, bezog am 16. Mai 1943 zudem die

Reserve-Front, der Steppen-Militärbezirk, eine weitere Verteidigungslinie (**Karte 3**). Im Abschnitt der Woronescher Front wurden in der Zeit vom 1. April bis zum 1. Juli 1943 insgesamt 4.240 Kilometer Gräben angelegt, rund 500 Kilometer Panzerhindernisse gebaut und 600.000 Minen verlegt. Bei der Zentralfront waren es etwa 5.000 Kilometer Gräben sowie rund 400.000 Minen und Sprengladungen. Besonders stark vermint war der erste Verteidigungsgürtel, der so genannte Armee-Hauptverteidigungsstreifen. In diesem Streifen wurden im Bereich der Woronescher Front pro Kilometer 2.043 Minen verlegt, bei der Zentralfront jeweils 1.130 Minen. Außerdem wurde dieser erste Verteidigungsgürtel von insgesamt 37 Schützendivisionen besetzt. Die Sollstärke einer sowjetischen Schützendivision betrug damals 9.354 Mann, die Sollstärke einer Garde-Schützendivision 10.585 Mann. Die tatsächlichen Stärken lagen indes meist niedriger und erreichten durchschnittlich 8.000 Soldaten. Jeder dieser Divisionen war ein Frontabschnitt von durchschnittlich 14 Kilometern Breite zugewiesen, wobei die Frontbreiten in den wichtigsten Abschnitten sechs bis zwölf Kilometer betrugen, in den weniger wichtigen Frontabschnitten bis zu 25 Kilometer.

Die in der vorderen Linie eingesetzten Divisionen verteidigten das Gelände bis zu einer Tiefe von fünf bis sechs Kilometern. Jeder Division standen durchschnittlich 66 Kilometer Schützen- und Verbindungsgräben zur Verfügung, wobei in den wichtigen Abschnitten bis zu vier Schützengräben hintereinander angelegt wurden. Die erste Grabenlinie wurde jeweils mit Maschinengewehren und Panzerabwehrwaffen besetzt, während die Masse der schweren Infanteriewaffen in der zweiten Linie untergebracht war. Nicht nur vor der ersten Schützengrabenlinie, sondern auch zwischen den Gräben befanden sich Stacheldrahthindernisse, Minenfelder und Panzersperren. Außerdem wurden sowohl in den Hauptverteidigungsgürtel als auch in den zweiten Armee-Verteidigungsgürtel zahlreiche Panzerabwehr-Stützpunkte eingebaut. Ein solcher Stützpunkt umfasste meist eine Kompanie oder ein Bataillon Panzerbüchsen-Schützen, einen Zug Pioniere mit Sprengladungen, eine Panzerabwehr-Batterie mit vier bis sechs Panzerabwehrkanonen und zwei bis drei Panzer oder Selbstfahrlafetten. Einige der Stützpunkte waren noch stärker und hatten je acht bis zehn Panzerabwehrkanonen. Allein im Hauptverteidigungsgürtel der Wo-

ronescher Front wurden fast 100 Panzerabwehr-Stützpunkte er-
richtet. Die Deutschen hatten diese Stützpunkte durch ihre
Luftaufklärung erkannt und erteilten entsprechende Anweisungen
zu ihrer Bekämpfung: „Die zahlreichen im Luftbild erkennbaren
Pakstützpunkte (eingegrabene Panzer, schwere Pak, Infanterie-
Stellungen) müssen wie folgt bekämpft werden: a) Stuka-Angriff.
Sofortiges Ausnutzen der Erschütterung des Gegners, mit letzter
Bombe Sturm der Grenadiere unter Feuerschutz der ‚Tiger'. b) Zu-
sammengefasstes Artillerie-Feuer auf den Stützpunkt. Blenden der
Paks durch Artillerie und Kampfwagenkanonen der ‚Tiger'. Ansatz
von Stoßtrupps. Nachstoß der Panzer. Um eine rasche Nieder-
kämpfung der Pakstützpunkte sicherzustellen, ist frühzeitig Artillerie dem Angriff der Panzer-Grenadiere überschlagend nachzuzie-
hen, damit jederzeit möglichst viele Batterien feuerbereit sind."[73]
Der zweite sowjetische Armee-Verteidigungsgürtel verlief im
Durchschnitt 10 bis 15 Kilometer hinter dem Hauptverteidigungsgürtel; an einigen Stellen verbreiterte sich der Abstand aber auch
auf 20 bis 25 Kilometer. An den Hauptachsen, an denen der deutsche Angriff erwartet wurde, war der zweite Verteidigungsgürtel
fast genauso stark ausgebaut wie der Hauptverteidigungsstreifen.
Allerdings wurden weniger Minen verlegt. Außerdem war der
zweite Streifen nicht so dicht mit Truppen besetzt. Die Feuerdich-
te, also die Anzahl der Waffen pro Frontkilometer, war jedoch
nicht wesentlich schwächer als im Hauptverteidigungsstreifen.
Zudem wurden zur Verstärkung des zweiten Verteidigungsstrei-
fens Panzerregimenter und Panzerbrigaden eingesetzt, die den Armeen direkt unterstellt waren. Die Sollstärke eines solchen selbstständigen Panzerregiments betrug 39 Panzer, die Sollstärke einer
selbstständigen Panzerbrigade 65 Panzer.
Der dritte Armee-Verteidigungsgürtel verlief in einer durchschnittlichen Entfernung von 20 bis 25 Kilometern vom Hauptverteidigungsgürtel. An einigen Stellen war er jedoch 35 bis 45 Kilometer vom Hauptverteidigungsgürtel und 10 bis 23 Kilometer
vom zweiten Verteidigungsgürtel entfernt. Er war nur in operativ
wichtigen Abschnitten mit Truppen besetzt. Dafür befand sich der
Großteil der Frontreserven in diesem rückwärtigen Armee-Verteidigungsgürtel. Diese Reserven waren beträchtlich. So stand jeder
der beiden Fronten eine eigene Panzerarmee für Gegenangriffe zur
Verfügung: der Zentralfront die 2. Panzerarmee mit 450 Panzern,

der Woronescher Front die 1. Panzerarmee mit 645 Panzern. Hinzu kamen bei jeder Front mehrere Reserve-Panzerverbände, die keiner Armee unterstanden, etwa das 9. Panzerkorps und das 19. Panzerkorps bei der Zentralfront und das 2. Garde-Panzerkorps und das 5. Garde-Panzerkorps bei der Woronescher Front. Jedes dieser Panzerkorps hatte etwa 200 Panzer in seinem Bestand. Neben solchen Panzerkräften standen als Frontreserven auch Artillerie-, Granatwerfer- und Panzerabwehr-Verbände bereit.

Im Abschnitt der Woronescher Front bildete der Fluss Psjol (Psël) ein wichtiges natürliches Hindernis in der dritten Verteidigungslinie. Bei der Zentralfront spielte hingegen der Höhenzug bei Olchowatka (Ol'chovatka) eine entscheidende Rolle. Von den Höhen bei Olchowatka fällt das Gelände bis Kursk nur ab, sodass der Blick in Richtung Kursk frei ist. Dieser operativ wichtige Höhenzug wurde von der Roten Armee deshalb besonders stark zur Verteidigung ausgebaut.

Hinter den drei Verteidigungsgürteln der Armeen verliefen die drei Verteidigungsabschnitte der Fronten. Diese formten einen Gürtel von insgesamt 40 bis 75 Kilometern Breite. Die ersten beiden Front-Verteidigungstreifen wurden um Kursk herum errichtet. Der dritte wurde dagegen am Fluss Tim angelegt, weil die sowjetische Führung vermutete, die Deutschen würden (falls sie bei Kursk siegten) aus dem Kursker Bogen heraus zu weiteren Angriffen nach Osten antreten. Das entsprach indes nicht den deutschen Plänen. Allerdings wurden um die Stadt Kursk weitere Verteidigungsstellungen errichtet, sodass die deutschen Angreifer trotzdem sechs Verteidigungsstreifen durchbrechen mussten, wenn sie Kursk erreichen wollten (**Karte 3**).

Die Stawka glaubte, dass die stärksten deutschen Offensivkräfte bei Models 9. Armee versammelt und folglich im Abschnitt der Zentralfront die schwersten Kämpfe zu erwarten seien. Deshalb wurden bei der sowjetischen 13. Armee, die an der vermuteten Hauptangriffsachse der 9. Armee lag, die meisten Kräfte konzentriert. Die 13. Armee, geführt von Generalleutnant Nikolai Puchow, hatte Anfang Juli 1943 eine Stärke von 114.000 Mann. Ohne Berücksichtigung der Frontreserven unterstanden ihr 2.930 Geschütze und Granatwerfer, 105 Raketenwerfer sowie 270 Panzer und Selbstfahrlafetten. Dabei verteidigte Puchows Armee einen Frontabschnitt von lediglich 32 Kilometern Breite.

Westlich der 13. Armee und ebenfalls im Angriffsabschnitt von Models 9. Armee lag die sowjetische 70. Armee, die von Generalleutnant Iwan Galanin geführt wurde. Anfang Juli 1943 hatte sie eine Stärke von 96.000 Mann, 1.660 Geschützen und Granatwerfern sowie 125 Panzern. Zwei weitere Armeen der Zentralfront, die 60. und die 65. Armee, standen am Scheitel des Kursker Frontbogens, ebenso die 38. Armee, die der Woronescher Front unterstand. An dieser Stelle zeigte sich sehr drastisch das Ungleichgewicht der Kräfte auf deutscher und sowjetischer Seite. Die deutsche 2. Armee, die westlich des Kursker Bogens stand und sich ursprünglich durch Fesselungsangriffe am Unternehmen „Zitadelle" beteiligen sollte, hatte eine Stärke von etwa 130.000 Soldaten und verfügte über 940 Geschütze und Granatwerfer. Panzer standen ihr keine zur Verfügung, sondern lediglich 39 Panzerjäger „Marder" und 31 Sturmgeschütze. Die drei sowjetischen Armeen, die der deutschen 2. Armee gegenüberstanden, hatten dagegen eine Stärke von 256.000 Soldaten und verfügten über 4.410 Geschütze und Werfer sowie 340 Panzer und Selbstfahrlafetten.

Bei der Woronescher Front lag die Frontbreite bei durchschnittlich zehn Kilometern pro Division. Die deutschen Hauptangriffe wurden im Abschnitt der 6. Gardearmee und der 7. Gardearmee erwartet; dort betrugen die Frontbreiten lediglich fünf Kilometer pro Division. Die 6. Gardearmee wurde von Generalleutnant Iwan Tschistjakow geführt und hatte Anfang Juli 1943 eine Stärke von 79.900 Mann. Tschistjakows Armee unterstanden 1.770 Geschütze und Werfer sowie 155 Panzer und Selbstfahrlafetten. Die 7. Gardearmee unter Generalleutnant Michail Schumilow war 76.800 Mann stark und verfügte über 1.620 Geschütze und Werfer sowie 250 Panzer und Selbstfahrlafetten. Hinter diesen beiden Armeen stand als Reserve nicht nur die 1. Panzerarmee, sondern auch die 69. Armee, die von Generalleutnant Wassili Krjutschjonkin befehligt wurde. Ihre Stärke betrug 52.000 Mann sowie 890 Geschütze und Granatwerfer. Ebenfalls erfasst von der deutschen Offensive wurde Generalleutnant Kirill Moskalenkos 40. Armee, der westliche Nachbar der 6. Gardearmee. Die 40. Armee hatte eine Stärke von 77.000 Mann, 1.640 Geschützen und 240 Panzern.

Sowohl die Zentralfront als auch die Woronescher Front verfügten jeweils über sechs Bodenarmeen. Außerdem war jeder Front eine eigene Luftarmee unterstellt: der Zentralfront die 16. Luftarmee mit 1.150 Flugzeugen, der Woronescher Front die 2. Luftarmee mit 1.030 Maschinen. In der ersten Phase der Schlacht griffen außerdem Teile der 15. Luftarmee (1.000 Flugzeuge) und der 17. Luftarmee (750 Maschinen) in die Kämpfe ein. Hinzu kamen weitere sowjetische Fliegerverbände, die an der Schlacht teilnahmen, etwa die Fernkampfflieger mit 320 Flugzeugen, die unabhängig von den Luftarmeen operierten, sowie die lokale Luftverteidigung von Kursk, die über 210 Maschinen verfügte.

Als „strategische Reserve" stand der Roten Armee für die Schlacht um Kursk der Steppen-Militärbezirk unter dem Oberbefehl von Generaloberst Iwan Konew zur Verfügung. Konew unterstanden ebenfalls sechs Bodenarmeen und eine Luftarmee, ihre Gesamtstärke betrug 573.200 Mann, 8.510 Geschütze und Werfer, 1.640 Panzer und Selbstfahrlafetten sowie 520 Flugzeuge.

Die sowjetische Planung sah vor, den deutschen Angriff gegen die Zentralfront und die Woronescher Front zunächst in den Verteidigungsgürteln zum Stehen zu bringen und die deutschen Angriffskräfte dabei entscheidend zu schwächen. Vor allem die deutschen Panzerverbände sollten in der Verteidigungsphase der Kursker Schlacht stark dezimiert werden. Großen Respekt flößten den sowjetischen Soldaten die deutschen „Tiger" und „Ferdinande" ein. Die Rote Armee hatte im Januar 1943 einen unbeschädigten „Tiger" erbeutet und damit die Gelegenheit erhalten, diesen Panzertyp eingehend zu testen. Über den „Ferdinand" wiederum hatte die sowjetische Seite im April 1943 erste Informationen durch ihren Nachrichtendienst erhalten. Daher wurde bei der Ausbildung der Truppen besonderer Wert darauf gelegt, die Rotarmisten im Kampf gegen diese schweren Panzer und Selbstfahrlafetten zu schulen. So wurden Zieltafeln verteilt, welche die Schwachstellen der deutschen Panzerfahrzeuge veranschaulichten, und die Bedienungen sowjetischer Panzerabwehrkanonen und die Panzerbüchsenschützen wurden angehalten, besonders auf die Sehschlitze der deutschen Kampfwagen oder auf die Kommandantenkuppeln zu zielen. Letztere waren relativ beschussempfindlich und wurden bei schweren Treffern nicht selten abgerissen, wobei die Panzerkommandanten Gefahr liefen, getötet oder schwer verletzt zu werden. Ein Erfahrungsbericht der deutschen schweren Panzerabteilung 503, die mit „Tigern" ausgestattet war, hielt später fest: „Auffallend waren die häufigen Durchschüsse und schweren Beschädigungen an der Kommandantenkuppel [...]. Die russische Tiger-Bekämpfungsvorschrift wurde überraschend schnell verbreitet und vom Feinde mit ausgesprochener Sturheit von allen Waffen befolgt."[74] Erst im Laufe des Sommers 1943 wurden für die „Tiger" und „Panther" Kommandantenkuppeln eingeführt, die eine geschossabweisende Form hatten und bei schweren Treffern nicht vom Turm abgerissen wurden.

Als besonders effektiv für die Abwehr deutscher Panzerangriffe stellte sich das „Eingraben" von Panzern heraus. Dazu wurden Stellungen gegraben, in welche die sowjetischen Panzer bei Bedarf zur Abwehr fahren konnten. Diese Gräben waren so tief, dass nur noch der Turm des Panzers zu sehen war. Das Eingraben von Panzern erwies sich in zweierlei Hinsicht als wirkungsvoll: Zum einen bot der Panzerturm nur ein kleines und schwer zu treffendes Ziel. Zum anderen erschwerte ein eingegrabener Panzer den deutschen Panzerkommandanten und Richtschützen auch die Zielansprache. Denn ein getarnter Panzerturm ließ sich auf größere Entfernung kaum von einer Panzerabwehrkanone unterscheiden.

Eine wesentliche Rolle bei der Abwehr deutscher Panzerangriffe spielten auch die unzähligen verlegten Minen. Dabei gruben sowjetische Pioniere mit Vorliebe deutsche Tellerminen aus und legten damit neue Minenfelder an. Möglicherweise ist dies auch ein Grund, warum sich in deutschen Berichten immer wieder die Klage findet, die Truppe sei in eigene Minenfelder gefahren, die nicht gekennzeichnet und unbekannt gewesen seien.

Das Rückgrat der sowjetischen Verteidigung bildeten aber nicht Gräben, Minenfelder oder Panzer, sondern die Artillerie. Diese Waffengattung war der Stolz der Roten Armee, und die sowjetischen Streitkräfte besaßen nicht nur technisch hervorragende Geschütze, sondern auch jede Menge davon. Die Woronescher Front konzentrierte im Abschnitt, in dem der deutsche Hauptangriff erwartet wurde, 40 Geschütze pro Frontkilometer; bei der Zentralfront kamen auf einen Frontkilometer sogar 70 Geschütze. Auch bei der sowjetischen Artillerie lag der Schwerpunkt der Ausbildung in der Vorbereitungsphase der Kursker Schlacht auf der Zerschlagung deutscher Panzerangriffe.

Erwähnt werden müssen außerdem die sowjetischen Partisanen, die vor allem im Hinterland der Heeresgruppe Mitte operierten.

Anfang Juli erstellte der Wehrmachtführungsstab einen Bericht über die „Bandenlage" für den Zeitraum April bis Juni 1943. Darin wurde festgestellt, dass die Partisanentätigkeit im gesamten „Ostraum" weiter zugenommen habe. Die Gründe für das Anwachsen der Partisanenbewegung sah der Wehrmachtführungsstab zum einen in der schlechten Ernährungslage der sowjetischen Bevölkerung unter deutscher Herrschaft, wobei die Knappheit an Lebensmitteln vor allem auf die Kriegsabgaben an die Deutschen zurückgeführt wurde. Zum anderen verschlechterte sich die Stimmung der sowjetischen Bevölkerung drastisch durch die Zwangserfassungen für den Arbeitseinsatz in Deutschland. Immer mehr sowjetische Zivilisten waren deshalb bereit, sich den Partisanen anzuschließen. Im Frühjahr 1943 versuchten die Partisanen durch zahlreiche Anschläge auf das Eisenbahnnetz und deutsche Transportzüge, den Aufmarsch für das Unternehmen „Zitadelle" zu stören. Allein im Juni wurden 1.092 Anschläge auf Züge, Bahnstrecken und Brücken registriert. Dabei wurden laut Bericht des Wehrmachtführungsstabs 409 Lokomotiven und 54 Eisenbahnbrücken beschädigt. Gemäß der sowjetischen Planung sollten die Partisanen auch während der Kämpfe um Kursk eine wichtige Rolle spielen und den deutschen Nachschub sowie Truppenverschiebungen unterbinden.

Nach der Abwehr des deutschen Angriffs auf Kursk und der Dezimierung der deutschen Verbände wollte die Rote Armee zu groß angelegten Gegenoffensiven übergehen. Nördlich von Kursk, gegen den Frontbogen von Orjol, sollten die sowjetische Westfront, die Brjansker Front und die Zentralfront zum Angriff antreten. Diese Gegenoffensive erhielt den Decknamen „Kutusow"; das war der Name eines berühmten russischen Feldmarschalls der Napoleonischen Kriege. Die Operation „Kutusow" zielte darauf ab, zunächst den deutschen Frontbogen bei Orjol zu eliminieren, anschließend sollten die sowjetischen Truppen weiter nach Westen vorstoßen.

Südlich von Kursk erhielten die Verbände der Woronescher Front, des Steppen-Militärbezirks und der Südwestfront den Auftrag, nach Abschluss der Verteidigungsphase zur Gegenoffensive „Feldherr Rumjanzew" anzutreten. Diese Operation, die nach einem russischen Feldmarschall des 18. Jahrhunderts benannt war, hatte zunächst die Wiedereroberung von Charkow zum Ziel. Anschließend sollten die sowjetischen Truppen weiter nach Südwesten angreifen und den Dnepr erreichen. Die sowjetische Führung hoffte, dass es der Roten Armee dann bis zum Herbst 1943 gelingen würde, den größten Teil jener Gebiete zu befreien, die bereits vor dem Hitler-Stalin-Pakt von 1939 zur Sowjetunion gehört hatten.

Doch zunächst galt es, dem erwarteten deutschen Angriff auf Kursk standzuhalten und den deutschen Verbänden während der Verteidigungsphase schwere Verluste zuzufügen. Die Verschiebungen des deutschen Angriffs sorgten auf sowjetischer Seite allerdings zunehmend für Nervosität. Mitte Mai hatte die Woronescher Front bereits eine erhebliche materielle Stärke erreicht: Damals standen ihr – verglichen mit Anfang Juli 1943 – schon drei Viertel der Panzer und Selbstfahrlafetten sowie neun Zehntel der Soldaten zur Verfügung. General Watutin, der Oberbefehlshaber der Woronescher Front, schlug deshalb noch einmal vor, nicht auf den deutschen Angriff zu warten, sondern den Deutschen mit einem Präventivschlag zuvorzukommen. Dabei dürfte eine Rolle gespielt haben, dass die Oberbefehlshaber der Zentralfront und der Woronescher Front zwar Ende April an die Stawka gemeldet hatten, sie hätten ihre Aufträge zur Vorbereitung der Verteidigungsphase weitgehend erfüllt. In Wirklichkeit aber wurde bis Mitte Mai nur der erste Armee-Verteidigungsgürtel fertiggestellt, während die anderen Verteidigungsgürtel noch mangelhaft waren. Selbst Anfang Juni war erst die Hälfte der vorgesehenen Minen verlegt. Ein eigener Angriff erschien Watutin deshalb weniger gewagt als eine Abwehrschlacht in einem erst halbfertigen Stellungssystem. Bei Stalin lief Watutin damit offene Türen ein. Auch der Diktator plädierte dafür, so schnell wie möglich mit der eigenen Offensive zu beginnen. Doch wie bereits Mitte April gelang es Marschall Schukow erneut, Stalin zu überzeugen, dass es besser sei, den deutschen Angriff zunächst abzuwehren, die deutschen Verbände zu dezimieren und anschließend gegen einen stark geschwächten Feind zum Gegenangriff anzutreten. Unterstützt wurde Schukow von Generaloberst Alexei Antonow, dem Chef der Operationsabteilung des sowjetischen Generalstabs, sowie von General Rokossowski, dem Oberbefehlshaber der Zentralfront. Rokossowskis Bedenken gegen einen Präventivschlag wurden sicherlich dadurch verstärkt, dass seiner Front Mitte Mai erst knapp die Hälfte der

Panzer zur Verfügung stand, über die sie dann Anfang Juli verfügte. Dagegen hatte sie bereits mehr als drei Viertel ihrer Geschütze und Granatwerfer, also jener Waffen, die das Rückgrat der Verteidigung bildeten.

In den folgenden sieben Wochen hatten die sowjetischen Fronten Zeit, ihre Verbände weiter aufzufüllen und ihre Verteidigungsstreifen auszubauen. Außerdem erhielt die sowjetische Führung ständig Nachrichten über den deutschen Aufmarsch und konnte den ungefähren Zeitpunkt der deutschen Offensive schließlich recht gut abschätzen. Am 2. Juli 1943 sandte Stalin eine Warnung an die Oberbefehlshaber der Zentralfront und der Woronescher Front, dass der Beginn der deutschen Offensive in der Zeit vom 3. bis 6. Juli zu erwarten sei. Drei Tage später, am 5. Juli 1943, begann mit dem Unternehmen „Zitadelle" die Schlacht um Kursk.

„Der Gegner hat, wie aus vielen Anzeichen hervorgeht, die deutsche Offensive in Richtung Kursk seit langem erwartet."[75] *– Aufklärung und Spionage vor dem Unternehmen „Zitadelle"*

Woher hatte die sowjetische Führung ihre frühzeitige Kenntnis von den deutschen Angriffsabsichten gegen den Kursker Frontbogen? Darüber wird spätestens seit den 1960er Jahren in der Literatur über die Schlacht bei Kursk viel spekuliert. 1966 entfachte Paul Karl Schmidt, der ehemalige Pressechef des Reichsaußenministers Joachim von Ribbentrop, eine heftige Diskussion, als er unter dem Pseudonym Paul Carell seinen Bestseller „Verbrannte Erde" veröffentlichte. Darin behauptete er, der deutsche Spion Rudolf Rößler habe die sowjetische Führung von der Schweiz aus mit erstklassigen Informationen über die Vorbereitung des Unternehmens „Zitadelle" versorgt. Rößlers Quelle sei ein hochrangiger Offizier mit dem Decknamen „Werther" gewesen, der sich in der nächsten Umgebung Hitlers befunden habe. Schmidt wollte den Namen des vermeintlichen Meisterspions nicht preisgeben, und so wurde intensiv darüber diskutiert, wer „Werther" gewesen sein könnte. Reinhard Gehlen, der Leiter der Abteilung Fremde Heere Ost des Generalstabs des Heeres und spätere Präsident des Bundesnachrichtendienstes, behauptete 1971 in seinen Erinnerungen, der „Sekretär des Führers" Martin Bormann sei der „prominenteste Informant und Berater der Sowjets" gewesen und habe nach dem Kriege perfekt abgeschirmt in der Sowjetunion weitergelebt.[76] In Wirklichkeit hatte Bormann den Untergang des Dritten Reichs nicht überlebt: Er war am 2. Mai 1945 beim Versuch, aus dem umkämpften Berlin zu fliehen, getötet worden oder hatte Selbstmord begangen. Die Überreste seiner Leiche wurden 1972 bei Bauarbeiten entdeckt.

Ernsthafte Zweifel an der Geschichte vom Meisterspion, der maßgeblich zum Scheitern des Unternehmens „Zitadelle" beigetragen habe, waren allerdings bereits zuvor laut geworden. Der Journalist und Militärhistoriker Wilhelm von Schramm wies bereits in seinem 1967 veröffentlichten Buch „Verrat im Zweiten Weltkrieg" nach, dass die Informationen „Werthers" für die sowjetische Führung bei Weitem nicht die Bedeutung gehabt haben können, die ihnen oftmals beigemessen wurde. Unterstützung erhielt Schramm im selben Jahr von seinem Historikerkollegen und Geheimdienstexperten Gert Buchheit, der zu Recht anmerkte, dass sich der Kursker Frontbogen viel zu offensichtlich für eine Offensive angeboten habe, als dass ein Verrat der deutschen Operationsabsichten überhaupt nötig gewesen sei. Buchheit wies zudem auf eine Meldung des Amts Ausland/Abwehr des Oberkommandos der Wehrmacht vom 26. März 1943 hin. Darin heißt es, der japanische Militärattaché in Helsinki habe durch einen Agenten aus Moskau erfahren, dass die Rote Armee ihre verfügbaren Reserven zur Zeit „hinter den durch unsere [d. h. die deutsche] Offensive bedrohten russischen Frontabschnitt hinter Kursk und Donez" heranziehe.[77] Diese Meldung unterstreicht, dass sich die Rote Armee bereits Ende März auf weitere Kämpfe im Raum Kursk vorbereitete.

Am 29. März 1943 erhielt das britische War Office einen zusammenfassenden Bericht über entschlüsselte deutsche Funksprüche aus der Zeit vom 18. bis 26. März 1943, aus denen hervorging, dass die Deutschen im Raum von Charkow Schlachtfliegerkräfte konzentrierten. Der britische Geheimdienst schloss daraus auf zwei Möglichkeiten: Entweder die Wehrmacht beabsichtige bei Charkow eine Offensive, sobald die Schlammperiode vorbei und der Boden wieder hart sei – und zwar ungefähr in der letzten Aprilwoche. Oder die Deutschen würden dort einen sowjetischen Angriff befürchten. Der polnische Sachbuchautor Janusz Piekałkiewicz konstruierte aus dieser und einer zweiten Geheimdienstmeldung in seinem 1983 veröffentlichten Buch „Unternehmen Zitadelle" eine Sensation: Er behauptete, das War Office habe am 22. März 1943 „einwandfreie Beweise über deutsche Vorbereitungen zur Sommeroffensive im Kursker Bogen" erhalten. Durch die Entschlüsselung des Funkverkehrs der Luftwaffe sei man nicht nur über die Verlegung deutscher Panzerdivisionen an den Mittelabschnitt der Ostfront und Kräfteverschiebungen bei der deutschen Luftflotte 4 im Bilde gewesen, sondern man habe auch erfahren, „dass der Beginn der deutschen Offensive für Ende April geplant" gewesen sei. „Diese wichtige Meldung", so Piekałkiewicz weiter, sei „unverzüglich nach Moskau weitergegeben" worden.[78]

Doch enthielten die entschlüsselten Meldungen wirklich so wichtige Informationen? Nein, denn in dem zweiten Dokument, auf das sich Piekałkiewicz bezieht, heißt es lediglich: „Aus zwei [deutschen] Panzerlagemeldungen vom 16. März geht hervor, dass wahrscheinlich fünf oder sechs Panzerdivisionen der Heeresgruppe Mitte bei der 2. Panzerarmee im Raum Orjol zusammengefasst wurden und beim Rest der Heeresgruppe Mitte nur zwei Panzerdivisionen verblieben sind. Dies scheint darauf hinzudeuten, dass die Deutschen in diesem Abschnitt eine starke Offensive gestartet haben oder noch starten werden, möglicherweise mit dem Ziel, den russischen Frontbogen zwischen Orjol und Charkow abzuschneiden. Es gibt aber auch Anzeichen, dass diese Panzerdivisionen nur 15 Prozent ihrer Ausstattung an Panzern haben, aber das ist keineswegs sicher."[79] Die Dokumente enthalten also hauptsächlich Informationen, welche die Rote Armee auch selbst durch ihre Funk-, Luft- und Erdaufklärung erlangen konnte. Wenn die Briten diese Nachrichten tatsächlich an die Sowjets weitergaben, hatten sie für diese keinen entscheidenden Wert.

Tatsächlich bot sich der Kursker Frontbogen für beide Seiten so offensichtlich für Offensiven an, dass an eine operative Überraschung überhaupt nicht zu denken war. Der deutschen Führung war dies vollauf bewusst. Bereits Ende März 1943 hatte die Abteilung Fremde Heere Ost die Bildung eines sowjetischen Kräfteschwerpunkts im Raum Kursk–Kupjansk erkannt. Am 25. April reichte die Heeresgruppe Süd beim Oberkommando des Heeres eine Feindbeurteilung für das Unternehmen „Zitadelle" ein. Sie wies darauf hin, dass mit der vollen Abwehrbereitschaft und starken Gegenangriffen des Gegners zu rechnen sei. Im Bereich der Heeresgruppe Mitte registrierten die Deutschen zur gleichen Zeit Zuführungen von Artillerie, Raketenwerfern und Personalersatz in den Abschnitt der sowjetischen 13. Armee nördlich von Kursk. Das Armee-Oberkommando 9 sah deshalb seine Vermutung bestätigt, „dass der Gegner hier einen deutschen Angriff erwartet und sich entsprechend verstärkt".[80]

Es ist letztlich nicht auszuschließen, dass das relativ präzise Bild, das die sowjetische Seite vom deutschen Aufmarsch bei Kursk hatte, durch Übermittlung entschlüsselter deutscher Funkmeldungen aus Großbritannien oder durch Agentenmeldungen aus der Schweiz ergänzt wurde. Die Briten konnten die verschlüsselten deutschen Funknachrichten und Fernschreiben entziffern und gaben zusammenfassende Berichte an Stalin weiter. Die Sowjets hatten allerdings noch eine bessere Möglichkeit, um an die entschlüsselten deutschen Funksprüche und Fernschreiben zu kommen. John Cairncross, einer der britischen Codebrecher in der streng geheimen Entschlüsselungszentrale in Bletchley Park, war ein sowjetischer Spion, der entschlüsselte deutsche Berichte unverändert nach Moskau weitergab. Allerdings lässt sich schwer abschätzen, welche Bedeutung diese Berichte für die sowjetische Seite tatsächlich hatten. Ebenso wenig lässt sich der Wert der Informationen ermessen, die der Spionagering in der Schweiz an die Sowjets weitergab. Immerhin arbeiteten die Spione so effektiv, dass sie den Deutschen großen Respekt abnötigten. So diktierte Propagandaminister Goebbels am 7. April 1943 für sein Tagebuch: „Die englische Spionage arbeitet über die Schweiz geradezu meisterhaft; wir könnten uns daran ein Beispiel nehmen. Unser Admiral Canaris wirkt den englischen Spionagezentren gegenüber geradezu wie ein Dilettant."[81]

Viel wichtiger als die Agenten im Ausland war jedoch die sowjetische Funküberwachung, durch welche die Rote Armee beachtliche Informationen über den deutschen Aufmarsch gewinnen konnte. Auch die sowjetischen Spione, die hinter den deutschen Linien operierten, lieferten der sowjetischen Führung wertvolle Nachrichten. Dies war den Deutschen durchaus bewusst, und die Truppe wurde deshalb immer wieder zur Vorsicht ermahnt. So gab die Abteilung Ic (Feindlage und Abwehr) der SS-Panzergrenadier-Division „Das Reich" am 31. Mai 1943 bekannt, dass in den vorangegangenen Wochen 76 „Hilfswillige" der Division geflohen waren. „In diesem Zusammenhang", heißt es in dem Befehl weiter, „wird darauf hingewiesen, dass sich feindliche Agenten häufig als Hilfswillige anwerben lassen."[82] Trotzdem wollte und konnte das deutsche Ostheer nicht auf die sowjetischen „Hilfswilligen" verzichten, zumal viele von ihnen zuverlässig und eine wertvolle Hilfe für die Deutschen waren.

Bereits eine Woche später sah sich die Abteilung Ic der Division „Das Reich" erneut genötigt, die Truppe zur Vorsicht zu ermahnen: „Verschiedene Vorfälle in der letzten Zeit lassen darauf schließen, dass sich in dem Unterkunftsbereich der Division zweifelhafte russische Elemente aufhalten, die mit den Sowjets in Verbindung stehen und jede Gelegenheit ausnutzen, Spionage und Sabotage zu betreiben."[83] Dass die Spionagefurcht und der Argwohn gegen die sowjetischen Zivilisten keineswegs unbegründet waren, zeigte sich etwa bei der Vernehmung eines gefangenen Soldaten der sowjetischen 72. Garde-Schützendivision am 6. Juli 1943. Der Rotarmist sagte aus, die sowjetische Seite sei über die seiner Division gegenüberliegende deutsche 320. Infanterie-Division und die 106. Infanterie-Division zum Teil bis auf Regimentsebene informiert. „Als Nachrichtenquelle dienten Zivilisten"[84] – eine Feststellung, die sich durch sowjetische Quellen bestätigen lässt. Dabei spielte den sowjetischen Informanten immer wieder die Nachlässigkeit der Deutschen in die Hände. So sagte ein gefangener sowjetischer „Agent" am 1. August 1943 bei seiner Vernehmung aus, die Deutschen seien bei Kontrollen mitunter dermaßen oberflächlich und leichtfertig, dass es manchen Spionen gelungen sei, Beweismaterial zu vernichten und sogar Waffen verschwinden zu lassen, selbst wenn deutsche Soldaten zugegen waren.

Nachlässig waren manche deutsche Soldaten aber nicht nur gegenüber Spionen, sondern auch hinsichtlich Tarnung und Geheimhaltung. So vermerkte das Kriegstagebuch des Panzerarmee-Oberkommandos 4 am 2. Mai 1943: „Trotz Verbot findet tagsüber verstärkter Kolonnenverkehr auf den Straßen nördlich Charkow statt."[85] Am 4. Juni 1943 gelang es sowjetischen Soldaten, bei einem örtlich begrenzten Angriff im Abschnitt der 258. Infanterie-Division „eine Decknamenliste mit den offenen- und

Tarnbezeichnungen aller Truppenteile der Division" zu erbeuten. „Es wird gegen den Schuldigen ein kriegsgerichtliches Verfahren eingeleitet", vermerkte das Kriegstagebuch des Armee-Oberkommandos 9 dazu.[86] Zehn Tage später sah sich das Oberkommando der 4. Panzerarmee genötigt, ein mahnendes Schreiben an das SS-Panzerkorps zu schicken, in dem es heißt: „Es mehren sich die Fälle, dass Offiziere der Panzertruppe in schwarzen Uniformen Erkundungen in dem für ,Zitadelle' beabsichtigten Angriffsgelände durchführen und dabei der Truppe gegenüber nicht die nötige Verschwiegenheit beachten. Es wird nochmals darauf hingewiesen, dass alle Erkundungen unter größtmöglichster Tarnung zu erfolgen haben."[87] Sowjetische Quellen bestätigen, dass solche unvorsichtigen Erkundungen durch Offiziere des SS-Panzerkorps von Beobachtern der Roten Armee aufmerksam registriert wurden.

Am 2. Juli 1943 hielt der Kriegstagebuch-Offizier der 292. Infanterie-Division fest: „Durch Horchaufklärung wird festgestellt, dass der Gegner unsere Bewegungen, soweit er kann, auf das genaueste überwacht, es gilt daher, <u>noch</u> vorsichtiger als bisher zu sein. Trotzdem passieren einzelne Fehler, so marschieren zum Beispiel die Protzen der II. Abteilung/Artillerie-Regiment 292 entgegen den gegebenen Befehlen bei Tage, erhalten feindliches beobachtetes Feuer der Artillerie und erleiden Verluste."[88] Solche unvorsichtigen deutschen Truppenbewegungen konnte die Rote Armee nicht nur durch Erdbeobachtung, sondern auch durch ihre Luftaufklärung feststellen. Anfang Juli 1943 fing die Abteilung Ic der Armeeabteilung Kempf gegnerische Funksprüche auf, aus denen hervorging, dass sowjetische Aufklärungsflugzeuge lebhaften Kraftfahrzeugverkehr auf der Straße nach Belgorod beobachtet hatten und die sowjetische Seite – zu Recht – einen deutschen Angriff bei Belgorod erwarte.

Am 3. Juli 1943 bemerkte General Hans Zorn, der Kommandierende General des XXXXVI. Panzerkorps, bei einer Fahrt zu seinen unterstellten Divisionen, „dass sich die Truppe in ihren Bereitstellungsräumen völlig friedensmäßig benimmt. Er befiehlt, dass die Divisionen sofort fernschriftlich darauf hingewiesen werden, die restlose Tarnung sicherzustellen."[89] Die Tatsache, dass Generalfeldmarschall von Kluge, der Oberbefehlshaber der Heeresgruppe Mitte, einen Tag vor Beginn des Unternehmens „Zitadelle" die 18. Panzerdivision und die 292. Infanterie-Division besuchte, dürfte der Geheimhaltung ebenfalls nicht gerade zuträglich gewesen sein, zumal die Rote Armee über genügend Informanten unter der Zivilbevölkerung verfügte, die solche Ereignisse umgehend weitermeldeten.

Eine weitere Informationsquelle für die sowjetische Führung waren die zahlreichen Partisanen, die beispielsweise den deutschen Schienenverkehr überwachten und dadurch wertvolle Hinweise auf deutsche Offensivabsichten geben konnten. Mit den Partisanen arbeiteten immer wieder Agentengruppen zusammen, die für Spezialaufträge mit Flugzeugen hinter den deutschen Linien abgesetzt wurden. Die Deutschen waren oft beeindruckt, wie gut die Partisanen und Agenten mitunter organisiert und ausgerüstet waren. So setzte die 4. Panzerdivision am 1. Juli 1943 Teile ihrer Aufklärungs-Abteilung zur Bekämpfung einer Partisanen- oder Agentengruppe ein, die ihr durch eine Sanitätskompanie der 31. Infanterie-Division gemeldet worden war. Im Kriegstagebuch der 4. Panzerdivision heißt es dazu: „Nach Umstellung der Wälder nordostwärts von Leninskij werden 4 mit Maschinenpistolen und Gewehr mit Schalldämpfer ausgerüstete Banditen, darunter eine Frau, nach zäher Gegenwehr niedergeschossen und 1 Gefangener gemacht. Nach aufgefundenem Fallschirm und nach Aussagen des Gefangenen wurde der Bandentrupp durch Flugzeug abgesetzt."[90]

Wichtige Informationen konnte die Rote Armee zudem immer wieder durch Erkundungsvorstöße und kleinere Angriffsunternehmen sammeln. Am 30. April 1943 griff ein sowjetisches Bataillon mit Panzerunterstützung eine Höhe an, die von Teilen der 78. Sturmdivision gesichert wurde. Dabei gelang es den Sowjetsoldaten nicht nur, die taktisch wichtige Höhe zu erobern, sondern auch mehrere deutsche Soldaten gefangen zu nehmen. Damit, so das Kriegstagebuch des Armee-Oberkommandos 9, hatte die sowjetische Seite nun „den Beweis in der Hand, dass die deutsche Front durch Einschieben von Teilen einer aufgefrischten und besonders kampfstarken Division verstärkt" worden war.[91] Fünf Tage später gelang es einem sowjetischen Spähtrupp, ein MG-Nest der 332. Infanterie-Division auszuheben und zwei Mann gefangen zu nehmen.

Am 25. Mai befahl das Armee-Oberkommando 9, Posten und Streifen bei Dunkelheit nie allein und immer gut bewaffnet einzu-

setzen. Trotzdem konnte die Rote Armee auch in den folgenden
Wochen immer wieder Gefangene einbringen, die wertvolle Informationen gaben. In einem Erfahrungsbericht des Grenadier-Regiments 17 der 31. Infanterie-Division über das Unternehmen „Zitadelle" heißt es, die eigene Offensive sei für die Rote Armee weder
zeitlich noch räumlich überraschend gekommen, der Gegner habe
den Angriff erwartet. Der Angriffsraum sei bekannt gewesen, weil
die Division in den Wochen vor Beginn des Unternehmens „Zitadelle" schon mehrfach an der gleichen Stelle zum Durchbruch
aufmarschiert gewesen sei. Der genaue Zeitpunkt des Angriffs sei
hingegen durch einen gefangenen Unteroffizier des Grenadier-
Regiments 62 der 7. Infanterie-Division verraten worden. Der
Angriff des Grenadier-Regiments 17 zu Beginn der Operation „Zitadelle" sei deshalb „gegen einen wohlvorbereiteten Gegner, gegen
lückenloses Sperrfeuer von Artillerie und Salvengeschützen" erfolgt.[92]

Oft musste sich die sowjetische Seite nicht einmal Mühe geben,
um an wichtige Informationen über die bevorstehende deutsche
Offensive zu gelangen. Immer wieder gaben Überläufer wertvolle
Auskünfte. Nicht nur zahlreiche ukrainische und russische „Hilfswillige" wechselten im Frühjahr und Sommer 1943 wieder die
Seiten. Auch die „Volksdeutschen" wurden für die Wehrmacht
zunehmend zum Problem. Immer weniger von ihnen waren bereit,
für Hitler und das Dritte Reich ihr Leben zu riskieren. Am
17. Juni 1943 vermerkte der Kriegstagebuch-Offizier des Armee-
Oberkommandos 9: „Bei [der] 78. Sturm-Division hat sich ein
bedauerlicher und nicht unbedenklicher Vorfall ereignet. In diesen
Tagen sind dort 6 Deutsche, davon 4 Volksdeutsche, zum Feind
übergelaufen. […] Die Herausziehung von etwa 150 Volksdeutschen aus der Front ist als Sofortmaßnahme notwendig geworden".[93] Am Morgen des 4. Juli, einen Tag vor Beginn des Unternehmens „Zitadelle", desertierten zwei slowenische Soldaten des
Grenadier-Regiments 18 der 6. Infanterie-Division. Noch am selben Abend vermerkte das Kriegstagebuch der 6. Infanterie-Division dazu: „In den späten Abendstunden Lautsprecherpropaganda
des Russen vor eigenem Abschnitt. Er nennt [die] Nummer des
Regiments und der Division und weist auf den bevorstehenden
Angriff hin. Die 2 am Morgen übergelaufenen Soldaten (erst vor
einigen Tagen neu angekommener Ersatz) haben Schuld daran.

Jeder wissende Soldat empfindet tiefste Abscheu vor dieser jäm-
merlichen Tat."[94]

Auch Soldaten aus dem Elsass und aus Lothringen galten zunehmend als unzuverlässig. So meldete der Erste Generalstabsoffizier
der 7. Infanterie-Division am 10. Juli 1943, dass über den Personalersatz aus Elsass-Lothringen „bereits außerordentlich ungünstige Nachrichten eingetroffen seien".[95] General Johannes Frießner,
der Kommandierende General des XXIII. Armeekorps, riet dem
Kommandeur der 216. Infanterie-Division am 11. Juli 1943 sogar,
er solle den als Ersatz eingetroffenen Elsässern androhen, sie würden beim Überschreiten der Hauptkampflinie erschossen – „mit
der Erklärung, dass dem Feinde jede Bewegung verborgen bleiben
muss".[96]

Dass die Überläufer mitunter sehr wertvolle Informationen über
die geplante deutsche Sommeroffensive liefern konnten, lag nicht
zuletzt daran, dass das Unternehmen „Zitadelle" im Frühjahr
1943 immer mehr zu einem offenen Geheimnis wurde. Aus zahlreichen Berichten deutscher Soldaten geht hervor, dass nicht nur
an der Front, sondern auch in der Etappe und selbst in der Heimat
unzählige Gerüchte im Umlauf waren. Selbst der Angriffstermin
war zuletzt kein Geheimnis mehr – zumal Teile der 4. Panzerarmee
bereits am 4. Juli mit Vorausangriffen begannen, um bessere Ausgangsstellungen für das am folgenden Tag startende Unternehmen
„Zitadelle" zu gewinnen. Unteroffizier Günther Josten, ein Flugzeugführer des Jagdgeschwaders 51, notierte am 4. Juli frustriert
in sein Tagebuch: „Morgen soll der Rabatz im Süden losgehen,
und wir müssen in Brjansk sitzen."[97]

„Wir haben doch die Kampfkraft und das Rüstungspotential der
Sowjets auch jetzt wieder wesentlich unterschätzt."[98] – Das
Kräfteverhältnis am Vorabend der Schlacht

In der Literatur zur Schlacht um Kursk ist wiederholt darauf hingewiesen worden, dass das Unternehmen „Zitadelle" schon deshalb von vornherein aussichtslos gewesen sei, weil die deutsche
Seite mit zahlenmäßig weit unterlegenen Kräften angegriffen habe.
Der deutsche Militärhistoriker Karl-Heinz Frieser hat in diesem

Zusammenhang vom „Ansturm gegen eine Lawine"[99] gesprochen. Rein zahlenmäßig betrachtet wäre es allerdings nicht das erste Mal gewesen, dass die Wehrmacht an der Ostfront mit weit unterlegenen Kräften bemerkenswerte Erfolge erzielt hätte – erinnert sei etwa an den Beginn des Krieges gegen die Sowjetunion am 22. Juni 1941: Damals standen der Roten Armee mindestens doppelt so viele Kampfflugzeuge und mindestens dreimal so viele Panzer wie der Wehrmacht zur Verfügung.

Allerdings hatten sich die Koordinaten 1943 in vielerlei Hinsicht verschoben: Die Rote Armee war im dritten Jahr des „Großen Vaterländischen Krieges" deutlich besser organisiert als 1941 und hatte viele Kampferfahrungen gegen die Wehrmacht gesammelt. Entscheidend war jedoch, dass sich beide Seiten darüber im Klaren waren, wo der Schwerpunkt der Kämpfe im Sommer 1943 liegen würde. Der deutschen Seite ging es nicht mehr darum, mit geschickten operativen Manövern tief ins Hinterland des Feindes vorzustoßen, ausgedehntes Gelände zu gewinnen und weit gesteckte Ziele wie die sowjetischen Industriezentren oder Ölgebiete zu erreichen. Es ging nur noch darum, möglichst viele Kräfte des Feindes in einer begrenzten Operation zu fassen. Der Gegner sollte nicht durch groß angelegte Täuschungsmanöver abgelenkt werden oder die Möglichkeit zum Ausweichen haben, sondern er sollte seine Truppen dort versammeln, wo die deutsche Seite sie am besten würde vernichten können. Am 12. Juni 1943 schrieb Oberleutnant Hellmut Wendtlandt, der zu dieser Zeit das Kriegstagebuch des Armee-Oberkommandos 9 führte: Angesichts der „immer noch unbestreitbaren Überlegenheit der deutschen Führung, Erdtruppe und Luftwaffe" bestehe noch „die volle Aussicht, dem Feind vernichtende Schläge beizubringen" – und darauf komme es in diesem Stadium des Krieges an. Der Gegner müsse „in seiner <u>lebendigen Kraft</u> entscheidend getroffen werden", Geländegewinne seien dagegen „von zweitrangiger Bedeutung".[100] Hätten Wendtlandt und der Stab der 9. Armee allerdings geahnt, in was für eine Festung die sowjetische Seite den Kursker Frontbogen inzwischen verwandelt hatte und welche Kräfte und Reserven der Roten Armee zur Verfügung standen, wäre ihr Optimismus stark gedämpft worden.

Am günstigsten sah die Lage für die deutschen Truppen noch bei den Panzern und Selbstfahrlafetten aus – wenngleich es heute schwer ist, auch nur einigermaßen genaue Zahlen zu rekonstruieren. Auf deutscher Seite sind zwar trotz Kriegsverlusten noch genügend zeitgenössische Statistiken vorhanden. Diese sind aber meistens unvollständig, da die Truppe fast nie sämtliche vorhandenen Panzerfahrzeuge an die höheren Kommandobehörden weitermeldete. Das lässt sich am Beispiel der SS-Panzergrenadier-Division „Leibstandarte SS Adolf Hitler" zeigen: Am 1. Juli 1943 fertigte die Abteilung Kraftfahrwesen der „Leibstandarte" eine Zusammenstellung aller bei der Division vorhandenen gepanzerten Fahrzeuge an. Daraus geht hervor, dass die „Leibstandarte" noch drei der völlig veralteten, leichten Panzerkampfwagen I besaß. Diese Panzer wurden als Unterstützungsfahrzeuge bei der Panzerjäger-Abteilung eingesetzt. Doch in fast keiner Statistik der 4. Panzerarmee oder gar des Oberkommandos des Heeres tauchen im Sommer 1943 noch Panzer I auf. Ähnlich verhält es sich mit Beutepanzern: Laut Aussage von Wilhelm Roes, einem Angehörigen des Stabs der II. Panzerabteilung der „Leibstandarte", verfügte die Division im Sommer 1943 über mehrere erbeutete T-34. Nur ein einziges zeitgenössisches Dokument, und zwar eine Meldung der Quartiermeister-Abteilung der „Leibstandarte" über instand gesetzte Fahrzeuge vom 30. Juni 1943, führt drei Beutepanzer auf. – Außerdem benutzte der Kommandeur des Panzerregiments der „Leibstandarte" im Sommer 1943 einen Panzer IV als Befehlswagen. Panzerbefehlswagen IV existierten im Sommer 1943 offiziell aber noch nicht; sie wurden erst ab März 1944 hergestellt. Beim Fahrzeug des Regimentskommandeurs der „Leibstandarte" handelte es sich um einen normalen Panzer IV, den die Truppe in Eigeninitiative zu einem Panzerbefehlswagen umgebaut hatte.

Eine weitere Schwierigkeit beim Kräftevergleich ergibt sich daraus, dass fast sämtliche Aufstellungen von Panzerfahrzeugen, die bislang in der Literatur veröffentlicht wurden, falsch sind. Das liegt nicht nur daran, dass viele Historiker sich wenig kritisch auf ohnehin unzuverlässige Akten gestützt, sondern die Kräfteverhältnisse durch Fehlinterpretationen noch weiter verzerrt haben. So werden in diesen Kräftegegenüberstellungen die Panzerbefehlswagen, also die Stabspanzer der Regiments- und Abteilungskommandeure, oft nicht berücksichtigt. In der Tat waren diese Fahrzeuge in den ersten Kriegsjahren nur mit Maschinengewehren bewaffnet, zum Teil mit Kanonenattrappen versehen und somit für den Panzerkampf untauglich. Doch bereits seit Sommer 1942 wurden diese völlig veralteten Modelle nach und nach durch regulär bewaffnete Befehlswagen ersetzt. Dies war notwendig, denn viele Kommandeure führten ihre Verbände in vorderer Linie und trafen folglich immer wieder auf angreifende sowjetische Panzer, gegen die sie sich verteidigen mussten. Aus den Tagen des Unternehmens „Zitadelle" sind mehrere Vorfälle überliefert, bei denen Panzerbefehlswagen durchgebrochene sowjetische Panzer abschossen. Tatsächlich waren die meisten Panzerbefehlswagen, die sich im Sommer 1943 bei der Truppe befanden, normal bewaffnet; Fahrzeuge mit Kanonenattrappen befanden sich nur noch wenige im Einsatz. Folglich dürfen die Panzerbefehlswagen in den Kräfteaufstellungen nicht einfach ignoriert werden.

Noch abwegiger ist es, die Sturmpanzer als „gepanzerte Artillerie" zu betrachten und aus den Statistiken herauszurechnen, wie es einzelne Autoren getan haben. Tatsächlich gehörten die Soldaten der Sturmpanzer-Abteilungen nicht der Waffengattung Artillerie, sondern der Panzertruppe an. Die Sturmpanzer wurden im Sommer 1943 nicht artilleristisch eingesetzt, sondern wie Sturmgeschütze zum Bekämpfen zäher Widerstandsnester in direktem Beschuss. Und schließlich wurden die Sturmpanzer auch in den Statistiken des Oberkommandos des Heeres als Panzer geführt, nicht als Artillerie-Selbstfahrlafetten.

Auch die leichten deutschen Panzer werden in Kräftegegenüberstellungen häufig weggelassen. Bei den Verbänden, die am Angriff auf Kursk teilnahmen, waren insgesamt 76 leichte Panzerkampfwagen II und 38(t) vorhanden. Das oft vorgebrachte Argument, die Panzer II seien wegen ihrer schwachen Bewaffnung für den Panzerkampf nicht geeignet gewesen und sollten deshalb grundsätzlich nicht berücksichtigt werden, ist irreführend. Zwar waren die Panzerkampfwagen II nur mit einer 2-cm-Kanone bewaffnet und wurden 1943 nur noch bei Aufklärungseinheiten oder als Stabswagen eingesetzt. Trotzdem kämpften sie zum Teil immer noch an vorderer Front mit und erlitten entsprechende Verluste. Beispielsweise musste die 7. Panzerdivision während des Unternehmens „Zitadelle" drei Panzer II als Totalausfälle abschreiben; zwei davon wurden durch Treffer panzerbrechender Geschosse zerstört und einer durch Minen. Außerdem hatte der Panzer II auf sowjetischer Seite sein Gegenstück in dem leichten Panzer T-60, der in den Kräftegegenüberstellungen in der Literatur stets berücksichtigt wird. Auch der T-60 war nur mit einer 2-cm-Kanone bewaffnet und fand in Aufklärungseinheiten Verwendung. Die Verbände der Woronescher Front besaßen Anfang Juli 1943 noch 60 dieser Fahrzeuge, die Verbände der Zentralfront sogar noch mehr. Berücksichtigt man auf sowjetischer Seite alle leichten Panzer, kann man sie auf deutscher Seite nicht einfach ignorieren.

Das Gleiche gilt für die leichten Panzerjäger-Selbstfahrlafetten vom Typ „Marder". Auf deutscher Seite standen Anfang Juli 1943 am Kursker Frontbogen 350 dieser Fahrzeuge einsatzbereit; 80 weitere befanden sich in der Instandsetzung oder in Zuführung aus dem Deutschen Reich. Auf sowjetischer Seite hatte der „Marder" sein Gegenstück in den leichten Selbstfahrlafetten vom Typ SU-76. Diese waren sowohl technisch als auch taktisch mit dem deutschen „Marder" vergleichbar, was von deutscher Seite damals auch so gesehen wurde. In zeitgenössischen deutschen Dienstvorschriften wird die SU-76 als „7,62 cm Pak Selbstfahrlafette auf Fahrgestell T 70" bezeichnet.[101] Ihre Kampfkraft wurde von den Deutschen durchaus hoch eingeschätzt, und SU-76-Panzerjäger fanden bei Frontverbänden der Wehrmacht immer wieder als Beutefahrzeuge Verwendung. Selbst im März 1944 gliederte die Armee-Panzerjäger-Abteilung 752 noch sechs erbeutete SU-76 in ihre Selbstfahrlafetten-Kompanie ein. Doch während die Selbstfahrlafetten vom Typ SU-76 in jeder Kräftegegenüberstellung auftauchen, sucht man die „Marder" in den meisten Statistiken vergeblich. Dabei fielen diese Fahrzeuge in besonderem Maße ins Gewicht, und zwar nicht nur wegen der großen Anzahl, über die die Angriffsverbände der Wehrmacht verfügten, sondern auch wegen der bedeutenden Rolle, die sie in den Kämpfen spielten. So wurden beispielsweise Teile der sowjetischen 25. Panzerbrigade am 12. Juli 1943 bei Prochorowka durch die „Marder" der Panzerjäger-Abteilung der „Leibstandarte SS Adolf Hitler" völlig aufgerieben. In einem Kräftevergleich dürfen die Panzerjäger „Marder" demnach auf keinen Fall weggelassen werden, zumal wenn ihre sowjetischen Gegenstücke, die SU-76, Berücksichtigung finden.

Am besten lässt sich die Anzahl der deutschen Panzer und Selbstfahrlafetten im Sommer 1943 an der Ostfront anhand der Aufstellungen zur Panzer-, Sturmgeschütz- und Panzerabwehrkanonen-Lage rekonstruieren, die beim Generalquartiermeister im

Oberkommando des Heeres in der Regel alle zehn Tage anhand
der Meldungen der Truppe erstellt wurden. Diese Tabellen enthalten detaillierte Informationen, wie viele Panzer und Selbstfahrlafetten jedes einzelnen Typs bei der Truppe vorhanden waren. Zusätzlich ist vermerkt, wie viele der Fahrzeuge gerade einsatzbereit
waren oder sich in Reparatur oder in Zuführung zur Truppe befanden. Allerdings sind auch diese Aufstellungen nicht hundert-
prozentig zuverlässig. Zum einen meldeten nur wenige Verbände
ihre Beutepanzer, die dementsprechend in den Akten nicht berücksichtigt sind. Zum anderen schlichen sich auch in die Statistiken
des Generalquartiermeisters immer wieder Ungenauigkeiten ein
– entweder, weil bereits die Truppenmeldungen nicht korrekt waren, oder weil dem Sachbearbeiter im Oberkommando des Heeres
Fehler bei der Übertragung unterliefen. So befanden sich beispielsweise laut Zusammenstellung der Selbstfahrlafetten-Lage vom
13. Juli 1943 insgesamt 89 Panzerjäger „Ferdinand" bei den
schweren Panzerjäger-Abteilungen 653 und 654, und zwar
45 Stück bei der Abteilung 653 und 44 Stück bei der Abteilung 654. Ein weiterer „Ferdinand" befand sich laut dieser Aufstellung gerade in Zuführung zur Abteilung 654. Diese Zahlen
enthalten gleich zwei Fehler: Zum einen hatte die Abteilung 654
in Wirklichkeit 45 „Ferdinande" zur Verfügung und die Abteilung 653 nur 44 Stück. Zum anderen wurde der 90. „Ferdinand",
der sich angeblich in Zuführung befand, nie an die Front geliefert.
– Laut derselben Zusammenstellung des Generalquartiermeisters
besaß die 4. Panzerdivision vor Beginn des Unternehmens „Zitadelle" insgesamt 26 Panzerjäger „Marder". Aus allen vorliegenden
Meldungen der Division geht jedoch hervor, dass tatsächlich nur
25 „Marder" bei der Truppe vorhanden waren. Schließlich sei
noch auf einen Fehler bei der 18. Panzerdivision hingewiesen: Laut
Zusammenstellung der Panzer-Lage vom 11. Juli 1943 besaß die
Division insgesamt zehn Panzerkampfwagen III mit Kurzrohrkanonen, dafür aber keine Panzer III mit Langrohrkanonen. Laut
Divisionsakten war es genau umgekehrt: Alle Panzer III der
18. Panzerdivision verfügten zu Beginn von „Zitadelle" über
Langrohrkanonen.
   Eine bis auf den letzten Panzer genaue Aufstellung der Kräfte
wird demnach nie möglich sein, dazu sind selbst die detailliertesten
Akten zu unvollständig und fehlerhaft. Immerhin lässt sich anhand

der Unterlagen des Generalquartiermeisters zeigen, dass die Gesamtzahlen der deutschen Panzer und Selbstfahrlafetten zu Beginn
der Schlacht um Kursk in der Literatur bislang chronisch unterschätzt wurden. Insgesamt sind in den Akten des Generalquartiermeisters für die vier deutschen Armeen am Kursker Frontbogen
im Juli 1943 etwa 1.980 Panzerkampfwagen, 570 Sturmgeschütze, Sturmhaubitzen und Sturmpanzer, 570 Panzerjäger- und
260 Artillerie-Selbstfahrlafetten aufgelistet, insgesamt also fast
3.400 Panzer und Selbstfahrlafetten. Davon gehörten etwa
3.150 zu den Verbänden, die am Angriff auf Kursk teilnehmen
sollten. Anfang Juli befanden sich von diesen Fahrzeugen allerdings noch viele in der Instandsetzung oder in Zuführung aus der
Heimat. Einsatzbereit waren bei allen vier Armeen etwa 1.700 Panzerkampfwagen, 510 Sturmgeschütze, Sturmhaubitzen und Sturmpanzer, 470 Panzerjäger- und 160 Artillerie-Selbstfahrlafetten,
insgesamt also circa 2.840 Fahrzeuge, davon etwa 2.650 bei den
Angriffsverbänden.

Auf sowjetischer Seite lassen sich die Zahlen der Anfang
Juli 1943 zur Verfügung stehenden Panzer und Selbstfahrlafetten
noch deutlich schwerer rekonstruieren. Zwar liegen viele Quellen
vor, aber die sowjetischen Akten sind diesbezüglich so unzuverlässig, dass man kaum je zwei Dokumente findet, deren Angaben
übereinstimmen. Die glaubwürdigsten Zahlen lassen sich einem
Bericht entnehmen, den Oberst Dimitri Sajew, der Stellvertreter
des Chefs des Stabes der Panzer- und mechanisierten Truppen der
Roten Armee, am 19. Juli 1943 erstellte. Demnach standen der
Zentralfront Anfang Juli insgesamt 1.666 Panzer zur Verfügung.
Die Woronescher Front verfügte über 1.826 Panzer. Beide Fronten
erhielten bis Mitte Juli laut demselben Dokument insgesamt
328 Panzer als „Verstärkung von der Zentrale".[102] Allerdings enthält der Bericht weder Angaben über die vorhandenen Selbstfah-
lafetten noch über die Panzer, die der Steppenfront zur Verfügung
standen, die ebenfalls an der Schlacht um Kursk beteiligt war. Laut
Zusammenstellungen aus der Literatur verfügte die Steppenfront
Anfang Juli 1943 über 1.513 Panzer. Den drei Fronten standen
laut Angaben aus der Literatur außerdem zusammen 259 Selbstfahrlafetten zur Verfügung. Für die drei sowjetischen Fronten er-
geben sich einschließlich Verstärkungen somit etwa 5.600 Panzer
und Selbstfahrlafetten, die im Juli 1943 den insgesamt 3.400 deut-

schen Panzern und Selbstfahrlafetten am Kursker Frontbogen gegenüberstanden.

Allerdings wurden in der ersten Phase der Schlacht um Kursk
auf beiden Seiten nicht alle der vorhandenen Panzerfahrzeuge eingesetzt: Auf deutscher Seite verhielt sich die 2. Armee weitgehend
passiv, ebenso nahmen von der 9. Armee das XX. Armeekorps und
von der Armeeabteilung Kempf das XXXXII. Armeekorps nicht
am Unternehmen „Zitadelle" teil. Auf sowjetischer Seite kamen
nicht alle Verbände der Steppenfront zum Einsatz, ebenso wenig
die Armeen an der Stirnseite des Kursker Bogens. Aufschluss darüber, wie viele Panzer der Roten Armee an der großen Panzerschlacht um Kursk im Juli 1943 tatsächlich teilnahmen, gibt ein
weiterer Bericht von Oberst Sajew: Laut einer Zusammenstellung
vom 23. Juli 1943 griffen bis Mitte Juli etwa 4.400 sowjetische
Panzer in die Kämpfe um den Kursker Bogen ein. Zu dieser Zahl
muss man allerdings noch die 328 Panzer hinzurechnen, die der
Zentralfront und der Woronescher Front als Verstärkungen geschickt wurden. Außerdem enthält Sajews Bericht keine Angaben
über die Anzahl der Selbstfahrlafetten und der erbeuteten deutschen Panzer, die von der Roten Armee gegen ihre ehemaligen
Besitzer verwendet wurden. Rechnet man diese noch hinzu, ergibt
sich auf sowjetischer Seite eine Zahl von etwa 5.000 Panzern und
Selbstfahrlafetten, die in der ersten Phase der Schlacht um Kursk
eingesetzt wurden.

Auf deutscher Seite müssen zu den 2.650 einsatzbereiten Panzern und Selbstfahrlafetten, die Anfang Juli zur Verfügung standen, noch etliche Fahrzeuge addiert werden, die der Truppe während der Kämpfe von den Instandsetzungsdiensten oder aus der
Heimat zugeführt wurden. Insgesamt dürfte die Zahl der Panzer
und Selbstfahrlafetten, die auf deutscher Seite beim Unternehmen
„Zitadelle" zum Einsatz kamen, (grob geschätzt) circa 2.900 be-
tragen.

Das Kräfteverhältnis bei Soldaten, Flugzeugen und Geschützen
war für die Deutschen noch weitaus ungünstiger. Laut verschiedenen Angaben in der Literatur standen den etwa 780.000 deutschen
Soldaten, die am Kursker Frontbogen versammelt waren, mehr als
1,9 Millionen Rotarmisten gegenüber, und gegen die insgesamt
etwa 1.800 deutschen Flugzeuge setzte die Rote Armee allein in
der ersten Phase der Schlacht mehr als 3.600 Maschinen ein. Am

dramatischsten war die sowjetische Überlegenheit jedoch bei der Artillerie: Standen den deutschen Kräften 7.400 Geschütze und Granatwerfer zur Verfügung, waren es auf sowjetischer Seite 31.400, also mehr als viermal so viele. Allerdings muss bei den Zahlen zu den Geschützen, Flugzeugen und Mannschaften bedacht werden, dass die Quellenlage zum Teil noch problematischer ist als zu den Panzern. Dementsprechend müssen diese Zahlenangaben mit Vorbehalt genannt werden.

Panzer und Selbstfahrlafetten standen den Verbänden der Wehrmacht und Waffen-SS bei Kursk also in relativ großer Zahl zur Verfügung. Der Preis für diese Massierung war allerdings hoch, denn die übrigen Frontabschnitte der Ostfront waren von Panzern und Selbstfahrlafetten stark entblößt worden. Dies rächte sich vor allem in der zweiten Phase der Schlacht bei Kursk, als die sowjetische Brjansker Front und die Westfront zur Gegenoffensive bei Orjol antraten. Den beiden Fronten standen zusammen 3.260 Panzer und Selbstfahrlafetten zur Verfügung. Die wenigen gepanzerten Verbände, die der deutschen 2. Panzerarmee zur Verteidigung des Frontbogens von Orjol unterstellt waren, besaßen dagegen einschließlich solcher Fahrzeuge, die sich noch in Zuführung befanden, nur etwa 550 Panzer und Selbstfahrlafetten. Etwas günstiger war das Verhältnis im Donezbecken, wo die Rote Armee am 17. Juli 1943 zur Offensive antrat. Den Verbänden der sowjetischen Südwestfront und Südfront standen fast 2.000 Panzer und Selbstfahrlafetten zur Verfügung; der deutschen 1. Panzerarmee und der 6. Armee, die das Donezbecken verteidigen sollten, einschließlich aller Reserven 560 Panzer und Selbstfahrlafetten. Wenn Manstein wie gewünscht die 23. Panzerdivision und die SS-Panzergrenadier-Division „Wiking" beim Unternehmen „Zitadelle" eingesetzt hätte, wären zur Verteidigung des Donezbeckens nur noch etwa 410 Panzer und Selbstfahrlafetten übrig geblieben – ein Risiko, das Hitler nicht eingehen wollte. Am 3. Juli 1943 prognostizierte die Abteilung Fremde Heere Ost, dass die Rote Armee kurz nach Beginn der deutschen Offensive „Zitadelle" zu einem umfassenden Angriff gegen die 6. Armee und die 1. Panzerarmee antreten würde, um das Donezbecken zurückzuerobern. Die einzige Chance, die den Deutschen blieb, die zu erwartenden Krisen an den schwach besetzten Abschnitten der Ostfront zu überstehen, war ein rascher Sieg bei Kursk. Nach dem Abschluss des Unternehmens „Zitadelle" sollten die frei werdenden Kräfte für Gegenangriffe an anderen Frontabschnitten zur Verfügung stehen. Man musste, wie Manstein glaubte, nur die Nerven behalten und zeitweilige Rückschläge in Kauf nehmen. Die entscheidende Schlacht, so betonte er noch am 16. Juli 1943 gegenüber Zeitzler, werde bei Kursk geschlagen.

3. Der „Feuerbogen":
Die Kämpfe um Kursk, Orjol und Charkow im Sommer 1943

„Der Gegner ist vom Angriff des Korps völlig überrascht worden".[1] – Der Vorausangriff des XXXXVIII. Panzerkorps am 4. Juli 1943

Das XXXXVIII. Panzerkorps eröffnete mit seinen fünf unterstellten Divisionen bereits einen Tag vor dem Beginn des eigentlichen Unternehmens „Zitadelle" die Schlacht um Kursk. Das war notwendig, weil sich im Abschnitt des Korps zwischen den vorderen deutschen Linien und dem ersten sowjetischen Verteidigungsgürtel ein mehrere Kilometer tiefer Streifen Niemandsland befand. Darin erhob sich eine Kette von Hügeln, die den deutschen Angreifern die Sicht auf die sowjetischen Stellungen verwehrten. Auf den Höhen selbst waren sowjetische Gefechtsvorposten in Stellung gegangen. Diese galt es vor Beginn des Angriffs „Zitadelle" auszuschalten und die Hügel zu erobern, um Einblick in das sowjetische Stellungssystem zu erlangen und die Wirkung des eigenen Artilleriefeuers am Angriffstag beobachten zu können.

Der Vorausangriff war als Infanterievorstoß ohne Panzer geplant. Die Grenadiere erhielten allerdings Unterstützung durch Pioniere, Sturmgeschütze und Panzerjäger. Um 14.55 Uhr erschienen deutsche Sturzkampfflugzeuge (Stukas) über dem Zielraum und leiteten den Angriff ein. Nach Moskauer Zeit war es 15.55 Uhr. Die Zeitdifferenz von lediglich einer Stunde erklärt sich daraus, dass im Deutschen Reich 1940 (im Gegensatz zur Sowjetunion) die Sommerzeit wieder eingeführt worden war. Um 15.00 Uhr deutscher Zeit begann das XXXXVIII. Panzerkorps seinen Vorstoß. Am weitesten links griff die 332. Infanterie-Division an, die eigentlich zum LII. Armeekorps gehörte, aber zu Beginn des Unternehmens „Zitadelle" dem XXXXVIII. Panzerkorps unterstellt war. Sie stieß auf Einheiten der sowjetischen 71. Garde-Schützendivision, die zunächst nicht allzu heftigen Widerstand leisteten. 57 Rotarmisten wurden gefangen genommen, neun weitere Sowjetsoldaten liefen zu den Deutschen über. Erst als die Grenadiere die Bahnlinie westlich von Gerzowka (Gercovka) erreichten, versteifte sich die sowjetische Abwehr (**Karte 5**).

Rechts von der 332. Infanterie-Division stieß die 3. Panzerdivision (ohne ihre Panzer) vor. Ihr Divisionskommandeur, Generalleutnant Franz Westhoven, fuhr den Angriff bei einem der Panzergrenadier-Regimenter mit und gab damit ein Beispiel für ein taktisches Konzept, das der Wehrmacht viele ihrer Erfolge ermöglichte: Führung von vorn. Das Angriffsziel der 3. Panzerdivision war Gerzowka, das ebenfalls von Teilen der sowjetischen 71. Garde-Schützendivision verteidigt wurde. Hier leisteten die Sowjetsoldaten allerdings heftigeren Widerstand als im Abschnitt der 332. Infanterie-Division. Trotz wirkungsvoller Stuka-Unterstützung gelang es der 3. Panzerdivision erst am späten Abend, Gerzowka einzunehmen. Diesen Erfolg musste die Division mit 130 personellen Ausfällen bezahlen: 24 Soldaten fielen, 102 wurden verwundet und vier blieben vermisst. Bis in die frühen Morgenstunden hatten die Panzergrenadiere noch damit zu tun, Gerzowka restlos vom Feind zu „säubern", das heißt, noch vereinzelt auftretenden Widerstand zu brechen oder versprengte Rotarmisten gefangen zu nehmen.

Östlich der 3. Panzerdivision griff die Panzergrenadier-Division „Großdeutschland" den Höhenrücken zwischen den Ortschaften Gerzowka und Butowo (Butovo) an. Der Angriff traf auf die Nahtstelle zwischen der sowjetischen 71. Garde-Schützendivision und der 67. Garde-Schützendivision und kam zunächst gegen geringen Widerstand gut voran. Allerdings gerieten die Deutschen bald in flankierendes sowjetisches Artilleriefeuer. Außerdem stießen sie auf ein Minenfeld, in dem einige Soldaten, darunter mehrere Offiziere, schwer verwundet wurden. Schließlich erreichten die Grenadiere und Füsiliere der Division „Großdeutschland" die befohlenen Tagesziele, doch die Offizierverluste fielen empfindlich ins Gewicht: Das III. Bataillon des Panzer-Füsilier-Regiments „Großdeutschland" verlor seinen Kommandeur; das Panzerartillerie-Regiment „Großdeutschland" einen seiner Batteriechefs.

Die Ortschaft Butowo wurde von der 11. Panzerdivision angegriffen. Der Vorstoß der Division ging südlich von Butowo zunächst zügig voran, doch in der Ortschaft selbst leisteten Teile der sowjetischen 67. Garde-Schützendivision erbitterten Widerstand.

Bis zum Abend gelang es nicht, Butowo vollständig zu erobern. Erst am Morgen des 5. Juli, nach Beginn des eigentlichen Angriffs „Zitadelle", wurde der letzte sowjetische Widerstand in der Ortschaft gebrochen.

Am schnellsten von allen fünf angreifenden deutschen Divisionen kam die 167. Infanterie-Division vorwärts. Sie stieß bei Strelezkoje (Streleckoe) nach Norden vor und wurde dabei von ihrem Kommandeur, Generalleutnant Wolf Trierenberg, ebenfalls von vorn geführt. Auf sowjetischer Seite standen Teile der 52. Garde-Schützendivision, die den Frontabschnitt zwischen Strelezkoje und Jachontow (Jachontov) verteidigten. In der Tagesmeldung der 167. Infanterie-Division heißt es: „In planmäßigem Angriff gegen schwachen Feindwiderstand wurde das Tagesziel gegen 17.00 Uhr erreicht. Während des Angriffes nur schwaches Artillerie- und Granatwerferfeuer, besonders auf [den] linken Flügel."[2]

Bis zum späten Abend des 4. Juli hatte das XXXXVIII. Panzerkorps seine Tagesziele weitgehend erreicht und sich an den sowjetischen Hauptverteidigungsstreifen herangekämpft. Die sowjetischen Gefechtsvorposten waren ausgeschaltet, der Blick auf die vorderen sowjetischen Stellungen frei. Gleichwohl war der 4. Juli auch ein bitterer Vorgeschmack auf die kommenden Kämpfe: Die sowjetischen Truppen hatten sich „infanteristisch über Erwarten gut" verteidigt.[3] Die deutschen Divisionen hatten die ersten schmerzlichen Verluste erlitten, darunter einige durch die eigene Luftwaffe, die zweimal versehentlich die 11. Panzerdivision bei Butowo bombardiert hatte. Und die sowjetischen Minenfelder hatten sich als ungewöhnlich tief erwiesen. – Schließlich passierte hinter der Front ein Unfall, der ein schlechtes Omen für den bevorstehenden ersten Einsatz der neuen Panzerkampfwagen „Panther" war: Ein „Panther" der Panzerabteilung 51 brach in Borissowka (Borisovka) durch eine Brücke, stürzte in die Worskla (Vorskla) und geriet in Brand, wobei auch die Brücke Feuer fing. Wegen der Explosionsgefahr konnten keine Löscharbeiten durchgeführt werden, und so brannte nicht nur der „Panther" völlig aus, sondern auch die Brücke wurde ein Raub der Flammen.

Laut deutscher Einschätzung waren die sowjetischen Truppen von dem Vorausangriff des XXXXVIII. Panzerkorps völlig überrascht worden. Doch dürfte nun auch dem letzten Rotarmisten klar gewesen sein, dass der deutsche Hauptangriff unmittelbar bevorstand. Allerdings erwarteten die Sowjets den Hauptstoß der deutschen Sommeroffensive von der deutschen 9. Armee nördlich von Kursk. Deshalb lag dort auch der Schwerpunkt der „Gegenvorbereitung" der sowjetischen Artillerie.

„Einige Ausfälle durch feindliche Artillerie, sonst alles in Ordnung".[4] – Die sowjetische „Gegenvorbereitung" in der Nacht vom 4./5. Juli 1943

Bereits mehrere Monate vor Beginn der Schlacht um Kursk hatte die sowjetische Führung geplant, dem deutschen Angriff mit einem eigenen Artillerie-Feuerschlag auf die deutschen Bereitstellungen zuvorzukommen. Dadurch wollte die Rote Armee die deutschen Truppen unmittelbar vor Angriffsbeginn nicht nur demoralisieren, sondern ihnen auch schwere Verluste zufügen und damit ihre Angriffskraft schwächen. Wichtig war für die sowjetische Seite, den Feuerschlag zum richtigen Zeitpunkt zu eröffnen – nämlich dann, wenn die deutschen Verbände bereits ihre Ausgangsstellungen für den Angriff eingenommen hatten. Die sowjetische Führung wusste zwar seit Monaten, wo die deutsche Offensive stattfinden würde, und spätestens seit den Vorausangriffen am 4. Juli war klar, dass der Hauptangriff wahrscheinlich am 5. Juli beginnen würde. Doch die genaue Uhrzeit des Angriffsbeginns war der Roten Armee noch nicht bekannt.

Laut sowjetischer Darstellung nahmen Soldaten der 15. Schützendivision in der Nacht zum 5. Juli bei Werchneje Tagino (Verchnee Tagino) einen Pionier der deutschen 6. Infanterie-Division gefangen. Im Verhör soll der deutsche Soldat ausgesagt haben, das Unternehmen „Zitadelle" würde um 2.00 Uhr deutscher Sommerzeit (3.00 Uhr Moskauer Zeit) beginnen. Laut deutschen Unterlagen wurde der Angriffszeitpunkt hingegen durch zwei Grenadiere der 6. Infanterie-Division verraten, die am 4. Juli zur Roten Armee desertiert waren.

General Rokossowski, der Oberbefehlshaber der Zentralfront, befahl daraufhin, um 2.20 Uhr Moskauer Zeit mit der „Gegenvorbereitung" der Artillerie zu beginnen. Laut Rokossowskis Erinnerungen eröffneten im Abschnitt der 13. Armee und der 48. Armee mehr als 500 Geschütze, 460 Granatwerfer und 100 Raketenwerfer das Feuer, von dem die vermeintlich angriffsbereiten deutschen Truppen voll erfasst worden seien. Sie hätten schwere Verluste erlitten und zwei Stunden benötigt, um sich von diesem Schlag zu erholen und selbst zum Angriff antreten zu können. Diese Darstellung wird dem historischen Geschehen zwar nicht gerecht. Sie hatte aber großen Einfluss auf die Geschichtsschreibung zur Schlacht bei Kursk. So schmückte der DDR-Historiker Olaf Groehler diesen Bericht aus und behauptete, das sowjetische Artilleriefeuer habe ganze deutsche Batterien, Kompanien und Regimenter zerschlagen. Doch auch westliche Historiker übernahmen solche Darstellungen völlig unkritisch. So behauptete der amerikanische Autor Martin Caidin, die „Gegenvorbereitung" habe sich entscheidend auf den Verlauf der Schlacht bei Kursk ausgewirkt.

Wenngleich die Folgen der „Gegenvorbereitung" selten so drastisch geschildert wurden wie bei Groehler oder Caidin, findet sich doch bis heute in Büchern über die Schlacht bei Kursk die Behauptung, das sowjetische Artilleriefeuer habe den angriffsbereiten deutschen Verbänden spürbare Verluste zugefügt und den Angriffsbeginn um zwei Stunden verzögert. Das dem nicht so war, geht aus den Tagesmeldungen und Kriegstagebüchern der Divisionen hervor, die am Morgen des 5. Juli 1943 die Offensive „Zitadelle" eröffneten. Erfreulicherweise sind diese wichtigen Quellen zum größten Teil erhalten geblieben und geben über die tatsächliche Wirkung der sowjetischen „Gegenvorbereitung" Auskunft. Im Abschnitt von Models 9. Armee stand das XXXXVI. Panzerkorps mit der 258., 7. und 31. Infanterie-Division am weitesten westlich. Laut sowjetischer Darstellung wurde dieser Abschnitt, den die 70. Armee verteidigen sollte, nicht beschossen, was sich durch die deutschen Meldungen bestätigen lässt.

Der östliche Nachbar des XXXXVI. Panzerkorps, das deutsche XXXXVII. Panzerkorps, eröffnete die Offensive zunächst nur mit zwei Divisionen, und zwar mit der 6. Infanterie-Division und der 20. Panzerdivision. Im Kriegstagebuch der 20. Panzerdivision heißt es: „[1.15 Uhr:] Beginn eines starken feindlichen Feuerüberfalls aller schweren Waffen. Russe vermutet für 2.00 Uhr Angriff unsererseits, bestätigt durch Aussagen zweier Überläufer von der 6. Infanterie-Division."[5] Außer dieser Bemerkung enthält das Kriegstagebuch nichts über die „Gegenvorbereitung". Hätte sie hohe Verluste verursacht, wäre das mit Sicherheit vermerkt worden. Im Kriegstagebuch der Panzerabteilung der 20. Panzerdivision wird die „Gegenvorbereitung" gar nicht erwähnt, ebenso wenig im Kriegstagebuch der 6. Infanterie-Division.

Der Schwerpunkt des sowjetischen Artilleriefeuerschlags lag laut sowjetischen Quellen auf der Gegend nördlich von Ponyri, wo Rokossowski den deutschen Hauptstoß erwartete. In den frühen Morgenstunden bereiteten sich dort die Grenadiere der 292. und 86. Infanterie-Division (XXXXI. Panzerkorps) sowie – weiter östlich – die Regimenter der 78. Sturmdivision und der 216. Infanterie-Division (XXIII. Armeekorps) auf den Angriff vor, der um 3.30 Uhr deutscher Zeit (4.30 Uhr Moskauer Zeit) beginnen sollte. Das Kriegstagebuch der 292. Infanterie-Division berichtet: „Die Bereitstellung vollzieht sich planmäßig und ist 02.00 Uhr beendet. Der Russe scheint jedoch Verdacht geschöpft zu haben, denn er schießt von 01.00-01.45 Uhr heftiges Störungsfeuer auf die Hauptkampflinie und [das] Hintergelände, Schaden wird nicht viel angerichtet."[6]

Von der 86. Infanterie-Division existieren die Kriegstagebücher aus dem Zeitraum der Offensive „Zitadelle" leider nicht mehr, und auch das Kriegstagebuch des XXXXI. Panzerkorps ist verloren gegangen. Dafür sind die täglichen Meldungen des Korps erhalten geblieben. In der Morgenmeldung vom 5. Juli heißt es: „Nach ruhigem Spätabend belegte [der] Gegner in der Zeit von 1.00-3.00 Uhr die Hauptkampflinie im gesamten Korpsabschnitt mit starkem Störungsfeuer. Sonst bis zum Beginn des eigenen Angriffs keine besonderen Vorkommnisse."[7] In den Meldungen des Korps finden sich keine Bemerkungen über eigene Verluste. Daraus lässt sich schließen, dass auch bei der 86. Infanterie-Division „nicht sehr viel gewesen [d. h. *Schaden entstanden*] sein kann", wie sich ein Soldat der schweren Panzerjäger-Abteilung 653 später erinnerte.[8] Diese Abteilung griff am 5. Juli gemeinsam mit der 86. Infanterie-Division an. In einem der wenigen Dokumente, die über den Einsatz der Division bei „Zitadelle" noch vorliegen, einer nach dem Krieg verfassten Truppengeschichte, ist zur „Gegenvorbereitung" vermerkt: „Ehe noch unsere Artillerie-Vorbereitung einsetzte, schoss [*der Gegner*] plötzlich aus allen Rohren auf die von ihm vermuteten Bereitstellungsräume, doch ohne den Ablauf unseres Angriffs zu beeinträchtigen."[9]

Eines der aufschlussreichsten Dokumente zur „Gegenvorbereitung" ist die Tagesmeldung des Artillerie-Kommandeurs 35 beim XXXXI. Panzerkorps: „Ab 1.10 Uhr schoss der Gegner schlagartig mit großem Munitions-Einsatz mit etwa 15-18 Batterien und Granatwerfern auf die Hauptkampflinie, die dahinter liegenden Wälder und das Hintergelände. Das Feuer flaute gegen 2.00 Uhr ab. Bis Angriffsbeginn ruhiges Feindverhalten. Schlechte Leitung des Feuers erzielte keinen dem Munitions-Einsatz entsprechenden Erfolg."[10]

Laut sowjetischer Darstellung soll durch die „Gegenvorbereitung" neben der 86. Infanterie-Division besonders die 78. Sturmdivision hohe Verluste erlitten haben. Das Kriegstagebuch der Division existiert für den Zeitraum der Schlacht um Kursk nicht mehr. Dafür ist das Kriegstagebuch des XXIII. Armeekorps erhalten, dem die 78. Sturmdivision unterstellt war. Demnach meldete die Division um 1.30 Uhr „ungewöhnlich lebhaftes Störungsfeuer", das einige Fernsprechleitungen zerstört habe. Um 3.20 Uhr ging eine weitere Meldung der 78. Sturmdivision ein: „Einige Ausfälle durch feindliche Artillerie, sonst alles in Ordnung."[11] Der östliche Nachbar der 78. Sturmdivision, die 216. Infanterie-Division, meldete hingegen nichts über die „Gegenvorbereitung" an das XXIII. Armeekorps.

Dem Armee-Oberkommando 9 war die sowjetische „Gegenvorbereitung" nicht einmal eine Erwähnung in ihrem Kriegstagebuch wert, zumal alle Divisionen planmäßig zur vorher festgelegten Zeit zum Angriff antraten. Die sowjetische Behauptung, der deutsche Angriff habe um zwei Stunden verschoben werden müssen, beruht auf einer Fehlinformation. Die gefangenen oder desertierten Soldaten der 6. Infanterie-Division, die im Verhör angegeben hatten, „Zitadelle" würde um 2.00 Uhr deutscher Sommerzeit bzw. 3.00 Uhr Moskauer Zeit beginnen, hatten unwissentlich oder absichtlich eine falsche Uhrzeit genannt. Tatsächlich war schon Mitte April 1943 als Angriffszeit für das XXXXI. Panzerkorps und das XXIII. Armeekorps 3.30 Uhr deutscher Sommerzeit festgelegt worden, für das XXXXVI. und XXXXVII. Panzerkorps 6.30 Uhr.

Allerdings führte die Rote Armee nicht nur im Abschnitt der deutschen 9. Armee nördlich von Kursk eine „Gegenvorbereitung" durch, sondern auch im Südabschnitt, bei der 4. Panzerarmee und der Armeeabteilung Kempf. Zwar sind für den Zeitraum

der Schlacht bei Kursk von fast allen Divisionen, die diesen beiden
Armeen unterstellt waren, die Kriegstagebücher verloren gegangen. Dafür liegen aber die Kriegstagebücher sämtlicher Korps der
beiden Armeen vor, sodass auch für den Südabschnitt ein Abgleich
erfolgen kann. Laut sowjetischer Darstellung belegte die Artillerie
der 6. und 7. Gardearmee im Zuge der „Gegenvorbereitung" die
deutschen Bereitstellungsräume mit zwei Feuerschlägen. Der erste
Beschuss begann laut einem Artillerie-Bericht der 6. Gardearmee
um 22.30 Uhr Moskauer Zeit (21.30 Uhr deutscher Sommerzeit)
und dauerte nur fünf Minuten. Um 3.30 Uhr Moskauer Zeit
(2.30 Uhr deutscher Sommerzeit) eröffnete die sowjetische Artillerie erneut das Feuer und beschoss die deutschen Ausgangsstellungen 40 Minuten lang. Angeblich habe die „Gegenvorbereitung"
den deutschen Verbänden auch im Süden von Kursk schwere Verluste zugefügt und den Beginn der deutschen Offensive um mehrere Stunden verzögert.

Ein Abgleich mit den noch vorhandenen deutschen Unterlagen
ergibt folgendes Bild: Laut Kriegstagebuch des LII. Armeekorps,
das die westliche Flanke der 4. Panzerarmee decken sollte, „verhielt sich der Gegner vor gesamter Korpsfront ruhig".[12] Die
332. Infanterie-Division, die beim Vorausangriff am 4. Juli bis in
die Gegend von Bubny vorgestoßen war, meldete um 2.30 Uhr
sowjetische Gegenangriffe und „heftige Gegenwehr des Feindes
durch zusammengefasstes [*Feuer*] von Artillerie, Granatwerfern
und Salvengeschützen".[13] Bevor die Division zum Angriff „Zitadelle" antreten konnte, musste sie erst die sowjetischen Gegenstöße abwehren und die Lage bereinigen. Deshalb verzögerte sich der
für 5.00 Uhr geplante Angriffsbeginn bei der 332. Infanterie-Division bis 9.30 Uhr. Dies war jedoch keine Folge der „Gegenvorbereitung", sondern der Kampfhandlungen.

Die anderen vier Divisionen des XXXXVIII. Panzerkorps
(3. Panzerdivision, Panzergrenadier-Division „Großdeutschland",
11. Panzerdivision und 167. Infanterie-Division) registrierten alle
in ihren Abschnitten während der Nacht starkes Feuer sowjetischer Artillerie, Granatwerfer und Raketenwerfer. Doch keine der
Divisionen meldete Verluste. Dementsprechend heißt es im Kriegstagebuch des XXXXVIII. Panzerkorps lapidar: „Die Nacht ver-
läuft im Wesentlichen ruhig. Auf dem gesamten Korpsabschnitt
liegt starkes feindliches Artillerie-, Salvengeschütz- und Granat-

werfer-Feuer."[14] Von einer Verzögerung des Angriffsbeginns durch
das sowjetische Artilleriefeuer ist auch hier keine Rede. Das Gleiche gilt für das II. SS-Panzerkorps: Die SS-Divisionen registrierten
in ihren Meldungen zwar das Feuer der „Gegenvorbereitung" und
verschiedene weitere sowjetische Feuerüberfälle. Verluste meldeten sie hingegen keine. Lediglich aus den nach Kriegsende veröffentlichten Truppengeschichten geht hervor, dass durch das sowjetische Artilleriefeuer einige Soldaten verwundet wurden. Die
Verluste waren jedoch insgesamt so gering, dass sie weder in den
Meldungen der Divisionen an das Korps, noch im Kriegstagebuch
der 4. Panzerarmee oder in den persönlichen Unterlagen des Oberbefehlshabers der Heeresgruppe Süd, Generalfeldmarschall von
Manstein, erwähnt wurden.

Im Abschnitt der Armeeabteilung Kempf fand die „Gegenvorbereitung" beim Korps Raus (106. und 320. Infanterie-Division)
gar keine Beachtung. Sie wurde weder im Kriegstagebuch des
Korps noch in der Morgen- oder Tagesmeldung erwähnt. Der
Angriff begann hier planmäßig um 2.25 Uhr deutscher Sommerzeit. Nur beim III. Panzerkorps hatte die „Gegenvorbereitung"
unzweifelhaft nachteilige Folgen. Laut sowjetischen Quellen lag
der Schwerpunkt der zweiten „Gegenvorbereitung" im Bereich der
7. Gardearmee auf dem Brückenkopf Michailowka (Michajlovka)
östlich von Belgorod. Dies lässt sich durch die deutschen Akten
bestätigen, wenngleich es Abweichungen bei den genannten Zeiten
gibt. Laut sowjetischer Darstellung begann die zweite „Gegenvorbereitung" zugleich mit dem Angriffsbeginn des III. Panzerkorps,
nämlich um 3.30 Uhr Moskauer Zeit (2.30 Uhr deutscher Sommerzeit). Tatsächlich traten die Divisionen des III. Panzerkorps um
2.25 Uhr deutscher Sommerzeit planmäßig zum Angriff an. Laut
Morgenmeldung der 19. Panzerdivision schoss die sowjetische Artillerie zu dieser Zeit jedoch bereits seit einer halben Stunde auf
den Brückenkopf Michailowka. Dadurch wurde der Bau der
Kriegsbrücken über den Donez, die pünktlich zum Angriffsbeginn
fertiggestellt sein sollten, erheblich behindert. Bis 2.25 Uhr waren
lediglich Stege für den Übergang der Infanterie fertig. Die Panzerkampfwagen „Tiger" der schweren Panzerabteilung 503, die den
Angriff des III. Panzerkorps anführen sollten, benötigten aber Brücken mit einer Traglast von 60 Tonnen. Zwei solcher Brücken
befanden sich im Abschnitt der 6. Panzerdivision und der 19. Pan-

zerdivision im Bau, als das sowjetische Artilleriefeuer einsetzte. Die
bereits weitgehend fertiggestellte 60-Tonnen-Brücke im Abschnitt
der 6. Panzerdivision wurde durch Volltreffer zerstört. Die Baustelle für die zweite 60-Tonnen-Brücke, im Abschnitt der 19. Panzerdivision, beschoss die sowjetische Artillerie so genau, dass die
deutschen Pioniere den Brückenbau unterbrechen mussten. Zu
Angriffsbeginn konnte deshalb kein „Tiger" den Donez überqueren, und ohne diese Brechstangen blieb der Angriff des III. Panzerkorps zunächst im sowjetischen Abwehrfeuer liegen.

Fasst man die Erkenntnisse aus den verfügbaren deutschen Dokumenten zusammen, bleibt festzuhalten, dass die sowjetische
„Gegenvorbereitung" im Abschnitt der 9. Armee weitgehend wir-
kungslos blieb, ebenso im Abschnitt der 4. Panzerarmee. Bei der
Armeeabteilung Kempf traten durch das Artilleriefeuer vor Angriffsbeginn zwar nur geringe Verluste ein. Aber die sowjetische
Artillerie verhinderte, dass die „Tiger" der schweren Panzerabteilung 503 rechtzeitig über den Donez setzen konnten. Ob der erste
Angriff erfolgreicher verlaufen wäre, wenn die „Tiger" pünktlich
über den Donez gelangt wären, ist allerdings zweifelhaft, denn als
sie den Donez schließlich überquerten, um den Angriff der 6. und
19. Panzerdivision zu unterstützen, blieben sie in den tiefen so-
jetischen Minenfeldern liegen.

Doch auch für die Rote Armee hatte die „Gegenvorbereitung"
letztlich eine negative Folge. Die sowjetische Führung hatte geplant, den Deutschen vor Beginn des Angriffs „Zitadelle" nicht
nur mit Artillerieschlägen, sondern auch mit der Luftwaffe eine
böse Überraschung zu bereiten. Starke Verbände der sowjetischen
2. und 17. Luftarmee sollten im Morgengrauen des 5. Juli möglichst viele deutsche Flugzeuge am Boden zerstören. Damit wären
die 4. Panzerarmee und die Armeeabteilung Kempf ihrer Luftunterstützung beraubt gewesen, und die sowjetische Luftwaffe hätte
zugleich die Luftherrschaft errungen, ohne in Luftkämpfen hohe
Verluste zu erleiden. Doch es kam anders als geplant. Die Morgen-
Dämmerung setzte Anfang Juli 1943 im Raum Kursk bereits gegen
2.30 Uhr deutscher Sommerzeit ein; gegen 3.20 Uhr begann der
Sonnenaufgang. Zu dieser Zeit sollten die sowjetischen Maschinen
überraschend die deutschen Feldflugplätze bei Charkow angreifen.
Walter Lehweß-Litzmann, damals Oberstleutnant und Kommodo-
re des Kampfgeschwaders 3, nannte in seinen Erinnerungen einen

der verschiedenen Gründe, warum der sowjetische Plan nicht auf-
ging: „Am Morgen des 5. Juli erlebten die sich zum Angriff formierenden Truppen eine unliebsame Überraschung: Die sowjetischen Streitkräfte eröffneten die Schlacht mit einem unverhofften
Feuerüberfall auf die sich gerade formierenden Verbände. Aufge-
regt rief man bei mir an – ich hatte gerade die Kommandeure zur
letzten Einsatzbesprechung in meinem Stab versammelt – und
korrigierte die Befehle. Wir mussten sofort starten, um die sowjetische Artillerie niederzuhalten, obwohl es noch dunkel war."[15]
Viele deutsche Kampfflugzeuge waren also bereits in der Luft, als
die sowjetischen Flieger zum Angriff auf die deutschen Flugplätze
starteten. Außerdem wurden die sowjetischen Fliegerverbände bereits vor Erreichen der deutschen Linien durch deutsche Funkmess-
stationen, wenig später auch durch den Lufthorchdienst und durch
Luftbeobachter geortet. Daraufhin stiegen zahlreiche deutsche
Jagdflugzeuge, deren Einsatz ursprünglich nicht so früh geplant
war, im Alarmstart auf, um die sowjetischen Maschinen abzufangen. So wurde der geplante Überraschungsschlag für die sowjetischen Flieger selbst zu einer bösen Überraschung, und am Mor-
genhimmel über Charkow setzte eine erbitterte Luftschlacht ein.

„Und die Russen fielen wie tote Fliegen vom Himmel."[16] – Die
Luftschlacht über dem Kursker Bogen am 5. Juli 1943

Am Morgen des 5. Juli 1943, um 3.10 Uhr, starteten einige deutsche Jäger der II. Gruppe des Jagdgeschwaders 3 von ihrem Feldflugplatz Charkow-Rogan im Südosten von Charkow zur „freien
Jagd" im Raum Belgorod. Die II. Gruppe des Jagdgeschwaders 3
war eine von vier Jagdgruppen, die dem VIII. Fliegerkorps unter
Generalmajor Hans Seidemann zur Verfügung standen. Seidemanns
Fliegerkorps hatte den Auftrag, die Angriffsverbände der 4. Panzerarmee und der Armeeabteilung Kempf zu unterstützen. Den
Jagdfliegern fiel die Aufgabe zu, die eigenen Kampf-, Sturzkampf-
und Schlachtflugzeuge bei Begleitschutzeinsätzen vor Angriffen
sowjetischer Jäger zu schützen. Außerdem flogen kleine Gruppen
deutscher Jäger immer wieder „freie Jagd" über der Front, um
überraschend auftauchende sowjetische Flugzeuge zu bekämpfen.

Seidemanns vier Jagdgruppen verfügten insgesamt über etwa 150 Jagdflugzeuge vom Typ Messerschmitt Bf 109 G, von denen rund 120 einsatzbereit waren. Das war sehr wenig und widerspiegelt die Auswirkungen des Mehrfrontenkriegs, in dem sich das Deutsche Reich 1943 befand: Die meisten deutschen Jagdgruppen kämpften mittlerweile in Westeuropa, in der „Reichsverteidigung" über Deutschland und im Mittelmeerraum gegen Briten und Amerikaner. Die Rote Armee hatte das Problem des Mehrfrontenkriegs nicht und konnte den Großteil ihrer Fliegerkräfte an der deutsch-sowjetischen Front gegen die Wehrmacht einsetzen. So standen den 150 Jagdmaschinen des deutschen VIII. Fliegerkorps Anfang Juli 1943 etwa 700 Jagdflugzeuge der sowjetischen 2. und 17. Luftarmee gegenüber.

Laut sowjetischer Planung sollten an dem überraschenden Angriff auf die deutschen Feldflugplätze fast 420 Flugzeuge teilnehmen, davon etwa ein Drittel Schlachtflugzeuge vom Typ Iljuschin Il-2 und zwei Drittel Jagdflugzeuge der Typen Jakowlew Jak-1 und Jak-7B sowie Lawotschkin La-5. Tatsächlich starteten aber nur rund 300 Maschinen, davon etwa 100 Schlacht- und 200 Jagdflugzeuge. Theoretisch wäre das noch immer eine imposante Streitmacht gewesen, wenn sie geschlossen eingesetzt worden wäre. Doch den Schlachtfliegern waren zunächst fünf deutsche Flugplätze als Ziele zugewiesen worden, und diese sollten nicht nacheinander, sondern gleichzeitig attackiert werden. Deshalb wurde jeder Flugplatz von lediglich etwa 20 Schlachtfliegern mit 20-30 Jägern Begleitschutz angegriffen, während der Rest der sowjetischen Jäger über anderen Flugplätzen patrouillierte, um den Start deutscher Jagdflugzeuge zu verhindern.

Die Jäger der II. Gruppe des Jagdgeschwaders 3 waren erst zehn Kilometer zur „freien Jagd" nach Norden geflogen, als sie die Meldung erhielten, dass sich sowjetische Schlachtflugzeuge im Anflug befänden. Sie machten sofort kehrt, um den sowjetischen Verband abzufangen. Weitere Jäger der II. Gruppe und der anderen drei Jagdgruppen (III. Gruppe des Jagdgeschwaders 3 sowie I. und III. Gruppe des Jagdgeschwaders 52) stiegen inzwischen im Alarmstart auf. Kurz vor halb vier Uhr morgens trafen die deutschen Jäger auf die sowjetischen Schlachtflugzeuge, durchbrachen deren Jagdschutz und schossen die ersten Iljuschins ab. Die sowjetischen Piloten kamen nicht dazu, ihre zugewiesenen Ziele anzugreifen, sondern mussten nun ums bloße Überleben kämpfen. Ein Stabsarzt der III. Gruppe des Kampfgeschwaders 27, der den Luftkampf über dem Flugplatz Charkow-Osnowa beobachtete, schrieb am folgenden Tag an seine Frau, die sowjetischen Flugzeuge seien „wie tote Fliegen vom Himmel" gefallen, und weiter: „Einen einzigen Angriff wagten die Russen gestern in aller Frühe auf unseren Platz. Doch dürfte kaum eine Maschine nach Hause gekommen sein. Eine Staffel unseres Jagdgeschwaders schoss dabei allein 25 Russen ab. Seit der Zeit lässt sich auch kein Russe mehr blicken!"[17]

Die deutschen Jäger meldeten nach den morgendlichen Luftkämpfen über den Flugplätzen den Abschuss von 50 sowjetischen Jagd- und Schlachtflugzeugen. Davon beanspruchte die II. Gruppe des Jagdgeschwaders 3 allein 30 Luftsiege. Sowjetischen Quellen zufolge verloren die 2. und 17. Luftarmee bei dem Angriff etwa 35 Maschinen, wobei jene Flugzeuge nicht inbegriffen sind, die auf der sowjetischen Seite der Front schwer beschädigt notlandeten. Doch war dies erst der Auftakt der großen Luftschlacht, die am 5. Juli 1943 über dem Kursker Frontbogen tobte. Beide Seiten griffen den ganzen Tag über mit großem Einsatz in die Bodenkämpfe ein, wobei das VIII. Fliegerkorps vor allem das II. SS-Panzerkorps unterstützte. Die Division „Leibstandarte SS Adolf Hitler" meldete: „Hervorragende Unterstützung durch eigene Stukas."[18] Etwa 200 einsatzbereite Sturzkampfflugzeuge vom Typ Junkers Ju 87 D standen dem VIII. Fliegerkorps zur Verfügung. Diese waren fast pausenlos im Einsatz, wobei manche Besatzungen bis zu sechs Einsätze am Tag flogen. Ähnlich verhielt es sich mit den Jagdfliegern, die ihre zahlenmäßige Schwäche ebenfalls dadurch ausgleichen mussten, dass sie vier- bis sechsmal pro Tag zum Feindflug starteten.

Insgesamt kam das VIII. Fliegerkorps am 5. Juli 1943 auf fast 2.700 Einsätze. Davon flogen die beiden Sturzkampfgeschwader 2 und 77 etwa 1.070 und die vier Gruppen der Jagdgeschwader 3 und 52 mehr als 600. Der Rest entfiel auf Kampf- und Schlachtflugzeuge sowie Aufklärer. Obwohl den 730 einsatzbereiten Flugzeugen des VIII. Fliegerkorps weit mehr als doppelt so viele einsatzbereite sowjetische Maschinen der 2. und 17. Luftarmee gegenüberstanden, flog die sowjetische Luftwaffe am 5. Juli im Südabschnitt des Kursker Bogens lediglich 1.720 Einsätze, das

heißt fast 1.000 weniger als die Deutschen. Die sowjetischen Luftangriffe machten den deutschen Bodentruppen allerdings gehörig
zu schaffen. Das XXXXVIII. Panzerkorps meldete am Morgen des
5. Juli „äußerst heftige Fliegerangriffe von starken Il-2- und Bomberverbänden" und bat dringend um Jagdschutz.[19] Das II. SS-
Panzerkorps wurde ebenfalls wiederholt von sowjetischen Kampf-
und Schlachtflugzeugen mit Bomben und Bordwaffen attackiert.
Am stärksten hatten jedoch die Divisionen der Armeeabteilung Kempf unter sowjetischen Luftangriffen zu leiden. Denn das
VIII. Fliegerkorps unterstützte am ersten Angriffstag fast ausschließlich die 4. Panzerarmee. Dagegen konzentrierte die sowjetische 17. Luftarmee am Nachmittag ihre gesamten Kräfte gegen
die Armeeabteilung Kempf. Im Kriegstagebuch der Armeeabteilung heißt es dementsprechend: „Entlang der ganzen Donezfront
starke feindliche Luftüberlegenheit, Luftangriffe vor allem auf
Übergangsstellen."[20]
Die sowjetische Luftwaffe musste für diese energische Unterstützung ihrer Bodentruppen jedoch einen hohen Preis bezahlen. Obwohl die meisten deutschen Flugzeuge am Himmel über der 4. Panzerarmee gebunden waren, entsandte das VIII. Fliegerkorps immer
wieder Jäger in den Kampfraum der Armeeabteilung Kempf. Sie
konnten dort zwar nicht die Luftherrschaft erringen, fügten den
sowjetischen Fliegerverbänden aber schwere Verluste zu. Die Verbände des deutschen VIII. Fliegerkorps meldeten am 5. Juli 1943
insgesamt 260 abgeschossene sowjetische Maschinen, davon 220
in Luftkämpfen und 40 durch Flak. Laut sowjetischen Quellen
verlor die 17. Luftarmee am 5. Juli 1943 insgesamt 76 Flugzeuge,
davon am Nachmittag allein 55 Schlachtflugzeuge vom Typ Il-2
bei den Angriffen auf die deutschen Übergänge über den Donez.
Die sowjetische 2. Luftarmee erlitt noch höhere Verluste: 91 Flugzeuge wurden zerstört, weitere 23 mussten beschädigt notlanden.
Einige davon wurden später ebenfalls als Totalverluste abgeschrieben, weil sich ihre Reparatur nicht mehr lohnte. 190 der von den
Deutschen gemeldeten Abschüsse lassen sich also durch sowjetische Quellen bestätigen. Davon mussten circa 170 als Totalverluste abgeschrieben werden.
Die sowjetischen Jagdflieger der 2. und 17. Luftarmee gaben
ihrerseits an, sie hätten in den Luftkämpfen am 5. Juli insgesamt
173 deutsche Flugzeuge abgeschossen. Darüber hinaus meldeten

die sowjetischen Schlachtflieger nach dem morgendlichen Angriff auf die deutschen Flugplätze die Zerstörung von 60 Maschinen am Boden. Deutsche Unterlagen zeigen hingegen, dass der Angriff auf die Flugplätze ein völliger Fehlschlag war, bei dem kein einziges deutsches Flugzeug am Boden zerstört wurde. Auch die vermeintlichen 173 sowjetischen Luftsiege sind weit von der Realität entfernt. In Wirklichkeit wurden lediglich 33 Flugzeuge des VIII. Fliegerkorps am 5. Juli in Luftkämpfen, durch Flak oder durch technische Mängel und Unfälle zerstört oder so schwer beschädigt, dass sie nicht mehr instand gesetzt werden konnten.

Auch im Norden von Kursk, wo Models 9. Armee zum Angriff antrat, tobten am 5. Juli 1943 heftige Luftkämpfe. Der deutschen 1. Fliegerdivision unter Generalmajor Paul Deichmann stand hier die sowjetische 16. Luftarmee gegenüber, die von Generalleutnant Sergei Rudenko geführt wurde. Deichmanns 640 einsatzbereiten Flugzeugen konnte Rudenko etwa 1.030 Maschinen entgegensetzen. Doch das zahlenmäßige Ungleichgewicht war für die Deutschen noch ungünstiger, denn auf sowjetischer Seite griff am 5. Juli auch die 15. Luftarmee in die Kämpfe ein, die der Brjansker Front unterstand. Die beiden sowjetischen Luftarmeen flogen am 5. Juli insgesamt etwa 1.670 Einsätze. Davon entfielen rund 1.150 auf die 16. Luftarmee und circa 520 auf die 15. Luftarmee.

Wie im Süden mussten die deutschen Fliegerkräfte auch im Norden von Kursk ihre zahlenmäßige Schwäche dadurch wettmachen, dass sie bis zu sechs Einsätze am Tag flogen. Dabei galt es, bereits in den frühen Morgenstunden den Angriff des XXXXI. Panzerkorps und des XXIII. Armeekorps zu unterstützen, der um 3.30 Uhr deutscher Sommerzeit angesetzt war. Um 6.30 Uhr musste die 1. Fliegerdivision dann mit ganzer Kraft den Angriff des XXXXVI. und XXXXVII. Panzerkorps unterstützen. Das Flugbuch von Oberleutnant Erhard Jähnert, einem Flugzeugführer der III. Gruppe des Sturzkampfgeschwaders 3, liefert ein beredtes Beispiel für die Einsätze am 5. Juli 1943. Jähnert startete bereits um 2.50 Uhr morgens vom Flugplatz Konewka bei Orjol zum ersten Einsatz, welcher der Unterstützung jener Verbände der 9. Armee galt, die um 3.30 Uhr zur Offensive antraten. Nach 70 Minuten, um 4.00 Uhr, kehrte Jähnert vom Feindflug zurück. Um 5.40 Uhr hob er zum zweiten Einsatz ab, um die beiden Korps zu unterstützen, die um 6.30 Uhr zum Angriff antraten. Im Laufe des Tages flog er noch vier weitere Einsätze. Als er um 18.40 Uhr vom letzten Feindflug zurückkehrte, hatte er insgesamt sieben Stunden Flugzeit hinter sich. Ähnlich erging es den anderen Piloten der 1. Fliegerdivision, die an diesem Tag zusammengenommen fast 2.100 Einsätze flogen.

Als Models 9. Armee am Morgen des 5. Juli zur Offensive „Zitadelle" antrat, war Generalleutnant Rudenko, der Oberbefehlshaber der sowjetischen 16. Luftarmee, zunächst unsicher, ob der deutsche Hauptangriff begonnen hatte oder noch weitere Offensivstöße folgen würden. Rudenko hielt die Masse seiner Flugzeuge deshalb noch zurück. Das war für die Deutschen äußerst vorteilhaft. Denn den vier Gruppen der Jagdgeschwaders 51 und 54 standen einschließlich einer spanischen Jagdstaffel nur 145 einsatzbereite Jagdflugzeuge vom Typ Focke-Wulf Fw 190 A zur Verfügung. Die 16. Luftarmee konnte dagegen 455 Jäger einsetzen, die 15. Luftarmee weitere 265. Da zunächst nur ein Teil dieser Maschinen in den Kampf geworfen wurde, fiel es den deutschen Jagdfliegern leichter, die eigenen Kampfflugzeuge zu schützen und den sowjetischen Fliegerverbänden schwere Verluste zuzufügen. So wurde bereits bei den ersten Luftkämpfen in der Gegend von Maloarchangelsk Hauptmann Wladimir Salewski in seiner Jak-7B abgeschossen und getötet. Dieser Verlust war für die sowjetische Luftwaffe besonders schmerzlich, denn Salewski war einer der erfahrensten sowjetischen Jagdflieger und trug die höchste Auszeichnung der UdSSR, den Orden „Held der Sowjetunion".

Innerhalb kurzer Zeit gelang es den deutschen Jagdfliegern am Morgen des 5. Juli, im nördlichen Frontabschnitt des Kursker Bogens die Luftherrschaft zu erringen. Der Kommandeur der 10. Panzergrenadier-Division, die zu dieser Zeit südlich von Orjol in Reserve lag, erinnerte sich später: „Von Tagesgrauen an zogen unaufhörlich starke deutsche Kampfstaffeln und Bombengeschwader unter dem Schutz deutscher Jäger nach Süden. Die sowjetische Luftwaffe schien ausgeschaltet."[21] Doch im Laufe des Vormittags nahmen die sowjetischen Einsätze wieder zu, und am Nachmittag und Abend des 5. Juli flog die sowjetische Luftwaffe zahlreiche Bombenangriffe gegen die Verbände der 9. Armee. Gegen 20.00 Uhr deutscher Sommerzeit meldete die Abteilung Ic (Feindlage und Abwehr) des Armee-Oberkommandos 9, dass der Einsatz der sowjetischen Luftwaffe an diesem Tag „zunächst planlos und zersplittert" erfolgt sei, „jedoch bald an Heftigkeit und Geschlossenheit" zugenommen habe. „Besonders [*das*] XXIII. Armeekorps wird von starken Kampfkräften im rollenden Einsatz angegriffen."²²

Da die deutschen Jagdflieger immer wieder versuchten, die sowjetischen Kampf- und Schlachtfliegerverbände abzufangen, kam es über dem Schlachtfeld zu heftigen Luftkämpfen. Die sowjetischen Jäger der 16. Luftarmee meldeten 106 Luftsiege, was allerdings weit übertrieben war, denn in Wirklichkeit musste die deutsche 1. Fliegerdivision am 5. Juli lediglich 23 Maschinen als Totalverluste oder als schrottreif abschreiben. Sechs dieser Maschinen waren zudem nicht durch Feindeinwirkung, sondern durch technische Schäden oder Unfälle verloren gegangen. Von den übrigen 17 Maschinen wurden mindestens sechs durch Flak abgeschossen, ein weiteres Flugzeug wurde durch Sabotage zerstört. Somit bleiben nur zehn Flugzeuge übrig, die entweder nachweislich oder wahrscheinlich durch sowjetische Jagdflugzeuge abgeschossen wurden. Die Deutschen meldeten am 5. Juli hingegen die Vernichtung von insgesamt 165 sowjetischen Flugzeugen, davon 163 in Luftkämpfen und zwei durch Flak. Laut sowjetischen Quellen verlor die 16. Luftarmee genau 100 Flugzeuge, davon 83 Jäger, 16 Schlachtflugzeuge und einen Bomber. Diese Zahlen belegen, dass die sowjetischen Jagdflieger ihre Begleitschutzaufgaben gut erfüllten, dafür aber selbst hohe Verluste hinnehmen mussten. Für die 15. Luftarmee liegen leider keine Verlustangaben vor, doch ist anzunehmen, dass auch sie bei ihren zahlreichen Einsätzen an diesem Tag Verluste erlitt.

Als der erste Großkampftag am Kursker Bogen zu Ende ging, hatten die sowjetische 2., 16. und 17. Luftarmee laut ihren eigenen Angaben insgesamt 267 Flugzeuge verloren. Hinzu kamen noch einige Verluste der 15. Luftarmee und möglicherweise auch der lokalen Luftverteidigung von Kursk sowie der sowjetischen Fernkampfflieger. Rechnet man noch jene Maschinen dazu, die so schwer beschädigt wurden, dass sie später als Totalverluste nachgemeldet werden mussten, kann man ohne Gefahr der Übertreibung von 300 Totalverlusten der sowjetischen Luftwaffe am 5. Juli 1943 ausgehen. Die deutsche Luftwaffe verlor im Norden und Süden von Kursk insgesamt 56 Flugzeuge, die entweder abgeschossen oder so schwer beschädigt wurden, dass sich ihre Reparatur nicht mehr lohnte. Von diesen 56 Flugzeugen wurden allerdings nur 43 durch sowjetische Jäger oder Flak abgeschossen, während 13 Flugzeuge durch technische Mängel, Unfälle oder Sabotage verloren gingen.

Warum erlitt die sowjetische Luftwaffe bei Kursk so immense Verluste? Dafür gibt es mehrere Gründe. Zum einen lag es an der Qualität der Jagdflugzeuge. Jahrzehntelang kolportierten sowjetische Autoren die Legende von der technischen Überlegenheit der Roten Armee. So wurde etwa das 728. Jagdflieger-Regiment vor der Schlacht bei Kursk mit Flugzeugen vom Typ Jakowlew Jak-7B ausgestattet. Arseni Woroscheikin, der erfolgreichste Pilot dieses Regiments, schrieb darüber in seinen Erinnerungen: „Von den Flugzeugen musste man begeistert sein: Die besten Jagdflugzeuge der Welt, in der Manövrierfähigkeit übertrafen sie die deutschen, und in der Geschwindigkeit standen sie ihnen auch nicht nach."[23] In Wirklichkeit waren fast alle sowjetischen Jagdflugzeugtypen, die bei Kursk zum Einsatz kamen, den deutschen Messerschmitt Bf 109 G sowie den Focke-Wulf Fw 190 A unterlegen. In internen zeitgenössischen sowjetischen Berichten wurde dies mitunter auch zugegeben. Gerade die von Woroscheikin angepriesene Jak-7B hatte wie fast alle Jakowlew-Jäger dieser Zeit einen Motor mit einer Startleistung von lediglich 1.210 PS. Die deutsche Bf 109 G verfügte dagegen über ein Triebwerk mit 1.475 PS Startleistung und war in mittleren Flughöhen 30 bis 50 km/h schneller als die Jak; außerdem besaß sie eine höhere Steigleistung. Die Fw 190 A hatte ein Triebwerk mit einer Startleistung von 1.700 PS und war in mittleren Flughöhen sogar 50 bis 70 km/h schneller als die Jakowlew-Jäger. Die sowjetischen Jagdflugzeuge vom Typ Lawotschkin La-5 verfügten zwar wie die Focke-Wulf Fw 190 A über Triebwerke mit einer Startleistung von 1.700 PS. Aber die Geschwindigkeit der La-5 war nicht höher als jene der Jak-1, Jak-7B und Jak-9. Sowohl den Messerschmitt- als auch den Focke-Wulf-Jägern waren die ersten Versionen der La-5 unterlegen. Erst die verbesserte Ausführung La-5FN, die einen Motor mit einer Startleistung von 1.850 PS hatte, war den deutschen Jagdflugzeugen ebenbürtig und in einigen Bereichen sogar überlegen. Wie fast alle sowjetischen Jagdflugzeuge hatte sie ihre besten Leistungswerte in niedrigen Höhen und war sehr wendig. Erfahrene deutsche Jagdflieger vermieden deshalb, sich mit sowjetischen Jägern in niedriger Höhe in Kurvenkämpfe einzulassen. Die La-5FN kam im Sommer 1943 an die Front und wurde bei Kursk zum ersten Mal in größerer Zahl eingesetzt. Allerdings konnte auch dieser Flugzeugtyp wenig daran ändern, dass die deutsche Luftwaffe den sowjetischen Fliegerkräften im Sommer 1943 sowohl technisch als auch taktisch immer noch deutlich voraus war.

Die hohen Verluste der sowjetischen Luftwaffe bei Kursk lassen sich jedoch nicht nur mit der Überlegenheit der deutschen Jagdflugzeuge erklären. Denn die sowjetischen Jäger waren den deutschen Maschinen keinesfalls so hoffnungslos unterlegen, dass die sowjetischen Piloten im Luftkampf keine Chance gehabt hätten. Mit einem erfahrenen Piloten am Steuerknüppel war eine Jak oder La-5 ein gefährlicher Gegner. Viel entscheidender für die hohen Verluste waren die unterlegenen Taktiken der sowjetischen Luftwaffe. So flogen die sowjetischen Jagdflieger zu Beginn der Schlacht bei Kursk meistens engen Begleitschutz für die Schlachtflugzeuge. Und weil diese vorwiegend in relativ geringer Höhe oder im Tiefflug eingesetzt wurden, hielten sich auch die Begleitjäger in geringer Höhe auf. Dies kam den sowjetischen Jagdfliegern zwar insofern entgegen, als ihre Maschinen in geringen Höhen am leistungsstärksten waren. Aber gerade diese Taktik führte zu großen Verlusten. Denn die deutschen Jagdflieger hielten sich bevorzugt in mittleren Höhen von 4.000 bis 6.000 Metern auf. Entdeckten sie tiefer fliegende sowjetische Maschinen, stachen sie mit hoher Geschwindigkeit auf diese herab, schossen kurz auf ihre Ziele, wenn sie deren Höhe erreicht hatten, und zogen dann mit großem Fahrtüberschuss wieder nach oben, um den nächsten Angriff einzuleiten oder wegzufliegen. Von den insgesamt 200 Abschüssen, welche die Jagdflieger der Jagdgeschwader 3 und 52 am 5. Juli 1943 meldeten, wurden drei Viertel in Höhen unter 2.000 Metern erzielt. Die sowjetischen Jagdflieger lernten erst im Laufe der Schlacht hinzu. Fortan staffelten sie den Begleitschutz in verschiedene Höhen und sorgten dafür, dass einzelne Gruppen von Jagdfliegern Höhenschutz flogen, um Angriffe deutscher Jäger von oben abzuwehren.

Entscheidend waren aber noch andere Schwächen, die sich nicht so schnell ausgleichen ließen: Um die hohen Verluste zu ersetzen, welche die sowjetische Luftwaffe seit Kriegsbeginn in den Luftkämpfen mit den Deutschen erlitt, wurden viele unerfahrene und schlecht ausgebildete Piloten an die Front geschickt. Außerdem fehlten der Roten Armee auf der mittleren Kommandoebene erfahrene Offiziere, was zum Teil noch auf Stalins „Säuberungen" in den 1930er Jahren zurückzuführen war. Und schließlich waren die sowjetischen Kommandeure gewöhnt, detaillierte Anweisungen zu erhalten, die wenig Spielraum für Improvisationen ließen. Diesem „Führen mit Befehl" stand das deutsche „Führen mit Auftrag" gegenüber: Den Kommandeuren auf der unteren Befehlsebene wurde viel mehr Eigenverantwortung übertragen und selbstständiges Handeln ermöglicht – ja sogar abgefordert! Denn selbstständiges Handeln entschied oft über Erfolg oder Misserfolg. Dafür lieferte die Kursker Schlacht eindrückliche Beispiele, vor allem im Abschnitt von Models 9. Armee.

„Eine rollende Materialabnutzungsschlacht"[24] – Der Angriff der 9. Armee auf Kursk

Um 3.30 Uhr deutscher Sommerzeit eröffnete das XXIII. Armeekorps den Angriff von Models 9. Armee. Aufgabe des Korps war es, Maloarchangelsk zu nehmen und die östliche Flanke der 9. Armee beim Angriff auf Kursk zu schützen. Maloarchangelsk war ein besonders stark ausgebauter Eckpfeiler in der Verteidigungsfront der sowjetischen 13. Armee, die von Generalleutnant Nikolai Puchow geführt wurde. Drei Divisionen des sowjetischen 15. Schützenkorps standen dort zur Verteidigung bereit, und die Dichte der sowjetischen Artillerie war in diesem Abschnitt außerordentlich hoch: Sie betrug durchschnittlich 68 Geschütze und Granatwerfer pro Frontkilometer. Nur bei Ponyri hatte Puchow noch mehr Artillerie konzentriert, und zwar 86 Geschütze und Granatwerfer pro Kilometer.

Dem Armee-Oberkommando 9 war von vornherein klar, dass die Rote Armee Maloarchangelsk besonders hartnäckig verteidigen würde. Deshalb hatte es neben der 216. Infanterie-Division die kampfstarke 78. Sturmdivision für den Angriff auf die Ortschaft ausgewählt. Anders als die Infanterie-Divisionen besaß die 78. Sturmdivision unter anderem eine Panzerjäger-Abteilung mit 26 Selbstfahrlafetten vom Typ „Marder", außerdem war ihr die

Sturmgeschütz-Abteilung 189 mit 31 Sturmgeschützen dauerhaft unterstellt. Eine weitere Sturmgeschütz-Abteilung, die 185., unterstützte den Angriff der 216. Infanterie-Division. Aber sowohl die 216. Infanterie-Division als auch die Sturmgeschütz-Abteilung 185 erwiesen sich als Achillesverse des XXIII. Armeekorps. Während der Angriff der 78. Sturmdivision zunächst gut voranschritt, blieb die 216. Infanterie-Division kurz nach Angriffsbeginn im sowjetischen Sperrfeuer liegen. Die Sturmgeschütze der Abteilung 185, die den Angriff unterstützen sollten, erlitten Ausfälle durch Artilleriefeuer und Minen. Um 7.50 Uhr meldete das Grenadier-Regiment 533, dass von den zehn zugeteilten Sturmgeschützen bereits sechs ausgefallen seien und sich zur Zeit nur ein Sturmgeschütz vorn befinde; die anderen seien zum Aufmunitionieren zurückgefahren. Vier Stunden später lag der Angriff immer noch fest. Die 216. Infanterie-Division meldete an das XXIII. Armeekorps, augenblicklich seien nur zwei Sturmgeschütze da, die anderen seien „nicht aufzufinden".[25] Ohne deren Unterstützung verweigerte der Kommandeur des Grenadier-Regiments 533, Oberst Kurt Gruner, jedoch den weiteren Angriff. „[Der] Regimentskommandeur scheint mit den Nerven fertig zu sein", heißt es im Kriegstagebuch des XXIII. Armeekorps.[26] Das war nicht verwunderlich, denn Gruners Regiment hatte bis zum Mittag schon mehr als die Hälfte seiner vorn eingesetzten Soldaten verloren.

Am Abend teilte Johannes Frießner, der Kommandierende General des XXIII. Armeekorps, Generaloberst Model mit, er habe beschlossen, die 216. Infanterie-Division auf ihre Ausgangsstellung zurückzunehmen. Model stimmte zu und gab die Weisung, am folgenden Tag auch bei günstiger Gelegenheit mit der 216. Infanterie-Division keine weiteren Angriffe durchzuführen. Da auch der Angriff der 383. Infanterie-Division gegen den Abschnitt der sowjetischen 16. Schützendivision nördlich von Maloarchangelsk unter hohen Verlusten gescheitert war, war die 78. Sturmdivision für den weiteren Vorstoß auf sich allein gestellt.

Zweifellos scheiterte das XXIII. Armeekorps hauptsächlich an der heftigen Abwehr, an der überlegenen sowjetischen Artillerie und an den tiefen Minenfeldern. Doch sollte nicht unerwähnt bleiben, dass auch Führungsmängel auf deutscher Seite eine Rolle spielten. Am Abend des 5. Juli erfuhr General Frießner, dass der Kommandeur der 216. Infanterie-Division „die großen Schwierig-

keiten dieses Angriffstages auf mangelhafte Offiziere und Unter-
führer" zurückführte, „die sich nicht durchzusetzen vermögen".[27]

Ähnliche Kritik findet sich auch in den Berichten über den Angriff des XXXXI. Panzerkorps, das westlich des XXIII. Armeekorps in Richtung Ponyri angriff. Die Ortschaft Ponyri bestand
aus mehreren Teilen. Die Hauptsiedlung mit dem Bahnhof befand
sich direkt an der Bahnlinie Orjol–Kursk. Nordwestlich davon, im
zweiten Armee-Verteidigungsgürtel, lag Ponyri 1, und einige Kilometer südlich, hinter dem dritten Armee-Verteidigungsstreifen,
Ponyri 2. Das Gelände vor dem festungsartig ausgebauten Ort
hatten die sowjetischen Verteidiger nicht nur mit zahlreichen Gräben, Hindernissen, Panzerabwehr-Stützpunkten und Minen versehen. Um angreifenden deutschen Panzern schwerere Schäden zuzufügen, als die üblichen Panzerminen verursachten, hatten
sowjetische Pioniere Minen verlegt, die mit großkalibrigen Artilleriegranaten und Fliegerbomben gekoppelt waren. Kurz nach
Angriffsbeginn hatte der Chef der 2. Batterie der Sturmgeschütz-
Abteilung 244, Oberleutnant Hans-Dietrich Rade, das Pech, mit
seinem Sturmgeschütz auf eine solche Sprengfalle zu fahren. Im
Kriegstagebuch der Sturmgeschütz-Abteilung 244 heißt es dazu:
„Geschütz Oberleutnant Rade Totalausfall. Die Wanne wurde auf-
gerissen, der Turm flog weg. Oberleutnant Rade verwundet, Fahrer [...] tot, die übrige Besatzung verwundet."[28] Rade selbst berichtete: „Ich bin mit dem Kopf ins Scherenfernrohr reingeknallt,
hatte ein Auge kaputt und eine Gehirnerschütterung. Ich kam bis
August ins Lazarett. Das Sturmgeschütz haben sie später restlos
ausgeschlachtet."[29]

Die Sturmgeschütz-Abteilung 244 unterstützte den Angriff der
292. Infanterie-Division. Am weitesten westlich griff das Panzergrenadier-Regiment 101 unter Führung von Oberstleutnant Paul
Fleischauer an. Es gehörte eigentlich zur 18. Panzerdivision, war
für den Angriff aber der 292. Infanterie-Division unterstellt worden. Nachdem das Regiment zunächst zügig vorangekommen war,
traf es bei Oserki (Ozerki) auf heftigen Widerstand des sowjetischen 676. Schützenregiments. Fleischauers Panzergrenadiere
blieben in sowjetischem Granatwerferfeuer liegen und erlitten
schwere Verluste, da der Kommandeur versäumt hatte, seine Einheiten aufzulockern, um die Ausfälle zu minimieren. Die zu dichte Gliederung war allerdings nicht der einzige Fehler, der Fleischau-

er unterlief. General Josef Harpe, der Kommandierende General des XXXXI. Panzerkorps, rügte „ein völliges Versagen der Aufklärung": „Wenn es also vorkommt, dass ein Regiment stundenlang nichts getan hat, um die für seine Gefechtsführung wichtige Lage an seinen Flügeln zu klären, oder, wenn ein starker Feindverband unbemerkt aus einem großen Waldstück, das fast eingeschlossen war, entweichen kann, so muss der in Frage kommende Führer verantwortlich gemacht werden, weil derartige Versäumnisse mit unnötigen Blutopfern bezahlt werden müssen."[30] Tatsächlich erging am Morgen des 7. Juli der Befehl, Oberstleutnant Fleischauer abzulösen und in die Führerreserve der 9. Armee zu versetzen. Mit dem „fast eingeschlossenen Feindverband", den Fleischauers Regiment habe entweichen lassen, war das sowjetische 676. Schützenregiment gemeint. Dieses war im Laufe des 5. Juli in der Tat zeitweilig abgeschnitten worden, konnte sich jedoch am Abend zur neuen Verteidigungslinie der 15. Schützendivision durchschlagen.

Der Misserfolg des Panzergrenadier-Regiments 101 bei Oserki wirkte sich auch auf den restlichen Angriffsabschnitt der 292. Infanterie-Division aus. Denn die beiden Grenadier-Regimenter 507 und 508, die zunächst gut vorangekommen waren, mussten am Nachmittag ihre Angriffe Richtung Südosten einstellen und nach Südwesten schwenken, um das Panzergrenadier-Regiment 101 südlich von Oserki zu unterstützen. Dadurch eröffnete sich die Möglichkeit, dem sowjetischen Schützenregiment 676 die Rückzugsmöglichkeit abzuschneiden. Doch es kam erneut anders: Der Angriff sollte eigentlich um 15.00 Uhr beginnen, verzögerte sich jedoch um zwei Stunden, weil die Sturmgeschütz-Abteilung 244 noch auftanken und munitionieren musste. Diese Zeit nutzten die sowjetischen Truppen, um nach Süden auszuweichen. Bezeichnenderweise findet sich im Kriegstagebuch der Sturmgeschütz-Abteilung 244 nichts über diese Verzögerung; dort heißt es im Gegenteil, den sowjetischen Truppen, die sich aus der Gegend südlich von Oserki zurückzogen, seien schwere Verluste zugefügt worden. Dies ist ein beredtes Beispiel für Schönfärberei, die sich nicht selten in zeitgenössischen Quellen findet, wenn es galt, eigene Fehler und Versäumnisse zu kaschieren. Obwohl die deutschen Kriegstagebücher insgesamt recht zuverlässig sind, darf nicht vergessen werden, dass sie ausdrücklich als „unentbehrliche Unterlage für die Ge-

schichtsschreibung" angesehen wurden.[31] Und welcher Verbandsführer wollte schon als Versager in die Kriegsgeschichte eingehen?
Von allen Divisionen der 9. Armee, die am 5. Juli bereits um
3.30 Uhr zum Angriff antraten, kam die 86. Infanterie-Division
am besten voran. Sie stieß entlang der Bahnlinie Orjol–Kursk nach
Süden vor. Unterstützt wurde sie vom schweren Panzerjäger-Regiment 656, das aus zwei Abteilungen mit Panzerjägern vom Typ
„Ferdinand" und einer Sturmpanzer-Abteilung bestand. Außerdem war ihr die Sturmgeschütz-Abteilung 177 zugewiesen. Jahrzehntelang wurde in der Literatur die Behauptung kolportiert, der
Angriff des XXXXI. Panzerkorps sei bedeutend erschwert worden, weil sich die Panzerjäger „Ferdinand" nicht bewährt hätten.
Bemängelt wurde vor allem, dass die „Ferdinande" kein Maschinengewehr zur Nahverteidigung besaßen und deshalb besonders
anfällig gegen Angriffe sowjetischer Infanteristen gewesen seien.
Laut sowjetischer Propaganda, die bis heute Eingang in die Darstellungen zur Kursker Schlacht findet, seien zahlreiche „Ferdinande" durch sowjetische Infanteristen mit Molotow-Cocktails zerstört worden. Die Aufzeichnungen von Angehörigen des schweren
Panzerjäger-Regiments 656 sprechen sich hierüber jedoch völlig
anders aus. So heißt es in einem Erfahrungsbericht von Hauptmann Rolf Henning, dem Führer der schweren Panzerjäger-Abteilung 654: „Die anfänglich gehegte Befürchtung, dass der ‚Ferdinand' gegenüber der feindlichen Infanterie sehr gefährdet sei, war
in der Praxis unbegründet. Der starke Detonationsknall beim
Schuss und die starke moralische Wirkung des ‚Ferdinand' bewirkten, dass während aller Einsatztage kein feindlicher Infanterist an
den ‚Ferdinand' herankam."[32] Die gleiche Erfahrung machten
auch die Angehörigen der schweren Panzerjäger-Abteilung 653.
Karl Neunert, damals Unteroffizier und Richtschütze in einem
„Ferdinand", bemerkte dazu: „Ich habe nicht erlebt, dass sich
feindliche Einzelkämpfer unserem Geschütz genähert haben. Im
Übrigen wusste die nachfolgende Infanterie, dass sie uns vor derartigen Angriffen zu schützen hatte."[33] Diese Aussagen werden
durch sowjetische Quellen bestätigt: Eine Kommission der Roten
Armee untersuchte am 15. Juli 1943 die von den Deutschen beim
Rückzug auf dem Schlachtfeld bei Ponyri zurückgelassenen Panzerjäger „Ferdinand". Dabei stellte sie fest, dass einige der Panzerjäger tatsächlich mit „Molotow-Cocktails" in Brand gesteckt wor-

den waren, allerdings nicht von sowjetischen Soldaten, sondern durch die eigenen Besatzungen, nachdem ihre Fahrzeuge durch Minen oder Beschuss ausgefallen waren oder sich festgefahren hatten und nicht mehr geborgen werden konnten. Außerdem belegen sowohl nachträgliche Aussagen verschiedener Angehöriger des schweren Panzerjäger-Regiments 656 als auch die zeitgenössischen Kriegstagebücher und Erfahrungsberichte, dass sich der „Ferdinand" im Einsatz bewährte und bei der Truppe sehr beliebt war. Auf sowjetischer Seite löste er Entsetzen aus: „[Der] Feind geht durch die Schrecken vor [dem] ‚Ferdinand' stellenweise fluchtartig zurück", heißt es in einem Bericht des XXXXI. Panzerkorps.[34]

Die schwere Panzerjäger-Abteilung 653 griff östlich der Bahnlinie Orjol–Kursk an. Der Abteilung war für den Angriff die Funklenk-Panzerkompanie 314 mit Ladungsträgern Borgward B IV unterstellt. Am Morgen des 5. Juli gelang es der Kompanie, mit ihren Sprengstoffträgern drei Minengassen in das Minenfeld vor der sowjetischen Hauptkampflinie zu sprengen. Das Minenfeld war so tief, dass die Funklenkkompanie zur Sprengung der Gassen zwölf ihrer insgesamt 36 Ladungsträger verbrauchen musste. Infolge des heftigen sowjetischen Artilleriefeuers konnten die eigenen Pioniere die gesprengten Gassen aber nicht trassieren. Daher erkannten die Besatzungen der „Ferdinande" die Gassen nicht, und zahlreiche Panzerjäger fuhren auf Minen.

Die schwere Panzerjäger-Abteilung 654 griff hingegen westlich der Bahnlinie Orjol–Kursk an. Sie wurde von der Funklenk-Panzerkompanie 313 unterstützt, die ebenfalls Ladungsträger B IV einsetzte. Allerdings hatte die Kompanie großes Pech: Schon im Bereitstellungsraum wurde ein B IV durch sowjetische Artillerie getroffen. Seine Explosion führte zur Detonation von zwei weiteren Ladungsträgern. Beim Anrollen zum Einsatz geriet ein Zug der Kompanie zudem in ein Minenfeld, in dem nicht nur vier B IV ausfielen, sondern auch fast ein Drittel der „Ferdinande" liegenblieben. Einige Besatzungsmitglieder, die aus den beschädigten Fahrzeugen ausstiegen, um die zerrissenen Ketten ihrer Fahrzeuge zu reparieren, wurden durch das heftige sowjetische Artilleriefeuer getötet. Die „Ferdinande", die unbeschädigt durch die Minenfelder kamen und den Angriff weiter nach vorn rissen, belegte die sowjetische Artillerie mit konzentriertem Feuer. Dadurch konnten

weder die Pioniere, welche die nächsten Minenfelder räumen sollten, noch die Infanteristen der 86. Infanterie-Division den „Ferdi-
nanden" folgen. – Mittlerweile hatten die Infanteristen der sowjetischen 81. Schützendivision auch den Schrecken überwunden, den
das erste Auftreten der „Ferdinande" ausgelöst hatte. Das Generalkommando des XXXXI. Panzerkorps meldete am Abend an das
Armee-Oberkommando 9: „[Der] Gegner wehrte sich infanteristisch äußerst zäh und verteidigte sich bis zum Letzten."[35]
    Der Angriffsschwerpunkt von Models 9. Armee lag indes nicht,
wie die sowjetische Führung glaubte, beim XXXXI. Panzerkorps,
sondern beim XXXXVII. Panzerkorps, das seinen Vorstoß um
6.30 Uhr begann und zunächst auf das sowjetische 47. Schützenregiment traf. Dieses Regiment hatte durch das deutsche Artillerie-
Vorbereitungsfeuer und Luftangriffe am Morgen des 5. Juli schwere Verluste erlitten. Zwei Drittel seiner Panzerabwehrkanonen
waren ausgefallen, die Telefonleitungen zum Hauptquartier der
15. Schützendivision waren durchtrennt. Die Grenadiere der 6. Infanterie-Division stießen daher zunächst nur auf geringen Widerstand. Der erste Einbruch in die sowjetischen Stellungen erfolgte
ausschließlich durch Infanterie. Um 8.00 Uhr setzte die 6. Infanterie-Division ihre Brechstange ein, und zwar zwei Kompanien der
schweren Panzerabteilung 505 mit 31 „Tigern". Diesen war wiederum die Funklenk-Panzerkompanie 312 mit Ladungsträgern B IV unterstellt. Im Gegensatz zu den beiden Funklenk-Panzerkompanien, die beim schweren Panzerjäger-Regiment 656 vor
allem Minengassen sprengen sollten, wurde die Kompanie 312
auch zur Gefechtsaufklärung vor den „Tigern" eingesetzt. Diese
Taktik erwies sich als wirksam: Sobald eine sowjetische Panzerab-
wehr- oder Geschützstellung oder ein Bunker erkannt war, wurde
ein vorausfahrender Sprengstoffträger darauf angesetzt. Einmal
versuchte ein sowjetischer Panzer, einen B IV durch Rammstoß
auszuschalten. Der B IV wurde gezündet und der sowjetische Panzer durch die gewaltige Explosion zerstört. Doch auch die Wirkung
gegen sowjetische Infanterie war furchtbar: „1 B IV erreichte eine
russische Stellung, wurde mit Brandflaschen beworfen und zur
Entzündung gebracht. Die Totalzündung hatte verheerende Wirkung in der feindlichen Stellung."[36]
    Gleichwohl waren auch im Angriffsabschnitt der schweren Pan-
zerabteilung 505 die Minengassen durch die Pioniere völlig unzu-

reichend gekennzeichnet. Zahlreiche „Tiger" fuhren auf Minen, und die Ersatzteile reichten nicht aus, um alle beschädigten Panzer zu reparieren. Trotzdem kam der Angriff zügig voran, und die „Tiger" wurden am 5. Juli zum entscheidenden Rammbock des XXXXVII. Panzerkorps. Zugleich stieß westlich der schweren Panzerabteilung 505 die 20. Panzerdivision nach Süden vor. Sie traf auf die Nahtstelle zwischen dem sowjetischen 28. Schützenkorps, das zu Generalleutnant Galanins 70. Armee gehörte, und dem 29. Schützenkorps, das Generalleutnant Puchows 13. Armee unterstand. Solche Nahtstellen waren oft neuralgische Punkte, weil taktisch keine rasche einheitliche Befehlsführung möglich war, wenn ein Gegner zwei Verbände angriff, die zu unterschiedlichen Armeen gehörten. Bereits am Morgen gelang es der 20. Panzerdivision, die Verteidigungsfront der sowjetischen 15. Schützendivision aufzureißen. Um 10.30 Uhr deutscher Sommerzeit eroberte sie die Ortschaft Podoljan und erreichte damit ihr Tagesziel. Joachim Lemelsen, der Kommandierende General des XXXXVII. Panzerkorps, ließ die Panzerverbände jedoch nicht anhalten. Die 20. Panzerdivision stieß weiter nach Süden vor und konnte gegen 15.00 Uhr die Ortschaft Bobrik erobern. Die schwere Panzerabteilung 505 holte von Podoljan nach Südosten aus und erreichte die Siedlung Step. Doch nun geriet Models operatives Konzept in Konflikt mit dem Vorwärtsdrang seiner Panzerverbände. Model rechnete sowohl mit überraschenden sowjetischen Artillerieüberfällen und Fliegerangriffen als auch mit Gegenstößen sowjetischer Panzerverbände. Er wollte seine Divisionen deshalb nicht zu weit vorstürmen lassen, sondern immer erst für ausreichend Flankenschutz und Verteidigungsmöglichkeiten sorgen. Noch in der Nacht vom 4. zum 5. Juli 1943, wenige Stunden vor Angriffsbeginn, hatte er befohlen: „1.) Führung am kurzen Zügel, 2.) abschnittsweise immer wieder Neuaufbau der schweren Waffen und des Artillerie-Schutzes aller Rohre, 3.) kein zu frühzeitiges Nachziehen der schweren Waffen, 4.) Ausnutzung der feindlichen Stellungen und Feldbefestigungen durch eigene Infanterie."[37] Mit dem raschen Vorstoß der 20. Panzerdivision und der schweren Panzerabteilung 505 hatte Model nicht gerechnet. Generalleutnant Horst Großmann, der Kommandeur der 6. Infanterie-Division, schrieb nach dem Krieg, dass die Divisionen des XXXXVII. Panzerkorps bereits am ersten Angriffstag bis zu jener Linie vordrangen, die laut Planung erst zwei Tage nach Angriffsbeginn hätte erreicht werden sollen. „Wenn jetzt die Panzer-Divisionen durchgerollt wären, hätten wir das Ziel Kursk vielleicht erreicht; denn der Feind war völlig überrascht und noch schwach. Wertvolle Zeit ging verloren, die der Gegner zum Vorwerfen seiner Reserven ausnutzte.“[38] Auf den ersten Blick erscheint diese Aussage zwar wie eine der typischen Nachkriegsverklärungen „verpasster Chancen“. Sie wird aber durch zeitgenössische Dokumente bestätigt, etwa durch einen Gefechtsbericht der I. Abteilung des Panzerartillerie-Regiments 74. Die Abteilung unterstützte mit ihren Artillerie-Selbstfahrlafetten den Angriff der schweren Panzerabteilung 505 direkt und rollte mit den „Tigern“ und den Sturmgeschützen der Abteilungen 245 und 904 östlich an Podoljan vorbei in Richtung Step. In der Gegend südlich und südöstlich von Saborowka wurden gegen Mittag sowjetische Verbände gesichtet, darunter 25 bis 30 Panzer, mehrere Lastwagen mit Infanteristen und vier Salvengeschütze. Dabei handelte es sich offenbar um jene Verbände, die Generalleutnant Puchow aus der Reserve in den Kampfraum der 15. Schützendivision verlegte, um die aufgerissene Front bei Bobrik zu schließen: das 237. Panzerregiment, ein Selbstfahrlafetten-Regiment und eine Artillerie-Brigade. Die Deutschen nahmen die sowjetische Bereitstellung unter Beschuss, meldeten deren Zerschlagung und bereiteten sich vor, dem Gegner nachzustoßen. Doch dann vermerkte der Berichterstatter des Panzerartillerie-Regiments 74 lapidar: „Von rückwärts kommt nichts nach.“[39] Ob damit Nachschub an Benzin und Munition gemeint war oder ob die Grenadiere der 6. Infanterie-Division nicht aufschlossen, ist unklar. Major Bernhard Sauvant, der Kommandeur der schweren Panzerabteilung 505, entschloss sich daraufhin, seine exponierte Abteilung in die Gegend südöstlich von Podoljan zurückzuziehen.

Noch war damit aber nicht die letzte Chance vertan, die sich den Deutschen am 5. Juli zum Vorstoß über die Swapa nach Süden bot, denn am Abend gelang es der 20. Panzerdivision, die Ortschaft Saborowka zu erobern und einen Brückenkopf südlich der Swapa zu bilden. Generalmajor Mortimer von Kessel, der Kommandeur der 20. Panzerdivision, versuchte General Lemelsen nun zu überzeugen, dass die Division eine „weiche Stelle“ des Gegners gefasst habe und die Gunst der Lage ausnützen müsse. Kessel glaubte, seine Division könne bis zur beherrschenden sowjetischen

Höhenstellung zwischen Tjoploje (Tëploe) und Olchowatka durchstoßen. Lemelsen lehnte dies jedoch ab, weil die 20. Panzerdivision bereits jetzt im Westen eine lange offene Flanke hatte. Denn der Angriff des XXXXVI. Panzerkorps, das den Flankenschutz des XXXXVII. Panzerkorps übernehmen sollte, war nördlich von Gnilez (Gnilec) stecken geblieben. Da Lemelsen keine Verbände zum Flankenschutz freimachen konnte, musste die 20. Panzerdivision ihre westliche Flanke selbst schützen und zunächst auf den weiteren Vorstoß nach Süden verzichten.

Ob somit am 5. Juli im Abschnitt des XXXXVII. Panzerkorps tatsächlich eine große Chance verpasst wurde und inwieweit sich dies auf die folgenden Kämpfe auswirkte, ist schwer einzuschätzen. Zum einen darf nicht außer Acht gelassen werden, dass Model für den folgenden Tag – zu Recht – mit starken sowjetischen Gegenangriffen rechnete, denen die Truppen aus möglichst sicheren Positionen entgegentreten sollten. Zum anderen übersah Großmann in seiner Einschätzung, dass für die deutschen Panzer nie die Möglichkeit bestand, einfach nach Kursk „durchzurollen"; dies entsprach nicht den damaligen operativen und taktischen Gegebenheiten, weil das XXXXVII. Panzerkorps am Abend des 5. Juli weder alle sowjetischen Verteidigungsstellungen durchbrochen hatte, noch den Kampf gegen die operativen sowjetischen Reserven hatte aufnehmen müssen. Die 20. Panzerdivision hätte es allein wahrscheinlich nicht geschafft, auf die besonders stark ausgebauten Höhen zwischen Tjoploje und Olchowatka vorzustoßen und diese gegen sowjetische Gegenstöße zu halten. Die einzige Möglichkeit, den taktischen Erfolg der 20. Panzerdivision in eine operative Chance umzuwandeln, wäre der sofortige Einsatz jener Panzerdivisionen gewesen, die in Reserve gehalten wurden und als zweites Treffen vorgesehen waren. Doch deren Einsatz hatte Model am ersten Angriffstag nicht vorgesehen. Als er am Nachmittag des 5. Juli erkannte, dass der Angriff des XXXXVII. Panzerkorps überraschend gut vorankam, befahl er, das zweite Treffen mit der 2. und 9. Panzerdivision sofort heranzuführen. Für einen Einsatz am 5. Juli war es allerdings zu spät. Model hoffte nun, den Durchbruch durch das sowjetische Stellungssystem am folgenden Tag vollenden zu können.

Inzwischen hatte General Rokossowski, der Oberbefehlshaber der Zentralfront, beschlossen, am Morgen des 6. Juli eine Gegen-

offensive gegen die Front der 9. Armee einzuleiten – genau, wie
Model es erwartete. Ziel war es, die deutschen Angriffsverbände
auf ihre Ausgangsstellungen vom 5. Juli zurückzuwerfen. Den
Hauptstoß sollte die sowjetische 2. Panzerarmee unter dem Befehl
von Generalleutnant Alexei Rodin mit dem 3. und 16. Panzerkorps sowie der 11. Garde-Panzerbrigade führen. Aus der Front-
reserve wurde außerdem das 19. Panzerkorps herangeführt. Puchows 13. Armee sollte sich mit dem 17. Garde-Schützenkorps,
dem 4. Artillerie-Durchbruchskorps sowie Teilen des 15. und
29. Schützenkorps am Gegenangriff beteiligen. Diese Verbände
waren allerdings nicht darauf eingestellt, so frühzeitig zum operativen Gegenangriff anzutreten, und so lief auch auf sowjetischer
Seite vieles nicht nach Plan. Weder das 3. Panzerkorps und die
11. Garde-Panzerbrigade, noch das 19. Panzerkorps wurden
rechtzeitig mit der Bereitstellung zum Angriff fertig. Von den vorgesehenen 650 Panzern und Selbstfahrlafetten standen am Morgen
des 6. Juli lediglich die 220 Panzer und Selbstfahrlafetten des
16. Panzerkorps unter Führung von Generalmajor Wassili Grigor-
jew zur Verfügung.

Wie es im Laufe der Kursker Schlacht noch mehrmals geschehen
sollte, setzte die Rote Armee ihren operativen Gegenangriff nicht
etwa an einer der Flanken des deutschen Angriffskeils an. Das
16. Panzerkorps stieß frontal in die Verbände des deutschen
Schwerpunktkorps hinein, an der Spitze die 107. Panzerbrigade
unter Oberstleutnant Nikolai Teljakow. Die meisten sowjetischen
Panzerbrigaden hatten im Sommer 1943 noch eine Sollstärke von
53 Panzern, davon 32 mittlere T-34 und 21 leichte T-70 oder T-60.
Teljakows Brigade lag knapp unter ihrer Sollstärke und verfügte
am Morgen des 6. Juli 1943 über 51 einsatzbereite Panzer. Diese
stießen bei Step in den Gefechtsabschnitt der deutschen 6. Infanterie-Division und trafen auf die „Tiger" der schweren Panzerabteilung 505 und die Sturmgeschütze der Sturmgeschütz-Abteilung 245. Innerhalb kurzer Zeit wurde Teljakows Brigade fast
völlig aufgerieben und verlor 47 ihrer Panzer, davon 41 als Totalverluste.

Die anderen beiden Panzerverbände des sowjetischen 16. Panzerkorps, die 109. und 164. Panzerbrigade, griffen weiter westlich
die inzwischen herangeführte deutsche 2. Panzerdivision und die
20. Panzerdivision an. Sie wurden ebenfalls zurückgeworfen und

verloren 42 Panzer. Die 20. Panzerdivision hatte am 6. Juli auf
deutscher Seite die Hauptlast der Kämpfe zu tragen. Nachdem sie
bereits den ganzen Tag Angriffe des sowjetischen 16. Panzerkorps
und des 17. Garde-Schützenkorps abgewehrt hatte, wurde sie am
Abend vom Angriff des sowjetischen 19. Panzerkorps erfasst. Das
19. Panzerkorps wurde von Generalmajor Iwan Wassiljew geführt
und sollte eigentlich am Morgen zusammen mit dem 16. Panzerkorps angreifen. Es war aber nicht rechtzeitig mit den Vorbereitungen zum Angriff fertig geworden und begann seinen Vorstoß
in Richtung Podoljan erst am Abend des 6. Juli. Wassiljews Korps
unterstanden die 79., 101. und 202. Panzerbrigade mit insgesamt
187 Panzern. Die 79. und 101. Panzerbrigade stießen aus dem
Raum Saborowka von Süden auf die 20. Panzerdivision. Diese
konnte die sowjetischen Angriffe relativ schnell abwehren. Dagegen gelang es Panzern der 202. Panzerbrigade, in die Westflanke
der Division einzubrechen und bis Bobrik vorzustoßen. Nach einem heftigen Kampf mit einigen deutschen Panzerkampfwagen,
Sturmgeschützen und Panzerjägern „Marder" mussten sich die
sowjetischen Panzer schließlich zurückziehen. Damit war auch der
Angriff des 19. Panzerkorps gescheitert. Das Korps musste an diesem Tag 52 Panzer als Totalverluste abschreiben. Der Vorstoß der
202. Panzerbrigade nach Bobrik zeigt indes, welches Potenzial der
operative Gegenangriff möglicherweise gehabt hätte, wäre er gegen die Flanken des deutschen Angriffskeils geführt worden. Doch
sollte die Rote Armee noch viele weitere bittere Niederlagen erleiden, bis sie daraus lernte und bei Gegenangriffen auf die
Schwachstellen des Gegners zielte, anstatt ihre Truppen in sinnlo-
sen Frontalangriffen zu „verheizen". Immerhin befahl General
Rokossowski nach der Niederlage vom 6. Juli, die Panzer des
16. und 19. Panzerkorps zunächst einzugraben und defensiv einzusetzen, um die Angriffsverbände der 9. Armee aufzuhalten. Bei
Gegenangriffen sollten sich die sowjetischen Panzersoldaten allenfalls auf Gefechte mit leichten deutschen Panzern einlassen.

Doch nicht nur am Boden, sondern auch in der Luft erlitten die
sowjetischen Verbände im Nordabschnitt des Kursker Bogens am
6. Juli 1943 eine schwere Niederlage. Generalleutnant Rudenko,
der Oberbefehlshaber der sowjetischen 16. Luftarmee, wollte am
Morgen des 6. Juli mit einem massiven Luftschlag gegen das
XXXXVII. Panzerkorps den Gegenangriff der sowjetischen Bo-

dentruppen einleiten. Einige sowjetische Jäger erschienen jedoch
zu früh über dem Gefechtsfeld und alarmierten dadurch die Jagdflieger des deutschen Jagdgeschwaders 51. Diese trafen genau zur
gleichen Zeit wie Rudenkos Hauptangriffskräfte über dem
Schlachtfeld ein und fügten ihnen hohe Verluste zu. Den ganzen
Tag über tobten heftige Luftkämpfe, vor allem im Abschnitt des
XXXXVII. Panzerkorps. Dabei verlor die 16. Luftarmee 91 Flugzeuge. Nach zwei Tagen heftiger Kämpfe waren die Jagdfliegerver-
bände der 16. Luftarmee so stark dezimiert, dass Rudenko das
sowjetische Oberkommando bitten musste, die 234. Jagdflieger-
Division der 15. Luftarmee von der Brjansker Front zur Unterstützung heranzuführen.

Auch im Südabschnitt des Kursker Bogens fanden am 6. Juli
erbitterte Luftkämpfe statt. Die sowjetische 2. und 17. Luftarmee
verloren dabei 80 Maschinen. Einschließlich der 16. Luftarmee
beliefen sich die Flugzeugverluste demnach auf 171 Maschinen.
Doch das war noch nicht die Gesamtsumme der Verluste, denn
auch die Flieger der 15. Luftarmee beteiligten sich am 6. Juli wieder mit etwa 400 Einsätzen an den Kämpfen. Allerdings liegen für
diese Armee keine Verlustzahlen vor. Die Gesamtzahl der sowjetischen Flugzeugverluste am 6. Juli 1943 dürfte demnach bei mindestens 180 Maschinen liegen. – Die sowjetischen Flieger meldeten
ihrerseits, sie hätten am 6. Juli allein in Luftkämpfen 217 deutsche
Flugzeuge abgeschossen. Das war weit übertrieben. Tatsächlich
verlor die 1. Fliegerdivision im Nordabschnitt des Kursker Bogens
zehn Maschinen, das VIII. Fliegerkorps im Südabschnitt zwölf Maschinen, von denen die meisten obendrein durch Flak abgeschossen
wurden.

Obwohl die deutsche Luftwaffe auch in den folgenden Tagen
die Oberhand behielt, kam der Angriff von Models 9. Armee im
Nordabschnitt von Kursk kaum noch voran. Das lag vor allem an
der gewaltigen Konzentration von Artillerie, die Rokossowski dem
deutschen Angriff entgegensetzte. Ein Erfahrungsbericht des
schweren Panzerjäger-Regiments 656, das zusammen mit der
86. und der 292. Infanterie-Division bei Ponyri vorstieß, hielt fest,
der Angriff der eigenen Infanterie sei durch das starke sowjetische
Artilleriefeuer zerschlagen worden. Von den 19 Panzerjägern „Ferdinand", die in den ersten Tagen als Totalverluste abgeschrieben
werden mussten, seien die meisten durch Artillerie-Volltreffer auf

die Lüftungsgitter über dem Motorraum zerstört worden. Dies entsprach allerdings nicht den Tatsachen. Sowjetische Untersuchungen der „Ferdinande", die von den Deutschen beschädigt oder zerstört auf dem Schlachtfeld bei Ponyri zurückgelassen wurden, ergaben, dass nur einer der Panzerjäger durch den Treffer einer schweren Artillerie-Granate zerstört worden war. Die Granate hatte aber das Dach des Kampfraums (nicht des Motorraums) durchschlagen. Ein weiterer „Ferdinand" war durch den Bombentreffer eines sowjetischen Kampfflugzeugs zerstört worden. Von den restlichen Panzerjägern waren die meisten auf Minen oder auf jene Sprengfallen gefahren, die sowjetische Pioniere mit erbeuteten deutschen Artilleriegranaten und Fliegerbomben angelegt hatten.

Trotz der tiefen Minenfelder, der hervorragend ausgebauten Stellungen und des mörderischen sowjetischen Artilleriefeuers gelang es der 86. Infanterie-Division am 6. Juli, den zweiten sowjetischen Verteidigungsgürtel nördlich von Ponyri zu durchbrechen. Am Morgen des 7. Juli trat die 292. Infanterie-Division mit Unterstützung der schweren Panzerjäger-Abteilung 654 und der Sturmgeschütz-Abteilung 244 zum Angriff auf Ponyri an. Die Ortschaft hatte die sowjetische 307. Schützendivision, die von Generalmajor Michail Enschin kommandiert wurde, in eine wahre Festung verwandelt. Zudem erhielt Enschins Division hier so viel Unterstützung wie keine andere Division im Zweiten Weltkrieg: Artillerie-Verbände mit insgesamt 380 Geschützen, Panzerabwehr- und Pioniereinheiten sowie die Panzer und Selbstfahrlafetten des 27. Garde-Panzerregiments, der 103. und 129. Panzerbrigade und des 1442. Selbstfahrlafetten-Regiments. Dennoch gelang es der deutschen 292. Infanterie-Division am Morgen des 7. Juli, in den Nordteil von Ponyri einzudringen und bis zum Abend zur Ortsmitte vorzustoßen. Enschins 307. Schützendivision musste sich in den Südteil von Ponyri zurückziehen, wo bereits Auffangstellungen vorbereitet waren. Hier kam der Angriff des XXXXI. Panzerkorps endgültig zum Erliegen. Zwar tobte der Kampf im Südteil von Ponyri noch mehrere Tage, aber weder die Deutschen noch die Sowjets konnten dabei durchschlagende Erfolge erzielen.

Noch gab Model das Unternehmen „Zitadelle" nicht verloren. Denn zum einen standen ihm Reserven zur Verfügung, die er in die Schlacht werfen konnte. So entschied er am 7. Juli, die 4. Panzer-

division heranzuführen, um den Angriff des XXXXVII. Panzerkorps zu nähren. Die 12. Panzerdivision sollte wiederum beim
XXXXVI. Panzerkorps zum Einsatz kommen, um auch bei diesem Korps den Angriff wieder in Schwung zu bringen. Und beim
XXXXI. Panzerkorps wollte Model die abgekämpfte 292. Infanterie-Division durch die 10. Panzergrenadier-Division ablösen lassen. – Model gab sich aber auch deswegen nicht geschlagen, weil
ihm der Angriff des XXXXI. Panzerkorps bei Ponyri nicht so wichtig erschien wie der Vorstoß des XXXXVII. Panzerkorps. Und
tatsächlich erzielte letzteres am 7. Juli beachtliche Erfolge. Der
6. Infanterie-Division gelang es, im Abschnitt der sowjetischen
75. Garde-Schützendivision den zweiten Armee-Verteidigungsgürtel zu durchbrechen und bis zur Höhe 257,0 östlich von Kaschara
(Kašara) vorzudringen. Über den erbitterten Widerstand, den die
Sowjetsoldaten dabei leisteten, heißt es im Kriegstagebuch der
6. Infanterie-Division: „Die eigenen Verluste sind hoch. […] Im
Nahkampf musste jedes Grabenstück und jede Sappe genommen
werden."[40]
  Die 9. Panzerdivision, die östlich von der 6. Infanterie-Division
vorstieß, konnte bis zum späten Abend des 7. Juli gegen heftigen
Widerstand der sowjetischen 6. Garde-Schützendivision sogar bis
zur Höhe 260,0 vorstoßen und damit in den dritten sowjetischen
Verteidigungsgürtel einbrechen. Zum Durchstoß durch die sowjetischen Stellungen reichte die Kraft der 9. Panzerdivision allerdings
nicht mehr aus, sie verfügte nur noch über elf einsatzbereite Panzer.
Ihre Quartiermeister-Abteilung vermerkte: „Etwa 2/3 der Panzerkampfwagen fallen – bis auf 2 Totalausfälle – vorübergehend aus.
Die meisten Ausfälle entstehen durch Panzerbüchsenbeschuss. Die
eingeführten Panzerschürzen bewähren sich sehr gut."[41]
  Der stärkste Verband des XXXXVII. Panzerkorps, die 2. Panzerdivision, griff westlich von Kaschara zusammen mit der schweren Panzerabteilung 505 nach Süden an. Als sich die Division am
Morgen des 7. Juli bei Saborowka in völlig deckungslosem Gelände zum Angriff bereitstellte und die Kommandeure gerade die
letzte Einsatzbesprechung abhielten, griffen sowjetische Kampfflugzeuge an und warfen ihre Bomben genau in die deutsche Bereitstellung. Zahlreiche Soldaten wurden getötet, darunter der
Kommandeur des Panzergrenadier-Regiments 304, Oberst Wilhelm von Goerne. Auch die Zahl der Verwundeten war groß:

„Schwerster Verwundetenanfall. Starke Bombenangriffe", heißt es im Bericht über den Einsatz der Sanitätsdienste der Division.[42] Der Angriff musste neu angesetzt werden. Bei Kaschara gelang es den Deutschen, den zweiten sowjetischen Verteidigungsgürtel zu durchbrechen, die sowjetische 70. Schützendivision zurückzu-drängen und die Ortschaft Kaschara zu erobern. Allerdings stießen die deutschen Panzer bei Kaschara auf zahlreiche gut getarnte Panzerabwehrkanonen der sowjetischen 3. Panzerabwehr-Artille-rie-Brigade, und auch die Panzer des sowjetischen 16. Panzerkorps hatten sich in diesem Kampfraum zur Abwehr eingegraben. Trotz starker Stuka-Unterstützung gelang es der 2. Panzerdivision nicht, bis zum dritten sowjetischen Verteidigungsgürtel vorzudringen. „Im Verlauf des Tages hält der Gegner zäh seinen Verteidigungs-abschnitt unter Einsatz aller verfügbaren Waffen", heißt es in ei-nem Bericht der Division. „Besonders stark und planmäßig ist [*sic!*] die Artillerie-Unterstützung und Panzer-Abwehr sowie zeit-weilige Angriffe der [*sowjetischen*] Luftwaffe mit Bombern und Schlachtflugzeugen."[43]

Die sowjetischen Verteidiger fügten der 2. Panzerdivision erheb-liche Ausfälle zu, mussten aber selbst ebenfalls schwere Verluste hinnehmen. Das 16. Panzerkorps, das am Vortag bei seinem fehl-geschlagenen Frontalangriff gegen das XXXXVII. Panzerkorps 89 Panzer verloren hatte, meldete am 7. Juli weitere 35 Panzerver-luste, obwohl es seine Kampfwagen inzwischen zur Verteidigung eingegraben hatte. Das 19. Panzerkorps, das am 6. Juli auf die deutsche 20. Panzerdivision gestoßen war und 52 Panzer verloren hatte, musste am 7. Juli weitere 49 Panzer als Totalverluste ab-schreiben. Die deutsche 2. Panzerdivision verlor in den beiden Kampftagen zwar nur acht Panzerkampfwagen als Totalausfälle. Aber eine große Anzahl von Panzern musste aufgrund von Ge-fechtsschäden zur Instandsetzung, und die Kampfkraft der Divisi-on hatte beträchtlich nachgelassen.

Von den 31 „Tigern" der schweren Panzerabteilung 505 waren seit Angriffsbeginn zwei total ausgefallen. 25 „Tiger" befanden sich aufgrund von Beschussschäden oder technischer Defekte in der Instandsetzung. Am 8. Juli traf aus Deutschland die frisch aufgestellte 3. Kompanie der Abteilung mit 14 „Tigern" an der Front ein. Außerdem stand am 8. Juli die neu herangeführte 4. Panzerdivision für den Angriff auf den dritten sowjetischen

Armee-Verteidigungsgürtel zur Verfügung. Die 4. Panzerdivision war eine der kampfstärksten Divisionen der Wehrmacht. Mit ihrer Hilfe hoffte Generaloberst Model, am 8. Juli den Durchbruch nach Süden erzwingen zu können.

Allerdings wurde die 4. Panzerdivision am 8. Juli nicht geschlossen zum Angriff angesetzt. Die Panzerabteilungen der 2. und 4. Panzerdivision sowie die schwere Panzerabteilung 505 wurden zu einer starken Panzerkampfgruppe zusammengefasst und dem „Panzerbrigadestab Burmeister" unterstellt. Benannt war der Stab nach seinem Kommandeur, Oberst Arnold Burmeister. Angriffsziel der Panzerbrigade war die Höhenstellung südwestlich von Olchowatka, die mit der Höhe 274,5 als höchster Erhebung das Gelände beherrschte. Westlich davon, Richtung Tjoploje, griff die 4. Panzerdivision ohne ihre Panzer, aber mit Unterstützung der Sturmgeschütz-Abteilung 904 an. Tjoploje wurde von der sowjetischen 140. Schützendivision verteidigt. In schweren Kämpfen gelang es den Soldaten der 4. Panzerdivision, die sowjetischen Schützen zurückzudrängen und am frühen Nachmittag die Ortschaft zu erobern. Die 140. Schützendivision zog sich nach Süden zurück, sodass eine Lücke in der sowjetischen Front entstand, die durch die 70. Garde-Schützendivision und die 175. Schützendivision geschlossen werden musste. Trotzdem blieb der Angriff der 4. Panzerdivision wenige hundert Meter südlich von Tjoploje liegen, weil die sowjetischen Truppen von den Höhen südlich und südöstlich von Tjoploje das Gelände mit ihrer Artillerie beherrschten. Auf dem Höhenzug südlich von Tjoploje hatte außerdem die 79. Panzerbrigade des sowjetischen 19. Panzerkorps Verteidigungspositionen bezogen. Die bis in Höhe des Kanonenrohrs eingegrabenen sowjetischen Panzer konnten vom Fuß des Höhenrückens nicht bekämpft werden, da sie den deutschen Richtschützen ein viel zu kleines Ziel boten. Am Nachmittag begann es außerdem zu regnen, sodass die deutsche Luftwaffe nicht mehr in die Kämpfe eingreifen und die sowjetischen Stellungen bombardieren konnte.

Der Panzerbrigade Burmeister, die in Richtung Höhe 274,5 vorstieß, erging es nicht besser. Ihre Panzer konnten gegen die auf den Höhen eingegrabenen sowjetischen Truppen wenig ausrichten und wurden von sowjetischer Artillerie und eingegrabenen Panzern des 16. Panzerkorps beschossen. Auf der deckungslosen Ebene standen die deutschen Panzer dabei wie auf einem Präsentierteller. Hinzu kamen gravierende Führungsfehler, die auch im Kriegstagebuch des Armee-Oberkommandos 9 moniert wurden: „Leider hat die deutsche Panzerwaffe durch stundenlanges Herumstehen vor der aus allen Rohren schießenden Höhenstellung – ein unbestreitbarer Führungsfehler des Brigadekommandeurs! – erhebliche Ausfälle, auch an Tigern, erlitten."[44] Als sich die Brigade Burmeister am frühen Abend vom Feind absetzte, trat die sowjetische 11. Garde-Panzerbrigade zum Gegenangriff an. Bei den Soldaten der 2. Panzerdivision, die gerade mitten im Rückzug waren, brach daraufhin eine Panik aus. Außerdem wurde durch das Zurückweichen der Brigade die östliche Flanke der 4. Panzerdivision geöffnet. Um nicht von sowjetischen Panzern umgangen und abgeschnitten zu werden, sah sich das Panzergrenadier-Regiment 33 der 4. Panzerdivision am Morgen des 9. Juli gezwungen, die hart erkämpfte Ortschaft Tjoploje wieder zu räumen.

Generaloberst Model war über den Misserfolg vom 8. Juli wütend. Er warf nicht nur Oberst Burmeister und dem Kommandeur der 2. Panzerdivision, Generalleutnant Vollrath Lübbe, Versagen vor, sondern auch dem Generalkommando des XXXXVII. Panzerkorps: Lemelsen und sein Stab hätten ohne vorgeschobenen Gefechtsstand zu sehr vom grünen Tisch aus geführt und deshalb meist kein genaues Bild der Lage gehabt. Model erwog zeitweilig die Ablösung Lübbes und Burmeisters, beließ Lübbe jedoch schließlich die Führung seiner Division. Den Brigadestab Burmeister ersetzte er aber durch den „Stab General von Esebeck", benannt nach Generalleutnant Hans-Karl von Esebeck.

Nach Rücksprache mit General Lemelsen, dem Kommandierenden General des XXXXVII. Panzerkorps, entschloss sich Model, den erschöpften Truppen am 9. Juli zunächst eine Kampfpause zu gönnen. Erst am 10. Juli sollten die Höhen zwischen Tjoploje und Olchowatka erneut angegriffen werden. Gleichwohl rechnete Model nicht mehr mit einem raschen Erfolg. Am 9. Juli fand auf dem Gefechtsstand des XXXXVII. Panzerkorps eine Besprechung über die Fortführung der Operation „Zitadelle" statt, an der neben Model auch Generalfeldmarschall von Kluge teilnahm. Model erklärte, es würde voraussichtlich vier bis fünf Tage dauern, die sowjetische Höhenstellung bei Olchowatka zu durchbrechen. Dazu sollte das XXXXVII. Panzerkorps mit der 2., 4., 9. und

20. Panzerdivision sowie der 6. Infanterie-Division angreifen, allerdings nicht mehr in der Art eines „Panzer-Raids", sondern in abwechselnden Teilangriffen. Model rechnete damit, dass die Offensive selbst nach der Überwindung des Höhenrückens und dem Durchbruch durch den dritten sowjetischen Armee-Verteidigungsgürtel nur langsam voranschreiten würde und das endgültige Angriffsziel Kursk nicht schnell zu erreichen sei. „Die Schlacht trage den neuartigen Charakter einer ‚rollenden Materialabnutzungsschlacht', sie sei eine Frage der Menschen, des Materials und der Munition, ohne deren laufende reichliche Zuführung das Unternehmen nicht zu Ende geführt werden könne."[45] Damit gestand er ein, dass das Unternehmen „Zitadelle" in seiner ursprünglich geplanten Form gescheitert war. Generalfeldmarschall von Kluge war der gleichen Ansicht, betonte aber, dass es notwendig sei, die Offensive fortzusetzen, um die immer stärker werdenden Reserven der Roten Armee zu zerschlagen. Am folgenden Tag, dem 10. Juli, besuchte Kluge den Gefechtsstand des XXXXVI. Panzerkorps. Als ihm der Kommandierende General Hans Zorn darlegte, das befohlene Angriffsziel könne mit den vorhanden Kräften nicht erreicht werden, entgegnete Kluge, „der an verschiedenen Stellen auftretende Pessimismus müsse schärfstens abgelehnt und bekämpft werden, da hierzu keinerlei Gründe vorhanden seien". Kluge bezeichnete die Pessimisten als „Miesmacher" und erklärte, „es sei eine gewaltige Abnutzungsschlacht im Gange, die sich noch steigern würde und in deren Verlauf die von uns vorgesehenen Absichten erreicht werden würden".[46]

Warum Generaloberst Model dem weiteren Verlauf der Offensive pessimistischer als Kluge entgegensah, wird durch einen Eintrag im Kriegstagebuch des Armee-Oberkommandos 9 verständlich: Die 9. Armee, so heißt es unter dem 9. Juli, müsse „eher mit einer Zunahme des feindlichen Widerstands rechnen. Es bleibt eine harte Tatsache, dass der Gegner bisher mit fanatischer Verbissenheit gekämpft hat. Aufgefangene Funkbefehle enthalten immer wieder die Forderung: ‚Stellungswechsel verboten, halten Sie bis zum Tode.'"[47] Zudem standen General Rokossowski, dem Oberbefehlshaber der Zentralfront, noch Reserven zur Verfügung, darunter Generalmajor Semjon Bogdanows 9. Panzerkorps mit 168 Panzern. Den Frontabschnitt vor dem deutschen XXXXVI. und XXXXVII. Panzerkorps hatte die Rote Armee inzwischen durch weitere Verbände verstärkt: die 162. Schützendivision, das 40. Panzerregiment und das 251. Panzerregiment.

General von Esebecks Panzerstoßgruppe begann ihren Angriff auf den dritten sowjetischen Armee-Verteidigungsgürtel bei Tjoploje am 10. Juli um 7.00 Uhr morgens. Stuka-Verbände unterstützten den Vorstoß, und die deutsche Artillerie versuchte, den sowjetischen Verteidigern auf der Höhenstellung durch Verschuss von Nebelgranaten die Sicht zu nehmen. An dem Angriff sollten die 2., 4. und 20. Panzerdivision und die schwere Panzerabteilung 505 teilnehmen, während die 9. Panzerdivision an diesem Tag defensiv blieb. Doch gleich zu Beginn traten wieder Verzögerungen und Pannen ein. Die 20. Panzerdivision, welche die westliche Flanke decken sollte, trat erst mit einer Stunde Verspätung, um 8.00 Uhr, zum Angriff an. Die 2. Panzerdivision, die von Kaschara aus Richtung Höhe 274,5 angriff, blieb relativ schnell im heftigen sowjetischen Abwehrfeuer liegen. Deshalb musste die 4. Panzerdivision, die in der Mitte angriff, mit zwei offenen Flanken vorstoßen. Trotzdem gelang es ihr, recht zügig bis Tjoploje vorzudringen. Um 10.15 Uhr bombardierte jedoch ein eigenes Flugzeug irrtümlich den Gefechtsstand der 4. Panzerdivision. Dabei wurde nicht nur der Führer der Panzeraufklärungs-Abteilung 4, Hauptmann Lothar Schmidt, getötet, sondern auch der Erste Generalstabsoffizier der Division, Oberstleutnant Hans Lutz, verwundet. Bis sein Vertreter, Hauptmann Eike Middeldorf, auf dem Gefechtsstand eintraf, verging geraume Zeit, in der eine weitere Panne passierte: Gegen Mittag brach der Kommandeur der 4. Panzerdivision, Generalleutnant Dietrich von Saucken, mit seinem Befehlspanzer auf der Brücke über einer Schlucht am Westteil von Tjoploje ein. Die Schlucht konnte von sowjetischen Truppen eingesehen werden, und beim Versuch, den Divisionskommandeur aus seiner misslichen Lage zu befreien, wurden zwei Offiziere der 4. Panzerdivision getötet. Saucken blieb nichts anderes übrig, als bei seinem eingebrochenen Befehlspanzer auszuharren. Von hier aus konnte er indes per Funk nur notdürftig auf die Gefechtsführung seiner Division einwirken. Die 4. Panzerdivision war durch den fast gleichzeitigen Ausfall ihres Kommandeurs und ihres Ersten Generalstabsoffiziers für einige Zeit praktisch führerlos, und das ausgerechnet in einem entscheidenden Augenblick: Nach starker Stuka- und Artillerie-Vorbereitung gelang den „Tigern" der schweren

Panzerabteilung 505 gegen Mittag der Vorstoß auf die Höhe 253,5 südlich von Tjoploje. Dort schossen sie die auf dem Höhenkamm eingegrabenen sowjetischen Panzer ab und versetzen die sowjetische Infanterie derart in Panik, dass diese ihre Stellungen aufgab und von der Höhe floh. Doch die Panzergrenadiere und die Panzer der 4. Panzerdivision erkannten die günstige Gelegenheit nicht und folgten nicht selbstständig nach. Stattdessen forderte der Kommandeur der I. Abteilung des Panzerregiments 35, Major Hans-Detloff von Cossel, erst die Genehmigung des Divisionskommandeurs an, zum weiteren Angriff antreten zu dürfen. Cossel verstieß damit eklatant gegen den Grundsatz des selbstständigen Handelns der Führer, der in der Wehrmacht immer wieder gefordert wurde. Dabei hätte gerade Cossel dieser Grundsatz vertraut sein müssen, denn ihm war am 8. September 1941 das Ritterkreuz des Eisernen Kreuzes verliehen worden. Diese höchste deutsche Tapferkeitsauszeichnung wurde für Leistungen im Gefecht ausdrücklich nur dann verliehen, wenn die entsprechende Tat „aus eigenem Entschluss" vollbracht worden war. Da am 10. Juli jedoch weder Cossels Panzer noch die Panzergrenadiere der 4. Panzerdivision den „Tigern" der schweren Panzerabteilung 505 auf die Höhe 253,5 folgten, mussten diese sich schließlich zurückziehen. Die sowjetischen Soldaten gewannen dadurch Zeit, überwanden die Krise und kehrten in ihre Stellungen zurück.

Am späten Nachmittag setzte Generalleutnant von Saucken einen neuen Angriff auf die Höhe 253,5 an. Tatsächlich gelang es den Soldaten des Panzergrenadier-Regiments 33, die Höhe noch einmal zu erstürmen. Doch nun versagte Major von Cossel erneut. In einem Bericht des II. Bataillons des Panzergrenadier-Regiments 33 heißt es: „Die Panzer [*der I. Abteilung des Panzerregiments 35*] sollten, wie es bei der Besprechung festgelegt wurde, sofort bis zur Höhe durchrollen. Kurz vor dem Angriff wird die Höhe noch einmal von einem Stuka-Geschwader bombardiert. Der Angriff geht im starken, zum Teil flankierenden Feindfeuer über Erwartung ganz gut vorwärts. Erst auf der Kuppe selbst entspinnen sich außerordentlich harte Nahkämpfe. Die Russen müssen buchstäblich aus jedem Loch herausgeholt werden. Leider bleiben die Panzer am Fuß der Höhe stehen und rühren sich nicht. Noch während die Säuberung der Kuppe durchgeführt wird, beginnt ein russischer Gegenstoß, der von Panzern unterstützt ist.

Die letzten Teile der Schützenkompanien, die diesen harten Angriff trotz der starken körperlichen und seelischen Belastung der letzten drei Tage in einem bewundernswerten und schneidigen Angriff durchgeführt haben, sind, als sie sehen, dass die eigenen Panzer keine Unterstützung bringen, diesem mit frischen russischen Kräften geführten Gegenstoß nicht mehr gewachsen. Die Höhe, um die drei Tage lang ein erbitterter Kampf geführt worden ist, die unzählige blutige Opfer gekostet hat, muss nun doch wieder aufgegeben werden. Sie wäre nie wieder in den Besitz der Russen gelangt, wenn nur wenige Panzer sich an den Hinterhang der Höhe gestellt hätten, um so dem Bataillon, das ausgelaugt und ausgezehrt am Ende seiner Kräfte war, wenigstens gegen einen feindlichen Panzerangriff moralischen Rückhalt zu geben. Als aber Rauchzeichen um Rauchzeichen im Abendhimmel erlosch und kein Panzer sich in Bewegung setzte, um Hilfe zu bringen, musste das Bataillon, wenn auch mit blutigem [sic!] Herzen, wieder bis an den Dorfrand [von Tjoploje] ausweichen."[48]

Im Kriegstagebuch der 4. Panzerdivision findet sich bezeichnenderweise nichts über diese Pannen, Fehler und Nachlässigkeiten. Major von Cossel, der an diesem Tag an entscheidender Stelle zweimal versagt hatte, fiel am 22. Juli 1943 im Kampf. Einen Monat später wurde ihm „für seinen Einsatz während des Unternehmens ‚Zitadelle'" posthum das Eichenlaub zum Ritterkreuz des Eisernen Kreuzes verliehen.[49] Den Soldaten des Panzergrenadier-Regiments 33 dürfte dies wie Hohn vorgekommen sein.

Beim Armee-Oberkommando 9 machte sich nach dem Misserfolg vom 10. Juli Ernüchterung breit: „Trotz Ordnen und Umgruppierung der Angriffskräfte, trotz Heranziehung aller verfügbaren Artillerie-Kräfte, trotz zusammengefassten Einsatzes der Luftstreitkräfte gelingt es im Schwerpunkt heute nicht, die gesteckten Angriffsziele zu erreichen. [...] Es lässt sich damit an der harten Tatsache nicht vorbeisehen, dass der deutsche Angriff im Schwerpunkt sich zurzeit festgelaufen hat."[50] Als Model am 11. Juli erfuhr, dass die Höhe 253,5 am späten Abend des 10. Juli wieder verloren gegangen war, wurde ihm klar, dass weitere Angriffe beim XXXXVII. Panzerkorps gegen die sowjetische Höhenstellung zwischen Tjoploje und Olchowatka aussichtslos waren und dass es der 9. Armee wohl nicht gelingen würde, nach Kursk durchzubrechen. Deshalb sollten nur noch kleine Vorstöße mit begrenzten

Angriffszielen durchgeführt werden, um dem Gegner unter möglichst geringen eigenen Ausfällen hohe Verluste zuzufügen. Model plante, den ersten Angriffsstoß beim XXXXVI. Panzerkorps anzusetzen. Das Korps sollte durch die bislang noch nicht eingesetzten Teile der 12. Panzerdivision, durch die 4. und die 20. Panzerdivision sowie die neu herangeführte 36. Infanterie-Division verstärkt werden und am 14. Juli in Richtung Nikolskoje (Nikol'skoe) angreifen. Doch dazu kam es nicht mehr, denn am 12. Juli begann die Rote Armee mit ihrer Offensive gegen den Frontbogen von Orjol. Die 9. Armee musste infolgedessen alle weiteren Angriffe einstellen und sich auf die Ausgangsstellung vom 5. Juli zurückziehen. Die Verluste, die sie in einer Woche schwerer Kämpfe erlitten hatte, waren hoch: 3.869 Soldaten wurden getötet, 17.510 verwundet und 822 vermisst. Diesen personellen Gesamtverlusten von 22.201 Mann standen laut offiziellen sowjetischen Angaben 33.897 Verluste der Zentralfront gegenüber, davon 15.336 Gefallene und Vermisste sowie 18.561 Verwundete. Verschiedene kritische russische Historiker gehen allerdings davon aus, dass diese Zahlen viel zu niedrig sind und die Verluste der Zentralfront während der Verteidigungsphase vom 5. bis 11. Juli 1943 in Wirklichkeit 63.000 oder sogar 92.600 Mann betrugen.

Wie viele Panzer die 9. Armee bei „Zitadelle" verlor, lässt sich nicht leicht rekonstruieren, da nicht genügend zeitgenössische Dokumente vorliegen. Am 17. Juli 1943 meldete der Verbindungsoffizier des Oberkommandos des Heeres (OKH) beim Armee-Oberkommando 9, dass die 9. Armee während des Unternehmens „Zitadelle" 87 Panzer, Sturmgeschütze, Sturmpanzer und schwere Panzerjäger „Ferdinand" verloren habe. Diese Zahl ist als Gesamtzahl jedoch zu niedrig, da in ihr weder leichte Panzerkampfwagen und Panzerbefehlswagen noch Panzerjäger „Marder" und Artillerie-Selbstfahrlafetten enthalten sind. Außerdem fehlen einige Panzer, die später noch als Totalverluste nachgemeldet wurden. So verlor beispielsweise das schwere Panzerjäger-Regiment 656 laut Meldung an das OKH beim Unternehmen „Zitadelle" 19 Panzerjäger „Ferdinand". Nach dem Rückzug der Deutschen auf die Ausgangsstellungen fanden sowjetische Truppen im Kampfraum Ponyri aber 21 zerstörte oder beschädigte „Ferdinande". Außerdem gingen beim schweren Panzerjäger-Regiment 656 mindestens

drei Panzerkampfwagen III verloren, die dem Regiment für den
Angriff auf Kursk unterstellt worden waren. Auch diese Verluste
fanden in der Aufstellung des OKH keine Beachtung.

Die 4. Panzerdivision verlor laut Meldung an das OKH während
„Zitadelle" sechs Panzer als Totalausfälle, laut den noch vorhandenen Panzerlagemeldungen in den Divisionsakten hingegen 14.
Bei der 18. Panzerdivision gingen gemäß Meldung an das OKH
elf Panzer verloren, laut Divisionsakten dagegen 13. Drei weitere
Panzer waren so schwer beschädigt, dass sie zur Instandsetzung
ins Heereszeugamt nach Magdeburg geschickt werden mussten.
Von den anderen Panzerverbänden der 9. Armee sind leider keine
Akten überliefert, aus denen man die kompletten Panzerverluste
rekonstruieren könnte. Deshalb kann die Gesamtzahl der Verluste
während des Unternehmens „Zitadelle" nur geschätzt werden: Sie
dürfte bei etwa 120 Panzern und Selbstfahrlafetten liegen.

Die Verbände der sowjetischen Zentralfront verloren laut einem
Bericht, den Oberst Dimitri Sajew, der Stellvertreter des Chefs des
Stabes der Panzer- und mechanisierten Truppen der Roten Armee,
am 19. Juli 1943 verfasste, im Zeitraum vom 5. bis 15. Juli insgesamt 651 Panzer (ohne Selbstfahrlafetten), davon 526 als Totalverluste. Diese Zahl umfasst offenbar nur jene Panzer, die während
der Verteidigungsphase vom 5. bis 11. Juli 1943 verloren gingen.
Sie deckt sich fast exakt mit einer Berechnung des russischen His-
torikers Boris Sokolow: Ohne Sajews Bericht zu kennen, gab Sokolow die Totalverluste der Zentralfront während der Verteidigungsphase mit 530 Panzern und 28 Selbstfahrlafetten an.

Die Gesamtverluste an Flugzeugen lassen sich auf sowjetischer
Seite bislang nicht vollständig angeben, da keine Zahlen für die
15. Luftarmee und die lokale Luftverteidigung von Kursk vorliegen. Die 16. Luftarmee, die auf sowjetischer Seite die Hauptlast
der Kämpfe trug, verlor im Zeitraum vom 5. bis 11. Juli insgesamt
439 Jäger, Schlachtflugzeuge und Bomber als Totalverluste, davon
wurden 323 in Luftkämpfen und 57 durch Flak abgeschossen,
elf Maschinen gingen durch Unfälle und Havarien verloren und
48 Maschinen wurden in den Kämpfen so stark beschädigt, dass
sie als Totalverluste abgeschrieben werden mussten. Hinzu kamen
noch einige abgeschossene Verbindungsflugzeuge und Aufklärer.
Die Gesamtzahl der Totalverluste der 16. Luftarmee dürfte demnach bei etwa 450 Flugzeugen liegen, die Gesamtzahl aller sowje-

tischen Flugzeugverluste im Nordabschnitt von Kursk bei schätzungsweise 500. – Dagegen musste die deutsche 1. Fliegerdivision
im selben Zeitraum nur 66 Flugzeuge abschreiben, die durch
Feindeinwirkung, Unfälle oder technische Schäden zerstört oder
so schwer beschädigt wurden, dass sie nicht mehr repariert werden
konnten. An diesen Zahlen zeigt sich deutlich, welch hohen Preis
die Rote Armee für ihren Sieg im Nordabschnitt von Kursk bezahlt
hatte. Selbst der wiederholte, oft abfällige Hinweis vieler Autoren,
dass die nördlichen deutschen Angriffskräfte nur 10 bis 15 Kilometer weit vorstoßen konnten, kann nicht verhüllen, dass es ihnen
dennoch gelang, den sowjetischen Truppen ein Vielfaches an Verlusten zuzufügen und bis zum dritten sowjetischen Verteidigungsgürtel vorzudringen. Dass Models Armee dabei nur geringe Geländegewinne erzielen konnte, lag nicht zuletzt daran, dass die
sowjetischen Verteidigungsstreifen im Norden von Kursk viel
enger beieinander lagen als im Südabschnitt.

„Ein Stellungssystem von bisher unbekannten Ausmaßen".[51]
– Der Angriff der Armeeabteilung Kempf östlich von Belgorod

Von Süden, aus dem Raum um Belgorod, traten am 5. Juli 1943
fünf deutsche Korps von Mansteins Heeresgruppe Süd zum Angriff
auf Kursk an. Den Hauptstoß führte die 4. Panzerarmee unter dem
Oberbefehl von Generaloberst Hermann Hoth. Ihm unterstanden
das LII. Armeekorps, das von General Eugen Ott geführt wurde,
das XXXXVIII. Panzerkorps unter General Otto von Knobels-
dorff und das II. SS-Panzerkorps unter Führung von SS-Obergrup-
penführer Paul Hausser. Östlich der 4. Panzerarmee trat die Armeeabteilung Kempf mit zwei Korps zum Angriff an: dem
III. Panzerkorps unter Führung von General Hermann Breith und
dem Korps Raus, das von General Erhard Raus geführt wurde.
Breiths III. Panzerkorps hatte den Auftrag, die rechte Flanke der
4. Panzerarmee offensiv nach Osten abzuschirmen, damit Hoths
Verbände sich voll auf den Vorstoß nach Norden konzentrieren
konnten. Dem Generalkommando des III. Panzerkorps unterstanden für den Angriff vier Divisionen. Am weitesten links (westlich),
angelehnt an die rechte Flanke des II. SS-Panzerkorps, sollte die

6. Panzerdivision vorstoßen. Rechts von ihr traten die 168. Infanterie-Division, die 19. Panzerdivision und die 7. Panzerdivision zum Angriff an. Den Schutz der rechten Flanke des III. Panzerkorps sollte das Korps Raus mit der 106. und 320. Infanterie-Division übernehmen.

Der Angriffsplan der Armeeabteilung Kempf hatte allerdings eine drastische taktische Schwäche: Alle sechs Divisionen mussten zu Beginn der Offensive zunächst angriffsweise den Donez überqueren. Dieser konnte jedoch von der sowjetischen Frontseite aus eingesehen werden. Deshalb – und wegen der Wahrung des taktischen Überraschungsmoments – konnten vor dem Angriff bei Tage keine Brücken gebaut werden. Da die Armeeabteilung für ihren Vorstoß unbedingt mehrere Kriegsbrücken benötigte, sollten diese in der Nacht vom 4. zum 5. Juli errichtet werden. Pünktlich zu Beginn des Angriffs am 5. Juli um 2.25 Uhr sollten die Panzer und Sturmgeschütze über die fertigen Brücken rollen und den Vorstoß der Grenadiere auf der östlichen Seite des Donez unterstützen. Weil jeder der drei Panzerdivisionen des III. Panzerkorps eine Kompanie der schweren Panzerabteilung 503 mit je 14 „Tigern" zugewiesen war, war für jede Panzerdivision der Bau von mindestens zwei Brücken vorgesehen, die das Gewicht von Panzern tragen konnten: einer 60-Tonnen-Brücke für jede Kompanie „Tiger" und einer 24-Tonnen-Brücke für die leichten und mittleren Panzer jeder Panzerabteilung. Die 7. Panzerdivision war eine der wenigen Divisionen, der für den Angriff auf Kursk zwei Panzerabteilungen zur Verfügung standen, und zwar die I. und II. Abteilung des Panzerregiments 25. Daher sollten für diese Division sogar drei Kriegsbrücken gebaut werden: zwei 24-Tonnen-Brücken für die beiden Panzerabteilungen und eine 60-Tonnen-Brücke für die „Tiger". Eigentlich wären sogar zwei 60-Tonnen-Brücken nötig gewesen. Denn die 3. Kompanie der schweren Panzerabteilung 503, die der 7. Panzerdivision zugewiesen worden war, wurde für den Angriff aufgeteilt: Zwei Züge und der Kompanietrupp mit insgesamt 10 „Tigern" sollten die II. Abteilung des Panzerregiments 25 unterstützen, während ein Zug mit vier „Tigern" den Angriff der I. Abteilung anführen sollte. Der Zugführer dieser vier „Tiger", Leutnant Richard von Rosen, glaubte aber, mit seinen Panzern den Donez durch eine Furt überqueren zu können, die er vorher zu Fuß erkundet hatte.

Doch am Angriffstag klappte fast nichts wie vorgesehen: Der Brückenkopf Michailowka, aus dem die 6. Panzerdivision und die 168. Infanterie-Division zum Angriff nach Nordosten auf das stark befestigte Staryj Gorod antreten sollten, lag ab 2.00 Uhr morgens unter heftigem sowjetischen Artilleriebeschuss. Die bereits weitgehend fertiggestellte 60-Tonnen-Brücke für die „Tiger" der 1. Kompanie der schweren Panzerabteilung 503, die den Angriff auf Staryj Gorod unterstützen sollte, wurde durch Volltreffer zerstört. Über die zweite Brücke (24 Tonnen) sollten die Sturmgeschütze der Sturmgeschütz-Abteilung 228 und später die Panzer des Panzerregiments 11 der 6. Panzerdivision den Donez überqueren. Als das erste Sturmgeschütz auf die Brücke fuhr, sackte aber ein Joch weg, wodurch die Brücke unpassierbar wurde. Da die Brückenstellen auch nach dem Beginn des Angriffs von sowjetischer Artillerie beschossen wurden, konnten die Brücken nicht repariert werden. Die Panzer der 6. Panzerdivision wurden deshalb in den weiter südlich gelegenen Abschnitt der 19. Panzerdivision umgeleitet. Doch auch diese Division hatte Pech mit ihren Brücken: Die 60-Tonnen-Brücke für die „Tiger" der 2. Kompanie der schweren Panzerabteilung 503 wurde bis zum Angriffsbeginn nicht fertig; da sowjetische Artillerie die Baustelle beschoss, mussten die Arbeiten zeitweilig eingestellt werden. Die zweite Brücke, mit einer Traglast von 24 Tonnen, war für den Übergang der leichten und mittleren Panzer des Panzerregiments 27 der 19. Panzerdivision vorgesehen. Aber offenbar widerstrebte es einem der „Tiger"-Kommandanten, Feldwebel Willibald Krakow, untätig auf der westlichen Seite des Donez zu warten, während sich die Panzergrenadiere der 19. Panzerdivision, lediglich „mit Handgranaten und Maschinenpistolen" bewaffnet, unter hohen Verlusten „in das noch völlig intakte Stellungssystem" der sowjetischen 81. Garde-Schützendivision „hineinfressen" mussten.[52] Krakow versuchte deshalb mit seinem „Tiger" über die 24-Tonnen-Brücke zu fahren. Diese hielt jedoch dem 57 Tonnen schweren Panzer nicht stand und brach zusammen – ein Missgeschick, das aus naheliegenden Gründen keinen Eingang in die Kriegstagebücher fand. Die Panzer des Panzerregiments 27 der 19. Panzerdivision mussten nun ebenfalls umgeleitet werden, und zwar in den Abschnitt der 7. Panzerdivision.

Auch die Panzergrenadiere der 7. Panzerdivision hatten zunächst keine Panzerunterstützung. Weil der Donez von der östlichen Seite aus eingesehen werden konnte und die ersten sowjetischen Verteidigungsstellungen unmittelbar hinter dem Fluss lagen, sollte mit dem Brückenbau erst begonnen werden, nachdem die Panzergrenadiere auf der Ostseite des Donez Brückenköpfe gebildet hatten. Allerdings war vorgesehen, dass zumindest die Soldaten des Panzergrenadier-Regiments 7 gleich zu Beginn des Angriffs durch die vier „Tiger" von Leutnant von Rosen unterstützt würden. Als die Panzergrenadiere mit Schlauchbooten über den Fluss gesetzt hatten, sprengten Pioniere die östliche Uferböschung, damit die „Tiger" auf das jenseitige Flussufer rollen konnten. Zwar gelang es den Panzern, den Donez zu durchfurten. Als aber der erste „Tiger" die gesprengte Uferböschung erreicht hatte, blieb er im Schlamm stecken und musste wieder zurückgezogen werden. Rosens Zug blieb deshalb nichts anderes übrig, als auf den Bau der 60-Tonnen-Brücke zu warten. Diese wurde allerdings erst um 11.15 Uhr fertiggestellt.

Bereits kurz nach 6.00 Uhr konnten die Pioniere des Pionier-Regiments 674 im Nordteil von Solomino indes die erste 24-Tonnen-Brücke vollenden. Auf dieser überquerten die Panzer des Panzerregiments 25 der 7. Panzerdivision als erste den Donez. Wenig später folgten auf derselben Brücke die Panzer des Panzerregiments 27 der 19. Panzerdivision. Um 8.15 Uhr stellten die Pioniere im Abschnitt der 19. Panzerdivision die 60-Tonnen-Brücke fertig, deren Bau in der Nacht wegen des sowjetischen Artilleriefeuers hatte unterbrochen werden müssen. Über diese Brücke setzten die „Tiger" der 1. und 2. Kompanie der schweren Panzerabteilung 503 und die Panzer des Panzerregiments 11 der 6. Panzerdivision über den Donez. Dennoch kam der Angriff der 6. und 19. Panzerdivision nicht voran: Die 19. Panzerdivision wurde durch sumpfiges Gelände, Minen und starkes sowjetisches Granatwerfer-Feuer aufgehalten. Von den 14 „Tigern" der 2. Kompanie der schweren Panzerabteilung 503, die den Angriff der 19. Panzerdivision unterstützte, fielen 13 aus, davon neun durch Minen, wobei einige der „Tiger" auf eigene Minen fuhren, die nicht geräumt worden waren. – Der Angriff der 6. Panzerdivision auf Staryj Gorod lief sich infolge des zähen Widerstands der sowjetischen 81. Garde-Schützendivision und wegen der starken Verminung fest. Auch die

„Tiger" der 1. Kompanie der schweren Panzerabteilung 503 und die Sturmgeschütze der Sturmgeschütz-Abteilung 228 konnten den Angriff der 6. Panzerdivision nicht weiter nach vorn reißen. Das Kriegstagebuch des III. Panzerkorps vermerkte: „An der gesamten Korpsfront leistet der Feind in tief gegliederten, mit breiten Minengürteln verstärkten und vorbildlich ausgebauten Stellungen erbitterten Widerstand."[53] Um 16.00 Uhr meldete Generalmajor Walther von Hünersdorff, der Kommandeur der 6. Panzerdivision, dass er die Einstellung des Angriffs auf Staryj Gorod befohlen habe. Er begründete seinen Entschluss damit, dass die Opfer, die bei einem weiteren Frontalangriff gebracht werden müssten, in keinem Verhältnis zum Erfolg stünden. Eine Kampfgruppe der 168. Infanterie-Division, die den Angriff der 6. Panzerdivision unterstützte, kam ebenfalls nicht voran und wurde durch einen sowjetischen Gegenangriff wieder auf ihre Ausgangsstellung zurückgeworfen.

Auch beim Korps Raus, das südlich von Solomino angriff, konnte mit dem Bau der Brücken erst begonnen werden, nachdem die Grenadiere auf dem Ostufer des Donez Brückenköpfe gebildet hatten. Trotz fehlender Unterstützung durch schwere Waffen kam der Angriff der 106. und 320. Infanterie-Division zunächst gut voran. Im Kriegstagebuch des Korps Raus heißt es dazu: „02.25 Uhr begann der Angriff planmäßig auf ganzer Breite über den Donez. Durch den Zeitpunkt wurde der Gegner überrascht, sodass das Übersetzen zunächst überall ohne wesentliche Schwierigkeiten erfolgen konnte."[54] Die Spitzen der beiden Divisionen erreichten nach etwa einer Stunde den Bahndamm der Bahnlinie Belgorod–Kupjansk. Dort versteifte sich jedoch der Widerstand der sowjetischen 72. und 78. Garde-Schützendivision. Teile der 106. Infanterie-Division standen den ganzen Tag über mit Einheiten der 78. Garde-Schützendivision in schweren Häuserkämpfen um die Ortschaft Nischni Olschanez (Nižnij Olʼšanec). Weiter südlich, in Maslowa Pristan, gelang es anderen Teilen der 106. Infanterie-Division, das 229. Garde-Schützenregiment der 72. Garde-Schützendivision einzuschließen und fast vollständig aufzureiben. Lediglich 17 Soldaten des Regiments gelang am Abend des 5. Juli der Ausbruch aus Maslowa Pristan.

Inzwischen waren die Angriffsspitzen der 320. Infanterie-Division südlich von Maslowa Pristan bis nach Besljudowka (Bezljudovka) vorgestoßen. Sie mussten allerdings ohne schwere Waffen auskommen, denn der Bau von Kriegsbrücken wurde durch die sowjetische Artillerie stark behindert. Kaum war eine Brücke fertiggestellt, wurde sie durch Artilleriefeuer wieder beschädigt. Schließlich passierte eine weitere Panne: Gegen 11.00 Uhr konnte zwar eine 20-Tonnen-Kriegsbrücke fertiggestellt werden, auf der die Sturmgeschütz-Abteilung 905 übersetzen sollte, um den Angriff der 320. Infanterie-Division zu unterstützen; hinter dem Donez befand sich an dieser Stelle jedoch ein zehn Meter breiter Graben, der vorher nicht erkannt worden war. Die Sturmgeschütze mussten deshalb auf den Bau einer Behelfsbrücke mit einer Traglast von 20 Tonnen warten. Bevor die Brücken für die 320. Infanterie-Division fertiggestellt werden konnten, starteten Einheiten der sowjetischen 72. Garde-Schützendivision und der 213. Schützendivision mit Unterstützung der 27. Garde-Panzerbrigade am Nachmittag einen Gegenangriff, der die 320. Infanterie-Division schwer traf. Weil den Soldaten des Grenadier-Regiments 587 weder die Sturmgeschütze noch schwere Panzerabwehrkanonen zur Verfügung standen, waren sie gegen die sowjetischen Panzer machtlos. Sie erlitten schwere Verluste und mussten sich zurückziehen. Dabei hatte die Division noch Glück, dass die 27. Garde-Panzerbrigade ihren Gegenangriff nicht energischer und nicht mit voller Kraft durchführte. Denn am Abend konnte ihr Angriff von den Deutschen nach Abschuss von sechs Panzern abgewehrt werden. Der 27. Garde-Panzerbrigade standen an diesem Tag aber 52 Panzer zur Verfügung.

Auf deutscher Seite war die 320. Infanterie-Division indessen so angeschlagen, dass sie für weitere größere Angriffsaufgaben vorerst nicht mehr in Frage kam. Die Division hatte am 5. Juli fast 1.700 Mann verloren. Dabei hatte sich vor allem die fehlende Luftunterstützung sehr nachteilig ausgewirkt. Die gesamten Kampf-, Sturzkampf- und Schlachtfliegerverbände des VIII. Fliegerkorps waren an diesem Tag bei der 4. Panzerarmee im Einsatz. Die Armeeabteilung Kempf wurde tagsüber lediglich durch Jagdflugzeuge unterstützt. Erst am Abend erschienen Schlachtflugzeuge und Stukas im Abschnitt der 320. Infanterie-Division. Mittlerweile hatte die Division die sowjetischen Angriffe aber bereits abgewehrt, und der Luftwaffeneinsatz war nicht mehr nötig.

Von allen Divisionen der Armeeabteilung Kempf kam am 5. Juli die 7. Panzerdivision am besten voran. Ihr Kommandeur war Generalleutnant Hans von Funck. Seine Soldaten stießen auf die sowjetische 78. Garde-Schützendivision, die von Generalmajor Alexander Skworzow geführt wurde. Skworzows Division besaß mit ihren 84 Kanonen der Kaliber 4,5 cm, 7,6 cm und 12,2 cm eine beträchtliche Feuerkraft. Die 7. Panzerdivision konnte am Morgen allerdings ihr Panzerregiment einsetzen, das kurz nach 6.00 Uhr auf der ersten fertiggestellten 24-Tonnen-Brücke bei Solomino den Donez überquert hatte. Es gelang der Division, die Verteidigungsstellungen des sowjetischen 225. Garde-Schützenregiments relativ schnell zu durchbrechen und bis Rasumnoje (Razumnoe) vorzustoßen. Daraufhin setzte der Kommandierende General des sowjetischen 25. Garde-Schützenkorps, Generalmajor Ghani Safiulin, das 167. Panzerregiment zum Gegenangriff ein. In einer Meldung des III. Panzerkorps heißt es dazu: „Ein von über 30 Panzern T-34 von Generalowka auf Rasumnoje geführter Gegenangriff wurde zerschlagen. 10 T-34 wurden abgeschossen."[55] Tatsächlich verlor das 167. Panzerregiment bei diesem Gefecht von den 32 eingesetzten Panzern sogar 24, und zwar 20 T-34 und vier T-70.

Am Nachmittag des 5. Juli beschloss die Führung der Armeeabteilung Kempf, den Angriffsschwerpunkt zur 7. Panzerdivision zu verlegen, weil der Angriff hier am besten voranschritt. Die sowjetischen Kräfte bei Staryj Gorod sollten nicht mehr im Frontalangriff geworfen, sondern umgangen und im Rücken gefasst werden. Diese Entscheidung war zweifellos vernünftig, aber dadurch entstand zwischen dem III. Panzerkorps und dem II. SS-Panzerkorps eine Lücke. Beide Korps mussten folglich mit einer offenen Flanke vorstoßen, und das II. SS-Panzerkorps musste seine rechte (östliche) Flanke nun selbst sichern. Genau dies hatte durch das III. Panzerkorps eigentlich verhindert werden sollen.

Obwohl der erste Angriffstag bei der Armeeabteilung Kempf bei weitem nicht die erwarteten Ergebnisse brachte und aus deutscher Sicht einen Schatten auf den gesamten weiteren Verlauf der Offensive warf, muss bei objektiver Betrachtung doch der stark pessimistische Ton relativiert werden, der sowohl aus den deutschen Akten als auch den Truppengeschichten spricht. Zwar bestätigen alle Dokumente und nachträglichen Darstellungen, dass alle Angriffsverbände schwere Verluste erlitten. Man muss jedoch die enormen Schwierigkeiten mit in Betracht ziehen, auf die der Angriff von Anfang an stieß, ebenso die ungünstigen taktischen Bedingungen: fast kein Luftwaffeneinsatz, ein für den Angriff wenig geeignetes Gelände und die mangelnde Unterstützung der Grenadiere durch schwere Waffen infolge der fehlenden Brücken. Ebenso schwerwiegend war die massive sowjetische Abwehr, die sich auf tiefe Minenfelder, hervorragend ausgebaute Stellungen und eine überlegene Artillerie stützte, die das Gelände durch ihre guten Beobachtungsmöglichkeiten beherrschte. Darüber hinaus dominierten die sowjetischen Flieger in diesem Abschnitt den Luftraum. Insofern muss man letztendlich festhalten: Immerhin war es den deutschen Verbänden im Laufe des Tages gelungen, den ersten sowjetischen Verteidigungsabschnitt zu durchbrechen. Die 6. und 7. Panzerdivision hatten dabei (trotz gegenteiliger Urteile in den Kriegstagebüchern und Truppengeschichten) verhältnismäßig geringe Verluste erlitten: die 6. Panzerdivision insgesamt 78 Mann, davon elf Gefallene und vier Vermisste, die 7. Panzerdivision 96 Soldaten, davon zehn Gefallene. Lediglich bei der 19. Panzerdivision (497 personelle Gefechtsverluste) sowie vor allem bei der 106. Infanterie-Division (1.183 Gefechtsverluste) und der 320. Infanterie-Division (1.663 Gefechtsverluste) waren die Ausfälle hoch. Die 168. Infanterie-Division, die am Morgen zusammen mit der 6. Panzerdivision vergeblich Staryj Gorod angegriffen hatte, verlor 201 Soldaten, davon neun Gefallene.

Am zweiten Angriffstag, dem 6. Juli 1943, drang das III. Panzerkorps aus der Gegend zwischen Generalowka und Krutoj Log weiter nach Nordosten vor. Der Schwerpunkt des Angriffs lag bei der 7. Panzerdivision, die in Richtung Batrazkaja Datscha (Batrackaja Dača) vorstieß. Die Soldaten der sowjetischen 73. und 78. Garde-Schützendivision leisteten erbitterten Widerstand. Zu ihrer Unterstützung ließ Generalleutnant Schumilow, der Oberbefehlshaber der 7. Gardearmee, mehrere Panzerabwehr-Regimenter heranführen. Außerdem griffen zwei sowjetische Panzerregimenter und ein Selbstfahrlafetten-Regiment in die Kämpfe ein, und die Piloten der 17. Luftarmee flogen zahlreiche Luftangriffe gegen die 7. Panzerdivision. Trotz der schweren Kämpfe erlitt die Division mit 135 personellen Gefechtsverlusten verhältnismäßig geringe Ausfälle.

Gemessen an der Härte der Kämpfe waren auch die Panzerverluste der 7. Panzerdivision niedrig. Zwar liegen keine Zahlen für
die einzelnen Tage vor, aber in den ersten drei Tagen des Unternehmens „Zitadelle" musste die 7. Panzerdivision lediglich sieben
Panzer als Totalverluste abschreiben. Demgegenüber verlor das
167. Panzerregiment, das bereits am Vortag 24 Panzer eingebüßt
hatte, am 6. Juli weitere elf Panzer. Von seinen 40 Panzern waren
somit nur noch fünf übrig. Das 262. Panzerregiment verlor 16
seiner 37 Panzer.

Die 3. Kompanie der schweren Panzerabteilung 503, die den
Angriff der 7. Panzerdivision unterstützte, traf am 6. Juli zum ersten Mal auf die neuen sowjetischen Selbstfahrlafetten vom Typ
SU-122. Diese gehörten zum 1438. Selbstfahrlafetten-Regiment,
das die „Tiger" aus einer günstigen Position angriff, nämlich von
hinten. Die SU-122 konnten zwei „Tiger" abschießen, doch das
Regiment musste diesen Erfolg mit dem Verlust von acht SU-122
und drei SU-76 bezahlen.

Trotz des heftigen sowjetischen Widerstands gelang es der
7. Panzerdivision am 6. Juli, den zweiten sowjetischen Armee-
Verteidigungsgürtel zu durchbrechen und in die Gegend westlich
von Batrazkaja Datscha vorzustoßen. Der Erfolg der Division riss
auch den Angriff der 6. Panzerdivision nach vorn. Bis zum Abend
gelang es der Division, westlich von Batrazkaja Datscha die Verbindung mit dem Panzerregiment 25 der 7. Panzerdivision herzustellen. Die 6. Panzerdivision meldete als Tageserfolg unter anderem die Vernichtung von sieben sowjetischen Panzern. Diese
Meldung stimmt genau mit den sowjetischen Unterlagen überein,
nach denen das 148. Panzerregiment an diesem Tag im Kampf
gegen die 6. Panzerdivision tatsächlich sieben Panzer verlor.

Mit der 19. Panzerdivision, die von Generalleutnant Gustav
Schmidt kommandiert wurde, waren sowohl das Generalkommando des III. Panzerkorps als auch die Führung der Armeeabteilung Kempf unzufrieden. Mehrmals wurde die Division am 6. Juli
ermahnt, den Angriff endlich „in Gang [zu] bringen".[56] Am Morgen kam ihr Vorstoß jedoch in einem tiefen Minenfeld zum Stehen.
14 ihrer Panzer fielen durch Minen aus, vier weitere durch Beschuss. Als die Division am Nachmittag zu einem neuen Angriff
antrat, blieb sie wieder in einem sowjetischen Minenfeld liegen,
durch welches erst am Abend eine Gasse geräumt werden konnte.

Besonders schwere Verluste erlitt das Panzergrenadier-Regiment 73
der 19. Panzerdivision. Während die Masse der Division nördlich
von Rasumnoje bereits die Bahnlinie Belgorod–Kupjansk überschritten hatte, lag das Regiment noch immer östlich von Belgorod
im ersten sowjetischen Armee-Verteidigungsgürtel fest. Erst am
Nachmittag gelang es dem Kompanieführer Leutnant Herbert
Krögel, den Angriff des Regiments weiter nach vorn zu reißen.
Krögel bot damit ein gutes Beispiel dafür, dass im Gefecht immer
wieder einzelne beherzte Offiziere ausschlaggebend sein konnten.
Gleichwohl verlor das Panzergrenadier-Regiment 73 an diesem
Tag etwa 180 Soldaten, darunter viele Offiziere.

Trotz des Erfolgs der 7. Panzerdivision war Generalfeldmarschall von Manstein mit dem Verlauf des Angriffs des III. Panzerkorps unzufrieden. Am Nachmittag wies er die Armeeabteilung Kempf darauf hin, dass es ihre Aufgabe sei, den Anschluss
an den rechten Flügel der 4. Panzerarmee zu gewinnen. Bei einem
abendlichen Telefongespräch mit General Kempf bemerkte Manstein, er habe den Eindruck, dass beim III. Panzerkorps jeder
mache, was er wolle. Da sich bereits abzeichnete, dass das
Korps Raus zu schwach war, um die rechte Flanke der Armeeabteilung Kempf zu decken, beschloss Manstein, die 198. Infanterie-
Division zur Verstärkung heranzuführen. Bis diese Division zum
Flankenschutz eingesetzt werden konnte, vergingen jedoch zwei
Tage, in denen das III. Panzerkorps seine Ostflanke selbst schützen musste.

Am 7. Juli gelang es der 7. Panzerdivision, Batrazkaja Datscha
und Mjasojedowo (Mjasoedovo) zu erobern. Doch dann konnte
die Division nicht weiter vorstoßen, weil die 106. Infanterie-Division nicht aufschließen und die 7. Panzerdivision ablösen konnte.
Am 8. Juli lag der Schwerpunkt deshalb bei der 6. Panzerdivision, die mit Unterstützung von Teilen der 19. Panzerdivision bis
Melichowo vorstieß. Das Panzergrenadier-Regiment 73 der
19. Panzerdivision kämpfte indes noch immer im sowjetischen
Stellungssystem östlich von Belgorod, das von der 81. Garde-
Schützendivision unter dem Befehl von Generalmajor Iwan Mo-
rosow mit äußerster Standhaftigkeit verteidigt wurde. „Der Gegner lässt sich dort in seinen gut ausgebauten Stellungen totschlagen",
vermerkte das Kriegstagebuch der Armeeabteilung Kempf.[57] Erst
nach dem Einsatz von Stukas und Flammenwerfer-Panzern gelang

es dem Panzergrenadier-Regiment 73 am Abend des 9. Juli, die
letzten sowjetischen Stellungen zu erobern. In den tagelangen
schweren Kämpfen östlich von Belgorod war das Regiment dabei
fast ausgeblutet und hatte mehr als 1.000 Soldaten verloren. Am
10. Juli besaß es nur noch eine Grabenstärke von 85 Mann.

Am selben Tag konnte die 168. Infanterie-Division das hart um-
kämpfte Staryj Gorod erobern. Zugleich stieß die 6. Panzerdivision nach Schischino (Šišino) vor und zwang die sowjetischen Verbände, die noch östlich und nordöstlich von Belgorod standen,
zum Rückzug nach Norden, um der drohenden Einschließung zu
entgehen. Nachdem das III. Panzerkorps diese Bedrohung seiner
linken (westlichen) Flanke beseitigt hatte, konnte es am 11. Juli
weiter noch Norden angreifen. Allerdings waren die Divisionen
der Armeeabteilung Kempf bereits so geschwächt, dass General
Kempf sich fragte, ob der weitere Vorstoß überhaupt noch möglich
sei. Zumindest die besonders abgekämpfte 19. Panzerdivision hätte er gern durch einen frischen Panzerverband ersetzt, doch Manstein konnte ihm keinen zur Verfügung stellen.

General Breith, der Kommandierende General des III. Panzerkorps, blieb dagegen optimistisch. Als es der 6. Panzerdivision und
der schweren Panzerabteilung 503 am 11. Juli gelang, von Melichowo aus über Schljachowoje (Šljachovoe) bis nach Kasatschje
(Kazač'e) vorzustoßen, glaubte er, sein Korps habe den letzten
sowjetischen Verteidigungsgürtel durchbrochen. Selbst nach dem
Krieg hielt er an der Überzeugung fest, dem III. Panzerkorps sei
am 11. Juli der operative Durchbruch gelungen, der es ermöglicht
hätte, nun „im freien Raum zu operieren".[58] In Wirklichkeit hatte
das Korps lediglich den zweiten sowjetischen Armee-Verteidigungsgürtel durchstoßen. Zwar gelang es der 6. Panzerdivision in
der Nacht zum 12. Juli, in einem gewagten nächtlichen Überra-
schungsangriff bis Rschawez (Ržavec) vorzudringen und den Ort
im Handstreich zu nehmen. Doch damit kam der Vorstoß des
III. Panzerkorps vorerst zum Halten. Noch immer klaffte zwischen
der 4. Panzerarmee und der Armeeabteilung Kempf eine breite
Lücke. Schwerwiegender war aber die Tatsache, dass das III. Panzerkorps seinen Auftrag nicht erfüllen konnte, die Ostflanke der
4. Panzerarmee gegen die Angriffe der „strategischen Reserven"
der Roten Armee abzuschirmen. Und so traf die schlagkräftigste
dieser Reserven, die 5. Garde-Panzerarmee, am 12. Juli 1943 bei

Prochorowka nicht auf das III. Panzerkorps, sondern auf die Angriffsspitze der 4. Panzerarmee.

„Stahl, Stahl, Stahl!" [59] *– Die Panzerschlacht bei Prochorowka am 12. Juli 1943*

Nach den Vorausangriffen vom 4. Juli 1943 trat die 4. Panzerarmee am frühen Morgen des 5. Juli zum eigentlichen Angriff „Zitadelle" an. Am weitesten rechts (östlich) stieß das II. SS-Panzerkorps mit den drei SS-Panzergrenadier-Divisionen „Leibstandarte
SS Adolf Hitler", „Das Reich" und „Totenkopf" vor. Links davon
griff das XXXXVIII. Panzerkorps mit der 3. Panzerdivision, der
Panzergrenadier-Division „Großdeutschland" und der 11. Panzerdivision an. An der Naht zwischen dem II. SS-Panzerkorps und
dem XXXXVIII. Panzerkorps kämpfte die 167. Infanterie-Division. Am weitesten westlich stand das LII. Armeekorps, das den
Auftrag hatte, die linke Flanke der 4. Panzerarmee zu schützen. In
den ersten Angriffstagen stieß die 4. Panzerarmee auf Generalleutnant Iwan Tschistjakows 6. Gardearmee und auf die 1. Panzerarmee, die von Generalleutnant Michail Katukow befehligt wurde.
  Der Schwerpunkt des deutschen Angriffs lag beim II. SS-Panzerkorps, das bereits am ersten Tag in heftige Kämpfe verwickelt
wurde. Besonders hartnäckig verteidigte die sowjetische 52. Garde-Schützendivision, die von Generalmajor Iwan Nekrassow kommandiert wurde, das Dorf Berjosow (Berëzov). Generalmajor
Friedrich Fangohr, der Chef des Generalstabs der 4. Panzerarmee,
hielt fest: „Der feindliche Infanterist kämpft gut, entgegen der
bisherigen Annahme, dass es sich beim Gegner um schlechte Stel-
lungsdivisionen handelt, muss festgestellt werden, dass auch dieser
Feind zu fechten und zu sterben versteht." [60]
  Gegen Mittag konnten die SS-Divisionen den ersten sowjetischen Armee-Verteidigungsgürtel durchbrechen. Wenig später gelang es der Division „Das Reich" nach schweren Kämpfen und
dem geballten Einsatz von Sturzkampfflugzeugen, Berjosow zu
erobern und weiter nach Norden vorzustoßen. Bei Bykowka kam
es am Nachmittag zur ersten Panzerbegegnung, als das sowjetische
230. Panzerregiment einen Gegenangriff gegen die Spitzen der Di-

visionen „Leibstandarte" und „Das Reich" startete. Das sowjetische Panzerregiment war mit 32 amerikanischen Panzern der Typen M3 „Lee" und M3 „Stuart" ausgerüstet, die gegen die deutschen Kampfwagen keine Chance hatten. Sie wurden abgeschossen, bevor sie überhaupt auf Schussweite an die deutschen Panzer herankamen.

Am 6. Juli durchbrach Haussers II. SS-Panzerkorps den zweiten sowjetischen Armee-Verteidigungsgürtel. Die Division „Das Reich" stieß bis nach Kalinin vor, die „Leibstandarte" bis Teterewino (Nord). Allerdings wurde der Angriffsschwung der SS-Divisionen dadurch gebremst, dass die beiden Nachbarkorps – im Westen das XXXXVIII. Panzerkorps, im Osten das III. Panzerkorps – nicht schnell genug vorstoßen konnten und die offenen Flanken von Haussers Korps immer länger wurden. Die sowjetischen Truppen leisteten erbitterten Widerstand, erlitten dabei aber horrende Verluste. So verlor die 51. Garde-Schützendivision von ihren 8.400 Soldaten innerhalb von drei Tagen mehr als 5.000 Mann, die meisten davon am 6. Juli. Das 5. Garde-Panzerkorps, geführt von Generalmajor Andrej Krawtschenko, büßte bei seinen Gegenangriffen gegen die Division „Das Reich" am 6. Juli 110 Panzer ein. Die Division „Das Reich" musste an diesem Tag hingegen nur einen Panzerkampfwagen IV als Totalverlust abschreiben, der durch eine sowjetische Panzerabwehrkanone abgeschossen wurde. Dieser Verlust wog allerdings schwer, denn in dem Kampfwagen fiel Ritterkreuzträger SS-Hauptscharführer Karl-Heinz Worthmann, einer der erfahrensten Panzerkommandanten und Zugführer des Panzerregiments der Division „Das Reich".

General Watutin, der Oberbefehlshaber der Woronescher Front, war bestürzt, dass es den Deutschen gelungen war, bereits am ersten Angriffstag den besonders stark ausgebauten Armee-Hauptverteidigungsstreifen zu durchbrechen. Hastig befahl er, seine wichtigste operative Reserve, die 1. Panzerarmee, bereits am 6. Juli zu einem umfassenden Gegenangriff einzusetzen. Doch in der Nacht vom 5. zum 6. Juli untersagte Stalin den Gegenstoß, widersprach dieser doch völlig dem sowjetischen Verteidigungskonzept. Demnach sollten die deutschen Panzerverbände in den sowjetischen Verteidigungsstellungen zunächst entscheidend geschwächt werden. Erst danach sollten die operativen Gegenangriffe erfolgen. Der gescheiterte Gegenstoß der sowjetischen 2. Panzerarmee gegen die Angriffsspitzen von Models 9. Armee im Nordabschnitt des Kurser Bogens am 6. Juli zeigte denn auch sehr deutlich, welche fatalen Konsequenzen ein überstürzter Gegenschlag haben konnte. Als das II. SS-Panzerkorps am Morgen des 6. Juli den zweiten Armee-Verteidigungsstreifen überwand, steigerte sich jedoch Watutins Nervosität. Er befahl der 6. Gardearmee und der 40. Armee, noch am selben Tag einen umfassenden Gegenangriff durchzuführen. Doch weder die Führungsstäbe der Armeen noch jene der Korps waren imstande, so schnell eine Gegenoffensive zu planen, weshalb die sowjetischen Truppen am 6. Juli nur unkoordinierte Angriffe durchführten. Watutin geriet unterdessen immer mehr unter Druck, da Stalin und die Stawka ihm Vorwürfe machten, weil seine Truppen den deutschen Angriff nicht zum Stehen bringen konnten.

Im Laufe der nächsten zwei Tage erreichte die Panzerschlacht im Südabschnitt des Kurser Bogens ihren ersten Höhepunkt. Watutin setzte nun verstärkt seine Panzerreserven zu Gegenangriffen ein. Am 8. Juli standen der deutschen 4. Panzerarmee sieben sowjetische Panzer- und mechanisierte Korps gegenüber: im Abschnitt des XXXXVIII. Panzerkorps das 3. mechanisierte Korps und das 6. Panzerkorps; im Abschnitt des II. SS-Panzerkorps das 10. Panzerkorps, das 31. Panzerkorps, das 2. Garde-Panzerkorps, das 5. Garde-Panzerkorps und das 2. Panzerkorps. Letztere drei Korps traten am 8. Juli zum Gegenangriff an, um das II. SS-Panzerkorps einzuschließen. Im Kriegstagebuch von Haussers Korps heißt es dazu: „Mit neu herangeführten Panzerverbänden [...] beginnt der Gegner gegen Mittag mit bisher noch nicht dagewesener Wucht in ununterbrochener Folge seine Panzer-Massenangriffe gegen die Ost- und Nordostfront der Division ‚Das Reich' sowie mit von Nordwesten kommenden Panzerkräften gegen die Stützpunkte der ‚Leibstandarte SS Adolf Hitler' und zwingt so das Korps zu hartem Abwehrkampf, der mit Einsatz der letzten Reserven geführt werden muss."[61] Die Hauptlast der Kämpfe trug an diesem Tag auf deutscher Seite die SS-Division „Das Reich". Sie meldete 190 Panzerabschüsse und musste selbst lediglich ein Sturmgeschütz als Totalverlust abschreiben, das in einem Gefecht gegen sowjetische Panzer bei Kalinin einen Volltreffer erhielt.

Insgesamt verloren Watutins Verbände an diesem Tag 343 Panzer und Selbstfahrlafetten, davon etwa zwei Drittel als Totalausfälle. Hoths 4. Panzerarmee büßte dagegen nur etwa 20 Panzer und Selbstfahrlafetten als Totalverluste ein. Immerhin war es Watutins Truppen gelungen, Hoths Panzerarmee zum Stehen zu bringen. Das Kriegstagebuch des II. SS-Panzerkorps hielt fest: „Damit liegt zunächst nach gelungenem Durchbruch durch die 2. [*sowjetische*] Stellung die Operation fest und macht harte Abwehrkämpfe zur Vernichtung der feindlichen operativen Reserven erforderlich."[62] – Für diesen Erfolg hatte Watutins Woronescher Front allerdings einen hohen Preis bezahlt: Seit Beginn der Kämpfe waren 527 ihrer Panzer abgeschossen worden, 372 davon mussten als Totalverluste abgeschrieben werden. Die Zahl der Totalausfälle der 4. Panzerarmee seit Angriffsbeginn betrug hingegen nur schätzungsweise 70 Panzer und Selbstfahrlafetten. Da Watutin nun bereits all seine operativen Reserven herangezogen hatte, ohne die Gefahr eines deutschen Durchbruchs nach Kursk nachhaltig abwenden zu können, musste die Rote Armee auf ihre „strategischen Reserven" zurückgreifen, deren Einsatz der Stawka vorbehalten war. Die sowjetische Führung befahl noch am 8. Juli, vom Steppen-Militärbezirk die 5. Gardearmee unter Generalleutnant Alexei Schadow und die 5. Garde-Panzerarmee unter Generalleutnant Pawel Rotmistrow heranzuführen, um die Woronescher Front zu verstärken.

Am 9. Juli gelang es dem deutschen XXXXVIII. Panzerkorps, den ersten Abschnitt des dritten sowjetischen Armee-Verteidigungsgürtels zu durchbrechen. Dieser dritte, rückwärtige Armee-Verteidigungsgürtel verlief westlich der Bahnlinie Belgorod–Prochorowka in zwei relativ weit voneinander entfernten Streifen. Der erste Streifen zog sich aus der Gegend südwestlich von Prochorowka fast waagerecht nach Westen hin, während der zweite Streifen in einem Bogen nach Nordwesten dem Verlauf des Flusses Psjol folgte (**Karte 5**). Die deutschen Verbände, die westlich der Bahnlinie Belgorod–Prochorowka vorstießen, mussten folglich insgesamt sieben Verteidigungsabschnitte durchbrechen, um bis nach Kursk zu gelangen.

Der Durchbruch durch den ersten Abschnitt des dritten Verteidigungsgürtels wirkte auf die sowjetische Führung dennoch wie ein Alarmsignal. Denn je weiter rückwärts die Verteidigungsstreifen lagen, desto schwächer waren sie ausgebaut. Das XXXXVIII. Panzerkorps hatte demnach innerhalb von fünf Tagen die drei stärksten sowjetischen Verteidigungsabschnitte durchbrochen. Die Panzergrenadier-Division „Großdeutschland" stieß am Nachmittag des 9. Juli bis zur Höhe 244,8 nördlich von Nowoselowka und damit bis zum nördlichsten Punkt vor, den das XXXXVIII. Panzerkorps während des Unternehmens „Zitadelle" erreichte. Hier musste jedoch der weitere Vorstoß nach Norden abgebrochen werden, da das Korps in seiner westlichen Flanke von starken sowjetischen Kräften bedroht wurde. In den nächsten Tagen konzentrierten sich die Kämpfe daher auf die Gegend um die Höhe 258,5 und den Tolstoje-Wald.

Das II. SS-Panzerkorps dagegen griff weiter nach Norden und nach Nordosten in Richtung Prochorowka an. Am 9. Juli gelang es der Division „Totenkopf", den ersten Abschnitt des dritten sowjetischen Armee-Verteidigungsgürtels ebenfalls zu durchbrechen und bis in die Gegend von Kotschetowka (Kočetovka) und Krasnyj Oktjabr am Psjol vorzustoßen. Die sowjetische 5. Garde-Panzerarmee erhielt daraufhin den Befehl, bis in die Gegend von Prochorowka vorzurücken und sich dort für Gegenangriffe bereitzustellen.

Am 10. Juli versuchte die Division „Totenkopf", bei Koslowka (Kozlovka) einen Brückenkopf über den Psjol zu bilden (**Karte 6**). Die Soldaten der sowjetischen 95. Garde-Schützendivision leisteten erbitterten Widerstand, mussten jedoch am Nachmittag langsam zurückweichen. Entscheidend wirkte sich aus, dass das Wetter (nach einem Gewitter) am Nachmittag wieder aufklarte und den Einsatz der deutschen Luftwaffe erlaubte. „[Der] Russe läuft vor Stukas", meldete die Division „Totenkopf" daraufhin um 18.00 Uhr.[63] Wenig später gelang es, die beherrschende Höhe 226,6 zu erobern. Damit war der dritte sowjetische Verteidigungsgürtel nördlich des Psjol vollständig durchbrochen.

Am folgenden Tag kämpfte sich südwestlich von Prochorowka auch die „Leibstandarte SS Adolf Hitler" durch den letzten sowjetischen Armee-Verteidigungsgürtel und stieß bis zur Höhe 252,2 vor. Allerdings hatte die Division nun zwei offene Flanken und stellte den weiteren Vorstoß deshalb zunächst ein. Am folgenden Tag, dem 12. Juli, sollte die Division „Totenkopf" zunächst allein weiter angreifen und die offene linke Flanke der „Leibstandarte" schließen. Die Soldaten der „Leibstandarte" ahnten am Morgen des 12. Juli noch nicht, dass sie an diesem Tag in eine der härtesten

Panzerschlachten des Unternehmens „Zitadelle" verwickelt werden sollten. Denn die deutsche Feindaufklärung hatte die Heran-
führung der sowjetischen 5. Garde-Panzerarmee nicht erkannt.
Laut SS-Obersturmführer Rudolf von Ribbentrop und anderen
Augenzeugen lagen die deutschen Panzersoldaten gerade „in tiefs-
tem Schlaf", als die 5. Garde-Panzerarmee am Morgen des 12. Juli
ihren Angriff begann.[64] Ribbentrop, der Sohn des Reichsaußenministers Joachim von Ribbentrop, führte am Morgen des
12. Juli 1943 jene Panzerkompanie der „Leibstandarte", die als
erste auf die Panzer der sowjetischen 5. Garde-Panzerarmee traf.

Generalleutnant Rotmistrow unterstanden an diesem Tag fünf
Korps mit insgesamt 860 einsatzbereiten Panzern und Selbstfahrlafetten: das 18. Panzerkorps, das 29. Panzerkorps, das 5. mechanisierte Garde-Korps sowie das 2. Panzerkorps und das 2. Garde-
Panzerkorps. Die letzteren beiden Korps hatten bereits in den
Vortagen an den Kämpfen teilgenommen und dabei schwere Verluste erlitten. Die anderen drei Korps kamen dagegen frisch aus
der Reserve. Vier der fünf Korps traten am 12. Juli mit insgesamt
514 Panzern und Selbstfahrlafetten zum Angriff gegen die beiden
SS-Divisionen „Leibstandarte SS Adolf Hitler" und „Das Reich"
an: Das 18. Panzerkorps mit 149 Panzern und das 29. Panzerkorps mit 219 Panzern und Selbstfahrlafetten trafen auf die „Leibstandarte", das 2. Panzerkorps mit 52 Panzern und das 2. Garde-
Panzerkorps mit 94 Panzern stießen im Abschnitt der Division
„Das Reich" vor. Den beiden SS-Divisionen standen insgesamt
218 Panzer, Sturmgeschütze und Panzerjäger „Marder" zur Verfügung.

Gleichzeitig mit der 5. Garde-Panzerarmee traten am 12. Juli
weiter westlich die 1. Panzerarmee, die 6. Gardearmee und Teile
der 5. Gardearmee gegen das deutsche XXXXVIII. Panzerkorps
und die SS-Division „Totenkopf" zum Angriff an. Die sowjetische
Führung beabsichtigte, die gesamte deutsche 4. Panzerarmee in
einem konzentrischen Gegenangriff zu vernichten. Den Hauptstoß
sollten dabei das 18. und das besonders starke 29. Panzerkorps
auf dem nur etwa fünf Kilometer breiten Geländeabschnitt zwischen dem Psjol und der Bahnlinie Prochorowka–Belgorod nach
Südwesten führen (**Karte 6**). Allerdings unterliefen der sowjetischen Führung bei der Vorbereitung des Angriffs verhängnisvolle
Fehler. Dies begann schon bei der Wahl des Angriffsgeländes. Mar-

schall Wassilewski, der Chef des sowjetischen Generalstabs, traf am Abend des 11. Juli auf dem Gefechtsstand der 5. Garde-Panzerarmee ein, um den Gegenangriff zu koordinieren. Er unternahm mit General Rotmistrow umgehend eine Inspektionsfahrt, um sich die Ausgangsstellungen für den Angriff des 29. Panzerkorps anzusehen. Der Vorstoß des Korps sollte aus dem dritten Armee-Verteidigungsgürtel heraus erfolgen. Bestürzt mussten Wassilewski und Rotmistrow jedoch feststellen, dass die Deutschen den Verteidigungsgürtel bereits durchbrochen hatten und sich das für die Ausgangsstellung vorgesehene Gebiet in deutscher Hand befand. Wassilewski befahl daraufhin, noch am selben Abend um 21.00 Uhr Moskauer Zeit anzugreifen, anstatt wie ursprünglich geplant erst um 10.00 Uhr am darauffolgenden Tag. Dies war jedoch nicht möglich, weil die Vorbereitungen nicht innerhalb so kurzer Zeit getroffen werden konnten, und so wurde der Angriffstermin auf 3.00 Uhr morgens festgesetzt. Noch in der Nacht zum 12. Juli musste das 29. Panzerkorps den neu zugewiesenen Bereitstellungsraum unmittelbar westlich und südwestlich von Prochorowka beziehen. Niemand beachtete bei der Änderung des Angriffsplans allerdings, dass zum dritten sowjetischen Armee-Verteidigungsgürtel, den das 29. Panzerkorps bei seinem Gegenangriff nun von rückwärts durchstoßen sollte, ein Panzergraben gehörte, der in beiden Richtungen unpassierbar war.

Ein weiterer fataler Fehler war Rotmistrows Anweisung an die sowjetischen Panzerbesatzungen, mit voller Fahrt in die deutschen Panzerformationen hineinzustoßen, um den „Nahkampf" mit den deutschen Panzern zu suchen. Rotmistrow gab diesen Befehl, weil die sowjetischen Panzerkanonen die Frontpanzerung des „Tigers" nicht durchschlagen konnten und er glaubte, den beiden SS-Divisionen „Leibstandarte" und „Das Reich" stünden 110 „Tiger" zur Verfügung. Tatsächlich befanden sich bei den beiden SS-Divisionen am Morgen des 12. Juli aber nur fünf einsatzbereite „Tiger".

Um 3.00 Uhr morgens (Moskauer Zeit) warteten die sowjetischen Panzersoldaten angespannt auf das Signal zum Angriff. Doch es blieb aus. Erst um 4.00 Uhr erfuhren die übermüdeten Soldaten, dass der Angriff auf 8.30 Uhr verschoben worden war. Laut den sowjetischen Gefechtsberichten gab Rotmistrow um 8.30 Uhr über Funk das Angriffssignal, woraufhin das 18. und 29. Panzerkorps sofort zum Angriff angetreten seien. Diese Zeit-

angabe ist jedoch unglaubwürdig, denn laut den deutschen Ge-
fechtsmeldungen trafen die ersten sowjetischen Panzer erst um
10.15 Uhr Moskauer Zeit auf der Höhe 252,2 ein. Dies deckt sich
mit einem Bericht der sowjetischen 31. Panzerbrigade, die hinter
der 32. Panzerbrigade angriff: „Um 10.30 Uhr erreichten die Panzer den Raum der Sowchose Oktjabrskij."[65] Es erscheint absurd,
dass die sowjetischen Panzer für die wenigen Kilometer von ihrem
Bereitstellungsraum um Prochorowka bis zu den vordersten deutschen Linien an der Sowchose „Oktjabrskij" (auf der Höhe 252,2)
fast zwei Stunden benötigten. Offenbar wollten die sowjetischen
Kommandeure ihren Soldaten vor dem Angriff noch etwas Ruhe
gönnen und ließen ihre Panzerbrigaden wie ursprünglich geplant
um 10.00 Uhr Moskauer Zeit zum Angriff antreten.

Entlang der Bahnlinie Prochorowka–Belgorod griff das sowjetische 29. Panzerkorps an, das von Generalmajor Iwan Kiritschen-
ko kommandiert wurde. Ihm unterstanden drei Panzerbrigaden,
eine motorisierte Schützenbrigade und ein Selbstfahrlafetten-Regiment. Kiritschenkos Panzerbrigaden waren außergewöhnlich
stark. Statt der damals noch weithin üblichen Sollstärke von
53 Panzern pro Brigade hatten sie eine Sollstärke von je 65 Panzern. Die 32. Panzerbrigade verfügte zudem – anders als alle anderen Panzerbrigaden der 5. Garde-Panzerarmee – ausschließlich
über mittlere Panzer vom Typ T-34 und keine leichten Panzer.
Deshalb bildete sie die Angriffsspitze. Die Brigade stieß nördlich
der Bahnlinie und unmittelbar an diese angelehnt in einem Streifen
von 900 Metern Breite in Richtung Höhe 252,2 vor. Als zweite
Welle griff unmittelbar dahinter die 31. Panzerbrigade an. Die
beiden Brigaden trafen mit insgesamt 130 Panzern auf der Höhe
252,2 ein und durchbrachen in voller Fahrt die vorderen Stellungen des 2. Panzergrenadier-Regiments der „Leibstandarte SS Adolf
Hitler". Hinter der Höhe und noch außer Sicht stand die Panzerabteilung der „Leibstandarte" in Ruhestellung. Um den eigenen
Panzersoldaten die Gefahr anzuzeigen, schossen die deutschen
Panzergrenadiere violette Rauchsichtzeichen, das festgelegte Signal für „Panzerwarnung".[66] Nicht ahnend, mit welcher Masse an
Kampfwagen die sowjetischen Truppen angriffen, fuhr SS-Obersturmführer von Ribbentrop mit sieben Panzerkampfwagen IV auf
die Höhe, um die sowjetischen Panzer abzufangen. In dem kurzen
Gefecht, das nun folgte, wurden vier der sieben Panzer IV abge-

schossen. Die sowjetischen Panzerbesatzungen kümmerten sich jedoch nicht um die restlichen drei Panzer, sondern fuhren mit hoher Geschwindigkeit weiter über die Höhe. Dadurch gelang es Ribbentrops übrigen drei Panzern nicht nur, zu den eigenen Linien zurückzugelangen, ohne abgeschossen zu werden. Ribbentrop ließ seinen Panzer sogar wenden und fuhr unerkannt mitten im Pulk der sowjetischen Panzer zu den eigenen Linien zurück, wobei er seine gesamte panzerbrechende Munition auf die um ihn herum fahrenden sowjetischen Kampfwagen verschoss. Nach dem Gefecht wurde ihm der Abschuss von 14 sowjetischen Panzern anerkannt. Das war zwar nur ein kleiner Teil der Angreifer, aber der Gefechtslärm und Ribbentrops Funksprüche alarmierten den Rest der Panzerabteilung der „Leibstandarte": „Ich stand gerade auf Höhe der Kanone, um einige Kniebeugen zu machen, als hektische Alarm-Schreie meine Schläfrigkeit abrupt beendeten", schrieb ein Panzersoldat des Abteilungsstabs.[67] In voller Fahrt kamen die Panzer der sowjetischen 32. und 31. Panzerbrigade den Südwesthang der Höhe 252,2 herunter, um in die deutschen Panzerformationen hineinzustoßen. Doch nun wurde ihnen der eigene Panzergraben zum Verhängnis: Einige Panzer stürzten in den Graben, weil die Panzerkommandanten ihn nicht erkannten. Andere versuchten, den Graben mit voller Fahrt zu „überspringen", was nur einzelnen Panzern gelang, die anschließend jedoch sogleich abgeschossen wurden. Die meisten sowjetischen Panzerkommandanten ließen ihre Panzer nach Süden eindrehen, um den einzigen Übergang über den Graben zu erreichen, der sich an der Straße neben dem Bahndamm befand. Dies wirkte sich indes noch verhängnisvoller aus, denn die sowjetischen Panzer stauten sich nun vor dem Übergang. Die Kampfwagen der „Leibstandarte" standen hingegen hinter dem Panzergraben und schossen die beiden sowjetischen Panzerbrigaden zusammen, ohne selbst einen weiteren Panzer zu verlieren.

Zur gleichen Zeit trafen jedoch weitere sowjetische Panzer auf dem Schlachtfeld an der Höhe 252,2 ein, und zwar die 170. Panzerbrigade und Teile der 181. Panzerbrigade. Beide Brigaden gehörten zum 18. Panzerkorps, das von Generalmajor Boris Bacharow kommandiert wurde. Da Bacharows Panzer nördlich am Panzergraben vorbei stießen, gelang es einigen von ihnen, bis zur Sowchose „Komsomolez" vorzudringen. Dort wurden sie jedoch zum Teil durch Artillerie, zum Teil durch Grenadiere mit Nahkampfmitteln zerstört. Zwei sowjetische Panzer, die den Bahndamm südlich der Sowchose erreichten, trafen dort auf zwei „Tiger", die gerade aus der Werkstatt kamen, und wurden ebenfalls abgeschossen.

Nicht viel besser erging es den Soldaten der sowjetischen 25. Panzerbrigade, die zum 29. Panzerkorps gehörte und südlich des Bahndamms angriff. In ihrem Gefechtsbericht heißt es: „Als die Panzer den vorderen Rand der gegnerischen Verteidigung erreichten, wurden sie aus dem Wald nordwestlich Storoschewoje [Storoževoe] und östlich des Rands von Storoschewoje aus Hinterhalten mit Trommelfeuer von ‚Tiger'-Panzern, Selbstfahrlafetten und Panzerabwehrkanonen belegt. Die Infanterie wurde von den Panzern abgeschnitten und musste in Deckung gehen. Die Panzer erlitten nach dem Durchbruch in die Tiefe der Verteidigung schwere Verluste."[68] – In Wirklichkeit trafen die Panzer der 25. Panzerbrigade nicht auf „Tiger", sondern auf Teile der Panzerjäger-Abteilung und die Sturmgeschütze der „Leibstandarte". An der Sowchose „Stalinsk" nordöstlich von Storoschewoje standen zur Unterstützung der SS-Panzergrenadiere vier Selbstfahrlafetten vom Typ „Marder", die ohne eigene Verluste 24 sowjetische Panzer und Selbstfahrlafetten abschossen. Die übrigen Kampfwagen der 25. Panzerbrigade trafen hart nördlich von Storoschewoje auf die Sturmgeschütz-Abteilung der „Leibstandarte". Diese stand sonst immer an der Spitze der eigenen Angriffskräfte und rechnete an diesem Morgen nicht mit einem Einsatz: „Wir waren Eingreifreserve und wurden erst eingesetzt, als unsere Angriffsspitze zurücklief", erinnerte sich später ein Geschützführer der Abteilung.[69] Doch innerhalb kurzer Zeit waren die Sturmgeschütze gefechtsbereit. Sie wehrten den sowjetischen Panzerangriff ab und traten zu einem Gegenstoß an, um die Flankenbedrohung für die „Leibstandarte" zu beseitigen und die zur Nachbardivision „Das Reich" klaffende Lücke zu schließen. Dabei fügten sie der sowjetischen 25. Panzerbrigade weitere schwere Verluste zu. Zwei Stunden nach Angriffsbeginn waren von den 69 Panzern der Brigade nur noch 21 übrig. Das 1446. Selbstfahrlafetten-Regiment, das ebenfalls südlich des Bahndamms angriff, verlor innerhalb kurzer Zeit 19 seiner 20 SU-76 und SU-122, davon 14 als Totalverluste.

Nicht nur im Abschnitt der „Leibstandarte", sondern auch bei den Divisionen „Das Reich" und „Totenkopf" sowie beim XXXXVIII. Panzerkorps wurden am 12. Juli 1943 alle sowjetischen Angriffe abgewehrt. Der sowjetische operative Gegenangriff, der die 4. Panzerarmee zerschlagen sollte, endete für die Rote Armee mit einer schweren Niederlage. Allein Rotmistrows 5. Garde-Panzerarmee verlor am 12. Juli insgesamt 3.908 Soldaten; 1.827 von ihnen wurden getötet oder gefangen genommen, die übrigen verwundet. Außerdem wurden 382 Panzer der 5. Garde-Panzerarmee abgeschossen; 223 davon mussten als Totalverluste abgeschrieben werden. Das Kriegstagebuch der 4. Panzerarmee hielt fest: „[Der] Feind hat am 12.7. mindestens mit Teilen von 9 Panzer- und mechanisierten Korps und mehreren Schützen-Divisionen einheitlich die 4. Panzer-Armee auf ihrer gesamten Front angegriffen. [Der] Schwerpunkt der feindlichen Angriffe [richtete sich] gegen die beiden Flanken bei und nördlich Kalinin, westlich Prochorowka sowie westlich Werchopenje [Verchopen'e]. Hierzu hat der Feind am heutigen Tage zwei Panzerkorps im Raum Prochorowka neu eingesetzt [...]. Alle Versuche des Feindes, die Flanken der Panzer-Armee einzudrücken, wurden in schweren Abwehr-Kämpfen vereitelt."[70]

Generalfeldmarschall von Manstein überzeugte sich am 12. Juli persönlich von den Erfolgen der 4. Panzerarmee: „Auf allen an diesem Tage [von Manstein] besuchten Gefechtsständen äußerten sich die Führer hinsichtlich der Lage nach erfolgreicher Überwindung der harten Anfangskämpfe zuversichtlich, da auf Seiten des Feindes deutlich Anzeichen beginnender Schwäche erkennbar seien."[71] Manstein war infolgedessen sicher, dass sich der operative Durchbruch seiner Verbände abzeichnete und der Sieg in der Schlacht um Kursk zum Greifen nah sei. Die Rote Armee hatte im Südabschnitt des Kursker Bogens bereits circa 1.200 Totalverluste an Panzern und Selbstfahrlafetten zu verzeichnen, während Mansteins Angriffsverbände erst etwa 200 Panzer und Selbstfahrlafetten eingebüßt hatten. Doch am 13. Juli wurde Manstein ins Führerhauptquartier „Wolfsschanze" bei Rastenburg in Ostpreußen bestellt, wo Hitler ihm seinen Entschluss mitteilte, die Offensive „Zitadelle" abzubrechen.

„Angriff gegen 6. Armee wird für 17.7. erwartet.“[72] –
Der Abbruch der deutschen Offensive auf Kursk

Neben Manstein traf am 13. Juli auch der Oberbefehlshaber der
Heeresgruppe Mitte, Generalfeldmarschall von Kluge, zur Lagebesprechung im Führerhauptquartier ein. Laut Mansteins priva-
tem Kriegstagebuch begann Hitler seine Ausführungen mit der
Feststellung, dass die Lage auf Sizilien ernst sei. Denn die Angloamerikaner waren am 10. Juli auf der Insel gelandet, und die italienischen Soldaten leisteten kaum Widerstand. Hitler bemerkte,
dass Sizilien wahrscheinlich bald verloren sei. Der nächste Schritt
der Westalliierten könne eine Landung in Unteritalien oder auf
dem Balkan sein. Deshalb sei die Bildung neuer Armeen in Italien
und auf dem Westbalkan nötig. Die Ostfront müsse dafür Kräfte
abgeben und das Unternehmen „Zitadelle“ infolgedessen abgebrochen werden.

Diese Bemerkungen Hitlers gab Manstein fast wörtlich in seinen
1955 erschienenen Memoiren wieder; sie haben Generationen von
Militärhistorikern bewogen, in der alliierten Landung auf Sizilien
den Hauptgrund für den Abbruch des Unternehmens „Zitadelle“
zu sehen. Wie die weitere Entwicklung zeigte, wurde jedoch in
Wirklichkeit zwei Wochen lang kein einziger Verband von der
Ostfront nach Italien geschickt. Erst als der italienische Diktator
Benito Mussolini am 25. Juli 1943 abgesetzt wurde, sah Hitler
wirklich Handlungsbedarf und verlegte die „Leibstandarte SS
Adolf Hitler“ nach Italien. Diese sollte aber nicht gegen die Angloamerikaner auf Sizilien oder in Süditalien zum Einsatz kommen,
sondern die wichtige Verkehrsverbindung über den Brenner sichern und bei einem Ausscheiden Italiens aus dem Achsen-Bündnis
die italienischen Truppen in Norditalien entwaffnen. Alle anderen
Divisionen, die am Unternehmen „Zitadelle“ teilgenommen hatten, verblieben an der Ostfront.

Doch warum stellte Hitler gegenüber Manstein gerade die Lage
auf Sizilien als entscheidend heraus, obwohl diese in Wirklichkeit
allenfalls eine marginale Rolle bei seiner Entscheidung zum Abbruch von „Zitadelle“ spielte? Die Erklärung findet sich, wenn
man sich intensiver mit Mansteins Tagebuch und den Unterlagen
in seinen Handakten aus dem Jahre 1943 beschäftigt. Hitler be-

unruhigte vor allem die Bedrohung des Donezbeckens und des
Frontbogens von Orjol durch sowjetische Offensiven. Manstein
gegenüber betonte er aber besonders die strategische Lage in Italien, um nicht mit ihm über operative Möglichkeiten an der Ostfront diskutieren zu müssen. Denn diesbezüglich vertrat Manstein
meistens nicht nur andere Ansichten als Hitler, sondern war diesem
auch argumentativ überlegen, wenn es um die reine Operations-
führung ging. Hitler pflegte in solchen Fällen dann auf technische,
wirtschaftliche oder gesamtstrategische Aspekte hinzuweisen, in
die Manstein keinen Einblick hatte. So argumentierte Hitler am
13. Juli zuerst mit der Lage im Mittelmeerraum, um Manstein von
Anfang an den Wind aus den Segeln zu nehmen.

Laut Mansteins Tagebuch sprach nach Hitler Generalfeldmarschall von Kluge. Er erklärte, dass der Angriff von Models 9. Armee überhaupt nicht weiterkomme und die 9. Armee bereits
20.000 Soldaten verloren habe. Außerdem müsse Kluge „alle be-
weglichen Kräfte" von der 9. Armee abziehen, um „die drei tiefen
Einbrüche [zu bereinigen], die der Russe bei seiner gestern losge-
gangenen Offensive gegen [die] 2. Panzer-Armee erzielt habe".[73]
Der Angriff der 9. Armee könne deshalb nicht fortgesetzt werden.
Vielmehr benötige Kluge noch weitere Kräfte von anderen Frontabschnitten, um die sowjetische Offensive gegen den Frontbogen
von Orjol abzuwehren. Manstein erklärte dagegen, „dass die
Schlacht auf dem entscheidenden Punkt angekommen sei. Nach
seinen Verlusten bestände Hoffnung, dass der Russe bald zusam-
menklappe." Allerdings könne die Offensive ohne die Mitwirkung
der 9. Armee nicht weitergeführt werden, denn die Stoßkraft der
Angriffsverbände der Heeresgruppe Süd reiche „bestenfalls bis an
den Abschnitt südlich [von] Kursk". Es sei anzunehmen, so Manstein weiter, dass die Rote Armee im Donezbecken gegen die 6. Armee und die 1. Panzerarmee bald zum Angriff antrete. „Damit
habe man aber immer rechnen müssen. Lasse man den Russen jetzt
los, so habe er volle Freiheit." Sollte die 9. Armee den Angriff nicht
wiederaufnehmen können, dann, so Manstein, „müsste ich wenigstens versuchen, noch südlich des Pssel [Psjol] aufzuräumen
durch Stoß nach Westen, um Luft zu bekommen, es sei denn, dass
[die] Entwicklung im Donezgebiet zum sofortigen Abbruch zwän-
ge". Letzterer Satz ist bemerkenswert, denn Manstein räumte ein,

dass eine Krise im Donezgebiet durchaus den Abbruch aller weiteren Angriffe bei Kursk notwendig machen könne.

Die Einstellung des Unternehmens „Zitadelle" durch Hitler bot indes immer wieder Stoff für Legenden. Johann Adolf Graf von Kielmansegg, der seine Karriere nach dem Zweiten Weltkrieg als hochrangiger Offizier der NATO fortsetzte, war im Sommer 1943 Generalstabsoffizier in der Operationsabteilung des Generalstabs des Heeres. 1993 erfand er auf einer militärhistorischen Tagung in Ingolstadt folgende Geschichte, laut der er mit dem Generalstabschef Zeitzler und Generalleutnant Heusinger, dem Chef der Operationsabteilung des Generalstabs des Heeres, gegen Hitler intrigiert habe: „Die Weisung von Hitler, ‚Zitadelle' einzustellen, also die Angriffe einzustellen, ist an diesem Tag, am 13. Juli, an die beiden Feldmarschälle [*von Kluge und von Manstein*] ergangen. […] Den Befehl dazu habe ich aber erst am 16. Juli herausgegeben. Hier haben Sie ein Beispiel für ‚Verzögerungstaktik'. Warum? Weil Heusinger und Zeitzler immer noch die Hoffnung hatten, in diesen nächsten beiden Tagen die Zustimmung zur Operationsplanung ‚Roland' zu erhalten, von deren Erfolgsaussichten wir überzeugt waren."[74] – Operation „Roland" war jenes begrenzte Angriffsunternehmen, mit dem Manstein beabsichtigte, die sowjetischen Verbände zu vernichten, die noch in der Westflanke von Hoths 4. Panzerarmee standen. Dass Zeitzler, Heusinger und Kielmansegg eine „Verzögerungstaktik" anwandten, um Hitlers Zustimmung zu „Roland" zu erhalten, lässt sich indes durch Mansteins zeitgenössische Aufzeichnungen widerlegen. In Wirklichkeit erhielt Manstein noch während der Lagebesprechung am 13. Juli von Hitler die Genehmigung, den begrenzten Angriff südlich des Psjol durchzuführen: „Der Führer billigte im wesentlichen diese Absichten unter Betonung, dass die Möglichkeiten naturgemäß von der Entwicklung der Lage im Donez-Gebiet abhingen."[75]

Obwohl Hitler der begrenzten Operation „Roland" zugestimmt hatte, war Manstein enttäuscht, dass das Unternehmen „Zitadelle" nicht weitergeführt wurde. Frustriert schrieb er in sein privates Kriegstagebuch: „Ergebnis: Kluge stellt Angriff ein. Soll später Reserven freimachen durch Aufgabe des Orelbogens. Damit ist das Schicksal von Zitadelle besiegelt. Es ist nichts eingetreten, was nicht zu erwarten war. Man musste also doch im Mai angreifen! Wenn man bei Eintreten von Krisen, sei es an anderen Frontteilen, sei es im Mittelmeer, sofort Zitadelle aufgeben wollte, dann hätte man es nicht erst anfangen sollen."[76]

Hitler sagte am 13. Juli hingegen zu seinen Generälen, er sei mit dem Ergebnis von „Zitadelle" zufrieden: „Wenn auch der Angriff Zitadelle das ursprüngliche Ziel noch nicht erreicht habe, so habe er doch insofern seinen Zweck erfüllt, als er namhafte Offensivkräfte des Russen zerschlagen habe."[77] Nun richtete sich Hitlers Aufmerksamkeit vor allem auf das Donezbecken, wo sich die Rote Armee zum Angriff vorbereitete. Im Norden des Donbass, am Fluss Donez, sollten vier Armeen der sowjetischen Südwestfront unter General Rodion Malinowski zum Angriff gegen die deutsche 1. Panzerarmee antreten, die von Generaloberst Eberhard von Mackensen befehligt wurde. Zugleich sollte die sowjetische Südfront unter dem Oberbefehl von Generaloberst Fjodor Tolbuchin am Fluss Mius von Osten in das Donezbecken vorstoßen. Tolbuchins fünf Angriffsarmeen stand auf deutscher Seite lediglich die 6. Armee unter General Karl-Adolf Hollidt gegenüber (**Karte 7**).

Die sowjetische Offensive im Donbass verfolgte zwei Ziele: Zum einen galt es, das wirtschaftlich bedeutende Donezbecken zurückzuerobern. Zum anderen sollten die Deutschen dazu gezwungen werden, Verbände aus dem Frontabschnitt Belgorod–Kursk abzuziehen, um der Roten Armee die geplante Gegenoffensive in diesem Raum zu erleichtern. Zu diesem Zweck hatten Einheiten von Tolbuchins Südfront bereits am 10. Juli begonnen, vor den Deutschen demonstrativ zum Angriff aufzumarschieren: „Seit dem frühen Nachmittag setzten vor dem XXIX. und XVII. Armee-Korps infanteristische und motorisierte Bewegungen in einem Umfange ein, der schon am nächsten Tag über einen feindlichen Aufmarsch keinen Zweifel ließ", heißt es in einem Bericht der 6. Armee.[78] Auch bei der 1. Panzerarmee stellten Beobachter „zunehmende Feindbewegungen im Raum Isjum" fest.[79] Zunächst glaubte die deutsche Führung, es handle sich lediglich um ein Täuschungsmanöver. Propagandaminister Goebbels, der sich jeden Tag ausführlich über die militärische Lage unterrichten ließ, hielt am 12. Juli in seinem Tagebuch fest: „Im Mius-Abschnitt versucht der Feind, durch Hin- und Herfahren seiner Kolonnen in verschiedensten Richtungen irgendwelche größeren Bewegungen vorzutäuschen. Dieser Trick ist aber erkannt worden."[80] Auch Hitler glaubte noch nicht an eine akute Gefahr und ließ am 12. Juli das XXIV. Panzerkorps mit der 23. Panzerdivision und der SS-Panzergrenadier-Division „Wiking" in den Raum westlich von Belgorod vorrücken, um es in der Schlacht um Kursk einzusetzen.

In den folgenden Tagen verdichteten sich jedoch die Hinweise, dass die Rote Armee am Donez und Mius nicht nur Täuschungsabsichten verfolgte, sondern in Kürze tatsächlich zum Angriff antreten würde. Als Hauptaufmarschgebiet der sowjetischen Südfront hatte die Führung der 6. Armee bereits am 11. Juli die Räume ostwärts Kuibyschewo (Kujbyševo) und um Dmitrijewka (Dmitrievka) erkannt. Drei Tage später meldete die 1. Panzerarmee „eine sowjetische Schwerpunktbildung im Raum von Isjum".[81] Hitler befahl daraufhin, das XXIV. Panzerkorps doch nicht für den Einsatz bei Kursk freizugeben, sondern wieder der 1. Panzerarmee zuzuführen. Außerdem erhielt das VIII. Fliegerkorps den Auftrag, sowjetische Bereitstellungen bei Isjum zu bekämpfen. Oberleutnant Rainer Mulzer, ein Angehöriger der 23. Panzerdivision, notierte in sein Tagebuch: „Am Nachmittag [*des 15. Juli*] geht es in glatter Fahrt durch den dunklen Abend zurück, denselben Weg, den wir gekommen sind. Bei Isjum soll der Feind große Anfangsvorbereitungen für einen Durchbruchsangriff machen. Pausenlos ziehen die Bombengeschwader von den Flugplätzen um Charkow in Richtung auf diese Stadt."[82] Am Abend des 15. Juli telefonierte Manstein mit Mackensen und Hollidt. Beide Armee-Oberbefehlshaber äußerten die Ansicht, „dass der Gegner fertig aufmarschiert und in der Lage sei, seinen Angriff morgen zu beginnen".[83]

Am 16. Juli befahl Hitler, das II. SS-Panzerkorps aus der Front herauszulösen und westlich von Belgorod zu versammeln. Manstein telefonierte am selben Tag mit Zeitzler und hielt über das Gespräch fest, „dass der Führer einmal fürchtet, wir würden im Donezgebiet zu spät kommen, was sowieso gegenüber ersten Einbrüchen der Fall sein wird, da der Angriff wohl dort morgen losgehen wird. Wenn man das vermeiden wollte, durfte man nicht am 5.7. zu Zitadelle antreten. Vor allem will er aber anscheinend Reserven für [*die Heeresgruppe*] Mitte gewinnen. Dass bei uns die Entscheidung fallen wird, ist anscheinend vergessen."[84] Wo Hitler das II. SS-Panzerkorps einsetzen wollte, gab er zunächst nicht bekannt. Als Manstein am folgenden Tag bei Zeitzler anrief und fragte, was mit dem Korps geschehen solle, entgegnete der Generalstabschef: „Mit dem SS-Korps will der Führer auf dem ganzen Globus herumfahren können. Seine nächste Verwendung kann genauso gut im Donez-Gebiet, wie bei Orel oder auch noch an anderer Stelle kommen."[85]

Am 16. Juli bestätigten sowjetische Gefangene, was die Deutschen nicht zuletzt durch das scheinbar „sehr unvorsichtige" Verhalten der sowjetischen Truppen bereits erkannt hatten: nämlich, dass Tolbuchins Südfront eine Stoßgruppe im Raum Dmitrijewka und eine weitere im Raum Kuibyschewo versammelt hatte.[86] Außerdem verrieten die gefangen genommenen Rotarmisten, dass der sowjetische Angriff am 17. Juli begänne. Deshalb wurden die drei deutschen Korps, die in diesem Frontabschnitt standen, am Abend des 16. Juli über den am folgenden Tag bevorstehenden sowjetischen Angriff unterrichtet.

Am Morgen des 17. Juli traten die Verbände der sowjetischen Südwest- und Südfront tatsächlich zur Offensive an. Unbegreiflicherweise erfolgten die Hauptstöße von Tolbuchins Südfront genau dort, wo die sowjetischen Truppen in den Tagen zuvor demonstrativ aufmarschiert waren, nämlich bei Dmitrijewka und Kuibyschewo. Möglicherweise glaubte die sowjetische Führung, die Deutschen würden dies als Täuschungsmanöver deuten und gerade dort keine Angriffe erwarten. Doch dies lässt sich bislang nicht durch sowjetische Dokumente bestätigen. Sicher ist nur: Die sowjetische Führung ließ ihre Soldaten am 17. Juli geradezu ins offene Messer laufen.

Obwohl die Deutschen die Angriffe erwartet und sich auf ihre Abwehr vorbereitet hatten, übertraf die Wucht der sowjetischen Offensive am Mius doch bei Weitem ihre Befürchtungen. Ein Angehöriger der Sturmgeschütz-Abteilung 210 notierte am 17. Juli in sein Tagebuch: „Morgens um 2.30 Uhr wache ich auf. Ein dumpfes Grollen, Krachen, Heulen und Bersten lässt mich aufhorchen. [...] Ich habe noch kein derartiges Trommelfeuer gehört, und auch die alten ‚Russlandhasen' unter uns können sich an ein solches nicht erinnern. [...] Bald folgt ein lautes Brummen und Rauschen. Das bekannte Geräusch von schweren Bomben. Im Nu sind wir aus dem Zelt heraus und trauen unseren Augen nicht. Der ganze Himmel ist voll von russischen Schlachtfliegern. [...] Um 7.30 Uhr kommt der Alarm. Der Russe ist an der ganzen Mius-

Front zum Großangriff angetreten. An verschiedenen Stellen sind unsere Infanteriestellungen schon vom Feind durchbrochen."[87]

Die Sturmgeschütz-Abteilung 210 stand genau im Brennpunkt der Schlacht, und zwar westlich von Dmitrijewka, wo der sowjetische Hauptstoß erfolgte. Dort griff die 5. Stoßarmee unter Generalleutnant Wjatscheslaw Zwetajew an. Unterstützt wurde sie von der Masse der 8. Luftarmee, die über mehr als 800 Flugzeuge verfügte. Das heftige sowjetische Artilleriefeuer verursachte bei den Stellungs-Bataillonen des deutschen XVII. Armeekorps „beträchtliche personelle und materielle Ausfälle", und die sowjetische Luftwaffe, die den Luftraum beherrschte, traf das deutsche Verteidigungssystem „an vielen Stellen empfindlich".[88] Erst als die deutsche Luftwaffe am späten Nachmittag mit ihren Sturzkampfverbänden in die Kämpfe eingriff und die örtlichen Reserven zu Gegenstößen antraten, gelang es, den sowjetischen Vorstoß zeitweilig zum Stehen zu bringen.

Die Angriffe der sowjetischen Südwestfront am Donez konnten im Abschnitt des deutschen XXX. Armeekorps bereits am ersten Angriffstag überall abgewehrt werden. Dagegen gelang es Verbänden der sowjetischen 8. Gardearmee, die von Generalleutnant Wassili Tschuikow befehligt wurde, im Abschnitt des deutschen XXXX. Panzerkorps südöstlich von Isjum, mehrere Brückenköpfe zu bilden. Am Morgen des 18. Juli traten die 17. Panzerdivision und die SS-Panzergrenadier-Division „Wiking" auf Befehl des Panzerarmee-Oberkommandos 1 zu Gegenstößen an, die jedoch nach anfänglichen Erfolgen stecken blieben.

Auch am Mius blieben die deutschen Gegenangriffe am 18. Juli erfolglos. Die sowjetische 5. Stoßarmee konnte ihren Brückenkopf westlich von Dmitrijewka bis zu einer Tiefe von etwa zehn Kilometern erweitern. Mit der Eroberung der Höhe 213,9 gelang es den sowjetischen Truppen zudem, eine taktische Schlüsselstellung dieses Frontabschnitts einzunehmen. Dabei erlitten sie allerdings enorme Verluste. Das Kriegstagebuch des deutschen Armee-Oberkommandos 6 vermerkte, dass allein in einem Regimentsabschnitt bei einem Gegenangriff 510 tote Rotarmisten gezählt, 110 Gefangene eingebracht und 56 Maschinengewehre sowie 13 Panzerbüchsen erbeutet worden seien. „Aufgefangenen Funksprüchen zufolge war den feindlichen Kommandeuren Erschießung angedroht worden, falls die Höhenstellung nicht am 18.7. noch genommen würde."[89] – Auch die deutschen Verluste waren sehr hoch: Das Grenadier-Regiment 513 (294. Infanterie-Division) und das Grenadier-Regiment 581 (306. Infanterie-Division) verloren im Laufe des Tages etwa zwei Drittel ihrer Gefechtsstärke. Beim Grenadier-Regiment 581 fielen zudem neben dem Regiments-Kommandeur und dem Regiments-Adjutanten sämtliche Bataillons-Kommandeure aus.

Rasch wurde der deutschen Führung klar, dass sowohl am Mius als auch am Donez weitere Verbände benötigt wurden, um die sowjetische Offensive endgültig zum Stehen zu bringen und die sowjetischen Brückenköpfe zu beseitigen. Manstein rief deshalb am 18. Juli bei der Operationsabteilung des Generalstabs des Heeres an und beantragte die Verlegung des II. SS-Panzerkorps ins Donezgebiet. Noch am selben Tag gab Hitler diesem Ersuchen statt.

Am 19. Juli setzten die sowjetischen Verbände sowohl am Donez als auch am Mius ihre heftigen Angriffe fort. Sie erlitten weitere schwere Verluste, aber auch die deutschen Verbände schmolzen zusammen. Im Kriegstagebuch der 1. Panzerarmee heißt es dazu: „Die Armee streckt die weniger bedrohten Frontabschnitte bis zum Äußersten, um dem XXXX. Panzer-Korps die letzten verfügbaren Kräfte zuführen zu können. Eine weitere Schwächung der beiden Flügel-Korps ist nicht mehr möglich."[90] Am Mius versuchten die 23. Panzerdivision und die 16. Panzergrenadier-Division am selben Tag, die Höhe 213,9 zurückzuerobern, was jedoch misslang. Die 23. Panzerdivision verlor dabei 28 Panzer, davon zehn als Totalverluste. Am Abend hatte sie nur noch 25 einsatzbereite Panzer, die 16. Panzergrenadier-Division sogar nur noch fünf. Das Kriegstagebuch der 6. Armee vermerkte: „Der Verlauf des 19.7. hat erwiesen, dass bei der russischen materiellen und personellen Überlegenheit sich in Zukunft ein Gegenangriff nur mit wesentlich stärkeren eigenen Kräften führen lässt."[91]

Am folgenden Tag schickte Manstein dem Oberkommando des Heeres eine Lagebeurteilung, in der er darlegte, dass „die Durchbruchsgefahr an den beiden Brennpunkten", und zwar bei der 6. Armee westlich von Dmitrijewka und bei der 1. Panzerarmee im Raum südlich von Isjum, „weiterhin besteht. Einzig erfolgreiche Gegenmaßnahme sei nur, nacheinander an beiden Stellen zuzuschlagen. Hierzu werden SS-Panzer-Korps und III. Panzer-Korps gebraucht."[92] Dies war das klare Eingeständnis, dass auch Manstein glaubte, die Gefahr eines sowjetischen Durchbruchs ins Donezbecken nur mit Verbänden abwenden zu können, die zuvor an der Offensive „Zitadelle" teilgenommen hatten. Hitler und Manstein waren diesmal also der gleichen Ansicht. Am 25. Juli meinte Hitler bei der Mittags-Lagebesprechung im Führerhauptquartier „Wolfsschanze", er beabsichtige, Mansteins Kräfte im Donezbecken weiter zu verstärken, wenn nötig sogar durch Abgaben von der Heeresgruppe Mitte: „Es geht nicht anders, der [*Manstein*] braucht eine Anzahl von Divisionen. Die müssen hereinkommen, das nützt gar nichts."[93] Einige Zeit trug sich Hitler sogar mit dem Gedanken, die „Leibstandarte SS Adolf Hitler" vor ihrer geplanten Verlegung nach Italien noch für einen Gegenangriff am Mius einzusetzen; er nahm davon schließlich jedoch wieder Abstand. Als Ersatz für die ausscheidende „Leibstandarte" wurde dem II. SS-Panzerkorps die 3. Panzerdivision des Heeres unterstellt. Zusammen mit dem XXIV. Panzerkorps sowie Teilen des XVII. und XXIX. Armeekorps begann das II. SS-Panzerkorps am 30. Juli den Gegenangriff zur Beseitigung des sowjetischen Mius-Brückenkopfs. Nach äußerst heftigen Kämpfen konnten die Deutschen am 2. August ihre alten Stellungen am Mius zurückerobern. Zwei Tage später gelang es der deutschen 1. Panzerarmee, auch den sowjetischen Donez-Brückenkopf zu beseitigen. Somit war die sowjetische Offensive zur Wiedereroberung des Donezbeckens nach relativ geringen Anfangserfolgen unter schweren Verlusten gescheitert. Freilich hatte die Rote Armee eines ihrer Ziele erreicht: Die Deutschen hatten mit dem II. SS-Panzerkorps und dem XXIV. Panzerkorps einige ihrer schlagkräftigsten Verbände aus dem Raum Charkow abgezogen. Am 3. August traten dort die sowjetische Woronescher Front und die Steppenfront zur Offensive an. Damit begann die letzte Phase der Kursker Schlacht.

Operation „Kutusow" – Die sowjetische Offensive bei Orjol

Die sowjetische Planung für die Sommerkämpfe 1943 sah bereits seit April vor, dass die Rote Armee im Anschluss an die erfolgreiche Abwehr der deutschen Offensive „Zitadelle" selbst zu mächtigen

Gegenoffensiven antreten sollte. Im Norden des Kursker Bogens erhielten die sowjetische Westfront, die Brjansker Front und die Zentralfront die Aufgabe, einen Angriff gegen den Frontbogen von Orjol vorzubereiten. Die Stawka verfolgte dabei nicht das Ziel, den Gegner in einem Zangenangriff einzuschließen, wie es die Deutschen mit dem Unternehmen „Zitadelle" bei Kursk versuchten. Stattdessen sollte die Rote Armee die deutschen Kräfte im Orjoler Frontbogen durch konzentrische Angriffe aus verschiedenen Richtungen aufspalten und in einzelnen Gruppen zerschlagen. Den Hauptstoß sollte die Brjansker Front von Nowosil (Novosil') aus direkt nach Westen führen und dabei so schnell wie möglich Orjol erreichen. Befehligt wurde die Brjansker Front von Generaloberst Markian Popow. Ihm unterstanden zu Beginn der Schlacht etwa 470.000 Soldaten, 1.525 Panzer und Selbstfahrlafetten sowie 10.200 Geschütze und Granatwerfer.

Von Norden sollte die sowjetische Westfront unter Generaloberst Wassili Sokolowski in den Frontbogen von Orjol hineinstoßen. Sokolowskis Front verfügte über fast 250.000 Soldaten, etwa 1.740 Panzer und Selbstfahrlafetten sowie 5.800 Geschütze und Granatwerfer. Die Angriffe der Brjansker Front und der Westfront trafen zunächst nur die deutsche 2. Panzerarmee. Deren eigentlicher Oberbefehlshaber, Generaloberst Rudolf Schmidt, war im April 1943 aufgrund politisch belastender Briefe in Ungnade gefallen und beurlaubt worden. Am 10. Juli 1943 wurde er in die Führerreserve des Oberkommandos des Heeres versetzt und am 30. September 1943 schließlich aus der Wehrmacht entlassen. Seit dem 24. April führte General Erich-Heinrich Clößner die 2. Panzerarmee als stellvertretender Oberbefehlshaber. Er verfügte über 120.000 Mann sowie 940 Geschütze und Granatwerfer. Einschließlich Reserven und solcher Fahrzeuge, die sich noch in Zuführung befanden, konnte die 2. Panzerarmee den 3.260 Panzern und Selbstfahrlafetten der Brjansker Front und der Westfront nur etwa 550 eigene Panzer und Selbstfahrlafetten entgegensetzen.

Die deutsche Führung rechnete zwar mit sowjetischen Gegenoffensiven, hatte aber keine klare Vorstellung von der Stärke der sowjetischen Truppen und der Wucht der Angriffe. Bereits im Juni 1943 kündigte Generalfeldmarschall von Kluge aber an, dass im Fall einer sowjetischen Gegenoffensive bei Orjol Generaloberst Model, der als besonders energisch und krisenfest geltende Oberbefehlshaber der 9. Armee, zusätzlich zu seiner Armee auch die 2. Panzerarmee übernehmen würde, um die Befehlsführung im Frontbogen von Orjol zu vereinheitlichen und dadurch zu vereinfachen. Model begrüßte diese Entscheidung.

Angesichts der erdrückenden zahlenmäßigen Überlegenheit der sowjetischen Brjansker Front und der Westfront über die deutsche 2. Panzerarmee war klar, dass letztere den Frontbogen von Orjol nicht allein gegen die sowjetische Offensive würde halten können. Das personelle Kräfteverhältnis lag bei 6:1, die Überlegenheit an Panzern ebenfalls bei 6:1 und die artilleristische Überlegenheit bei 17:1. Sobald die Deutschen gezwungen wären, Kräfte von der 9. Armee zur 2. Panzerarmee zu verlegen, sollte sich zudem auch General Rokossowskis Zentralfront an der Offensive gegen den Frontbogen von Orjol beteiligen.

Am 11. Juli begannen die Brjansker Front und die Westfront mit begrenzten Vorstößen zur Aufklärung und zur Wegnahme deutscher Gefechtsvorposten. Die Führung der deutschen 2. Panzerarmee sah diese Vorausangriffe zwar nur als Fesselungsangriffe an, betrachtete sie aber bereits als Beginn der sowjetischen Gegenoffensive gegen den Orjoler Frontbogen. Laut sowjetischer Lesart begann das Unternehmen „Kutusow" aber erst am 12. Juli. Nach einer fast dreistündigen Artillerie-Vorbereitung traten die beiden sowjetischen Fronten an drei Stellen des Orjoler Frontbogens zum Angriff gegen die 2. Panzerarmee an: Östlich von Orjol, bei Nowosil, stießen die 3. Armee (Generalleutnant Alexander Gorbatow) und die 63. Armee (Generalleutnant Wladimir Kolpaktschi) gegen die Front des deutschen XXXV. Armeekorps (General Lothar Rendulic) vor und trafen auf die 56. und 262. Infanterie-Division. Der Schwerpunkt des Angriffs lag bei Kolpaktschis 63. Armee, die mit vier Schützendivisionen, einem Artillerie-Durchbruchskorps und fünf Panzerregimentern angriff. Luftunterstützung erhielten die sowjetischen Truppen von den fast 1.000 Flugzeugen der 15. Luftarmee unter Generalleutnant Nikolai Naumenko. Die Rotarmisten trafen westlich von Nowosil auf gut ausgebaute deutsche Stellungen und konnten am ersten Angriffstag nur geringe Geländegewinne erzielen, die sie zudem mit dem Verlust von 60 Panzern bezahlen mussten.

Der zweite sowjetische Angriffsschwerpunkt lag bei Bolchow, nördlich von Orjol. Dort griff die sowjetische 61. Armee (Generalleutnant Pawel Below) mit vier Schützendivisionen die deutsche 208. Infanterie-Division an. Bis zum Abend gelang es den sowjetischen Truppen, fünf bis sechs Kilometer weit vorzudringen. Am gefährlichsten entwickelte sich die Lage für die Deutschen allerdings weiter nordwestlich, bei Uljanowo, im Bereich der sowjetischen Westfront. Die sowjetische 11. Gardearmee (Generalleutnant Iwan Bagramjan) erzielte dort mit sechs Divisionen, einem Artillerie-Durchbruchskorps und zwei Garde-Panzerregimentern an der Nahtstelle zwischen der deutschen 211. und 293. Infanterie-Division einen tiefen Einbruch in die deutsche Front. Um den Erfolg auszunutzen, die deutsche Front vollends zu durchbrechen und in die Tiefe vorzustoßen, setzte Bagramjan am Nachmittag das 5. Panzerkorps mit etwa 185 Panzern und Selbstfahrlafetten ein. Bagramjans Verbänden gelang es, zehn bis zwölf Kilometer weit vorzustoßen und Uljanowo zu erreichen. Da die gesamten verfügbaren deutschen Fliegerkräfte gegen die Brjansker Front im Einsatz waren, beherrschte die sowjetische 1. Luftarmee (Generalleutnant Michail Gromow) mit ihren 1.320 Flugzeugen den Luftraum.

Um die sowjetischen Verbände bei Uljanowo zurückzuwerfen, zog die Heeresgruppe Mitte in aller Eile die bislang in Reserve gehaltene 5. Panzerdivision heran, die von Generalmajor Ernst Faeckenstedt geführt wurde. General Clößner, der stellvertretende Oberbefehlshaber der 2. Panzerarmee, ließ die Division noch am Abend des 12. Juli zum Gegenangriff antreten. Der Angriff schlug fehl, woraufhin sich Clößner und Faeckenstedt gegenseitig die Schuld an dessen Misslingen gaben.

Am 13. Juli erlebten die Soldaten der 5. Panzerdivision den „schwärzesten Tag des ganzen Russlandfeldzuges".[94] Noch vor Sonnenaufgang trat die Division zu einem Angriff gegen die nordwestlich von Uljanowo stehenden Verbände der sowjetischen 11. Gardearmee an. Die Masse der Division, und zwar die II. Abteilung des Panzerregiments 31 und das Panzergrenadier-Regiment 14, griffen über eine beherrschende Höhe an und stießen frontal auf Teile des sowjetischen 16. Garde-Schützenkorps, das sich mit starker Panzerunterstützung gerade selbst zum Angriff bereitstellte. Da der deutsche Angriff von Westen nach Osten angesetzt war, fuhren die deutschen Panzersoldaten genau in die aufgehende Sonne und erkannten nicht, dass sie sich bereits auf wenige Hundert Meter einem sowjetischen Panzerverband genähert hatten, als dieser schlagartig das Feuer eröffnete. „Auf dieser kurzen Distanz machte sich der Nachteil der dünneren Panzerung und der kastenartige, eckige Bau des Panzers IV besonders nachteilig bemerkbar", schrieb ein Soldat des Panzerregiments 31. „Dazu kam, dass der Gegner in der aufgehenden, noch ganz tief stehenden Sonne stand, ein Umstand, der unsere Jungens blendete, unsere Panzer jedoch wie ein offenes Scheunentor für den Gegner geradezu anstrahlte. So mischten sich in die pausenlosen Abschüsse unserer Kanonen ebenso bereits in den ersten Minuten krachende Treffer."[95]

Innerhalb kurzer Zeit wurde der deutsche Angriff von den sowjetischen Panzern zusammengeschossen. Die II. Abteilung des Panzerregiments 31 verlor dabei 45 Panzer als Totalverluste; so viele Verluste hatte selbst beim gesamten Unternehmen „Zitadelle" keine deutsche Panzerabteilung erlitten. Nachdem die deutschen Panzer ausgeschaltet waren, traten die sowjetischen Verbände selbst zum Angriff an und fügten dem Panzergrenadier-Regiment 14 schwere personelle Verluste zu. Insgesamt verlor die 5. Panzerdivision am 13. Juli 855 Soldaten, davon 126 Tote und 315 Vermisste. Um die stark angeschlagene Division zu vernichten und den operativen Durchbruch zu erzwingen, setzte Generalleutnant Bagramjan am Nachmittag des 13. Juli das 1. Panzerkorps mit mehr als 200 Panzern und Selbstfahrlafetten und die 1. Garde-Schützendivision ein. Den sowjetischen Verbänden gelang es, eine mehr als 20 Kilometer breite Lücke in die deutsche Front zu reißen, hinter der keine nennenswerten deutschen Verbände mehr standen. Die sowjetische Führung erkannte allerdings die sich nun bietende Chance zum Vorstoß nach Süden und zur Einschließung der deutschen Verbände im Raum Orjol nicht. Statt die 11. Gardearmee mit voller Wucht weiter nach Süden, Richtung Chotynez, vorstoßen zu lassen, drehten starke Verbände der Armee nach Südosten ein, um stattdessen die deutschen Kräfte im Raum Bolchow zu zerschlagen.

Am Morgen des 13. Juli hatten die Deutschen erkannt, dass es sich bei den sowjetischen Vorstößen „nicht um Fesselungsangriffe, sondern um Angriffe mit weiterem Ziel" handelte.[96] Wie ursprünglich vorgesehen, übernahm Generaloberst Model am Nachmittag des 13. Juli auch den Oberbefehl über die 2. Panzerarmee. Unmittelbar nach der Übernahme des Kommandos rief er die Kommandierenden Generäle der 2. Panzerarmee an und unterrichtete sie, dass sich die „operative Lage seit heute morgen" verändert habe. „Es kommt nicht mehr darauf an, die alte Hauptkampflinie zu gewinnen, sondern den Durchbruch der russischen Kräfte in geeigneter Linie abzustoppen und Kräfte zu Gegenstößen an operativ entscheidender Stelle frei zu machen. Taktischer Geländegewinn oder Verlust spielen dabei keine entscheidende Rolle mehr."[97] Noch am 13. Juli und in der darauf folgenden Nacht wurden die 2., 18. und 20. Panzerdivision, Teile der 12. Panzerdivision und drei Sturmgeschütz-Abteilungen aus der Front der 9. Armee herausgelöst und in den Bereich der 2. Panzerarmee verlegt. Weitere Panzerverbände folgten in den nächsten Tagen. Obwohl die meisten dieser Verbände dem XXXV. Armeekorps unterstellt wurden, um den sowjetischen Vorstoß östlich von Orjol aufzuhalten, und obwohl die sowjetischen Verbände dort kaum vorankamen, beharrte die Stawka auf ihrem ursprünglichen Operationsplan. Sie nährte den Angriff westlich von Nowosil mit weiteren Reserven, anstatt den Schwerpunkt zur 11. Gardearmee bei Uljanowo zu verlegen, wo die sowjetischen Verbände die Lücke in der deutschen Front verbreiterten und immer weiter nach Süden vorstießen.

Hitler erkannte, dass der Vorstoß der 11. Gardearmee für die deutschen Truppen im Orjoler Frontbogen besonders bedrohlich war und erteilte der 1. Fliegerdivision am 14. Juli den Befehl, „mit sämtlichen Maschinen [im] Raum Uljanowo" in die Kämpfe einzugreifen.[98] Da Model vorerst keine weiteren Reserven zur Verfügung hatte, die er der 11. Gardearmee bei Uljanowo hätte entgegenwerfen können, entschloss er sich am 15. Juli, die Front des LV. und LIII. Armeekorps schrittweise zu verkürzen, um dadurch Kräfte freizumachen.

Am selben Tag begann Rokossowskis Zentralfront ihre Offensive südlich von Orjol. Nach den schweren Verlusten, die sie bei der Abwehr des Unternehmens „Zitadelle" erlitten hatten, mussten die Verbände der Zentralfront zunächst aufgefüllt werden. Als sie am 15. Juli ihre Offensive begannen, waren sie zum Teil noch immer geschwächt. So besaß die 2. Panzerarmee nur 358 Panzer. Insgesamt aber verfügten Rokossowskis Truppen über eine eindrucksvolle Stärke: 675.300 Soldaten, mehr als 12.000 Geschütze, Granat- und Raketenwerfer, fast 1.500 Panzer und Selbstfahrlafetten sowie mehr als 700 Flugzeuge. Wäre die Masse dieser Kräfte im Abschnitt der sowjetischen 65. oder 70. Armee zum Angriff angetreten, hätten Rokossowskis Truppen die dortige schwache deutsche Front leicht durchbrechen können. Für die Rote Armee hätte sich die Möglichkeit einer Zangenoperation geboten, wie sie den Deutschen beim Angriff auf Kursk nicht geglückt war. Stattdessen setzte die Zentralfront ihre Hauptstöße frontal gegen die immer noch südöstlich von Kromy stehenden Angriffsverbände des deutschen XXXXVII. und XXXXI. Panzerkorps an. Laut sowjetischer Darstellung lag der Schwerpunkt im Abschnitt des sowjetischen 16. und 19. Panzerkorps, die bei Tjoploje angriffen. Dort stießen Rokossowskis Truppen auf die deutsche 4. und 9. Panzerdivision sowie die „Tiger" der schweren Panzerabteilung 505. Die Deutschen waren durch aufgefangene sowjetische Funksprüche und übergelaufene Rotarmisten vorgewarnt und fügten den sowjetischen Truppen schwere Verluste zu.

Die heftigsten sowjetischen Angriffe registrierte das Armee-Oberkommando 9 indes nicht bei Tjoploje, sondern bei Ponyri. Dort griffen das sowjetische 18. Garde-Schützenkorps sowie die 55. Schützendivision an, die aus dem Bereich der 60. Armee herangeführt worden war. Panzerunterstützung erhielten die sowjetischen Verbände bei Ponyri durch das 3. und 9. Panzerkorps. Auf deutscher Seite standen am 15. Juli bei Ponyri die 10. Panzergrenadier-Division, die 86. Infanterie-Division und Teile der 292. Infanterie-Division. Die Hauptlast der Kämpfe hatte an diesem Tag auf deutscher Seite die 86. Infanterie-Division zu tragen. Zur Panzerabwehr waren ihr zwei Sturmgeschütz-Abteilungen und die schwere Panzerjäger-Abteilung 654 unterstellt. In der Tagesmeldung des XXXXI. Panzerkorps heißt es: „Der 15.7. stand im Zeichen einer Panzerschlacht von bisher nicht dagewesenem Ausmaß. Immer und immer wieder versuchte der Gegner durch Vorwerfen zahlreicher Panzer, gefolgt von dichten Infanterie-Massen, die eigene Hauptkampflinie zu durchbrechen."[99] – Den Rotarmisten gelang es auch tatsächlich, die deutsche Front an mehreren Stellen zu durchstoßen. Bis zum Abend konnten die Deutschen jedoch fast alle Einbrüche wieder bereinigen und mehr als 100 sowjetische Panzer abschießen. Allerdings erlitten auch die deutschen Verbände hohe Verluste und gerieten durch die Angriffe der Zentralfront erheblich unter Druck. Trotzdem wollte Model weitere Verbände

aus der Front der 9. Armee herauszulösen, um sie zur 2. Panzerarmee zu verlegen. Deshalb befahl er den Verbänden der 9. Armee
am Abend des 15. Juli, die Absetzbewegung auf die Ausgangsstellung vom 5. Juli einzuleiten. Bis zum 18. Juli zogen sich die Deutschen in drei Etappen zurück und gaben das Gelände auf, das sie
während des Unternehmens „Zitadelle" erobert hatten.

Auch an den anderen Frontabschnitten des Orjoler Bogens reagierte Model in den folgenden Wochen auf Krisen und drohende
sowjetische Durchbrüche mit einer flexiblen Rückzugstaktik. Hitler hatte nichts dagegen. Dem Diktator, der sonst für seine starren
Haltebefehle bekannt war, konnte die Räumung des gesamten
Frontbogens von Orjol nicht schnell genug gehen. Denn er benö-
tigte Reserven für andere Frontabschnitte und sah den Raum um
Orjol und die Stadt selbst nicht als so wichtig an wie etwa das
Donezbecken oder Charkow. Am 26. Juli 1943 gab Hitler bei einer
Besprechung mit Generalfeldmarschall von Kluge im Führerhaupt-
quartier „Wolfsschanze" bekannt, dass er den Frontbogen von
Orjol räumen lassen wolle, um Kräfte für andere Frontabschnitte
freizubekommen. Kluge meinte daraufhin, dass er sich nicht vor
Anfang September auf die „Hagenlinie", zurückziehen wolle – jene
Stellung an der Sehne des Orjoler Frontbogens, welche die deutschen Truppen nach der endgültigen Räumung des gesamten Orjoler Raums beziehen wollten (**Karte 8**). Darauf entgegnete Hitler:
„Das ist unmöglich, völlig unmöglich, Herr Feldmarschall!" Nach
einigem Hin und Her meinte Kluge: „Meiner Ansicht nach ist das
Früheste des Beziehens der Hagen-Stellung in etwa – jetzt haben
wir den 26. – vier Wochen; wenn wir ganz früh rechnen, in 3 bis
4 Wochen; das ist das Allerfrüheste." Hitler erwiderte: „So lange
können wir sicherlich nicht warten, es müssen früher Kräfte frei-
gemacht werden, das nützt alles nichts."[100]

Die Abwehrkämpfe der 9. Armee und der 2. Panzerarmee wurden jedoch nicht nur dadurch erleichtert, dass Hitler Generaloberst
Model relativ freie Hand zum Operieren ließ, sondern auch dadurch, dass die Rote Armee ihre Kräfte verzettelte. Am 18. Juli
warf die sowjetische Führung im Abschnitt der 11. Gardearmee
bei Uljanowo das frische 25. Panzerkorps mit etwa 200 Panzern
und Selbstfahrlafetten in die Schlacht. Die Masse des Korps griff
jedoch nicht nach Süden an, um in die immer noch offene Frontlücke zwischen dem deutschen LV. und LIII. Armeekorps zu sto-

ßen. Stattdessen wurden die meisten Panzer zum Stoß nach Bolchow in Richtung Südosten angesetzt. Welche Chance damit vertan
wurde, zeigte sich am folgenden Tag: Einigen Panzern der sowjetischen 162. Panzerbrigade unter Oberst Ignati Wolynez, die nach
Süden vorgestoßen waren, gelang es, bei Chotynez bis zur Bahnstrecke Brjansk–Orjol vorzudringen. Diese Eisenbahnlinie war für
die gesamten deutschen Verbände im Frontbogen von Orjol äußerst wichtig, da sie der Hauptverkehrsstrang und die einzige
Bahnlinie war, die in den Frontbogen hinein- und aus dem Frontbogen herausführte. Da der sowjetischen Panzereinheit aber keine
weiteren Truppen und kein Nachschub folgten, musste sie sich
damit begnügen, die Bahnstrecke an mehreren Stellen zu sprengen,
bevor sie sich wieder zurückzog. Bereits am nächsten Tag konnten
die Deutschen die Strecke reparieren.

Statt die Schwachstelle südlich von Uljanowo auszunutzen, setzte die Stawka weiterhin alles daran, der Brjansker Front östlich
von Orjol den Durchbruch zu ermöglichen. Am 19. Juli warf die
sowjetische Führung eine ihrer schlagkräftigsten Reserven gegen
das deutsche XXXV. Armeekorps in die Schlacht: die 3. Garde-
Panzerarmee unter dem Oberbefehl von Generalleutnant Pawel
Rybalko. Die Armee verfügte über 730 einsatzbereite Panzer und
Selbstfahrlafetten, von denen zunächst etwa 450 zum Einsatz kamen, und zwar beim 12. und 15. Panzerkorps. Rybalkos Verbände trafen auf die deutsche 36. Infanterie-Division sowie die 2. und
8. Panzerdivision und fügten diesen schwere Verluste zu. Zwar
gelang es den Deutschen, den sowjetischen Vorstoß nach etwa
zwölf Kilometern zum Stehen zu bringen. Aber das XXXV. Armeekorps musste am Nachmittag an das Panzerarmee-Oberkommando 2 melden, dass seine „aufgerissene Front mit eigenen Mitteln nicht mehr gestopft werden" könne. Model befahl daraufhin
den Rückzug auf eine Linie, „die noch einige Tage gehalten werden
muss".[101]

Am folgenden Tag setzte Rybalko das 2. mechanisierte Korps
mit mehr als 200 Panzern ein, am 21. Juli schließlich seine Reserve, die 91. Panzerbrigade, die über 72 Panzer verfügte. Doch auch
diesen Verbänden gelang es nicht, die deutsche Front ostwärts von
Orjol zu durchbrechen. Stück für Stück zogen sich Models Verbände geordnet zurück, sobald sie in Gefahr gerieten, eingeschlossen oder aufgerieben zu werden. Dann setzten sie sich in der nächs-

ten Verteidigungslinie fest, leisteten hartnäckigen Widerstand und bereiteten sich zugleich bereits auf das Absetzen in die nächste rückwärtige Stellung vor.

Am 26. Juli griff die 11. Gardearmee aus dem Raum westlich von Bolchow weiter nach Süden an, um in die Gegend westlich von Orjol vorzustoßen und damit in den Rücken der deutschen Verbände zu gelangen, die noch bei Orjol standen. Zur Unterstützung dieses Vorstoßes setzte die sowjetische Führung nun die 4. Panzerarmee unter Generalleutnant Wassili Badanow ein, die bislang als Reserve zurückgehalten wurde und über rund 750 Panzer und Selbstfahrlafetten verfügte. Außerdem kam das 2. Garde-Kavallerie-Korps zum Einsatz. Doch die Chance zum Durchbruch nach Süden und zur Einschließung der deutschen Verbände im Raum Orjol, die sich der 11. Gardearmee eine Woche zuvor geboten hatte, bestand nicht mehr. Denn Models Verbänden war es gelungen, die Frontlücke nördlich von Chotynez zu schließen und die Lage einigermaßen zu stabilisieren, unter anderem durch den Einsatz der Panzergrenadier-Division „Großdeutschland", die von der Heeresgruppe Süd herangeführt worden war. Nun mussten sich die sowjetischen Verbände mühsam nach Süden vorankämpfen und erlitten dabei schwere Verluste. So büßte beispielsweise das 11. Panzerkorps, das Badanows 4. Panzerarmee unterstand, innerhalb von zwei Tagen 119 seiner 214 Panzer und Selbstfahrlafetten ein.

Am 28. Juli gab Model schließlich den Befehl, den Rückzug bis zur „Hagenstellung" vorzubereiten. Die „Hagenbewegung" sollte in der Zeit vom 31. Juli bis zum 17. August in vier Etappen durchgeführt werden. Dabei galt es, den nachrückenden Truppen der Roten Armee lediglich „verbrannte Erde" zu hinterlassen. Die Stadt Orjol hatte dabei noch Glück im Unglück. Am 29. Juli teilte Generalfeldmarschall von Kluge dem Panzerarmee-Oberkommando 2 mit, dass er „auf die Zerstörung der gesamten Stadt Orel im Falle einer Räumung keinen Wert [lege]. Dagegen soll [die] Zerstörung größerer Gebäude durchgeführt werden."[102] Laut Bericht der deutschen Standortkommandantur von Orjol wurden schließlich nur militärisch und wirtschaftlich wichtige Gebäude zerstört, bevor die Deutschen die Stadt am 5. August endgültig räumten. Am folgenden Tag trat Bagramjans 11. Gardearmee erneut zum Angriff auf Chotynez an, konnte jedoch nicht bis zur Bahnlinie

Brjansk–Orjol vordringen. Erst am 10. August, nachdem sich die
deutschen Verbände weiter nach Westen abgesetzt und Chotynez
geräumt hatten, eroberten die sowjetischen Truppen die Ortschaft
zurück. In den folgenden Tagen versuchten die Verbände der
Brjansker Front, nach Karatschew (Karačev) durchzubrechen.
Doch auch die Einnahme dieser Stadt gelang erst, als sich die
Deutschen weiter nach Westen zurückzogen. Karatschew hatte
weniger Glück als Orjol. Bereits am 3. August vermerkte das Oberkommando der 2. Panzerarmee in seinem Kriegstagebuch: „Laut
Armeebefehl soll die Stadt Karatschew durch Abbrennen und
Sprengung aller wichtigen Objekte zerstört werden. Da der Ort im
Vorfeld der Hagenstellung liegt, wird auf die Wichtigkeit der voll-
ständigen Zerstörung besonders hingewiesen."[103] Über die Taktik
der „verbrannten Erde" hieß es im Kriegstagebuch der 9. Armee
eine Woche später: „Während vorne die Front dem Ansturm des
nachdrängenden Gegners standhält, gehen dahinter die Dörfer in
Flammen auf, wird hinten alles, was nicht mitgenommen werden
kann, verbrannt und vernichtet."[104]

Am 18. August erreichten die letzten deutschen Verbände, die
sich aus dem Orjoler Frontbogen zurückgezogen hatten, die „Hagenstellung". Zur selben Zeit rang Generalfeldmarschall von
Manstein einige hundert Kilometer weiter südlich um Hitlers Genehmigung, die Stadt Charkow räumen zu dürfen. Der letzte Akt
der großen Kursker Schlacht hatte begonnen.

Operation „Feldherr Rumjanzew" – Die sowjetische Offensive bei Charkow

Die sowjetische Offensive bei Charkow war der Hauptschlag der
Roten Armee im Sommer 1943, der bereits seit dem Frühjahr geplant und vorbereitet worden war. Den Auftakt zu dieser Operation sollte eigentlich der Angriff der sowjetischen 5. Garde-Panzerarmee, der 1. Panzerarmee sowie der 5. und 6. Gardearmee am
12. Juli 1943 bilden. Damit hätte das Unternehmen „Feldherr
Rumjanzew" im Süden von Kursk zeitgleich mit der Operation
„Kutusow" bei Orjol begonnen. Doch in der Panzerschlacht bei
Prochorowka hatte das II. SS-Panzerkorps der sowjetischen

5. Garde-Panzerarmee eine schwere Niederlage zugefügt und die sowjetische Gegenoffensive im Keim erstickt. Die Verbände der Woronescher Front unter General Watutin und die Truppen der Steppenfront, die von Generaloberst Konew befehligt wurden, benötigten nun Zeit, bevor sie erneut zur Offensive antreten konnten.

Am 24. Juli 1943 gab die Stawka über den Moskauer Rundfunk bekannt, dass die deutsche Sommeroffensive am Tag zuvor, also am 23. Juli, durch die Rote Armee endgültig zum Scheitern gebracht worden sei. Die sowjetischen Truppen hätten nicht nur alle deutschen Angriffe abgewehrt, sondern die Deutschen wieder auf die Ausgangsstellungen zurückgeworfen, aus denen sie am 5. Juli zum Unternehmen „Zitadelle" angetreten seien. Die sowjetische Geschichtsschreibung übernahm die Behauptung, die Truppen der Woronescher Front hätten am 23. Juli 1943 wieder die Stellungen vom 5. Juli erreicht. Damit sei die Verteidigungsphase im Süden von Kursk abgeschlossen gewesen. Anschließend sei bis zum 3. August 1943 eine Pause in den Kämpfen eingetreten.

In Wirklichkeit handelte es sich um eine Propaganda-Behauptung, die in doppelter Hinsicht falsch ist. Zum einen hatten die Deutschen ihre Angriffe im Süden von Kursk bereits am 16. Juli eingestellt. In der Nacht vom 18. zum 19. Juli begann die 4. Panzerarmee mit dem Rückzug auf eine „Zwischenstellung"; am 19. Juli schloss sich die Armeeabteilung Kempf der Rückzugsbewegung an. Die „Zwischenstellung" stimmte aber nicht mit der Ausgangsstellung vom 5. Juli 1943 überein, sondern verlief weiter nördlich (**Karte 8**). Auf die Ausgangsstellung vom 5. Juli gingen Mansteins Verbände erst Anfang August zurück. Zum anderen gab es zwischen dem 23. Juli und dem 3. August 1943 auch keine Kampfpause. Tatsächlich griffen sowjetische Verbände in dieser Zeit immer wieder die 4. Panzerarmee und die Armeeabteilung Kempf an. So heißt es etwa am 28. Juli im Kriegstagebuch des Panzerarmee-Oberkommandos 4: „Beim LII. Armeekorps greift der Feind auch heute den ganzen Tag über die gesamte Front der 167. Infanterie-Division, 332. Infanterie-Division und 255. Infanterie-Division bis zu Regiments-Stärke mit Panzern an. Alle Angriffe werden abgewiesen bzw. im Gegenstoß wieder bereinigt."[105]

Der Einschnitt vom 23. Juli 1943 ist demnach willkürlich. In Wirklichkeit stellte dieser Tag weder für die sowjetischen noch für die deutschen Truppen eine Zäsur dar. Mansteins Soldaten wären sogar gern auf die Ausgangsstellungen vom 5. Juli zurückgegangen, denn diese hatten sie in der monatelangen Vorbereitungsphase der Schlacht um Kursk gut ausgebaut. Dagegen handelte es sich bei der „Zwischenstellung" lediglich um eine improvisierte Verteidigungslinie, die den Soldaten nur ungenügende Deckungsmöglichkeiten gegen das sehr wirkungsvolle sowjetische Artillerie- und Granatwerferfeuer bot. Generaloberst Hoth, der Oberbefehlshaber der 4. Panzerarmee, rief deshalb am 30. Juli Manstein an und erklärte: „Ich glaube, dass wir vor einem neuen Großangriff des Feindes gegen die Front der 4. Panzerarmee stehen. Ich halte deshalb den Augenblick für gekommen, in die alte Stellung auszuweichen." Manstein erwiderte, dass er noch nicht mit einem sowjetischen Großangriff rechne und sich das Ausweichen auf die alte Stellung „für einen wirklichen Großangriff vorbehalten" wolle.[106]

Vier Tage später war es soweit: Am Morgen des 3. August traten die Verbände der Woronescher Front und der Steppenfront nach einer mehr als zweistündigen Artillerie-Vorbereitung zur Offensive an. Beide Fronten konnten zu Beginn der Kämpfe zusammen etwa 1 Million Soldaten, 2.440 Panzer und Selbstfahrlafetten sowie 1.520 Flugzeuge einsetzen. Die deutsche 4. Panzerarmee und die Armeeabteilung Kempf waren nach dem Abbruch des Unternehmens „Zitadelle" durch die Verlegung von Panzerverbänden ins Donezbecken und in den Frontbogen von Orjol indes stark geschwächt worden. Deshalb standen den sowjetischen Truppen im Raum Charkow auf deutscher Seite zunächst lediglich 210.000 Soldaten gegenüber. Das personelle Kräfteverhältnis betrug 5:1. Auf dem Papier verfügten die Verbände der 4. Panzerarmee und der Armeeabteilung Kempf zwar noch über 640 Panzer und Selbstfahrlafetten. Viele davon waren aber während des Angriffs auf Kursk und in den anschließenden Abwehrkämpfen beschädigt worden und befanden sich in den Werkstätten. Da die Wehrmacht unter chronischem Mangel an Ersatzteilen und Mechanikern litt, zog sich die Instandsetzung in die Länge. Einsatzbereit waren Anfang August deshalb nur circa 270 Panzer und Selbstfahrlafetten, was ein Kräfteverhältnis von 9:1 ergab. Am günstigsten sah die Lage in der Luft aus, denn die deutsche Luftflotte 4 verfügte über rund 1.140 Flugzeuge, von denen etwa 800 einsatzbereit waren. Das ergab ein Kräfteverhältnis von etwa 2:1. Allerdings hatte die Luftflotte 4 den gesamten Südabschnitt der Ostfront abzudecken. Außerdem griff nach einigen Tagen auch die sowjetische 17. Luftarmee (Südwestfront) in die Kämpfe bei Charkow ein, wodurch sich das Kräfteverhältnis in der Luft weiter zugunsten der sowjetischen Seite verschob.

Auf dem Boden setzte die Rote Armee zunächst fünf Armeen ein, und zwar die 5. Gardearmee, die 6. Gardearmee, die 53. Armee, die 69. Armee und Teile der 7. Gardearmee. Den Hauptstoß führte in der ersten Welle die 5. Gardearmee unter Generalleutnant Schadow. Sie stieß frontal auf Hoths 4. Panzerarmee, denn Stalin hatte operative Umfassungsmanöver mit dem Argument abgelehnt, die sowjetischen Verbände seien dafür zu schwach. Schadows Truppen durchbrachen die Stellungen des deutschen LII. Armeekorps im Abschnitt der 332. Infanterie-Division und der 167. Infanterie-Division. Beide Divisionen erlitten dabei schwere Verluste. Um den operativen Durchbruch zu erzielen, setzte die sowjetische Führung am späten Vormittag im Abschnitt der 5. Gardearmee die 1. Panzerarmee und die 5. Garde-Panzerarmee ein. Beide Panzerarmeen waren nach ihren schweren Verlusten in der Verteidigungsphase wieder aufgefüllt worden und verfügten zu Beginn der Operation „Feldherr Rumjanzew" zusammen über etwa 74.000 Soldaten und 1.050 einsatzbereite Panzer und Selbstfahrlafetten. Dieser Masse an Truppen waren die Deutschen weder kräftemäßig noch psychisch gewachsen. Bei der 167. Infanterie-Division, die sich während des Unternehmens „Zitadelle" sehr bewährt hatte, brach Panik aus, und die sowjetische 5. Garde-Panzerarmee konnte in ihrem Abschnitt am ersten Angriffstag mehr als 25 Kilometer weit vorstoßen. An anderen Frontabschnitten gelangen den sowjetischen Verbänden Einbrüche bis zu 8 Kilometern Tiefe. Lediglich der Angriff der 69. Armee und der 7. Gardearmee blieb erfolglos, da es den Sowjetsoldaten nicht gelang, den Donez zu überqueren.

Den Deutschen standen für Gegenangriffe zunächst nur drei Panzerdivisionen zur Verfügung, und zwar die 6., 11. und 19., die zusammen etwa 180 einsatzbereite Panzer und Selbstfahrlafetten besaßen. Ihre Gegenstöße konnten den sowjetischen Vormarsch zwar bremsen, aber nicht zum Stehen bringen. Sowohl das Pan-

zerarmee-Oberkommando 4 als auch das Oberkommando der
Armeeabteilung Kempf erteilten ihren Verbänden deshalb am
Abend des 3. August den Befehl zum Rückzug auf die Ausgangs-
stellung für das Unternehmen „Zitadelle".

Den sowjetischen Truppen wären am ersten Angriffstag wohl
noch weitaus größere Erfolge gelungen, wenn die deutsche Luftwaffe trotz ihrer zahlenmäßigen Unterlegenheit nicht so wirkungsvoll in die Kämpfe eingegriffen hätte. Im Kriegstagebuch der 4. Panzerarmee heißt es darüber: „Starke Verbände der Luftwaffe (Stuka
und Kampfflieger) leisten den ganzen Tag über, besonders aber am
Nachmittag, wertvollste Hilfe. Sie werden zunächst zur Unterstützung der 332. Infanterie-Division eingesetzt und dann hauptsächlich zur Bekämpfung der Feindansammlungen in der [*Front*-]Lücke
verwandt."[107] Doch auch die sowjetische Luftwaffe griff mit ge-
ballter Kraft in die Kämpfe ein: Die Luftarmeen der Woronescher
Front und der Steppenfront flogen am ersten Angriffstag fast
2.400 Einsätze. Sie büßten dabei 40 Maschinen ein, während auf
deutscher Seite lediglich sieben Flugzeuge verloren gingen.

Auch am folgenden Tag spielte die deutsche Luftwaffe wieder
eine entscheidende Rolle bei den Kämpfen. Die beiden sowjetischen Panzerarmeen stießen am 4. August weiter in die Lücke vor,
die Schadows 5. Gardearmee am Vortag an der Nahtstelle zwischen der deutschen 4. Panzerarmee und der Armeeabteilung Kempf in die deutsche Front gerissen hatte. Ein Gegenangriff
der deutschen Panzerdivisionen zur Schließung der Frontlücke
misslang, und Manstein standen keine weiteren Bodentruppen zur
Verfügung, die er den durchgebrochenen sowjetischen Verbänden
hätte entgegenwerfen können. Deshalb konnten sie nur durch
deutsche Flieger bekämpft werden. Dabei zeigte sich erneut, dass
die deutsche Luftwaffe der sowjetischen taktisch noch immer überlegen war: Den insgesamt sieben Flugzeugen, welche die Luftflotte 4 an diesem Tag als Totalverluste abschreiben musste, und den
vier Maschinen, die schwer beschädigt wurden, standen auf sowjetischer Seite mindestens 62 Totalausfälle gegenüber.

Am 5. August ließ Watutin die frische 27. Armee zum Angriff
nach Süden antreten. Sie sollte sich östlich von Graiworon mit den
Verbänden der 1. Panzerarmee und der 5. Garde-Panzerarmee vereinigen und auf diese Weise die deutschen Truppen einkesseln, die
nordöstlich von Graiworon noch hartnäckigen Widerstand leiste-

ten und den Vormarsch der 5. und 6. Gardearmee aufhielten. Die Rechnung ging beinahe auf. Die 27. Armee konnte 13 Kilometer weit vorstoßen, und die Verbände des deutschen LII. Armeekorps mussten sich eilig zurückziehen, um der Einschließung zu entgehen. Die 19. Panzerdivision schaffte den Rückzug indes nicht mehr rechtzeitig, wurde abgeschnitten und konnte sich erst am folgenden Tag unter schweren Verlusten zur neuen Verteidigungslinie durchkämpfen. Unterdessen warf die sowjetische Führung immer neue Verbände in die Schlacht. Neben der 27. Armee trat am 5. August auch die 40. Armee zur Offensive an. Ihr Angriff riss eine breite Lücke in die Front zwischen dem XXXXVIII. Panzerkorps und dem LII. Armeekorps. Erst ein Gegenangriff der deutschen 7. Panzerdivision brachte den sowjetischen Vorstoß vorübergehend zum Stehen.

Im Abschnitt der Armeeabteilung Kempf begannen die Truppen der sowjetischen Steppenfront am 5. August ihren Angriff auf Belgorod. Während die 53. Armee westlich an Belgorod nach Süden vorbeistieß, griffen die 69. Armee und die 7. Gardearmee die Stadt von Norden und Osten an. Im Abschnitt der 7. Gardearmee gelang den Sowjetsoldaten südlich von Belgorod nunmehr der Brückenschlag über den Donez. Die deutschen Soldaten waren nicht mehr in der Lage, die sowjetischen Truppen aufzuhalten. Am Nachmittag des 5. August meldete das XI. Armeekorps an die Armeeabteilung Kempf: „Feind ist im Ostteil Belgorod eingebrochen. Der Erschöpfungszustand der Truppe ist so groß, dass an einen ernsthaften Widerstand nicht zu denken ist. Der Kommandeur [der] 168. Infanterie-Division habe gemeldet, dass die Männer so apathisch sind, dass sie selbst auf eine Bedrohung mit der Waffe nicht mehr reagieren."[108]

Um nicht eingeschlossen zu werden, räumten die Deutschen am Abend Belgorod. Da die Wehrmacht am selben Tag auch Orjol aufgab, konnte die Stawka einen wichtigen Sieg verkünden, der vor allem symbolhaften Charakter hatte. Zum ersten Mal seit Beginn des „Großen Vaterländischen Krieges" war es der Roten Armee gelungen, die Wehrmacht in einer großen Sommerschlacht zu besiegen. Stalin ließ deshalb an diesem Tag in Moskau zum ersten Mal einen Ehrensalut schießen: Um Mitternacht feuerten 124 Geschütze im Intervall von 30 Sekunden zwölf Salven ab, um die Befreiung Orjols und Belgorods von den Deutschen zu feiern.

Am folgenden Tag, dem 6. August, stießen die sowjetischen Panzerspitzen bis nach Bogoduchow vor. Auch an den anderen Frontabschnitten im Kampfraum Charkow mussten sich die Deutschen weiter zurückziehen. Das LII. Armeekorps schaffte die Absetzbewegung diesmal aber nicht rechtzeitig und wurde eingeschlossen. Am folgenden Tag kämpfte es sich gegen den Widerstand der sowjetischen 27. Armee und Teilen der 1. Panzerarmee nach Südwesten zurück und wurde dabei aus der Luft versorgt. Unterdessen gelang es Katukows 1. Panzerarmee, Bogoduchow zu erobern. Konews Armeen drangen inzwischen weiter Richtung Charkow vor, was die Deutschen veranlasste, mit der Räumung von Wirtschaftsgütern aus der Stadt zu beginnen.

Nun hatte der ungestüme Vormarsch der sowjetischen Panzerarmeen jedoch seinen Kulminationspunkt überschritten. Die Deutschen hatten aus dem Donezgebiet inzwischen die 3. Panzerdivision herangeführt, die den Vormarsch der sowjetischen 5. Garde-Panzerarmee am Abend des 7. August aufhalten konnte. Am nächsten Morgen stießen die Spitzen von Katukows 1. Panzerarmee bei Bogoduchow auf die ebenfalls (wieder) herangeführte SS-Division „Das Reich" und wurden zurückgeschlagen. Das LII. Armeekorps konnte sich am selben Tag aus der Umklammerung freikämpfen und erreichte bei Achtyrka die deutschen Linien. Zudem waren weitere deutsche Verbände im Anmarsch: aus dem Kampfraum Orjol die Panzergrenadier-Division „Großdeutschland", aus dem Donezbecken die SS-Divisionen „Totenkopf" und „Wiking" sowie von der Krim die 355. Infanterie-Division.

Watutin verlegte seinen Schwerpunkt nunmehr in den Raum Bogoduchow. Um seine 1. Panzerarmee zu unterstützen, führte er die 5. und 6. Gardearmee heran. Zugleich ließ er die 27. Armee Richtung Achtyrka angreifen, um die Westflanke der 1. Panzerarmee zu schützen. Außerdem warf er neue Großverbände in die Schlacht: Im Abschnitt des deutschen VII. Armeekorps, das mittlerweile der 4. Panzerarmee unterstellt worden war, griff am 8. August die sowjetische 38. Armee an. Am folgenden Tag trat östlich von Charkow die 57. Armee zum Angriff gegen das XXXXII. Armeekorps der Armeeabteilung Kempf an und konnte am 10. August Tschugujew zurückerobern. Am selben Tag gerieten die Deutschen auch im Nordosten von Charkow in eine Krise. Teilen der sowjetischen 7. Gardearmee gelang es, die deutsche Front im Abschnitt der 282. Infanterie-Division auf einer Breite von sieben Kilometern aufzureißen und weiter in Richtung Charkow vorzustoßen. Die Armeeabteilung Kempf wurde dadurch gezwungen, sich auf eine neue Hauptkampflinie zurückzuziehen. Das Generalkommando des XXXXII. Armeekorps meldete, die Krise sei entstanden, weil die kampfunerfahrene 282. Infanterie-Division vor allem „durch ungeschickte Führung" versagt habe.[109] Daraufhin wurde der Divisionskommandeur, Generalmajor Wilhelm Kohler, abgelöst und in die Führerreserve des Oberkommandos des Heeres versetzt.

Am folgenden Tag, dem 11. August, standen die Verbände der Steppenfront bereits 10 bis 15 Kilometer vor Charkow. – Im Abschnitt der Woronescher Front lag der Schwerpunkt dagegen im Raum südlich und südwestlich von Bogoduchow. Dort wechselten in den nächsten Tagen Angriffe der sowjetischen 1. Panzerarmee und der 5. Garde-Panzerarmee und Gegenangriffe deutscher Panzerverbände einander ab. Manstein sah die größte Gefahr in einem sowjetischen Vorstoß aus der Gegend von Kolomak nach Poltawa und in der Sperrung der Bahnlinie Poltawa–Charkow. Deshalb setzte er seine schlagkräftigsten Panzerverbände im Raum Bogoduchow, Kolomak und Walki ein. Am 15. August gelang es der SS-Division „Totenkopf" bei Kolomak durch einen Flankenstoß, einen Angriff der sowjetischen 6. Gardearmee auf Poltawa aufzufangen, der von Teilen der 1. Panzerarmee unterstützt wurde. Die sowjetischen Verbände erlitten dabei schwere Verluste und mussten sich nach Norden zurückziehen. Am Abend des 15. August hatte Katukows 1. Panzerarmee nur noch etwa 100 einsatzbereite Panzer. Dennoch gingen die Kämpfe bei Bogoduchow in den folgenden Tagen mit unverminderter Härte weiter.

Poltawa war für die Heeresgruppe Süd ein außerordentlich wichtiges logistisches Zentrum. Demgegenüber sah Manstein die Stadt Charkow als nebensächlich an. Am 11. August äußerte der Chef des Generalstabs der Armeeabteilung Kempf, Generalmajor Hans Speidel, bei einem Telefongespräch mit Mansteins Generalstabschef, Generalmajor Theodor Busse, dass die Armeeabteilung Kempf Charkow aufgeben wolle. Darauf entgegnete Busse: „Uns liegt an diesem Nest auch nichts."[110] Doch am 13. August befahl Hitler, Charkow unter allen Umständen zu halten. Am selben Tag erfuhr Manstein, dass das Oberkommando des Heeres beabsichtige, General Werner Kempf, dessen Lageberichte immer pessimistischer ausfielen, durch General Otto Wöhler zu ersetzen. Wöhler war 1941/42 Chef des Generalstabs von Mansteins 11. Armee gewesen und hatte sich gerade als Kommandierender General des I. Armeekorps in der dritten Schlacht südlich des Ladogasees hervorgetan. Erst am Tag zuvor war er dafür im Wehrmachtbericht namentlich genannt worden. Manstein hatte, wie er in seinem Tagebuch vermerkte, nichts gegen die Ablösung Kempfs durch Wöhler einzuwenden. Dieser übernahm am 15. August das Oberkommando über die Armeeabteilung Kempf, die am 16. August in 8. Armee umbenannt wurde.

Für Hitler hatte Charkow vor allem politische Bedeutung. Er befürchtete, dass die Verbündeten des Deutschen Reichs und die neutralen Mächte eine Räumung dieser bedeutenden sowjetischen Industriestadt als Zeichen werten würden, dass sich das Kriegsglück endgültig zuungunsten Deutschlands gewendet habe. Am Abend des 14. August sagte der Chef des Generalstabs des Heeres, General Zeitzler, bei einem Telefongespräch zu Manstein: „Der Führer hat mich nochmal [sic!] beauftragt, Herrn Feldmarschall besonders auf die Notwendigkeit, Charkow zu halten, hinzuweisen. Mit den Bulgaren und den Türken finden nämlich in diesen Tagen Besprechungen statt."[111]

Doch Mansteins Hauptaugenmerk galt weiter dem Frontabschnitt, in dem die 4. Panzerarmee in heftigen Kämpfen mit Watutins Woronescher Front stand. Manstein konnte es sich nicht leisten, aus diesem Abschnitt starke Kräfte nach Charkow abzuziehen, denn Watutin führte immer neue Truppen heran, um die Offensive „Feldherr Rumjanzew" wieder in Schwung zu bringen. Zum einen erhielten die sowjetischen Panzerverbände während der Kämpfe immer wieder Ersatz, zum anderen griffen weitere frische Verbände in die Schlacht ein. Am 17. August trat südlich von Sumy die 47. Armee, die bislang als Reserve zurückgehalten worden war, gemeinsam mit der 38. und 40. Armee zum Angriff in Richtung Lebedin an. Die Speerspitze des Angriffs bildete das 3. mechanisierte Gardekorps mit mehr als 200 Panzern. Unter der Wucht des sowjetischen Angriffs brach die Kampfmoral der bereits völlig erschöpften deutschen Verbände teilweise zusammen. Das Kriegstagebuch der 4. Panzerarmee hielt fest: „Die 57. Infanterie-Division versagt vollkommen und geht zum Teil kampflos zurück. Erst dem Kommandierenden General des LII. Armeekorps gelingt es durch persönlichen Einsatz, […] namhafte Teile der Division wieder einzufangen und zum Gegenstoß nach Osten anzusetzen."[112] Kurz nach 10.00 Uhr funkte Generaloberst Hoth an die 57. Infanterie-Division: „Keinen Schritt zurück. Kommandeure zur Verantwortung ziehen."[113] Der heftige Widerstand der 68. Infanterie-Division und ein Gegenangriff der 11. Panzerdivision konnten den sowjetischen Angriff nach einem Geländegewinn von 12 bis 15 Kilometern schließlich aufhalten. Doch am nächsten Tag, dem 18. August, setzten die sowjetischen Verbände ihre Offensive in Richtung Lebedin und Gadjatsch (Gadjač) fort, rieben die 112. Infanterie-Division fast völlig auf und fügten der 57. Infanterie-Division weitere schwere Verluste zu.

Weiter südlich gelang es der Division „Großdeutschland" am selben Tag, von Achtyrka aus fast 25 Kilometer nach Südosten vorzustoßen. Die Verbände der sowjetischen 27. Armee, die bis in den Raum Kotelwa vorgedrungen waren, gerieten dadurch in Gefahr, eingeschlossen zu werden. Sie mussten sich in den folgenden Tagen nach Norden zurückkämpfen. Doch das war für Mansteins Verbände an diesem Tag der einzige Lichtblick. Die Armeen von Konews Steppenfront zogen ihren Ring um Charkow inzwischen immer enger. Wenigstens bestand Hitler nicht mehr bedingungslos darauf, die Stadt zu verteidigen. Zeitzler teilte Manstein am 18. August mit, Hitler habe ihn zwar beauftragt, Manstein noch einmal darauf hinzuweisen, wie wichtig es sei, die Stadt zu halten. Der „Führer" habe aber zugleich eingeräumt, dass es nicht zu einer Einschließung der deutschen Verbände in Charkow kommen dürfe. Im äußersten Notfall wollte Hitler die Stadt lieber aufgeben.

Wie wichtig Charkow dessen ungeachtet für Hitler war, unterstreicht die Tatsache, dass er am 20. August Manstein persönlich anrief. Das kam selten vor; normalerweise kommunizierten die Oberbefehlshaber der Heeresgruppen von der Ostfront aus mit Hitler indirekt über den Chef des Generalstabs des Heeres. Hitler wies Manstein am Telefon auf die psychologische und militärische Notwendigkeit hin, Charkow zu halten. Manstein konnte Hitler zwar überzeugen, dass die Räumung erfolgen müsse, um eine Einschließung eigener Kräfte zu verhindern. Hitler beendete das Gespräch aber mit der Weisung, „wenn irgend möglich, zu halten".[114]

Nicht nur Manstein, sondern auch sein damals wichtigster Gegenspieler, General Watutin, stand unter erheblichem Druck. Um den steckengebliebenen Vorstoß seiner Verbände Richtung Poltawa wieder in Fluss zu bringen, ließ er am 21. August die 40. und 47. Armee, die in den Tagen zuvor Lebedin erobert hatten und bei Gadjatsch bis zum Psjol vorgestoßen waren, nach Süden eindrehen und auf Senkow (Zen'kov) vorstoßen. Das sowjetische 2. Panzerkorps, das der 40. Armee unterstellt war, erreichte den Stadtrand von Senkow, wurde dann aber von der inzwischen herangeführten 10. Panzergrenadier-Division zurückgeworfen. In der darauf folgenden Nacht rügte Stalin Watutin dafür, dass er seine Angriffskräfte zersplittert habe. Hauptaufgabe der Woronescher Front sei, so Stalin, die deutschen Kräfte im Raum Achtyrka zu zerschlagen. Watutin reagierte umgehend auf diese Ermahnung und ließ seine Verbände am Morgen des 22. August noch einmal bei Achtyrka angreifen. Den sowjetischen Truppen gelang es, die deutsche Front zu durchbrechen, und bis zum Mittag wurde die Lage für das XXXXVIII. und XXIV. Panzerkorps kritisch. Am Nachmittag führten die Divisionen „Totenkopf" und „Großdeutschland" jedoch Gegenangriffe durch und machten den sowjetischen Erfolg zunichte.

Am selben Tag musste General Wöhler den Verbänden seiner 8. Armee (der ehemaligen Armeeabteilung Kempf) den Befehl zur Räumung von Charkow geben. Um 20.00 Uhr begannen die Deutschen mit dem Rückzug aus der Stadt, und am folgenden Morgen zogen sowjetische Truppen ein. Die vierte und letzte Schlacht um Charkow war damit beendet – und laut sowjetischer Definition auch die Kursker Schlacht. Den höchsten Preis für den Sieg bei Charkow hatten die sowjetischen Panzertruppen bezahlt. Von den 2.440 Panzern und Selbstfahrlafetten, mit denen die Rote Armee die Operation „Feldherr Rumjanzew" begonnen hatte, wurden die meisten abgeschossen. Katukows 1. Panzerarmee verlor während der Offensive bei Charkow insgesamt 1.042 Panzer, davon 753 Totalausfälle. Am 23. August hatte die 1. Panzerarmee nur noch 120 einsatzbereite Panzer. Rotmistrows 5. Garde-Panzerarmee verlor bis zum 25. August etwa drei Viertel ihrer Offiziere und besaß nur noch 50 einsatzbereite Panzer. Die Armee benötigte zwei Monate, bis sie wieder einsatzbereit war.

4. Abnutzungsschlacht: Die Konsequenzen der Sommerkämpfe 1943 an der Ostfront

„Über [den] Ernst der Lage und [darüber,] dass [die] Truppe am Ende ist, kann nunmehr kein Zweifel bestehen."[1] – Das Ergebnis der Kursker Schlacht und die Verluste beider Seiten

Die Schlacht bei Kursk endete für die deutsche Seite mit einer Niederlage. Keines der Ziele, die sich die deutsche Führung für den Sommer 1943 gesetzt hatte, konnte erreicht werden. Erstens sollten die deutschen Verbände während des Unternehmens „Zitadelle" innerhalb weniger Tage das sowjetische Stellungssystem durchbrechen und die sowjetischen Truppen im Raum Kursk einschließen. Dies gelang nicht. Zweitens war mit der Liquidierung des Kursker Frontbogens eine erhebliche Frontverkürzung vorgesehen, die es den Deutschen erlaubt hätte, Verbände als Reserven freizumachen. Auch dieses Ziel wurde nicht erreicht. Drittens sollte der deutsche Sieg bei Kursk laut Hitler wie ein Fanal auf die Verbündeten und die Gegner wirken. Diese Hoffnung war vergeblich. Viertens sollte die Wehrmacht bei Kursk möglichst viele Sowjetsoldaten gefangen nehmen, die als Arbeitskräfte für die deutsche Wirtschaft gebraucht wurden. 1941 war es der Wehrmacht in der Schlacht um Kiew und in der Doppelschlacht von Wjasma und Brjansk gelungen, jeweils etwa 665.000 Gefangene zu machen. Beim Angriff auf Kursk im Juli 1943 wurden dagegen nur rund 40.000 Rotarmisten gefangen genommen. Damit konnte der Arbeitskräftemangel im Deutschen Reich kaum vermindert werden. – Ziel der deutschen Offensive auf Kursk war fünftens, die sowjetische Offensivkraft zu brechen, um dem deutschen Ostheer für den Rest des Jahres 1943 eine Atempause zu verschaffen. Auch dies wurde nicht erreicht. Zwar konnten die Deutschen der Roten Armee bei Kursk enorme Verluste zufügen und die sowjetische Offensivkraft schwächen. Aber die Sowjetunion hatte 1943 derartig viele militärische Reserven, dass sie trotz schwerer Rückschläge in der Lage war, ihre Armeen ab Juli 1943 nach und nach an der gesamten deutsch-sowjetischen Front zur Offensive antreten zu lassen.

Die sowjetischen Offensiverfolge im Sommer und Herbst 1943 sind aber nicht damit zu begründen, dass die Rote Armee der Wehrmacht bereits während des Unternehmens „Zitadelle" außerordentlich hohe Verluste zugefügt hätte, die nicht zu ersetzen gewesen seien. Diese Legende wird bis heute immer wieder kolportiert. Ihren Ursprung hat sie nicht nur in der sowjetischen Propaganda, sondern auch in den Memoiren deutscher Generäle, die nach dem Krieg behaupteten, die deutschen Verbände seien während des Unternehmens „Zitadelle" verblutet. Bis heute werden entsprechende Aussagen von Heinz Guderian, Friedrich-Wilhelm von Mellenthin oder Walter Warlimont mit Vorliebe in der russischen Literatur zitiert, um die Behauptung zu untermauern, die Rote Armee habe der Wehrmacht bereits während des Unternehmens „Zitadelle" eine vernichtende Niederlage zugefügt.

Hätten die zeitgenössischen sowjetischen Erfolgsmeldungen der Wahrheit entsprochen, wäre „Zitadelle" für die Wehrmacht in der Tat ein Desaster gewesen. Am 24. Juli 1943 gab Stalin bekannt, die Rote Armee habe in der Zeit vom 5. bis 23. Juli mehr als 70.000 deutsche Soldaten getötet, fast 3.100 deutsche Panzer und Selbstfahrlafetten vernichtet und etwa 1.400 Flugzeuge abgeschossen. Dabei hatte die Stawka die deutschen Verluste vermeintlich noch gering angesetzt, denn die Summe der von den einzelnen sowjetischen Fronten gemeldeten Erfolge lag deutlich über diesen Gesamtzahlen!

Laut deutschen Unterlagen hatten Wehrmacht und Waffen-SS während der Verteidigungsphase der Roten Armee, die laut sowjetischer Definition vom 5. bis 23. Juli 1943 dauerte, mitnichten 70.000 Gefallene zu beklagen; die tatsächlichen Ausfälle betrugen etwa 10.000 Tote, 46.000 Verwundete und 2.000 Vermisste. Hätte die Rote Armee im selben Zeitraum wirklich 3.100 deutsche Panzer und Selbstfahrlafetten vernichtet, wären Models, Hoths und Kempfs Armeen Ende Juli völlig panzerlos gewesen. Tatsächlich mussten die Deutschen während der sowjetischen Verteidigungsphase jedoch nur etwa 350 Panzer und Selbstfahrlafetten aller Typen als Totalverluste abschreiben. Diese Zahl ist keine grobe Schätzung, sondern eine Summe, die nach jahrelanger Re-

cherche aus den noch vorhandenen zeitgenössischen Quellen er-
mittelt werden konnte.

Auch die Zahl von angeblich 1.400 zerstörten deutschen Flugzeugen war weit von der Realität entfernt. De facto verloren die
bei den Kämpfen um Kursk eingesetzten deutschen Fliegerkräfte
während des „Unternehmens" Zitadelle insgesamt 240 Flugzeuge.
Diese Zahl enthält auch Ausfälle, die durch technische Schäden
oder Unfälle eintraten. Nach dem Abbruch des Unternehmens
„Zitadelle" flog das deutsche VIII. Fliegerkorps nur sehr wenige
Einsätze bei Kursk und erlitt dabei kaum Verluste. Demnach dürften bis zum 23. Juli 1943 auf deutscher Seite nicht mehr als
250 Maschinen verloren gegangen sein. Im selben Zeitraum verloren die sowjetischen Luftstreitkräfte im Raum Kursk (ohne Berücksichtigung der Fernkampfflieger) etwa 1.200 Flugzeuge. Das
Verlustverhältnis lag demnach bei etwa 1:5.

Am 24. Juli 1943 meldete die Woronescher Front, dass ihre
Verbände vom 4. bis 22. Juli 1.571 Panzer und 57 Selbstfahrlafetten als Totalverluste eingebüßt hätten. Die Zentralfront musste
während der Verteidigungsphase im Norden von Kursk 526 Panzer und 28 Selbstfahrlafetten als Totalausfälle abschreiben. Demnach standen den deutschen Verlusten von 350 Panzern und
Selbstfahrlafetten nicht weniger als 2.182 sowjetische gegenüber,
was ein Verlustverhältnis von 1:6 ergibt.

Im Gegensatz zu den Panzer- und Flugzeugverlusten sind die
personellen Verluste der Roten Armee während der Verteidigungsphase nur sehr schwer zu ermitteln. 1993 gab eine russische For-
schergruppe unter der Leitung des Militärhistorikers und ehemaligen Generalobersts der Roten Armee Grigori Kriwoschejew ein
Buch mit dem Titel „Grif sekretnosti snjat" (deutsch etwa: Stempel
„Geheimsache" nicht mehr gültig) heraus. Es handelte sich um die
erste auf sowjetischen Militärakten beruhende Zusammenstellung
der Verluste der Roten Armee in den Kriegen des 20. Jahrhunderts.
Das Buch wurde 1997 ins Englische übersetzt und kam 2001 in
einer überarbeiteten Neuauflage unter einem anderen Titel heraus.
Die Zahlen für die Verluste der Roten Armee in der Schlacht bei
Kursk wurden in den Neuauflagen aber nicht revidiert. Sie gelten
als „offizielle" sowjetische Verlustangaben. Die meisten Militärhistoriker, die über die Schlacht bei Kursk forschen, stützen sich
bis heute darauf. Dabei sind viele Angaben über die Verluste der

Roten Armee in „Grif sekretnosti snjat" nachweislich falsch. Bei Kursk soll beispielsweise die Woronescher Front vom 5. bis 23. Juli laut der offiziellen Angabe insgesamt rund 74.000 Soldaten verloren haben, davon etwa 27.500 „unwiederbringlich", also durch Tod oder Gefangennahme. In der oben erwähnten Meldung der Woronescher Front vom 24. Juli 1943 heißt es aber, dass bereits bis zum 22. Juli circa 101.000 personelle Gesamtausfälle eingetreten seien, davon rund 20.500 Gefallene und 26.000 Vermisste. Die am 24. Juli gemeldeten Verluste lagen also etwa ein Drittel über den offiziellen Angaben. Darüber hinaus gilt es zu berücksichtigen, dass auch am 23. Juli heftige Kämpfe stattfanden, die Verluste dieses Tages jedoch nicht in der Meldung vom 24. Juli enthalten sind. Die Gesamtausfälle der Woronescher Front waren folglich noch höher und lagen mindestens 40 Prozent über den offiziellen Zahlen.

Für die beiden anderen in der Verteidigungsphase kämpfenden Fronten, die Zentralfront und die Steppenfront, liegen leider keine anderen Angaben als jene in „Grif sekretnosti snjat" vor. Wie bereits weiter oben erwähnt gehen kritische russische Historiker davon aus, dass die Verluste der Zentralfront zwei- bis dreimal höher waren, als sie in „Grif sekretnosti snjat" angegeben sind. Doch selbst wenn man zu den personellen Verlusten der Zentralfront und der Steppenfront (wie bei der Woronescher Front) ebenfalls nur 40 Prozent der offiziellen Zahlen addiert, lässt sich für die Verteidigungsphase schon auf rund 250.000 Gesamtverluste schließen. Das ergibt ein Verhältnis der personellen Verluste der Wehrmacht zu jenen der Roten Armee von 1:4.

Für die Errechnung der Gesamtverluste der Roten Armee in der Kursker Schlacht stehen außer den offiziellen Angaben in „Grif sekretnosti snjat" bislang fast keine Zahlen zur Verfügung – und die offiziellen Gesamtzahlen sind nachweislich falsch. Laut „Grif sekretnosti snjat" betrugen die personellen Verluste auf sowjetischer Seite etwa 863.000 Mann. Die Schätzungen kritischer russischer Historiker reichen dagegen von 910.000 bis 2,3 Millionen. Addiert man zur offiziellen Gesamtzahl der personellen Verluste während der Kursker Schlacht (wie bei der Schätzung der Verluste während der Verteidigungsphase) ebenfalls 40 Prozent, ergibt sich eine Summe von rund 1,2 Millionen personellen Gesamtverlusten. Das ist eine durchaus vorsichtige Schätzung. Der russische

Historiker Boris Sokolow, der in der Vergangenheit schon mehrmals recht genaue Berechnungen sowjetischer Verluste geliefert hat, geht sogar davon aus, dass die Rote Armee in der Kursker Schlacht allein an Gefallenen 999.300 Mann zu verzeichnen hatte. – Die personellen Gesamtverluste der Wehrmacht an Gefallenen, Verwundeten und Vermissten während der Kursker Schlacht lagen laut deutschen Quellen hingegen bei 203.000 Mann. Ausgehend von den (vorsichtig) geschätzten 1,2 Millionen sowjetischen Ausfällen ergibt sich ein Verhältnis der deutschen zu den sowjetischen personellen Verlusten von 1:6.

Panzer und Selbstfahrlafetten verlor die Rote Armee im Juli und August 1943 an der gesamten deutsch-sowjetischen Front etwa 9.300. Davon dürften schätzungsweise 7.000 in der Schlacht bei Kursk zerstört worden sein. Demgegenüber verlor die Wehrmacht im Juli und August 1943 an der gesamten Ostfront etwa 1.570 Panzer und Selbstfahrlafetten, davon schätzungsweise 1.200 in der Kursker Schlacht. Das Verlustverhältnis betrug somit ebenfalls 1:6. – Bei den Flugzeugverlusten lag das Verhältnis bei 1:5. Die Wehrmacht verlor bei Kursk insgesamt etwa 650 Maschinen, die Rote Armee (einschließlich Fernfliegerkräfte) mindestens 3.000.

Eines der Hauptprobleme bei der Schätzung der tatsächlichen sowjetischen Verluste (nicht nur in der Kursker Schlacht, sondern für den gesamten Zweiten Weltkrieg) ist die Tatsache, dass die Rote Armee bereits während des Krieges ihre Ausfälle herunterrechnete – vermutlich, um das erschreckende Ausmaß der wirklichen Verluste zu verschleiern. Dies lässt sich mit verschiedenen Beispielen belegen. In dem bereits erwähnten Bericht der Woronescher Front vom 24. Juli 1943 sind für den Zeitraum vom 4. bis 22. Juli 1943 insgesamt etwa 101.000 personelle Ausfälle und 1.628 Totalverluste an Panzern und Selbstfahrlafetten aufgeführt. Einen Monat später, am 23. August 1943, erstellte der Generalstab der Woronescher Front einen Bericht über die Kampfhandlungen während der Verteidigungsphase, in dem nur noch von 74.500 personellen Gesamtverlusten und 1.397 zerstörten Panzern die Rede war. In „Grif sekretnosti snjat" wurden diese Zahlen weiter reduziert, und zwar auf 73.892 personelle Ausfälle und circa 1.200 Panzerverluste!

Bezeichnend sind auch die verschiedenen Meldungen zu den Panzerverlusten der Zentralfront während der Verteidigungspha-

se. Laut der oben bereits erwähnten Zusammenstellung von Oberst
Sajew vom 19. Juli 1943 wurden 526 Panzer zerstört. Vier Tage
später erstellte Sajew einen Bericht über die Panzerverluste aller
sowjetischen Fronten im Zeitraum vom 5. bis 20. Juli 1943. Für
die Zentralfront sind darin nur noch 393 Totalverluste angegeben,
und dies, obwohl Rokossowskis Truppen am 15. Juli zur Offensive gegen die deutsche 9. Armee angetreten waren und die Verluste
demnach höher sein müssten als im ersten Bericht. Sajews Zusammenstellung vom 23. Juli ist dabei ganz offensichtlich falsch. Laut
demselben Bericht standen der Zentralfront am 5. Juli 1943
1.654 Panzer zur Verfügung; weitere 109 Panzer wurden ihr im
Berichtszeitraum als Verstärkungen zugeführt. Demnach verfügte
die Zentralfront während der Kämpfe über insgesamt 1.763 Panzer (ohne Selbstfahrlafetten). Am 20. Juli waren laut Sajews Bericht aber nur noch 672 einsatzbereite Panzer übrig, weitere 415
befanden sich in der Instandsetzung. Zieht man die am 20. Juli
insgesamt noch vorhandenen 1.087 Panzer von den 1.763 ursprünglich verfügbaren ab, ergibt sich eine Differenz von 676,
nicht 393. Die Zahl von 676 Totalverlusten in der Zeit vom 5. bis
20. Juli erscheint deutlich realistischer. Davon waren offensichtlich
526 während der Verteidigungsphase verloren gegangen, die restlichen 150 in den ersten Tagen der Gegenoffensive „Kutusow".

Auch bei den weiteren Gegenangriffen waren die sowjetischen
Totalverluste an Panzern äußerst hoch. Das ist insofern bemerkenswert, als ein Verband bei einer Angriffsoperation meistens
weniger Totalausfälle erlitt als in der Verteidigung. Denn bei einem
erfolgreichen Vorstoß verblieben die abgeschossenen Panzer in
eigener Hand, während Truppen, die sich zurückzogen, ihre beschädigten Panzer oft nicht bergen konnten und dem vorrücken-
den Feind überlassen mussten. Dies lässt sich am Beispiel der sowjetischen Panzerverluste bei Kursk belegen: Laut Sajews Bericht
vom 19. Juli verlor die Zentralfront während der Verteidigungsphase insgesamt 651 Panzer, davon 526 als Totalverluste. Die Totalausfälle betrugen also 80 Prozent der Gesamtausfälle. Die Woronescher Front meldete für die Zeit bis zum 22. Juli insgesamt
2.405 Ausfälle an Panzern. Davon waren 1.571 bzw. 65 Prozent
Totalverluste. Demgegenüber sank der Anteil der Totalverluste im
Verhältnis zu den Gesamtverlusten während der anschließenden
Gegenoffensiven merklich ab. So verlor die sowjetische 3. Garde-

Panzerarmee während der Offensive „Kutusow" bis Ende Juli 1943 insgesamt 669 Panzer, davon aber nur 309 (46 Prozent) als Total-verluste. Die sowjetische 4. Panzerarmee verlor während derselben Angriffsoperation Ende Juli innerhalb weniger Tage 534 Panzer und Selbstfahrlafetten, davon aber nur 249 (47 Prozent) „unwie-derbringlich" (wie die sowjetische Seite ihre Totalverluste zu be-zeichnen pflegte).

Obwohl die Anzahl der sowjetischen Panzer-Totalausfälle in Relation zu den Gesamtverlusten während der Gegenoffensiven sank, verlor die Rote Armee bei der Operation „Kutusow" selbst laut der offiziellen Verlustaufstellung in „Grif sekretnosti snjat" nicht weniger als 2.586 Panzer und Selbstfahrlafetten als Totalaus-fälle, bei der Offensive „Feldherr Rumjanzew" 1.864. Das sind zusammen 4.450 Panzer und Selbstfahrlafetten. Die tatsächlichen Verluste waren sicherlich noch höher und beliefen sich auf schät-zungsweise 4.800 Panzer und Selbstfahrlafetten. Gemessen an den durchschnittlichen Tagesverlusten war die Kursker Schlacht für die Rote Armee eine der verlustreichsten des ganzen Zweiten Welt-kriegs. In den Monaten Juli und August 1943 verlor sie an der gesamten Ostfront mehr als 9.000 Panzer (ohne Selbstfahrlafetten) als Totalausfälle. Das waren etwa so viele Panzer, wie die Wehr-macht in den zwei Jahren an der Ostfront seit Sommer 1941 ver-loren hatte. Doch von den Ausfällen an Maschinen abgesehen, starben in diesen Panzern zehntausende sowjetische Soldaten. Von den rund 400.000 Panzersoldaten, welche die Rote Armee wäh-rend des gesamten Zweiten Weltkriegs ausbildete, fielen mehr als 300.000 im Kampf.

Warum erlitt die Rote Armee so immense Verluste? Die Schlacht bei Kursk liefert eindrückliche Antworten auf diese Frage. Auf die taktische und waffentechnische Überlegenheit der deutschen Pan-zer- und Luftwaffe wurde bereits weiter oben hingewiesen. Auch die Feuerkraft der deutschen Infanterie-Einheiten war mit der Ein-führung des Maschinengewehrs 42 wesentlich erhöht worden. Das MG 42 war äußerst zuverlässig und hatte eine Feuergeschwindig-keit von 25 Schuss pro Sekunde. Viele deutsche Verbände, die am Unternehmen „Zitadelle" teilnahmen, waren im Frühjahr 1943 damit ausgestattet worden. Aber es gab eine Vielzahl weiterer – und noch weitaus wichtigerer – Faktoren. Besonders großen Wert legte das deutsche Heer auf das optimale Zusammenspiel der verschiedenen Waffengattungen im „Gefecht der verbundenen Waffen", auf das „Führen von vorn" und das „Führen mit Auftrag". Das waren taktische Konzepte, die der Wehrmacht selbst gegen weit überlegene Gegner immer wieder erstaunliche Erfolge ermöglichten. Sie sind in der Literatur schon häufig beschrieben worden und sollen deshalb hier nicht weiter erläutert werden. Vernachlässigt wird demgegenüber oft, dass die Wehrmacht auch über eine sehr präzise Artillerie verfügte, die im Sommer 1943 eine große Rolle spielte. So griffen am 14. Juli 1943 sowjetische Truppen die Front des deutschen XXXXVIII. Panzerkorps mit starken Kräften an. Darüber heißt es im Kriegstagebuch des Panzerarmee-Oberkommandos 4: „Immer neue Infanterie-Massen stürmen heran und fallen in dem ausgezeichnet liegenden Mörser- usw. Feuer der sehr wendig geführten Korpsartillerie."[2] Am 17. Juli hielt das Kriegstagebuch der 7. Infanterie-Division fest: „[Das] Artillerie-Regiment beherrscht mit seinem beobachteten Feuer die gesamte feindliche Bewegung."[3]

Besonders bewährten sich die Selbstfahrlafetten der „gepanzerten Artillerie". Ein Erfahrungsbericht des Kommandeurs der II. Abteilung des Panzerartillerie-Regiments 103 (4. Panzerdivision) vom 20. August 1943 hielt über die vorangegangenen Kämpfe fest: „Die Vorzüge der weitgehend unempfindlichen Selbstfahrlafetten-Artillerie waren gerade in der vergangenen Materialschlacht des Ostens entscheidend. Während die anderen Abteilungen des Regiments durch dauernde Luftangriffe und Artilleriebeschuss erhebliche Verluste in den Feuerstellungen hatten, blieben diese der [II.] Abteilung infolge der Panzerung und der Möglichkeit, aus einem scharf zusammengefassten Feuer einfach herauszufahren, erspart, obwohl, der Lage entsprechend, oft exponierte Feuerstellungen gewählt werden mussten."[4] Der sowjetischen Seite stand hingegen keine „gepanzerte Artillerie" zur Verfügung; sie beschränkte sich während des Zweiten Weltkriegs auf die Entwicklung von Sturmgeschützen, Sturmhaubitzen und Panzerjägern auf Selbstfahrlafetten.

Im Juli und August 1943 verschoss die deutsche Artillerie zudem so viel Munition wie niemals zuvor im Zweiten Weltkrieg. Der Kommandeur der Sturmgeschütz-Ersatz- und Ausbildungsabteilung 200, Oberstleutnant Hellmut Christ, besuchte in der Zeit vom 30. August bis 22. September 1943 die Ostfront, um Erfahrungen der Truppe festzuhalten. In seinem Bericht schrieb er: „Die deutsche Artillerie ist ohne Einschränkung ausgezeichnet. Sie ist das Rückgrat der Front. Wenn keine Infanterie mehr da ist, dann steht der Vorgeschobene Beobachter. Ein Divisionskommandeur sagte: ‚Die Artillerie ist meine letzte Rettung.‘“[5]

Ein weiterer nicht zu unterschätzender Grund für die hohen sowjetischen Verluste waren die sehr wirkungsvollen Angriffe deutscher Kampf- und Sturzkampfflugzeuge. Vor allem die berühmten Stukas vom Typ Junkers Ju 87 waren beim Gegner gefürchtet. Das lag nicht nur an der guten Ausbildung und der großen Kampferfahrung vieler deutscher Sturzkampfpiloten, sondern auch am Flugzeugtyp. Obwohl die Ju 87 veraltet war und nur bei eigener Luftüberlegenheit wirkungsvoll zum Einsatz kommen konnte, erfüllte sie ihre Rolle in den Kämpfen bei Kursk oft mit tödlicher Genauigkeit. Ein britischer Testpilot, der kurz nach dem Ende des Zweiten Weltkriegs die Gelegenheit hatte, eine erbeutete Ju 87 zu fliegen, schrieb: „Das Gefühl, man sitzt in einem durchfallenden wackeligen Untersatz, das man in den meisten Sturzbombern nicht loswurde, fehlte in der Ju 87 völlig. […] Irgendwie kam es mir vor, als sei die Ju 87 erst im Sturz in ihrem wahren Element. Mit diesem Flugzeug schien es die natürlichste Sache der Welt zu sein, wenn man mit ihm ‚auf dem Kopf‘ stand. Niemals hatte ich das Gefühl gehabt, während der beachtlichen Beschleunigung, die man im 90° Sturz erfuhr, in einen unkontrollierten Flugzustand zu geraten, wie ich das bei anderen Sturzkampfflugzeugen derselben Generation erlebt habe.“[6]

Die Effektivität der taktischen deutschen Luftangriffe wurde dadurch gesteigert, dass sich bei den Großverbänden des Heeres und der Waffen-SS meist „Fliegerverbindungsoffiziere“ der Luftwaffe befanden, welche die Zusammenarbeit zwischen den Bodentruppen und der Luftwaffe koordinierten und den Fliegern die zu bekämpfenden Ziele übermittelten. Außerdem kamen „Stuka-“ bzw. „Schlachtflieger-Leitoffiziere“ und „Fliegerfunker“ zum Einsatz, die sich vorn bei der Truppe aufhielten und in direktem Funkkontakt mit den Verbänden der Luftwaffe standen. Wie wirkungsvoll die Zusammenarbeit zwischen den Bodentruppen und der Luftwaffe dadurch sein konnte, verdeutlicht eine Aussage in der Tagesmeldung des Panzerregiments „Großdeutschland“ vom 9. Juli 1943: „Die Tätigkeit der eigenen Luftwaffe war im Laufe des Nachmittags sehr erheblich. Während die feindliche Luftwaffe sich darauf beschränkte, mit Schlachtfliegern und Bombern rückwärtige Teile anzugreifen, unterstützte die [*eigene*] Luftwaffe, vor allen Dingen die Stuka, in geradezu hervorragender Weise völlig selbständig dem jeweiligen Kampfverlauf angepasst das Vorgehen der Panzerspitze und bekämpfte Panzer, Pak und Artillerie mit sehr gutem Erfolg."[7] – In der Tagesmeldung der 9. Armee vom 11. Juli 1943 heißt es über die Kämpfe beim XXXXI. Panzerkorps: „Gegen 18.00 Uhr wurde ein Angriff des Gegners auf Höhe 253,5 von 6-8 Panzern, begleitet von auf Lkw. aufgesessener Infanterie, von Stukas in der Entwicklung zerschlagen."[8] – Ein sowjetischer Soldat, der am 31. Juli 1943 im Bereich der deutschen 6. Armee am Mius gefangen genommen wurde, sagte bei seiner Vernehmung aus, dass ein geplanter Angriff seiner Einheit zwei Tage vorher wegen mangelnder Artillerie-Unterstützung abgesagt werden musste: Stukas hätten ein herangeführtes Artillerie-Regiment völlig vernichtet. – Auf deutscher Seite sind aus den Sommerkämpfen 1943 demgegenüber keine Fälle bekannt, in denen ganze Einheiten oder Verbände durch sowjetische Luftangriffe aufgerieben wurden.

Zu ihrer Treffgenauigkeit kam hinzu, dass die Stukas besonders auf unerfahrene sowjetische Soldaten eine stark demoralisierende Wirkung hatten, zumal wenn sie sich mit ihren infernalisch heulenden Sirenen auf ihre Ziele stürzten. Bei diesen Sirenen, meistens fälschlich als „Jericho-Trompeten" bezeichnet, handelte es sich um kleine Propeller, die an die Verkleidung der beiden Fahrwerksbeine montiert waren und vor dem Sturz eingeschaltet wurden. Die amtliche Bezeichnung lautete „Lärmgeräte", doch die Stuka-Besatzungen nannten sie meistens nur „Sirenen". Bei den „Jericho-Trompeten" handelte es sich hingegen um eine andere Erfindung, die ebenfalls demoralisierend wirken sollte, nämlich kleine Pfeifen, die an die Leitwerksflügel der Fliegerbomben montiert wurden und beim Abwurf der Bombe ein nervenaufreibendes Geräusch von sich gaben. So zermürbend diese Erfindungen auf die gegnerischen Truppen wirkten, so motivierend konnten sie für die eigenen Soldaten sein: „Das Heulen der Stukas ist Musik in unseren Ohren", schrieb ein Soldat der 7. Infanterie-Division am 5. Juli 1943 in sein Tagebuch.[9]

Abgesehen von der waffentechnischen und taktischen Überlegenheit der Wehrmacht und der besseren Ausbildung ihrer Soldaten hatten die hohen Verluste der Roten Armee in der Schlacht bei Kursk aber noch ganz andere Gründe. Während der sowjetischen Verteidigungsphase zeigte sich, dass es die Rote Armee zwar verstand, hervorragende Verteidigungsstellungen aufzubauen und in der relativ starren Verteidigung zäh zu kämpfen. Aber dafür machten die sowjetischen Kommandeure vor allem bei Gegenangriffen immer wieder fatale Fehler. So wurden die eigenen Kräfte immer wieder zersplittert, „verkleckert" oder schlichtweg „verheizt". Selbstverständlich bemühten sich die sowjetischen Militärs und die sowjetische Geschichtsschreibung, solche unrühmlichen Erscheinungen zu verschweigen. Doch in den deutschen Militärakten und den Berichten von Schlachtteilnehmern finden sich darüber zahlreiche Aussagen. So führten das sowjetische 3. Panzerkorps und die 307. Schützendivision am 8. Juli 1943 bei Ponyri nicht weniger als elf erfolglose Angriffe mit Teilkräften durch, anstatt die Verbände zu einem konzentrierten Stoß zusammenzufassen, der für die relativ schwachen deutschen Truppen wahrscheinlich verhängnisvoll gewesen wäre. Anton Bumüller, ein Funker der 18. Panzerdivision, beobachtete am 8. Juli aus nächster Nähe, wie ein sowjetischer Angriffsversuch bei Ponyri durch einen einzelnen Panzerjäger vom Typ „Ferdinand" abgewehrt wurde: „In vielleicht 600 oder 700 Metern Entfernung war parallel zum Frontverlauf eine Bodensenke, die tief genug war, um jeden Panzer zu verstecken. Der russische Panzerbefehlshaber hat den ersten T-34 raufgeschickt. Der kroch hoch, und als er die Nase rausgestreckt hat und die Waffen, hat er den ersten Treffer gleich unten in die Wanne reingekriegt. Es gab eine Stichflamme und er ist wieder runtergerollt. Und das ging so weiter bis zum vierzehnten Panzer, die alle abgeschossen wurden. Erst danach sind gleichzeitig zwei Panzer raufgefahren, ziemlich nebeneinander. Der erste hatte gerade die Nase oben, da kriegte er schon eins rein. Der zweite kam fast noch auf die Ebene, aber da hat er eine verpasst bekommen und ist auch in Flammen aufgegangen. Danach hat es der russische Kommandeur aufgegeben."[10]

Das Kriegstagebuch des XXXXVIII. Panzerkorps vermerkte am 10. Juli 1943: „Ein Erfahrungsaustausch des Chefs [*des Generalstabs des Korps*] mit dem Chef [*des*] SS-Panzer-Korps ergibt übereinstimmend das Bild, dass die zahlreichen und stark mit Panzern ausgestatteten Panzerverbände des Gegners vor beiden Korps niemals zu einem einheitlichen Großangriff angesetzt worden sind. Der Gegner greift meist in einzelnen Gruppen von 20-30 Panzern an. Der Grund hierfür dürfte in dem schlechten Kampfwert der russischen Infanterie zu suchen sein, die sich in der Masse aus Angehörigen sehr alter und sehr junger Jahrgänge zusammensetzt. Die mittleren Altersklassen fehlen fast völlig. Der Gegner ist dadurch gezwungen, seine Panzer zur Stützung der Moral seiner Infanterie zu verzetteln.“[11]

Zahlreiche weitere derartige Aussagen ließen sich anführen, und zwar nicht nur für die Verteidigungsphase, sondern auch für die sowjetischen Gegenoffensiven „Kutusow“ und „Feldherr Rumjanzew“. In einem Erfahrungsbericht der I. Abteilung des Panzerregiments 35 (4. Panzerdivision) vom 21. August 1943 heißt es über die Abwehr sowjetischer Panzerangriffe im Abschnitt des deutschen XXXXVI. Panzerkorps während der Operation „Kutusow“: „Die dauernden Verluste bewegten den Gegner schließlich dazu, sich im offenen Gelände in großer Entfernung zu halten. Angriffsweise ging er nur zusammen mit Infanterie in Schluchten und Dörfern vor und erzielte damit gegen eigene Infanterie Erfolge, wurde aber dann durch eigene am Hinterhang in Lauerstellung befindliche Panzer abgeschossen. Die Wendigkeit im Aussuchen einer günstigen Stellung zum Angriff ging verloren, auch dort, wo schon mehrere abgeschossene Panzer standen, rannte er stur weiter an. Außer dem Einsatz seiner Panzer zur Infanterieunterstützung versuchte er sie nach dem deutschen Muster brigadenweise zum Durchbruch einzusetzen. Noch sind aber die russischen Panzer-Kommandeure nicht geschult genug, mit ihren Panzern weiter anzugreifen, wenn sie in die Infanterie eingebrochen sind. Die Wagen stehen solange herum und schauen, bis sie schließlich abgeschossen werden.“[12]

Ein letztes Beispiel, diesmal über die sowjetischen Infanterie-Verluste während der Sommerkämpfe 1943, stammt aus dem bereits oben erwähnten Bericht von Oberstleutnant Christ: „Die russische Infanterie ist überall sehr schlecht und tritt im allgemeinen nur mit Begleitpanzern zum Angriff an. Sie hat unglaublich hohe Ausfälle hinnehmen müssen, ist kaum noch ausgebildet, geht ohne zu kämpfen vor und ist als nahezu führerlos anzusprechen. Es wurde ein Leutnant gefangen genommen, der bisher Registraturbeamter war, ohne Ausbildung, 30 Mann in die Hände bekam und diesen so genannten Zug gegen die deutschen Stellungen führen sollte."[13] Bei diesen Erfahrungsberichten handelte es sich nicht etwa um Propaganda, sondern um Geheimunterlagen, die für die militärischen Führungsstellen geschrieben wurden, um daraus Lehren ziehen zu können.

Doch neben der mangelhaften Ausbildung der Soldaten und der fehlenden Erfahrung der sowjetischen Kommandeure auf der unteren und mittleren Befehlsebene waren auch die Führungsfehler auf der oberen Kommandoebene ein Grund für die enormen Verluste der Roten Armee. Immer wieder ließ die sowjetische Führung ihre Truppen frontal gegen die stärksten Stellen der deutschen Front angreifen, so etwa am 12. Juli 1943 bei Nowosil und bei Prochorowka, am 15. Juli bei Ponyri und Tjoploje oder am 17. Juli bei Dmitrijewka und Kuibyschewo. Verluste spielten für viele sowjetische Militärführer schlichtweg keine Rolle, und so schickten sie ihre Soldaten auch im weiteren Verlauf des Krieges immer wieder in „sinnlose und blutige Angriffe".[14] Die ungeheuren Verluste ließen sich natürlich nicht völlig vertuschen. Deshalb sahen sich die sowjetischen Kommandeure gezwungen, sie auf eine Weise zu begründen, die nicht den Verdacht zuließ, die hohen Ausfälle seien durch ihre eigene Unfähigkeit eingetreten. Denn Stalin hatte schon manche Exempel statuiert und erfolglose Heerführer wegen Inkompetenz verhaften oder sogar hinrichten lassen. Der einfachste Weg, Misserfolge oder hohe eigene Ausfälle zu begründen, bestand darin, die Stärke des Gegners zu übertreiben und zugleich riesige feindliche Verluste zu melden. Dies konnte sich allerdings kontraproduktiv auswirken. Denn angesichts der ständig weit übertriebenen Erfolgsmeldungen der Roten Armee musste die sowjetische Führung irgendwann glauben, ihre Truppen hätten nur noch zerschlagene deutsche Verbände vor sich. Möglicherweise ist dies auch eine Erklärung dafür, weshalb Stalin seine Armeen immer wieder frontal gegen die schlagkräftigsten deutschen Verbände anstürmen ließ.

Gegenüber den gewaltigen sowjetischen Verlusten wirken die deutschen Ausfälle in der Schlacht bei Kursk beinahe gering. Doch es wäre falsch, diesen Schluss zu ziehen, denn für deutsche Verhältnisse waren die Verluste sehr hoch, und die Kampfkraft des Ostheeres war am Ende des Sommers 1943 erschöpft. Allerdings lag das nicht an der gescheiterten Operation „Zitadelle", denn die materiellen Verluste waren bei den Abwehrkämpfen in der zweiten Phase der Schlacht sogar höher als bei der Offensive auf Kursk. Wäre die Wehrmacht Anfang Juli nicht zum Angriff angetreten, hätte die Rote Armee trotzdem ihre geplanten Sommeroffensiven durchgeführt. Die Möglichkeit, an der Ostfront große Schlachten zu vermeiden, um die im Frühjahr aufgefrischten Panzerverbände als Reserven zu schonen, beschwor zwar Guderian in seinen Memoiren herauf – in der Wirklichkeit bestand diese Chance jedoch nicht. Die Wehrmacht wäre auf jeden Fall in schwere Kämpfe verwickelt worden und hätte hohe Verluste erlitten. Und diese Verluste wären gewiss nicht geringer als beim Unternehmen „Zitadelle" gewesen. Diese Hypothese lässt sich mit verschiedenen Beispielen untermauern. Am 9. August 1943 legte das Oberkommando der Heeresgruppe Mitte dem Generalstab des Heeres eine Aufstellung der Panzerverluste vor, welche die bei der Heeresgruppe Mitte eingesetzten Panzerdivisionen im Zeitraum vom 5. Juli bis zum 1. August 1943 erlitten hatten. Der Zeitraum umfasste sowohl die Angriffskämpfe bei der Operation „Zitadelle" als auch die Abwehrkämpfe gegen die sowjetische Offensive „Kutusow", die am 12. Juli begonnen hatte. Von den acht aufgeführten Panzerdivisionen hatte mit 55 Totalausfällen die 5. Panzerdivision die höchsten Panzerverluste erlitten. Diese Division war aber gar nicht am Unternehmen „Zitadelle" beteiligt gewesen. Die zweithöchsten Verluste hatte mit 45 Totalausfällen die 2. Panzerdivision hinnehmen müssen, gefolgt von der 8. Panzerdivision mit 41 Verlusten. Auch die 8. Panzerdivision hatte nicht am Angriff auf Kursk teilgenommen. Bei den übrigen fünf Panzerdivisionen lagen die Totalausfälle zwischen 14 und 27 Panzern. All diese Divisionen waren nach dem Abbruch von „Zitadelle" auch an den Abwehrkämpfen bei Orjol beteiligt gewesen.

Die beiden SS-Divisionen „Das Reich" und „Totenkopf" verloren am 30. und 31. Juli 1943 beim Gegenangriff am Mius 23 Panzer und Sturmgeschütze als Totalausfälle. Das waren genau so viele, wie sie im Zeitraum vom 5. bis 18. Juli eingebüßt hatten, also beim gesamten Unternehmen „Zitadelle". Und dabei ist zu berücksichtigen, dass den beiden Divisionen am Mius deutlich weniger einsatzbereite Panzer zur Verfügung standen als vor „Zitadelle", diese Ausfälle also stärker ins Gewicht fielen.

Hingegen waren die personellen Verluste der deutschen Verbände bei „Zitadelle" im Vergleich mit den sowjetischen Ausfällen höher als bei den anschließenden Abwehrkämpfen. Das Verlustverhältnis während der Offensive auf Kursk lag (laut der weiter oben erläuterten Schätzung) bei 1:4, während es für die gesamte Kursker Schlacht 1:6 betrug. Das überrascht allerdings nicht, weil das starke sowjetische Stellungssystem im Kursker Frontbogen vor allem durch die Grenadiere der Angriffsdivisionen aufgebrochen werden musste. Dagegen stützte sich die Rote Armee bei der Abwehr der deutschen Angriffe, vor allem im Nordabschnitt des Kursker Bogens, weniger auf ihre Infanterie als auf Minen, Panzer und Artillerie. Wohl zu Recht stellte Generalfeldmarschall von Kluge am 11. Juli fest, das Scheitern des Angriffs von Models 9. Armee sei „lediglich auf die Wirkung des feindlichen Artillerie-, Salvengeschütz- und Granatwerferfeuers" zurückzuführen.[15]

Tendenziell sind die Verluste eines militärischen Verbands beim Angriff ohnehin höher als in der Verteidigung, weil der Verteidiger durch Schützenlöcher, Gräben, befestigte Stellungen und Bunker geschützt ist, während der Angreifer seine Deckung verlassen muss. Trotzdem waren die deutschen Angriffsverbände nach „Zitadelle" nicht völlig ausgebrannt, wie in den Memoiren deutscher Generäle nach dem Krieg und in der sowjetischen Geschichtsschreibung immer wieder behauptet wurde. Das belegen beispielsweise die Urteile über die Kampfkraft der Divisionen, welche die Divisionskommandeure in ihren „Wochenmeldungen" abgeben mussten. Am 18. Juli 1943 meldeten die Kommandeure der 3. und 11. Panzerdivision sowie der Panzergrenadier-Divisionen „Das Reich", „Totenkopf" und „Großdeutschland" an das Oberkommando der 4. Panzerarmee, dass ihre Verbände noch immer „für jede Angriffsaufgabe geeignet" seien.[16] Das war die höchste Bewertung, die ein Kommandeur abgeben konnte. Die 255. Infanterie-Division wurde ebenfalls noch genauso eingeschätzt wie am 5. Juli: „bedingt zum Angriff geeignet".

Nur bei zwei Divisionen der 4. Panzerarmee wurde die Kampfkraft durch das Unternehmen „Zitadelle" deutlich gemindert. Das war zum einen die „Leibstandarte SS Adolf Hitler", zum anderen die 332. Infanterie-Division. Am 5. Juli hatte das Urteil für beide Divisionen noch gelautet: „für jede Angriffsaufgabe geeignet". Demgegenüber vermerkte die Wochenmeldung der „Leibstandarte" am 18. Juli: „Division zu Angriffsaufgaben voll, zu Abwehraufgaben [*nur*] bedingt geeignet infolge Mangel an Infanterie." Tatsächlich hatte die „Leibstandarte" bei „Zitadelle" sehr hohe Verluste an Panzergrenadieren erlitten. 636 Soldaten waren am ersten Angriffstag ausgefallen, als die Division den sowjetischen Armee-Hauptverteidigungsgürtel durchbrach. Am 6. Juli überwand die „Leibstandarte" den zweiten Verteidigungsgürtel, verlor dabei aber insgesamt 487 Soldaten. Danach gingen die personellen Verluste zurück. Die dritthöchsten Ausfälle erlitt die Division mit 374 Mann am 12. Juli 1943, als sie vom Angriff der 5. Garde-Panzerarmee überrascht wurde. Diese Verluste entstanden aber bei Abwehrkämpfen, nicht im Angriff. – Die 332. Infanterie-Division war laut Meldung vom 18. Juli nur noch „bedingt zum Angriff geeignet". Tatsächlich hatte die Division bei „Zitadelle" einen Großteil ihrer Kampfkraft eingebüßt.

Im Abschnitt der Armeeabteilung Kempf hatten die 106., 168. und 320. Infanterie-Division sowie die 19. Panzerdivision schwere Verluste erlitten. Und auch die Infanterie-Divisionen von Models 9. Armee mussten beträchtliche Ausfälle hinnehmen. Die 78. Sturmdivision verlor am ersten Angriffstag von „Zitadelle" insgesamt 912 Soldaten, die 216. Infanterie-Division 862. Das Kriegstagebuch der 292. Infanterie-Division vermerkte zwei Tage später: „Die Verluste der Division am 7.7. sind sehr hoch, die Kampfkraft der Division ist damit nach 3 Tagen Angriff schon zum Teil erschöpft. Hauptgrund für die hohen Ausfälle ist das sehr starke feindliche Artillerie-Feuer, das nicht ausgeschaltet werden kann."[17]

Es besteht demnach kein Zweifel, dass einige der deutschen Angriffsdivisionen beim Unternehmen „Zitadelle" stark dezimiert wurden, einzelne Verbände wie das Panzergrenadier-Regiment 73 der 19. Panzerdivision sogar fast aufgerieben wurden. Allerdings muss berücksichtigt werden, dass auch bei den Abwehrkämpfen im Sommer 1943 eine ganze Reihe von Verbänden innerhalb weniger Tage „ausbrannte". So stand beispielsweise während der sowjetischen Donbass-Offensive vom 17. Juli 1943 die 16. Panzergrenadier-Division am Mius im Brennpunkt der Kämpfe. Sie bewährte sich außerordentlich gut, und General Zeitzler schlug Hitler am 25. Juli vor, die Division im Wehrmachtbericht nennen zu lassen. Noch am selben Tag gab das Oberkommando der Wehrmacht bekannt: „Bei den letzten Kämpfen an der Miusfront zeichnete sich die rheinisch-westfälische 16. Panzer-Grenadier-Division besonders aus."[18] Die Kehrseite der Medaille war, dass die Division bei den Kämpfen am Mius fast aufgerieben worden war. Am 21. Juli 1943 vermerkte das Kriegstagebuch der 6. Armee: „Durch das außerordentlich starke feindliche Artillerie-Feuer und den Masseneinsatz von Kampfflugzeugen zum Teil mit Phosphorangriffen sind die eigenen Verluste erheblich; die Kampfkraft der seit 5 Tagen schwer ringenden Truppe, insbesondere bei [der] 16. Panzer-Grenadier-Division, der 294. und 306. Infanterie-Division hat bedeutend gelitten."[19] Von den insgesamt 53 Panzern der 16. Panzergrenadier-Division waren an diesem Tag nur noch vier einsatzbereit. Am folgenden Tag berichtete das Kriegstagebuch der 6. Armee: „[Die] 16. Panzer-Grenadier-Division, die die Hauptlast der Abwehrkämpfe in den letzten Tagen zu tragen hatte, ist infolge hoher personeller Ausfälle und der drückenden Hitze stark erschöpft."[20] Am Morgen des 23. Juli meldete die Division, dass die Gefechtsstärken ihrer Grenadier-Bataillone zum Teil bis auf 50 Mann abgesunken seien und die infanteristische Gesamtstärke nur noch 550 Mann betrage. Dabei lag die infanteristische Gesamtstärke einer Panzergrenadier-Division normalerweise bei mehr als 6.000 Mann.

Einen weiteren Beleg dafür, dass die deutschen personellen Verluste bei „Zitadelle" im Vergleich zu den anschließenden Abwehrkämpfen im Sommer 1943 nicht außergewöhnlich hoch waren, liefern die Zehn-Tages-Meldungen der Abteilung Wehrmachtverlustwesen beim Allgemeinen Wehrmachtamt des Oberkommandos der Wehrmacht: So verlor die 6. Armee im Donezbecken in den 20 Tagen vom 11. bis 31. Juli 1943 insgesamt 18.673 Soldaten. Das waren mehr, als die Armeeabteilung Kempf (17.769) und die 4. Panzerarmee (15.702) in den 20 Tagen vom 1. bis 20. Juli 1943 verloren hatten, also jenem Zeitraum, in dem das Unternehmen „Zitadelle" stattfand. Lediglich Models 9. Armee hatte mit 28.447 personellen Ausfällen höhere Verluste. – Die 4. Panzerarmee erlitt in den zehn Tagen vom 21. bis 31. August 1943 mit 14.545 personellen Ausfällen fast so hohe Verluste wie in den 20 Tagen vom 1. bis 20. Juli 1943, also dem Zeitraum, in den das Unternehmen „Zitadelle" fiel (15.702). – Die Armeeabteilung Kempf bzw. 8. Armee erlitt in den 20 Tagen vom 11. bis 31. August 1943 mit

23.470 Verlusten höhere Ausfälle als in den 20 Tagen vom 1. bis 20. Juli 1943, also dem Zeitraum, in dem der Angriff auf Kursk erfolgte (17.769). – Die 2. Panzerarmee meldete in den zehn Tagen vom 21. bis 31. Juli 1943 mit 34.749 Ausfällen höhere Verluste als irgendeine andere deutsche Armee im Sommer 1943 in einem Zeitraum von zehn oder 20 Tagen. Selbst die 9. Armee hatte in dem 20-Tage-Zeitraum, in dem das Unternehmen „Zitadelle" stattfand, nicht so hohe Verluste (28.447). – Die 4. Armee erlitt in der Defensive im 10-Tage-Zeitraum vom 11. bis 20. August 1943 mit 21.453 personellen Ausfällen fast so hohe Verluste wie die 9. Armee beim Angriff auf Kursk (22.201).

Diese Beispiele zeigen, dass die Offensive auf Kursk für die Kampfkraft des deutschen Ostheeres keineswegs so verhängnisvoll war, wie viele Memoirenschreiber nach dem Krieg behaupteten. Nicht das Unternehmen „Zitadelle", sondern die gesamten Sommerkämpfe des Jahres 1943 an der Ostfront wirkten sich verheerend auf die Kampfkraft aus. Im Juli und August 1943 musste das deutsche Feldheer die bis dahin höchsten personellen Verluste seit Kriegsbeginn hinnehmen. Aber auch die Rote Armee erlitt außerordentlich hohe Verluste. Im Juli 1943 lagen die sowjetischen personellen Ausfälle 44 Prozent über den monatlichen Durchschnittsverlusten des gesamten „Großen Vaterländischen Krieges", im August 1943 waren sie sogar 73 Prozent höher. Dies bestätigt, dass die Sommerschlachten des Jahres 1943 für beide Seiten zu den härtesten Kämpfen des gesamten Zweiten Weltkriegs zählten, egal welche Seite sich in der Defensive oder Offensive befand. Allerdings gab es einen entscheidenden Unterschied: Die Sowjetunion konnte solche horrenden Verluste eher verkraften, was nicht nur daran lag, dass sie doppelt so viele Einwohner wie das Deutsche Reich hatte. Deutschland stand im Gegensatz zur UdSSR auch einer Koalition gegenüber, die mittlerweile die halbe Welt umfasste und deren Ressourcen jene der Achsenmächte um ein Vielfaches übertrafen. Zwar konnte das Deutsche Reich die Produktion von Waffen in den folgenden Monaten noch weiter steigern, aber die Verluste an Menschen ließen sich nicht mehr ersetzen. Allein von Juli bis Oktober 1943 verlor das deutsche Ostheer insgesamt 911.000 Soldaten, während es lediglich 421.700 Mann Nachersatz erhielt. Erschöpfte Divisionen konnten dadurch immer seltener aufgefrischt werden. Am 27. August notierte Manstein in sein privates Kriegstagebuch, es könne kein Zweifel darüber bestehen, dass die Lage ernst und die Truppe am Ende sei. Zwei Wochen später vermerkte Goebbels in seinem Tagebuch: „Unsere Soldaten sind abgekämpft, unsere Divisionen ausgeblutet."[21]

„Es taucht jetzt in den maßgebenden Kreisen bei uns [...] die Frage auf, ob die Sowjetunion überhaupt noch militärisch zu schlagen sei."[22] – Die Bedeutung der Kursker Schlacht für das Deutsche Reich und für die Sowjetunion

Für die deutsche Seite bedeutete das Scheitern der Sommeroffensive auf Kursk eine schwere moralische Niederlage. Denn Hitler hatte Anfang Juli 1943 in einem Tagesbefehl an seine Kommandeure noch verkündet, „die Bedeutung des ersten Angriffsschlages in diesem Jahr" sei „eine außerordentliche". Von der „erfolgreichen Durchführung gerade dieses ersten großen Schlages des Jahres 1943", so Hitler weiter, hänge mehr ab „als von einem gewöhnlichen Sieg". Einen weiteren Tagesbefehl hatte er an alle Soldaten der Angriffsverbände gerichtet. Dieser begann mit den Worten: „Mit dem heutigen Tage tretet Ihr zu einer großen Angriffsschlacht an, deren Ausgang kriegsentscheidende Bedeutung haben kann." Fast am Ende des Aufrufs bekräftigte Hitler noch einmal: „Und Ihr müsst wissen, dass vom Gelingen dieser Schlacht alles abhängen kann."[23] Hitler übertrieb bewusst die Bedeutung der kommenden Kämpfe, um die Soldaten zu motivieren. Das entsprach seinen propagandistischen Maximen. Bereits in „Mein Kampf" hatte er 1924 geschrieben: „Es muss in allen Fällen, in denen es sich um die Erfüllung scheinbar unmöglicher Forderungen oder Aufgaben handelt, die gesamte Aufmerksamkeit eines Volkes nur auf diese eine Frage geschlossen vereinigt werden, so, als ob von ihrer Lösung tatsächlich Sein oder Nichtsein abhänge. Nur so wird man ein Volk zu wahrhaft großen Leistungen und Anstrengungen willig und fähig machen. [...] Es ist also die allererste Vorbedingung, die zum Angriff auf eine so schwere Teilstrecke des menschlichen Weges nötig ist, die, dass es der Führung gelingt, der Masse des Volkes gerade das jetzt zu erreichende, besser zu erkämpfende Teilziel, als das nun einzig und allein der menschlichen Aufmerksamkeit würdige hinzustellen, von dessen Eroberung alles abhänge."[24]

Doch im Sommer 1943 erwies sich diese Propaganda-Taktik als Bumerang. Als die vermeintlich entscheidende Offensive im Norden von Kursk bereits nach einer Woche, im Süden nach knapp zwei Wochen abgebrochen werden musste, waren viele Soldaten bestürzt. Leutnant Karl Freygang, ein Angehöriger der 7. Infanterie-Division, schrieb am 16. Juli 1943 in sein Tagebuch: „Wir müssen zurück!!! Alle Opfer waren umsonst, aller Einsatz vergebens, ich habe geweint vor Wut und Trauer."[25] – Am 17. August 1943 verfasste Major Markus von Busse einen Bericht über eine Frontreise, die er im Auftrag der Organisationsabteilung des Generalstabs des Heeres in der Zeit vom 12. bis 15. August unternommen hatte. Neben dem Oberkommando der Heeresgruppe Mitte hatte Busse dabei mehrere Armee-Oberkommandos, Generalkommandos und Divisionsstäbe aufgesucht, um sie über ihre Erfahrungen berichten zu lassen. Über die Stimmung an der Front hielt er fest: „Das Vertrauen in die Führung droht erschüttert zu werden. [...] Der Angriff Zitadelle sollte die Entscheidung bringen – es folgten anschließend die schweren Kämpfe mit Rückzug. Es fehlt den Führern laufend eine Orientierung, da sie bei dem jetzigen Zustand die zahlreichen Fragen des Soldaten nicht beantworten können."[26]

Aus operationsgeschichtlicher Sicht leitete die Schlacht bei Kursk den Beginn der großen deutschen Rückzüge ein. Anders als die deutsche Führung gehofft hatte, kam die deutsch-sowjetische Front nicht mehr zur Ruhe. Am 7. August begann die sowjetische Offensive gegen Smolensk, sechs Tage später trat die Rote Armee erneut zum Angriff auf das Donezbecken an. Am 26. August folgte die sowjetische Offensive auf Poltawa, am 1. September auf Brjansk. Hitler wurde nun endgültig klar, dass die Wehrmacht die Kriegsentscheidung nicht an der Ostfront würde erzwingen können. Deshalb verlegte er den strategischen Schwerpunkt im Herbst 1943 auf den Westen Europas. Wenn es gelänge, den Westalliierten eine schwere Niederlage bei einer Landung in Frankreich beizubringen, so glaubte Hitler, dann könne der Krieg noch gewonnen werden.

War Kursk strategisch gesehen eine Entscheidungsschlacht oder sogar die ausschlaggebende Schlacht des Zweiten Weltkriegs, wie bis heute zuweilen noch immer behauptet wird? Sicherlich nicht, denn es gab Ereignisse, die den Verlauf des Zweiten Weltkriegs viel grundlegender veränderten, beispielsweise der Kriegseintritt der USA, das Scheitern der beiden großen deutschen Feldzüge an der Ostfront 1941 und 1942 oder die Schlacht um Midway im Juni 1942, in deren Folge die Initiative auf dem pazifischen Kriegsschauplatz von den Japanern auf die Amerikaner überging. Dennoch markierte die Schlacht bei Kursk insofern einen Wendepunkt, als sie nun für alle sichtbar den endgültigen Umschwung an der Ostfront deutlich werden ließ. Die Entwicklung, die diesen Umschwung herbeiführte, hatte zwar schon vorher begonnen, und bereits an der Schlacht um Stalingrad zeichnete sich die Niederlage des Deutschen Reichs ab. Doch die Erfolge des Ostheeres im März 1943 und die anschließende lange Ruhepause an der deutschsowjetischen Front hatten auf deutscher Seite die Hoffnung geweckt, dass Deutschland die Sowjetunion doch noch militärisch besiegen könne. Umso drastischer wurde nach dem Scheitern der deutschen Sommeroffensive klar, dass der Krieg im Osten militärisch nicht zu gewinnen war, solange die Anti-Hitler-Koalition bestand und das Deutsche Reich einen Mehrfrontenkrieg führen musste. Der Sicherheitsdienst der SS notierte am 2. September 1943 über die Stimmung in der deutschen Bevölkerung: „Stärkste Besorgnis errege die Lage an der Ostfront. Wenn den Sowjets auch bisher ein entscheidender Durchbruch nicht gelungen sei, so sei es doch geradezu beängstigend, dass sie überhaupt noch in der Lage wären, eine solche, sich nun fast über zwei Monate erstreckende Offensive durchzuführen."[27] Vier Tage später berichtete der Sicherheitsdienst, es sei „auffallend, dass jetzt auch eine ansteigende Zahl von Fronturlaubern aus dem Osten mit pessimistischen Anschauungen heimkommen, während diese vor wenigen Monaten noch fast durchweg felsenfeste Zuversicht und volles Vertrauen zu dem Sieg unserer Waffen beseelt habe".[28] Am 18. September 1943 notierte Karl-Friedrich Kolbow, der Landeshauptmann der Provinz Westfalen, in sein Tagebuch: „Die Bedrohung Deutschlands von Osten her wächst sich zu einer Riesengefahr aus, und nur mit Grauen kann ich an den kommenden Winter denken. Wenn unsere Front dann im Osten zerbricht, ist der Krieg verloren und wir alle mit. Hoffen wir weiter auf ein Wunder und auf die deutsche Tapferkeit!"[29] – Demnach hatten die Sommerkämpfe 1943 sowohl auf die Kampfkraft des deutschen Ostheeres als auch auf die Moral an der Front und in der Heimat eine einschneidende Wirkung.

Doch auch für die sowjetische Seite hatte die Kursker Schlacht nachhaltige Konsequenzen. Weder gelang es, die deutschen Kräfte im Frontbogen von Orjol und im Raum Charkow zu vernichten, wie es mit den Operationen „Kutusow" und „Feldherr Rumjanzew" beabsichtigt gewesen war, noch konnten die operativen Ziele erreicht werden, welche die Stawka im größeren Rahmen für das Jahr 1943 gesteckt hatte. Der damalige stellvertretende Chef der Operationsabteilung des sowjetischen Generalstabs, Generalleutnant Sergei Schtemenko, schrieb in seinen 1968 erschienenen Erinnerungen, der Operationsplan „Kutusow" habe „einen Angriff der vereinten Kräfte der West- und der Brjansker Front unmittelbar nach Westen mit dem Ziel" vorgesehen, „die gegnerische Gruppierung bei Orjol zu zerschlagen, Belorussland zu befreien und danach in Ostpreußen und Ostpolen einzudringen".[30] Dies gelang der Roten Armee erst ein Jahr später.

Die Verluste der sowjetischen Seite in der Schlacht bei Kursk waren so hoch, dass es vielen russischen Historikern noch heute schwerfällt, ihr wahres Ausmaß anzuerkennen. Zu sehr haben sie sich an die jahrzehntelang verbreitete offizielle Lesart gewöhnt, die Kursker Schlacht habe mit einem überwältigenden Sieg der Roten Armee geendet und sei vor allem durch hohe Verluste auf deutscher Seite gekennzeichnet gewesen. In Wahrheit war der Sieg bei Kursk zu einem Preis erkauft worden, den der russische Historiker Boris Sokolow bereits vor 20 Jahren als „katastrophal" bezeichnet hat.[31] Doch für die Sowjetunion war die Hauptsache, dass die Rote Armee gewonnen hatte, und zwar sowohl die Kursker Schlacht als auch den Zweiten Weltkrieg. Und laut kommunistischer Ideologie hatten die Siege der Roten Armee „gesetzmäßigen Charakter", demonstrierten sie doch die vermeintliche Überlegenheit der sowjetischen Gesellschaftsordnung.[32] „Von der Sowjetunion lernen, heißt siegen lernen", lautete dann auch eine gängige Propaganda-Parole in der Deutschen Demokratischen Republik.[33] Die zahlreichen Unzulänglichkeiten der sowjetischen Kriegführung, die taktische Unterlegenheit gegenüber der Wehrmacht und die riesigen Verluste der Roten Armee passten nicht in das Bild der eigenen Genialität und wurden folglich von der sowjetischen Geschichtsschreibung verschwiegen.

Aber auch die ehemaligen Generäle der Wehrmacht, die in den ersten Jahrzehnten nach dem Zweiten Weltkrieg die deutsche Historiografie maßgeblich beeinflussten, waren bemüht, den Schleier des Vergessens über unrühmliche Ereignisse und Entwicklungen sowie über eigene Fehler zu legen. Beide Seiten waren weniger an der Wahrheit interessiert als daran, einen Mythos zu schaffen. Und dabei waren sie sehr erfolgreich.

5. Verlogene Siege:
Die Schlacht um die Erinnerung

„Es ist nachträglich unerklärlich, wie die Oberkommandos [...] diesem Plan Hitlers, der den Keim des Misslingens von vornherein in sich trug, zustimmen konnten.“[1] *– Die Schlacht bei Kursk in den Memoiren deutscher Militärs*

Auf deutscher Seite waren die Militärs in den ersten Jahren nach dem Zweiten Weltkrieg fast ausnahmslos bemüht, ein Bild der Schlacht bei Kursk zu zeichnen, das unter dem Kredo stand: Hitler war an allem schuld! Angeblich, so der ehemalige Generalstabschef Kurt Zeitzler, sei „Zitadelle" allein Hitlers Idee gewesen, von der ihn niemand habe abbringen können. Zeitzler, der während des Zweiten Weltkriegs ein treu ergebener Anhänger Hitlers gewesen war und am 30. Januar 1944 das Goldene Parteiabzeichen der NSDAP erhalten hatte, ließ in seinen Nachkriegsdarstellungen kein gutes Haar mehr an seinem „Führer".

In dasselbe Horn, das verkündete, Hitler sei der Urheber des Angriffs „Zitadelle" gewesen, stieß nach dem Krieg auch Hermann Teske, der 1943 General des Transportwesens Mitte gewesen war. In seinen 1952 erschienenen Erinnerungen schrieb Teske: „Es ist nachträglich unerklärlich, wie die Oberkommandos der Wehrmacht, des Heeres und der Heeresgruppe Mitte diesem Plan Hitlers, der den Keim des Misslingens von vornherein in sich trug, zustimmen konnten."[2] – Immerhin wandte sich der ehemalige Generalinspekteur der Panzertruppen, Heinz Guderian, am 3. November 1952 an Teske, um dieser Aussage zu widersprechen: „Die Offensive auf Kursk entsprach nicht einem Plan Hitlers. Dieser hatte vielmehr die größten Bedenken. Er hat leider dem Drängen Zeitzlers (Chef Generalstab Heer) nachgegeben, der hoffte, durch einen Angriff die verloren gegangene Initiative im Osten wiedererlangen zu können."[3] Diese Aussage lag zwar näher an der Wahrheit als Teskes Behauptung, verschleierte in ihrer Einseitigkeit jedoch ebenfalls die Tatsachen. Guderians Bemerkungen über Zeitzler müssen ohnehin immer vor dem Hintergrund gesehen werden, dass es zwischen den beiden Generälen während des Krieges zu Spannungen gekommen war, die sich nach Guderians eigener Aussage bis in die Nachkriegszeit fortsetzten. Schon in seinen 1950 erschienenen Erinnerungen hatte es Guderian mit der Wahrheit nicht immer genau genommen. Auf seine unhaltbare Behauptung, die deutschen Panzerverbände hätten bei „Zitadelle" so schwere Verluste erlitten, dass sie „auf lange Zeit verwendungsunfähig" gewesen seien, wurde bereits weiter oben eingegangen.[4]

Ebenso hartnäckig wie diese Behauptung hält sich bis heute die von Guderian verbreitete Legende, die Panzerjäger „Ferdinand", auf deren Einsatz Hitler so großen Wert gelegt habe, hätten sich bei Kursk nicht bewährt. Dies steht jedoch völlig im Widerspruch zu den zeitgenössischen Erfahrungen der Truppe. So vermerkte das Kriegstagebuch der 9. Armee am 9. Juli 1943: „Hervorzuheben ist ein erfolgreicher Teilangriff des XXXXI. Panzerkorps, wobei sich die Ferdinand-Panzer wie bisher als treibende Kraft des Angriffs gut bewähren."[5] Zwei Tage später meldete das XXIII. Armeekorps: „Der Einsatz von 7 ‚Ferdinande' [sic!], die dem Angriff der Infanterie folgten und durch Sturmgeschütze eskortiert wurden, hat sich beim Aufbrechen der feindlichen Stellungssysteme und bei der Abwehr wiederholter Gegenangriffe sehr bewährt."[6] Am 16. Oktober 1943 schrieb der Kommandeur der 16. Panzergrenadier-Division: „Ferdinand und Sturmpanzer stellen zur Zeit die stärkste und beste Angriffswaffe des deutschen Heeres dar."[7] Die Reihe entsprechender Aussagen ließe sich leicht fortsetzen.

Guderian berichtete in seinen Erinnerungen außerdem, dass er nach einer Besprechung am 10. Mai 1943 versucht habe, Hitler das Unternehmen „Zitadelle" auszureden, worauf Hitler mit der Bemerkung reagiert habe: „Sie haben ganz recht. Mir ist bei dem Gedanken an diesen Angriff auch immer ganz mulmig im Bauch."[8] Es gibt nur wenige Darstellungen über die Schlacht bei Kursk, in denen dieses Gespräch zwischen Guderian und Hitler nicht zitiert wird. Ob es tatsächlich stattgefunden hat, sei dahingestellt. Fest steht aber, dass sich Guderian bei der Konferenz in München am 4. Mai 1943, als es um die Verschiebung von „Zitadelle" ging, nicht grundsätzlich gegen den Angriff aussprach, sondern lediglich dafür, den Termin für das Unternehmen zu verschieben und „sämtliche Panzerkräfte an einer Stelle, entweder bei [*der Heeresgruppe*]

Süd oder Mitte, zusammenzufassen, um mit erdrückendem Übergewicht zu klotzen".[9]

Eine Alternative zu jenem Zangenangriff, den der Angriffsplan „Zitadelle" vorsah, brachte auch Hermann Teske in seinen Erinnerungen ins Spiel: „Am 19. April 1943 hatte der General des Transportwesens [*Mitte*] melden müssen, ob es möglich wäre, innerhalb einer kurzen Frist die Verbände der südlich Orel sich versammelnden Angriffsarmee in die Gegend Woroshba [*Vorožba*] und westlich zu transportieren, um die Ausbeulung der russischen Front westlich Kursk nicht durch einen durch die russische Flankierung gefährlichen Stoß von Orel nach Süden einzudrücken, sondern durch einen Kräfte sparenden, weil unflankierten Frontalangriff. [...] Woher diese solide Lösung kam, ist leider nicht mehr festzustellen. Die transporttechnische Aufgabe wäre dabei verhältnismäßig leicht zu lösen gewesen, da sie sowohl hinsichtlich der Strecken- als auch der Ausladeleistungen im Raum Woroshba gute Voraussetzungen antraf. In diesem Sinne wurde auch gemeldet. Es ist unbekannt, warum dieser Vorschlag keine Berücksichtigung gefunden hat. Seine Vorteile bestanden im unmittelbar anschließenden Zusammenwirken mit den starken Panzerkräften der Heeresgruppe Süd, in der Möglichkeit, infolge der Entblößung des Frontbogens westlich Kursk von russischen Truppen fast ungehindert bis vor die Tore der Stadt zu gelangen und in der sehr wesentlichen Vermeidung einer Flankierung der Angriffsgruppe, wie sie in Aussicht stand, wenn diese aus Orel nach Süden antrat."[10] Im selben bereits oben erwähnten Brief, in dem Guderian Teske darauf hinwies, dass Zeitzler den Angriff auf Kursk wollte, nicht Hitler, schrieb der ehemalige Generalinspekteur der Panzertruppen: „Die Lösung der Kursker Frage durch einen Frontalangriff war ein Gedanke Hitlers, der aber vom Chef des Generalstabes (Zeitzler) und von den Oberbefehlshabern der Heeresgruppen abgelehnt wurde."[11] Dies entsprach den Tatsachen, passte aber nicht ins Konzept der meisten Memoirenschreiber, die allein Hitler für alle Fehlentscheidungen verantwortlich machen wollten. Nachdem Teske durch Guderian erfahren hatte, dass der Vorschlag zu dem frontalen Stoß auf Kursk von Hitler gekommen war, kühlte sich seine Begeisterung für diesen alternativen Operationsplan deutlich ab. In einem 1955 erschienenen Beitrag äußerte Teske dazu nur noch: „Die materielle Bevorratung lag freilich an der verkehrten

Stelle. Dies wird den Ausschlag gegeben haben, weshalb der an
sich vernünftige Plan nicht durchgeführt wurde."[12]

Guderian übte aber nicht nur auf die Sichtweise von Teske,
sondern auch auf die Standpunkte anderer Memoirenschreiber
Einfluss aus. So übernahm etwa Friedrich Wilhelm von Mellenthin,
1943 Chef des Generalstabs des XXXXVIII. Panzerkorps, mehrere Aussagen aus Guderians Erinnerungen über die Vorbereitungsphase des Unternehmens „Zitadelle" in seine eigenen Memoiren.
Diese erschienen 1955 zunächst in London, ein Jahr später in den
USA und 1957 sogar in der UdSSR. 1963 wurden sie als „Panzerschlachten" in der Bundesrepublik Deutschland gedruckt. Während es in Deutschland bei einer einzigen Auflage blieb, wurde das
Buch in den USA bis 1982 sechsmal nachgedruckt und beeinfluss-
te die Sicht der Amerikaner auf die Rote Armee und die Kämpfe
an der deutsch-sowjetischen Front während des Zweiten Weltkriegs nachhaltig. Dabei stellte gerade Mellenthin in seinen Memoiren viele unsinnige Behauptungen auf. „Wäre das ‚Unternehmen Zitadelle' im April oder Mai 1943 begonnen worden",
schreibt er beispielsweise, „so hätte es eine beträchtliche Ernte
heimbringen können. Im Juni hatten sich jedoch fast alle Bedingungen völlig gewandelt."[13] In Wirklichkeit kam ein Angriffstermin im April 1943 nie in Frage, und auch im Mai wäre das Unternehmen „Zitadelle" nicht durchführbar gewesen, wie weiter oben
bereits ausführlich dargestellt wurde. Anstelle eines Angriffs auf
Kursk, so Mellenthin weiter, hätte das deutsche Oberkommando
lieber „strategische Rückzüge oder überraschende Angriffe an ru-
higen Abschnitten" durchführen sollen.[14] Eine solche Sichtweise
mutet geradezu naiv an, denn im Sommer 1943 war die Wehrmacht nicht mehr in der Lage, auf operativer Ebene mit der Roten
Armee Katz und Maus zu spielen; die Verhältnisse lagen nun umgekehrt. Durch ihre gute Feindaufklärung und ihre gewaltigen
Ressourcen hatte die sowjetische Führung die Möglichkeit, auf
jede größere deutsche Kräfteansammlung oder Umgruppierung zu
reagieren. Sie selbst konnte dabei Großverbände hinter der Front
versammeln, die den Deutschen weitgehend verborgen blieben.

Das Ergebnis von „Zitadelle" stellte Mellenthin als katastrophal
für die deutsche Seite dar. Er schrieb, die beteiligten Panzer- und
Panzergrenadier-Divisionen seien nach dem Abbruch der Operation „beinahe weißgeblutet" gewesen.[15] Wie bereits weiter oben

nachgewiesen wurde, entsprach diese Behauptung nicht den Tatsachen. In Wirklichkeit hatten die Verbände des XXXXVIII. Panzerkorps zwar schwere Verluste erlitten, aber die Wochenmeldungen vom 18. Juli 1943 bescheinigten gerade den drei Panzer- und Panzergrenadier-Divisionen dieses Korps, dessen Generalstabschef Mellenthin gewesen war, sie seien nach wie vor „für jede Angriffsaufgabe geeignet".[16] Dass viele Verluste bei „Zitadelle" auch auf operative und taktische Fehler der eigenen Truppenführer zurückzuführen waren, erwähnte Mellenthin ebenso wenig wie andere deutsche Memoirenschreiber.

Diejenige Legende, die sich bis heute von allen deutschen Falschdarstellungen am zähesten hält, ist die Behauptung, Hitler habe den Sieg bei Kursk „verschenkt", weil er den Angriff „vor gefallener Entscheidung" abgebrochen habe – und zwar vor allem wegen der angloamerikanischen Landung auf Sizilien. Diese Aussagen stammen aus den wohl bis heute einflussreichsten deutschen Kriegserinnerungen, und zwar Mansteins Memoiren „Verlorene Siege".[17] Sie erschienen erstmals 1955, wurden 2011 in 19. Auflage gedruckt und in zahlreiche Fremdsprachen übersetzt. Mansteins Aussagen zur Schlacht bei Kursk sind deutlich sachlicher als die nachträglichen Ausführungen anderer deutscher Militärs und orientieren sich weitgehend an den Unterlagen, die Manstein in seinen „Handakten" über das Kriegsende hinaus retten konnte. Trotzdem haben auch diese Erinnerungen ihre Schwächen. In Bezug auf die Schlacht bei Kursk ist zu bemängeln, dass Manstein auch zehn Jahre nach dem Krieg noch an die Gründe glaubte, die ihm Hitler für den Abbruch von „Zitadelle" genannt hatte – aber eben nur ihm, da es Hitler darum ging, den Widerspruch Mansteins im Keim zu ersticken. Zum anderen lässt sich feststellen, dass Manstein im Gegensatz zu anderen Memoirenschreibern über die Kursker Schlacht zwar nichts hinzudichtete, aber mitunter wegließ, was seiner Argumentation widersprach. So ignorierte er auch die zahlreichen Reibungen und Führungsfehler, die es auf deutscher Seite beim Unternehmen „Zitadelle" gegeben hatte und half dabei mit, den Mythos zu schaffen, die Wehrmacht sei im Osten nur durch die Fehlentscheidungen Hitlers, die riesige Materialüberlegenheit der Alliierten und das ungünstige Wetter besiegt worden. – Mitunter wurden die tatsächlichen Ereignisse in den Nachkriegsdarstellungen dermaßen verzerrt, dass sich der Eindruck aufdrängt, die Generäle hätten nach dem Krieg unter Gedächtnisschwund gelitten. So schrieb Hermann Breith, der ehemalige Kommandierende General des III. Panzerkorps, 1958 zum Übergang seines Korps am 5. Juli 1943 über den Donez: „Wie zu erwarten stand, reagierte der Gegner auf den Angriff des Korps mit starkem Artilleriefeuer auf die Übergangsstellen und die zum Fluss führenden Anmarschwege. Auch die feindliche Luftwaffe trat in den ersten Tagen des Angriffs sehr stark in Erscheinung. Da für die ersten Angriffstage beim Korps ein Luftschwerpunkt gebildet wurde, konnte sichergestellt werden, dass der Flussübergang ohne größere Störungen durchgeführt werden konnte."[18] Wie oben ausführlich geschildert wurde, bereitete der Flussübergang dem III. Panzerkorps nicht zuletzt aufgrund mangelhafter taktischer Planung erhebliche Schwierigkeiten, und auch von einem deutschen Luftwaffenschwerpunkt über dem Abschnitt des Korps konnte keine Rede sein.

Freilich soll nicht daraus geschlussfolgert werden, dass der Hauptgrund für das Scheitern der deutschen Offensive auf Kursk in den Unzulänglichkeiten der am Angriff beteiligten Truppen und Militärführer zu suchen sei. Keinesfalls! Aber ignorieren lassen sich die Fehler auf deutscher Seite trotzdem nicht, zumal sie bereits zeitgenössischen Beobachtern auffielen. Bezeichnend sind in dieser Hinsicht die Worte von Oberstleutnant Georg Ernst von Grundherr, dem Panzeroffizier beim Chef des Generalstabs des Heeres, der sich am 14. Juli 1943 auf dem Gefechtsstand von Hoths 4. Panzerarmee aufhielt. Grundherr hatte in den vorangegangenen Tagen bereits mehrere Angriffskorps und -divisionen der Heeresgruppe Süd besucht. Er stand also noch unmittelbar unter dem Eindruck der Kämpfe, als er an jenem 14. Juli dem Ersten Generalstabsoffizier der Operationsabteilung des Generalstabs des Heeres, Oberst Heinz Brandt, schrieb: „Ohne es im Augenblick belegen zu können, habe ich den Eindruck, dass bei der Mehrzahl der Verbände nicht der Zwang zur Sachlichkeit beim Abfassen der Meldungen Pate steht. Das Bestreben, sich alle Möglichkeiten offen zu lassen, eigene Unzulänglichkeiten und Pannen zu verdecken, nimmt den führenden Stellen oft die Möglichkeit, so klar zu sehen, wie es bei aufrichtiger Meldung wohl möglich wäre. Dass hierunter die Klarheit der Aufträge und dadurch der unabdingbare Wille, das befohlene Ziel zu erreichen, leiden muss [sic!], liegt auf der

Hand. Ich habe in diesen Tagen oft an das Wort gedacht, das man dem jungen Reiter sagt, dass er erst sein Herz über das Hindernis werfen muss. Wenn alle bedingungslos ihre Herzen nach Kursk geworfen hätten, dann wäre wohl manches anders gelaufen. In den ersten zwei Tagen war man von dem schnellen Gelingen und der Durchführung aufrichtig überzeugt. Nachdem aber der Kollege im Norden und der im Nordwesten nichts taten, das schwere Vorwärtsstürmen sowohl durch feindliche Stellungen als besonders durch Sorge um und Ärger in den Flanken gehemmt wurde, fing man an, aus der Not eine Tugend zu machen und machte kleine und kleinste Kesselchen. Dass dabei die Kräfte für das operative Ziel dann zu schwach werden, ist klar."[19]

Grundherr gehörte nicht zu den Offizieren, die nach dem Zweiten Weltkrieg Memoiren verfassen konnten: Er wurde im September 1944 von Guderian „wegen politischer Unzuverlässigkeit" aus der Panzertruppe entfernt und übernahm im Dezember 1944 die Führung eines Grenadier-Regiments.[20] Im Frühjahr 1945 wurde er schwer verwundet und starb am 1. Mai 1945 in einem Feldlazarett in Tirol. Zu dieser Zeit lebte auch der Empfänger des Briefs vom 14. Juli 1943 bereits nicht mehr: Oberst Brandt war beim Attentat auf Hitler am 20. Juli 1944 schwer verletzt worden und am folgenden Tag verstorben. Die Frage, ob Grundherr und Brandt nach dem Krieg an der Legendenbildung mitgewirkt hätten oder ihr entgegengetreten wären, wird deshalb niemals zu beantworten sein.

„*Der Sieg bei Kursk wurde errungen dank des Muts und der Selbstlosigkeit der sowjetischen Krieger und ihrer Entschlossenheit, sich selbst zu opfern, um den Feind zu zermalmen.*"[21] – *Die Kursker Schlacht in der russischen Historiografie*

Nicht nur auf deutscher, sondern auch auf sowjetischer Seite wurde die Geschichtsschreibung nach dem Zweiten Weltkrieg von hochrangigen Militärs bestimmt, die selbst an den Ereignissen beteiligt gewesen waren. Allerdings spielte die Schlacht bei Kursk in der sowjetischen Historiografie zunächst nur eine untergeord-

nete Rolle. Das änderte sich erst ab der zweiten Hälfte der 1950er Jahre, als in der UdSSR die ersten Monografien über die Schlacht erschienen, allen voran Ilja Markins „Die Kursker Schlacht", die 1960 vom Verlag des Ministeriums für nationale Verteidigung der DDR auch auf Deutsch herausgegeben wurde. Von da an wurde die Kursker Schlacht immer stärker verklärt. Nach den Schlachten um Moskau und Stalingrad nahm sie in sowjetischen Geschichtsbüchern bald den dritten Platz unter den Entscheidungsschlachten des Zweiten Weltkrieges ein. Zusammengefasst lautete die sowjetische Lesart: „Die vernichtende Zerschlagung der faschistischen Truppen im Kursker Bogen vollendete den grundlegenden Umschwung im Kriegsverlauf. Mit der Schlacht bei Kursk brachen die sowjetischen Truppen der faschistischen Wehrmacht das Rückgrat, vereitelten ihre Versuche, für die Niederlage von Stalingrad Revanche zu nehmen, und zwangen sie, endgültig zur strategischen Verteidigung überzugehen. […] Der hervorragende Sieg der sowjetischen Truppen vor Kursk war bedingt durch die Überlegenheit der sowjetischen Gesellschafts- und Staatsordnung und der sozialistischen Wirtschaft, durch die weise Führung der KPdSU, die Stärke der sowjetischen Streitkräfte, die hohe militärische Meisterschaft und den Massenheroismus der sowjetischen Soldaten."[22]
Die meisten sowjetischen Historiker bezogen sich auf die Memoiren der ehemaligen Befehlshaber der Roten Armee – und diese waren in der UdSSR in großer Zahl erschienen. Da nur ausgewählten Forschern Zugang zu den sowjetischen Archiven gewährt wurde und die Sichtweise auf den Zweiten Weltkrieg ohnehin durch die offiziellen Geschichtswerke vorgegeben war, gleichen sich die meisten sowjetischen Darstellungen im Wesentlichen.
Mit dem Ende der Sowjetunion im Jahre 1991 änderte sich auch die Lage für die Geschichtsforschung. Der russische Präsident Boris Jelzin gewährte Forschern zum ersten Mal freien Zugang zu vielen Archiven, darunter auch zum Zentralarchiv des Verteidigungsministeriums der Russischen Föderation. Doch das neue politische und gesellschaftliche Klima wurde bei weitem nicht von allen Historikern begrüßt. Der „Große Vaterländische Krieg" war und ist ein zentrales identitätsstiftendes Narrativ des russischen Volkes, und viele ehemalige Sowjethistoriker taten sich schwer, die zahlreichen Legenden in Frage zu stellen, die sich darum ranken. Ein eindrückliches Beispiel bieten die beiden Historiker Grigori

Koltunow und Boris Solowjow. 1970 schrieben sie gemeinsam die wohl einflussreichste Darstellung der Schlacht, die in der Sowjetzeit erschien. Ihr Buch „Kurskaja bitwa" (deutsch: Die Kursker Schlacht) wird aufgrund der zahlreichen darin enthaltenen Stärkeaufstellungen und Statistiken bis heute immer wieder zitiert. Nach dem Ende der Sowjetunion trennten sich jedoch die Wege der beiden Autoren. Koltunow erklärte im Juli 1996 bei einem Treffen internationaler Militärfachleute freimütig, er habe in der Sowjet-Ära „gefälscht und gelogen".[23] Auf Befehl habe er die deutschen Verluste höher und die sowjetischen niedriger ansetzen müssen, als sie in Wirklichkeit waren, und seine Werke seien nicht ernst zu nehmen. Dagegen blieb sein Kollege Boris Solowjow auch weiterhin ein Verfechter der alten Legenden. 1998 mutmaßte er in einem Beitrag über die Schlacht bei Kursk, die Zahl von 1.500 deutschen Panzerverlusten, die von den meisten sowjetischen Historikern immer genannt wurde, sei zu niedrig. Völlig wahrheitswidrig unterstellte Solowjow dem deutschen Staat, Wissenschaftlern den Zugang zu den entsprechenden Archivalien zu verweigern.

Aber nicht nur Autoren, die sich bereits in der Sowjetunion als Historiker profiliert hatten, hielten am Mythos fest. Auch Forscher der jüngeren Generation tradieren alte Legenden weiter, beispielsweise Waleri Samulin, einer der produktivsten Autoren zur Schlacht bei Kursk. Samulin wurde 1968 geboren und schloss sein Geschichtsstudium 1992 in Belgorod erfolgreich ab. 2005 veröffentlichte er seine erste umfangreiche Monografie über die Panzerschlacht bei Prochorowka, die seit 2011 auch auf Englisch vorliegt. Seit den 1990er Jahren hat die Forschung den Mythos von Prochorowka Stück für Stück abgetragen und gezeigt, dass diese sagenumwobene Panzerschlacht keineswegs mit einem Sieg der sowjetischen Truppen geendet hatte, sondern vielmehr mit einer schweren taktischen Niederlage der Roten Armee. Samulin sieht dies jedoch anders und schreibt über die Panzerschlacht von Prochorowka: „Obwohl der [*sowjetische*] Gegenangriff das befohlene Ziel nicht erreichte, wurde dem Feind [*sic!*] doch so viel Schaden zugefügt, dass er gezwungen war, seine Absicht zur Fortsetzung der Offensive [„*Zitadelle*"] aufzugeben."[24]

Diese Behauptung deckt sich keineswegs mit den zeitgenössischen deutschen Dokumenten. Um sie trotzdem zu untermauern, schrieb Samulin, das II. SS-Panzerkorps habe nach der Panzerschlacht bei Prochorowka nur noch 131 seiner ursprünglich 422 verfügbaren Panzer und Sturmgeschütze besessen. Als Beleg dafür verwies er auf eine populärwissenschaftliche Darstellung von Joachim Engelmann aus dem Jahre 1980, die abgesehen von einer knappen Literaturliste keinen wissenschaftlichen Apparat aufweist, was die Zitierwürdigkeit dieser Darstellung ohnehin fraglich erscheinen lässt. Eine Überprüfung der angegebenen Belegstelle zeigt obendrein, dass Engelmann die von Samulin angeführte Zahl in seinem Buch überhaupt nicht nennt. Offenbar hat Samulin die Zahl selbst erfunden. An einer anderen Stelle, wo es um die deutschen Gesamtverluste in der Schlacht bei Kursk geht, verweist Samulin auf das Buch „Waffen und Geheimwaffen des deutschen Heeres 1933-1945" von Fritz Hahn – eine Arbeit, die sich weitgehend auf Akten des Oberkommandos des Heeres stützt und trotz ungenauer Quellennachweise zuverlässig ist. Aber auch bei Hahn findet sich keine der Zahlen, die Samulin nennt. Bei der Schilderung der Schlacht hat Samulin mitunter ebenfalls verfälschte Quellen benutzt.[25]

An Samulins Schriften zeigt sich also deutlich: Nicht nur in der Sowjet-Ära wurde „gefälscht und gelogen", um die Legenden des „Großen Vaterländischen Krieges" am Leben zu erhalten. – Glücklicherweise gibt es eine ganze Reihe kritischer russischer Forscher, die an der historischen Wahrheit interessiert sind und einem Fortleben des Mythos' „Kursk" entgegenwirken. Dazu gehört der 1938 geborene Militärhistoriker Nikolai Ramanitschew, der 1996 über die hohen Verluste der Roten Armee in der Schlacht bei Kursk schrieb: „Bereits vor dem Krieg haben die Stalinschen Repressionen in den Streitkräften eine Atmosphäre geschaffen, die jegliches selbständige Handeln der Kommandeure vollkommen ausschloss. [...] Bei Ungehorsam, offenem Widerstand und böswilligem Verstoß gegen Disziplin und Ordnung war der Kommandeur verpflichtet, alle Zwangsmaßnahmen bis hin zur Anwendung von Waffengewalt zu ergreifen. [...] An der Front wuchsen sich diese Bestimmungen zu offenem Terror aus."[26] Auch an den Führungsleistungen in der Roten Armee übte Ramanitschew Kritik: „Eine Reihe von deutschen Historikern, darunter Paul Carell und Werner Haupt, neigen zur Ansicht, dass die sowjetische Führung schnell Schlussfolgerungen aus den negativen Erfahrungen zog und sich im Verlauf des Krieges rasch umstellte. Leider ist festzustellen, dass dem nicht ganz so war. Ungeachtet der zweijährigen Kriegserfahrung hatten sich die sowjetischen Kommandeure, Stäbe und Truppen noch nicht die ausreichende militärische Kampferfahrung angeeignet. Auch die höchste Militärführung hatte sich diese Erfahrungen nicht zu eigen gemacht, sondern blieb in ihren alten Denkschemata gefangen."[27]

Der wahrscheinlich schärfste Kritiker der Mythen des „Großen Vaterländischen Krieges" ist der 1957 geborene russische Geisteswissenschaftler Boris Sokolow. 1993 bis 1995 war Sokolow Professor an der Akademie für Slawische Kultur in Moskau, 2002 bis 2008 Professor für Sozialanthropologie an der Russischen Staatlichen Sozialuniversität. Nach eigenen Angaben musste er 2008 seine Stelle unter dem Druck der Regierung kündigen, weil er einen kritischen Artikel über den Kaukasuskrieg von 2008 veröffentlicht hatte. Seitdem arbeitet Sokolow als freiberuflicher Historiker und Literaturwissenschaftler.

Nach dem Zusammenbruch der Sowjetunion war Sokolow einer der ersten Forscher, die an der offiziellen Sicht auf den „Großen Vaterländischen Krieg" Kritik übten. 1991 erschien sein Buch „Zena pobedy" (deutsch: Der Preis des Sieges), in dem Sokolow seine Forschungsergebnisse zu den Verlusten der Roten Armee im Zweiten Weltkrieg präsentierte. Die personellen sowjetischen Gesamtverluste in der Schlacht bei Kursk schätzte er auf insgesamt 2,25 Millionen Soldaten, die Verluste an Panzern und Selbstfahrlafetten auf 8.700 und die Flugzeugverluste auf 5.000. Diese Zahlen erwiesen sich als zu hoch. Sokolow revidierte seine Schätzungen deshalb in den folgenden Jahren. 1996 veröffentlichte er neue Berechnungen, nach denen die personellen Gesamtverluste der Roten Armee bei Kursk 1.677.000 Soldaten und 3.300 Flugzeuge betrugen. Die 6.064 Panzerverluste übernahm er als (scheinbar) glaubhafte Zahl aus der offiziellen Zusammenstellung „Grif sekretnosti snjat". Immer wieder wird Sokolow von russischen Historikerkollegen heftig kritisiert, weil seine Berechnungen der sowjetischen Verluste stets die höchsten aller veröffentlichten Angaben sind. In der Vergangenheit hat sich aber wiederholt gezeigt, dass Sokolows Zahlen keineswegs abwegig sind. Beispielsweise liegen die von ihm 1996 genannten 3.300 Flugzeugverluste sehr nahe an der Zahl, die sich aufgrund jüngerer Veröffentlichungen berechnen lässt. Auch eine andere Schätzung Sokolows erweist sich als er-

staunlich genau, und zwar jene der Panzerverluste der sowjetischen
Zentralfront während der Verteidigungsphase der Kursker
Schlacht. Sokolow schätzte die Zahl der Totalausfälle von Rokossowskis Verbänden auf 530 Panzer. Laut dem bereits mehrfach
erwähnten, aber bislang unveröffentlichten Bericht von Oberst
Sajew vom 19. Juli 1943 verlor die Zentralfront tatsächlich:
526 Panzer. Wahrscheinlich liegt auch die Zahl von etwa 1,68 Millionen personellen Gesamtausfällen von allen bislang genannten
Zahlen am nächsten an der Wirklichkeit.

Sokolows Mut zur Wahrheit hat ihn in Russland zu einem Au-
ßenseiter gemacht. Auch andere Forscher mussten erfahren, dass
Russland öffentlich lieber am Mythos des „Großen Vaterländischen Krieges" festhält und kritischen Historikern argwöhnisch
oder sogar feindselig begegnet. Ein bezeichnendes Beispiel ist der
Umgang mit den Forschungen des 1982 geborenen deutschen Ge-
schichtswissenschaftlers Sebastian Stopper. Dieser hatte es gewagt,
in seiner 2012 an der Berliner Humboldt-Universität eingereichten
Dissertation und in verschiedenen Aufsätzen den Mythos der Partisanenbewegung im Gebiet Brjansk in Frage zu stellen. Aufgrund
seiner Recherchen in deutschen und osteuropäischen Archiven war
Stopper zu dem Schluss gelangt: „Die in der sowjetischen Ge-
schichtspropaganda bejubelte militärische Wirksamkeit des Parti-
sanenkrieges blieb in Wirklichkeit minimal."[28] In Bezug auf die
Schlacht bei Kursk schrieb Stopper: „Fest steht jedenfalls, dass der
deutsche Angriff auf Kursk durch die Partisanen in den Brjansker
Wäldern trotz aller Opfer nicht wahrnehmbar gestört worden
ist."[29] Damit hat Stopper bekräftigt, was Ernst Klink in seinem
Standardwerk zur Operation „Zitadelle" bereits 1966 geschrieben
hat: „Für den Bereich der Heeresgruppe Mitte ist festzustellen, dass
die Anschläge auf Eisenbahnlinien und Brücken nicht zu einer
entscheidenden Beeinträchtigung des Nachschubverkehrs führten."[30] – In Russland sorgten Stoppers Forschungsergebnisse indes
für einen Aufschrei. Im Juni 2014 berichtete das Nachrichtenma-
gazin „Spiegel Online", Russland habe Stoppers Texte auf die
Liste „extremistischer Materialien" gesetzt – gleich hinter die
Schriften des italienischen Diktators Benito Mussolini.[31] Seitdem
ist Stopper in Russland offiziell Persona non grata und wird dort
als „Neonazi" diffamiert. Eine äußerst bedenkliche Entwicklung!
Das Ringen um Kursk geht also weiter; zwar nicht als Kampf um

die Stadt auf dem Schlachtfeld, aber als Kampf um den Mythos in
den Köpfen und auf dem Papier.

Anmerkungen

1. Einleitung: „Kursker Schlacht" oder „Schlacht zwischen Orel und Belgorod"?

1 Telegramm, Nachrichtenzentrale des Volkskommissariats für Verteidigung der UdSSR, Meldung des Oberbefehlshabers der sowjetischen 1. Panzerarmee an die Hauptverwaltung Panzer- und mechanisierte Truppen und an den Kriegsrat der Panzer- und mechanisierten Truppen vom 22.7.1943, Zentralarchiv des Verteidigungsministeriums der Russischen Föderation, Podolsk (Central'nyj Archiv Ministerstva Oborony Rossijskoj Federacii), f. 38, op. 11353, d. 47, l. 2, Kopie in der Materialsammlung des Zentrums für Militärgeschichte und Sozialwissenschaften der Bundeswehr, Potsdam (ZMSBw), Hervorhebung im Original.
2 Popjel, Panzer, S. 157.
3 Liedtke, Furor, S. 564. Dabei hat Liedtke in seiner Aufzählung eine ganze Reihe deutscher Gegenangriffe noch nicht einmal berücksichtigt. So fehlen etwa die Gegenstöße am Mius im Juli/August 1943 sowie die Gegenangriffe bei Breslau im Februar 1945, bei Lauban Anfang März 1945 und bei Bautzen im April 1945.
4 Die Deutsche Wochenschau, Nr. 672 vom 21.7.1943, darin heißt es: „Die Schlacht zwischen Orel und Bjelgorod erfasst immer neue Frontabschnitte." Vgl. auch Die Wehrmachtberichte 1939-1945, S. 516.
5 Bagramjan, Geschichte, S. 265 (Hervorhebung durch R. Töppel). Die sowjetische Erstauflage erschien 1970.
6 Frieser, Schlacht, S. 200.

2. Das Gesetz des Handelns: Die Vorbereitungen auf die Sommerschlacht 1943

1 Propagandaminister Joseph Goebbels am 7.4.1943 in seinem Tagebuch, vgl. Goebbels, Tagebücher, Teil II, Bd. 8, S. 67.
2 Ebd., Bd. 7, S. 256.
3 Beitrag zur Geschichte der Sturmgeschütz-Brigade 909, Zusammenstellung aus Briefen des damaligen Leutnants d. R. Ludwig Schön, Archiv des Vereins Garnisongeschichte Jüterbog „St. Barbara" e. V., ohne Signatur, S. 6.
4 Goebbels, Tagebücher, Teil II, Bd. 8, S. 81.
5 Wagner, Lagevorträge, S. 472.
6 Goebbels, Tagebücher, Teil II, Bd. 8, S. 33.
7 Wagner, Lagevorträge, S. 505.

[8] Auszugsweise Abschriften der Briefe des Generalfeldmarschalls von Manstein an seine Frau, März 1943, Privatarchiv Rüdiger von Manstein, Icking, Nachlass Erich von Manstein, S. 4.

[9] Goebbels, Tagebücher, Teil II, Bd. 8, S. 237 f., Zitat S. 238.

[10] Krausnick, Ostpolitik, S. 311.

[11] Boberach, Meldungen, Bd. 12, S. 4849 f.

[12] Kolbow, Tagebücher, S. 564.

[13] So Manstein beispielsweise in einer Lagebeurteilung für den Chef des Generalstabs des Heeres vom 21.3.1943, S. 15, in: Handakte des Oberbefehlshabers der Heeresgruppe Süd, März 1943, Privatarchiv Rüdiger von Manstein, Icking, Nachlass Erich von Manstein, unpaginiert.

[14] Kriegstagebuch der Heeresgruppe Don/Süd, 3.2.-15.2.1943, Bundesarchiv (BArch), RH 19 VI/39, Bl. 12-14, Zitat Bl. 14.

[15] Handakte des Oberbefehlshabers der Heeresgruppe Don/Süd, Februar 1943, Privatarchiv Rüdiger von Manstein, Icking, Nachlass Erich von Manstein, unpaginiert. Das Protokoll dieser Lagebesprechung ist auch wiedergegeben in Schwarz, Stabilisierung, S. 254-256. Allerdings fehlt darin der wichtige, im Original vorhandene Satz „Wir müssen jedes Risiko vermeiden."

[16] Panzerarmee-Oberkommando 2, Ia, Sonderanlage A zum Kriegstagebuch 4.2.-6.8.1943, Akt Ia – Chefsachen („Verschiedenes"), BArch, RH 21-2/433, Bl. 13.

[17] Kriegstagebuch des Panzerarmee-Oberkommandos 2, Ia, Anlagen Bd. 9, 1.3.-15.3.1943, BArch, RH 21-2/452, Bl. 683.

[18] Schwarz, Stabilisierung, S. 261 f.

[19] Erich von Manstein, persönliches Kriegstagebuch Nr. 4, 19.11.1942-14.3.1943, Privatarchiv Rüdiger von Manstein, Icking, Nachlass Erich von Manstein, Abschrift, S. 37.

[20] Klink, Gesetz, S. 277 (Hervorhebung im Original).

[21] Diese Behauptung stellte Fabian von Schlabrendorff, Anfang 1943 Leutnant und Ordonnanzoffizier im Stab der Heeresgruppe Mitte, in seinen Memoiren auf (Schlabrendorff, Begegnungen, S. 264). Sie wird seitdem immer wieder in der Literatur kolportiert. Dabei sind Schlabrendorffs Erinnerungen nachweislich so fehlerhaft und unzuverlässig, dass sie von keinem Historiker ernst genommen werden sollten.

[22] Goebbels, Tagebücher, Teil II, Bd. 7, S. 554.

[23] Ebd., Bd. 8, S. 266.

[24] Anlagen zum Kriegstagebuch Nr. 1 der Heeresgruppe Süd, Ferngespräche (Gespräche des Oberbefehlshabers), Bd. 2: 4.2.-23.3.1943, BArch, RH 19 VI/43, Bl. 42.

[25] Heiber, Lagebesprechungen, S. 199, 201.

[26] Oberkommando der Heeresgruppe Mitte, 24.3.1943, Befehl für die Vorbereitung der Operation „Zitadelle", Anlage zum Kriegstagebuch Nr. 8, Armee-Oberkommando 9, Ia, Bd. V, Befehle übergeordneter Stellen (Auswahl), Berichtszeit: 26.3.-18.8.1943, BArch, RH 20-9/142, unpaginiert.

[27] Nachträge zum Kriegstagebuch Nr. 10 des Panzerarmee-Oberkommandos 1, Ia, 1.1.-30.4.1943, Chefsachen, BArch, RH 21-1/89, Bl. 3.

[28] Handakte des Oberbefehlshabers der Heeresgruppe Süd, März 1943, Privatarchiv Rüdiger von Manstein, Icking, Nachlass Erich von Manstein, unpaginiert; Kriegstagebuch der Heeresgruppe Süd, Ia, 24.3.-4.7.1943, BArch, RH 19 VI/45, Bl. 14.

[29] Kriegstagebuch der Operationsabteilung des Generalstabs des Heeres, 9.3.-31.7.1943, BArch, RH 2/3060, Bl. 63.

[30] Kriegstagebuch der Heeresgruppe Süd, Ia, 24.3.-4.7.1943, BArch, RH 19 VI/45, Bl. 23.

[31] Erich von Manstein, persönliches Kriegstagebuch Nr. 5, März 1943-1.4.1944, Privatarchiv Rüdiger von Manstein, Icking, Nachlass Erich von Manstein, unpaginiert.

[32] Hubatsch, Weisungen, S. 312.

[33] Armee-Oberkommando 8, Anlagen zum Kriegstagebuch, Chefsachen, Panther, Habicht, Zitadelle, Löwe, 1.2.-30.6.1943, BArch, RH 20-8/81, Anlage 38, unpaginiert.

[34] Kriegstagebuch der Heeresgruppe Süd, Ia, 24.3.-4.7.1943, BArch, RH 19 VI/45, Bl. 41 f.

[35] Handakte des Oberbefehlshabers der Heeresgruppe Süd, Juli 1943, Kriegstagebuch-Notiz vom 10.7.1943, Privatarchiv Rüdiger von Manstein, Icking, Nachlass Erich von Manstein, unpaginiert (Hervorhebung im Original).

[36] Goebbels, Tagebücher, Teil II, Bd. 8, S. 225.

[37] Anlage zum Kriegstagebuch Nr. 8, Armee-Oberkommando 9, Ia, Bd. V, Befehle übergeordneter Stellen (Auswahl), Berichtszeit: 26.3.-18.8.1943, BArch, RH 20-9/142, unpaginiert.

[38] Joseph Goebbels am 17.5.1943 in seinem Tagebuch, vgl. Goebbels, Tagebücher, Teil II, Bd. 8, S. 314.

[39] Klink, Gesetz, S. 288 (Hervorhebung im Original).

[40] Kriegstagebuch Nr. 8, Armee-Oberkommando 9, Führungsabteilung, 26.3.-18.8.1943, National Archives and Records Administration, Archives II: Abteilung College Park, Maryland (NARA), T-312, R. 317, F. 7886035.

[41] Klink, Gesetz, S. 293.

[42] Heiber, Lagebesprechungen, S. 369 f.

[43] Ebd., S. 207.

[44] Rahn/Schreiber, Kriegstagebuch, Teil A, Bd. 45, S. 412.

[45] Ebd., Bd. 46, S. 184 f.

[46] Goebbels, Tagebücher, Teil II, Bd. 8, S. 466.

[47] Ebd., S. 351.

[48] Ebd., S. 431.

[49] Kriegstagebuch des Oberkommandos der 4. Panzerarmee, Ia, 25.3.-31.7.1943, BArch, RH 21-4/104, Bl. 105. An dieser Stelle muss auf einen Fehler in der ansonsten nach wie vor empfehlenswerten Darstellung von Ernst Klink zur Vorbereitungsphase des Unternehmens „Zitadelle" hingewiesen werden. Bei Klink, Gesetz, S. 144 heißt es: „Als endgültiger Termin für den Angriffsbeginn wurde am 17. Juni der 3. Juli bekanntgegeben." Das ist in doppelter Hinsicht falsch: In dem von Klink herangezogenen und von

mir geprüften Dokument vom 17.6.1943 ist lediglich von der „Vorwarn-frist" für „Zitadelle" die Rede, nicht vom Angriffstermin. Das zweite von Klink herangezogene Dokument aus derselben Akte stammt nicht vom 17.6., sondern vom 27.6.1943. Darin wird als Angriffstermin der 5.7.1943 genannt. (Vgl. Armee-Oberkommando 8, Anlagen zum Kriegstagebuch, Chefsachen, Panther, Habicht, Zitadelle, Löwe, 1.2.-30.6.1943, BArch, RH 20-8/81, unpaginiert.) Der 3.7.1943, der auch in anderen Darstellungen als zeitweiliger Angriffstermin auftaucht, wurde laut Kriegstagebuch des Wehrmachtführungsstabs von Hitler zwar am 21.6.1943 intern genannt, aber nicht der Truppe bekannt gegeben, zumal Hitler bereits vier Tage später den 5.7.1943 als endgültigen Angriffstermin festlegte.

50 Hitler Anfang Januar 1943 zu Rüstungsminister Albert Speer in Bezug auf den Panzerbau, vgl. Boelcke, Rüstung, S. 212.

51 Handakte des Oberbefehlshabers der Heeresgruppe Don/Süd, Februar 1943, Privatarchiv Rüdiger von Manstein, Icking, Nachlass Erich von Manstein, unpaginiert; Schwarz, Stabilisierung, S. 255.

52 Nachrichtenblatt der Panzertruppen, herausgegeben vom Generalinspekteur der Panzertruppen, Vorschriftenstelle, NARA, T-78, R. 623, H16/295, Nachrichtenblatt Nr. 3, September 1943, S. 11.

53 Mel'čin, prevoschodstvo, S. 109.

54 Schriftliche Mitteilung von Fritz Langanke an den Verfasser, 16.4.2009.

55 20. Panzerdivision, Erfahrungsbericht über Panzer-Schürzen, 27.5.1943, BArch, RH 10/48, Bl. 14 f., Zitat Bl. 15.

56 Reisebericht des Majors i. G. von Busse zur Heeresgruppe Mitte, 17.8.1943, BArch, RH 10/54, Bl. 86.

57 1./Schnelle Abteilung 329, 7.6.1943, Versuchsschießen mit der s. Pak 7,5 cm 40 am 6.6.1943, BArch, RH 10/58, Bl. 55-58, Zitat Bl. 58.

58 Schnelle Abteilung 123, 18.5.1943, Erfahrungsbericht über ein Schulgefechtsschießen mit der s. Pak 7,5 cm (40), BArch, RH 10/58, Bl. 52-54, Zitate Bl. 52 f.

59 Panzerjäger-Abteilung 41, Erfahrungsbericht, 6.2.1943, BArch, RH 10/56, Bl. 258-262, Zitat Bl. 260.

60 Reisebericht des Majors i. G. von Busse zur Heeresgruppe Mitte, 17.8.1943, BArch, RH 10/54, Bl. 87.

61 Panzer-Artillerie-Regiment 103, II. Abteilung, Kommandeur, Taktische und artilleristische Erfahrungen in den Angriffs- und Abwehrkämpfen südlich Orel vom 5.7.-18.8.43, BArch, RH 10/58, Bl. 278-302, Zitat Bl. 279 (Hervorhebungen im Original).

62 Schwere Panzer-Abteilung 503, Abteilung Ia, Erfahrungen, 10.10.1943, BArch, RH 10/56, Bl. 71-73, Zitat Bl. 73.

63 Ebd.

64 Oberkommando der 4. Panzerarmee, Beurteilung der Lage für die Operation „Zitadelle" und deren Fortführung, 20.6.1943, abgedruckt in Klink, Gesetz, S. 306 f.

65 Kriegstagebuch Nr. 8, Armee-Oberkommando 9, Führungsabteilung, 26.3.-18.8.1943, NARA, T-312, R. 317, F. 7886028.

[66] Panzerarmee-Oberkommando 4, Ia, Anlagenband 19 (Chefsachen), Operation „Zitadelle", 2.4.-19.6.1943, BArch, RH 21-4/121, Zitat auf unpaginierter Seite nach Bl. 113.

[67] Klink, Gesetz, S. 327.

[68] Neumann, 4. Panzerdivision, Bd. 1, S. 641 f.

[69] Zährl, Jahre, S. 54.

[70] Kriegstagebuch Nr. 8, Armee-Oberkommando 9, Führungsabteilung, 26.3.-18.8.1943, NARA, T-312, R. 317, F. 7886099.

[71] Reisebericht des Majors i. G. von Busse zur Heeresgruppe Mitte, 17.8.1943, BArch, RH 10/54, Bl. 87.

[72] Aus der sowjetischen Generalstabsstudie über die Schlacht bei Kursk, vgl. Glantz/Orenstein, Battle, S. 45.

[73] II. SS-Panzerkorps, Kampfanweisungen für den Angriff, 1.7.1943, abgedruckt in Stadler, Offensive, S. 25-27, Zitat S. 27.

[74] Schwere Panzer-Abteilung 503, Abteilung Ia, Erfahrungen, 10.10.1943, Abschrift, BArch, RH 10/56, Bl. 71-73, Zitat Bl. 73.

[75] Eintrag im Kriegstagebuch des Armee-Oberkommandos 9, 17.6.1943, vgl. NARA, T-312, R. 317, F. 7886127.

[76] Gehlen, Dienst, S. 48.

[77] Buchheit, Verrat, S. 3.

[78] Piekalkiewicz, Zitadelle, S. 67.

[79] War Office, British Military Intelligence, Section 14 (MI14), Weekly summaries for the Chief of the Imperial General Staff (CIGS), 1941-1944, Summary of M.I.14 indications files for week ending 22 March 43, The National Archives, Kew, London, WO 208/3573, Bl. 265.

[80] Kriegstagebuch Nr. 8, Armee-Oberkommando 9, Führungsabteilung, 26.3.-18.8.1943, NARA, T-312, R. 317, F. 7886062.

[81] Goebbels, Tagebücher, Teil II, Bd. 8, S. 67.

[82] Divisions-Sonderbefehl Ic Nr. 13, SS-Panzergrenadier-Division „Das Reich", 31.5.1943, BArch, M 1053, Akte 8, unpaginiert.

[83] Divisions-Sonderbefehl Ic Nr. 14, SS-Panzergrenadier-Division „Das Reich", 7.6.1943, BArch, M 1053, Akte 7, unpaginiert.

[84] Anlagen zum Kriegstagebuch des Armee-Oberkommandos 8, BArch, RH 20-8/99, Ic-Tagesmeldung vom 6.7.1943, unpaginiert.

[85] Kriegstagebuch des Oberkommandos der 4. Panzerarmee, Ia, 25.3.-31.7.1943, BArch, RH 21-4/104, Bl. 23.

[86] Kriegstagebuch Nr. 8, Armee-Oberkommando 9, Führungsabteilung, 26.3.-18.8.1943, NARA, T-312, R. 317, F. 7886114.

[87] Anlagen zum Kriegstagebuch des Oberkommandos der 4. Panzerarmee, Ia, Operation „Zitadelle", 15.5.-9.7.1943, BArch, RH 21-4/122, Bl. 88.

[88] Kriegstagebuch Nr. 6 der 292. Infanterie-Division, Ia, für die Zeit vom 11.6.-30.9.1943, BArch, RH 26-292/43, unpaginiert (Hervorhebung im Original).

[89] Generalkommando XXXXVI. Panzerkorps, Ia, Kriegstagebuch Nr. 7 vom 1.6.-15.8.1943, BArch, RH 24-46/91, Bl. 56.

[90] Kriegstagebuch der 4. Panzerdivision, Führungsabteilung, vom 1.7.-30.9.1943, BArch, RH 27-4/76, Bl. 4.

[91] Kriegstagebuch Nr. 8, Armee-Oberkommando 9, Führungsabteilung, 26.3.-18.8.1943, NARA, T-312, R. 317, F. 7886066.

[92] Grenadier-Regiment 17, Kommandeur, Erfahrungen über die Angriffs- und Abwehrkämpfe südlich Orel vom 5. bis 28. Juli 1943, 28.7.1943, abgedruckt in Mund, Grenadiere, S. 183-188, Zitat S. 184.

[93] Kriegstagebuch Nr. 8, Armee-Oberkommando 9, Führungsabteilung, 26.3.-18.8.1943, NARA, T-312, R. 317, F. 7886128.

[94] Kriegstagebuch Nr. 7 der 6. Infanterie-Division vom 1.1.-30.9.1943, Ia, BArch, RH 26-6/47, unpaginiert.

[95] Generalkommando XXXXVI. Panzerkorps, Ia, Kriegstagebuch Nr. 7 vom 1.6.-15.8.1943, BArch, RH 24-46/91, Bl. 88.

[96] Anlagen zum Kriegstagebuch Nr. 15, XXIII. Armeekorps, Abteilung Ia, Zeit: 22.3.-20.8.1943, Gefechts- und Erfahrungsberichte, BArch, RH 24-23/132, Anlage 47, unpaginiert.

[97] Josten, Gefechtsbericht, S. 179.

[98] Joseph Goebbels am 19.7.1943 in seinem Tagebuch, vgl. Goebbels, Tagebücher, Teil II, Bd. 9, S. 125.

[99] Frieser, Schlacht, S. 86.

[100] Kriegstagebuch Nr. 8, Armee-Oberkommando 9, Führungsabteilung, 26.3.-18.8.1943, NARA, T-312, R. 317, F. 7886123 (Hervorhebung im Original).

[101] Kindel, 8. Panzer-Division, Bd. 2, S. 499.

[102] Spravka o poterjach tankovych vojsk frontov, poterjach, nanesënnych imi protivniku, i vyvody o dejstvijach tankovych vojsk protivnika v operacijach s 5-go po 15-e ijulja 1943 goda, S. 2, Kopie in der Materialsammlung des ZMSBw.

3. Der „Feuerbogen": Die Kämpfe um Kursk, Orjol und Charkow im Sommer 1943

[1] Kriegstagebuch des Generalkommandos XXXXVIII. Panzerkorps, Ia, 1.7.-31.7.1943, BArch, RH 24-48/115, Bl. 12.

[2] Anlagen zum Kriegstagebuch des Generalkommandos XXXXVIII. Panzerkorps, Abteilung Ia, Juli 1943, BArch, RH 24-48/121, unpaginiert.

[3] Kriegstagebuch des Generalkommandos XXXXVIII. Panzerkorps, Ia, 1.7.-31.7.1943, BArch, RH 24-48/115, Bl. 12.

[4] Kriegstagebuch Nr. 15, XXIII. Armeekorps, Abteilung Ia, 22.3.-22.7.1943, BArch, RH 24-23/123, Bl. 159.

[5] Kriegstagebuch der 20. Panzerdivision, Ia, Teil 7, 1.7.-8.10.1943, BArch, RH 27-20/163, Bl. 9.

[6] Kriegstagebuch Nr. 6 der 292. Infanterie-Division, Ia, für die Zeit vom 11.6.-30.9.1943, BArch, RH 26-292/43, unpaginiert.

[7] Unterlagen zum Tätigkeitsbericht des Generalkommandos XXXXI. Panzerkorps Ic für die Zeit vom 24.3.-18.7.1943, BArch, RH 24-41/84, unpaginiert.

[8] Schriftliche Mitteilung von Karl Neunert an den Verfasser, 11.11.2003.

[9] Der Ostfeldzug der 86. rhein.-westf. Inf.-Division, dargestellt aufgrund von Tagebuchnotizen, Karten, Fotos, Briefen und unvergessenen und unvergesslichen Eindrücken und Erlebnissen (Ms., o.O., 1962, Kopie in der Bibliothek des ZMSBw, Signatur: F.500.2373).

[10] Unterlagen zum Tätigkeitsbericht des Generalkommandos XXXXI. Panzerkorps Ic für die Zeit vom 24.3.-18.7.1943, BArch, RH 24-41/84, unpaginiert.

[11] Kriegstagebuch Nr. 15, XXIII. Armeekorps, Abteilung Ia, 22.3.-22.7.1943, BArch, RH 24-23/123, Bl. 159.

[12] Kriegstagebuch Nr. 5 des LII. Armeekorps, Abteilung Ia, vom 4.3.-5.7.1943, BArch, RH 24-52/136, Bl. 181.

[13] Kriegstagebuch Nr. 4 des Stabes 332. Infanterie-Division, Führungsabteilung, vom 27.6.-11.8.1943, NARA, T-315, R. 2076, F. 559.

[14] Kriegstagebuch des Generalkommandos XXXXVIII. Panzerkorps, Ia, 1.7.-31.7.1943, BArch, RH 24-48/115, Bl. 13.

[15] Lehweß-Litzmann, Absturz, S. 204.

[16] So ein Stabsarzt der III. Gruppe des Kampfgeschwaders 27 in einem Brief an seine Frau, vgl. Waiss, Chronik, S. 159.

[17] Ebd.

[18] Stadler, Offensive, S. 43.

[19] Kriegstagebuch des Generalkommandos XXXXVIII. Panzerkorps, Ia, 1.7.-31.7.1943, BArch, RH 24-48/115, Bl. 15.

[20] Kriegstagebuch Nr. 2 (Bd. 1) des Armee-Oberkommandos 8, Ia (Armee-Abteilung Kempf) vom 1.7.-31.7.1943, BArch, RH 20-8/83, Bl. 19.

[21] Schmidt, 10. Division, S. 176.

[22] Beilage zum Kriegstagebuch des Armee-Oberkommandos 9, Anlage 1b zum Tätigkeitsbericht der Abteilung Ic/A.O., Berichtszeit: 26.3.-17.8.1943, Ic-Tagesmeldungen, 1.6.-17.8.1943, BArch, RH 20-9/302, unpaginiert.

[23] Woroshejkin, Jagdflieger, S. 113 f.

[24] Kriegstagebuch Nr. 8, Armee-Oberkommando 9, Führungsabteilung, 26.3.-18.8.1943, NARA, T-312, R. 317, F. 7886158.

[25] Kriegstagebuch Nr. 15, XXIII. Armeekorps, Abteilung Ia, 22.3.-22.7.1943, BArch, RH 24-23/123, Bl. 163.

[26] Ebd.

[27] Anlagen zum Kriegstagebuch Nr. 15, XXIII. Armeekorps, Abteilung Ia, Zeit: 22.3.-20.8.1943, Gefechts- und Erfahrungsberichte, BArch, RH 24-23/132, Anlage 44, unpaginiert.

[28] Kriegstagebuch Nr. 1 der Sturmgeschütz-Abteilung 244, 27.3.-31.12.1943, Archiv des Vereins Garnisongeschichte Jüterbog „St. Barbara" e. V., ohne Signatur, S. 7.

[29] Interview mit Hans-Dietrich Rade, 16.11.2011.

[30] 18. Panzerdivision, Ia, Anlageband zum Kriegstagebuch „Zitadelle", Russland, 5.7.-12.7.1943, BArch, RH 27-18/140, Anlage 54, unpaginiert.

31 Oberkommando des Heeres, Kriegswissenschaftliche Abteilung des Gene-
    ralstabs des Heeres, Bestimmungen für die Führung von Kriegstagebüchern
    und Tätigkeitsberichten, Berlin, 23.4.1940, beispielsweise in: Kriegstage-
    buch des Oberkommandos der 4. Panzerarmee, Ia, 25.3.-31.7.1943, BArch,
    RH 21-4/104, Bl. 4.
32 Münch, Einsatzgeschichte, S. 63.
33 Schriftliche Mitteilung von Karl Neunert an den Verfasser, 11.11.2003.
34 Unterlagen zum Tätigkeitsbericht des Generalkommandos XXXXI. Pan-
    zerkorps Ic für die Zeit vom 24.3.-18.7.1943, BArch, RH 24-41/84, unpa-
    giniert.
35 Ebd.
36 Kommandeur Panzerabteilung (Funklenk) 301, Denkschrift über die wei-
    tere Verwendung der FKL-Waffe unter Auswertung der Erfahrungen des
    Einsatzes vom 5.-8.7.43 bei Unternehmen „Zitadelle", BArch, RH
    19 II/167, Bl. 222-229, Zitat Bl. 223.
37 Kriegstagebuch der 4. Panzerdivision, Führungsabteilung, vom 1.7.-
    31.7.1943, Anlage C, Bd. 1, Operationsakten, NARA, T-315, R. 220,
    F. 273.
38 Großmann, Geschichte, S. 164.
39 Heinlein, Fahnenjunker, S. 111.
40 Kriegstagebuch Nr. 7 der 6. Infanterie-Division vom 1.1.-30.9.1943, Ia,
    BArch, RH 26-6/47, unpaginiert.
41 Kriegstagebuch Nr. 5, 9. Panzerdivision, Abteilung Ib, 1.5.-31.10.1943,
    NARA, T-315, R. 543, F. 996.
42 Tätigkeitsbericht der Abteilung IVb der 2. Panzerdivision für die Zeit vom
    1.7.-30.9.1943, Einsatz der Sanitätsdienste, NARA, T-315, R. 97, F. 9.
43 Tätigkeitsbericht der 2. Panzerdivision, Abteilung Ic, Einsatz Russ-
    land (Fortsetzung), 5.3.-20.9.1943, NARA, T-315, R. 95, F. 641.
44 Kriegstagebuch Nr. 8, Armee-Oberkommando 9, Führungsabteilung,
    26.3.-18.8.1943, NARA, T-312, R. 317, F. 7886152-7886154.
45 Ebd., F. 7886158.
46 Generalkommando XXXXVI. Panzerkorps, Ia, Kriegstagebuch Nr. 7 vom
    1.6.-15.8.1943, BArch, RH 24-46/91, Bl. 83 f.
47 Kriegstagebuch Nr. 8, Armee-Oberkommando 9, Führungsabteilung,
    26.3.-18.8.1943, NARA, T-312, R. 317, F. 7886159.
48 Tätigkeitsbericht des Panzergrenadier-Regiments 33 vom Juni 1941-
    März 1944, Nachlass Gerlach von Gaudecker, BArch, N 460/14, S. 54 f.
49 Neumann, 4. Panzerdivision, Bd. 2, S. 72.
50 Kriegstagebuch Nr. 8, Armee-Oberkommando 9, Führungsabteilung,
    26.3.-18.8.1943, NARA, T-312, R. 317, F. 7886160.
51 Erhard Raus, Aufzeichnungen, Österreichisches Staatsarchiv, Wien, Nach-
    lass Erhard Raus, NLS, B/186/IV, S. 146. Der komplette Satz lautet: „In
    wochenlanger intensiver Arbeit entstand beim Feinde ein Stellungssystem
    von bisher unbekannten Ausmaßen, das gerade im Bogen um Bjelgorod am
    stärksten ausgebaut war."
52 Wasner, Erinnerungen, S. 161.

[53] Kriegstagebuch des Stabes Generalkommando III. Panzerkorps, 1.7.-22.7.1943, BArch, RH 24-3/78, Bl. 221.

[54] Kriegstagebuch des Generalkommandos z.b.V. Raus, ab 20.7.43: Generalkommando XI. Armeekorps, Ia, 1.1.-30.9.1943, BArch, RH 24-11/67, Bl. 149.

[55] Kriegstagebuch Nr. 2, Armee-Oberkommando 8, Ia Morgen- und Tagesmeldungen, Ic Morgen- und Tagesmeldungen, sonstige taktische Meldungen unterstellter Verbände, 1.7-31.7.1943, Ia-Tagesmeldung vom 5.7.1943, BArch, RH 20-8/99, unpaginiert.

[56] Anlagen zum Kriegstagebuch Generalkommando III. Panzerkorps, Ia, Nr. 8004 bis 8307 für die Zeit vom 5.7.-16.7.1943 (= Bd. X), BArch, RH 24-3/88, Bl. 29, 31.

[57] Kriegstagebuch Nr. 2 (Bd. 1) des Armee-Oberkommandos 8, Ia (Armee-Abteilung Kempf) vom 1.7.-31.7.1943, BArch, RH 20-8/83, Bl. 44.

[58] Hermann Breith, Durchbruch eines Panzerkorps durch ein tief gegliedertes feindliches Stellungssystem in der Schlacht bei Charkow im Juli 1943, BArch, ZA 1/1601, S. 9.

[59] So der Angriffsbefehl an die Verbände der sowjetischen 5. Garde-Panzerarmee am Morgen des 12.7.1943, vgl. Rotmistrov, Stal'naja gvardija, S. 186.

[60] Chefnotizen (Abschriften) zum Kriegstagebuch des Panzerarmee-Oberkommandos 4, Ia, 1.1.-31.7.1943, BArch, RH 21-4/106, Bl. 175.

[61] Stadler, Offensive, S. 65.

[62] Ebd.

[63] Ebd., S. 88.

[64] Ribbentrop, Vater, S. 342.

[65] Otčět o boevych dejstvijach 29 tankovogo korpusa za period s 7.7. po 24.7.43 g., S. 4, Kopie in der Materialsammlung des ZMSBw.

[66] Anlagenband zum Kriegstagebuch des Panzerarmee-Oberkommandos 4, Ia, Operation »Zitadelle«, 15.5.-9.7.1943, BArch, RH 21-4/122, Bl. 196 f.

[67] Roes, Freiwillig, S. 93.

[68] Otčět o boevych dejstvijach 29 tankovogo korpusa za period s 7.7. po 24.7.43 g., S. 6, Kopie in der Materialsammlung des ZMSBw.

[69] Schriftliche Mitteilung von Fritz Henke an den Verfasser, 3.11.1999.

[70] Kriegstagebuch des Oberkommandos der 4. Panzerarmee, Ia, 25.3.-31.7.1943, BArch, RH 21-4/104, Bl. 155.

[71] Handakte des Oberbefehlshabers der Heeresgruppe Süd, Juli 1943, Privatarchiv Rüdiger von Manstein, Icking, Nachlass Erich von Manstein, unpaginiert.

[72] Tagesmeldung der Heeresgruppe Süd vom 16.7.1943, Mehner, Tagesberichte, S. 134.

[73] Erich von Manstein, persönliches Kriegstagebuch Nr. 5, März 1943-1.4.1944, Privatarchiv Rüdiger von Manstein, Icking, Nachlass Erich von Manstein, unpaginiert.

[74] Kielmansegg, Bemerkungen, in: Foerster, Gezeitenwechsel, S. 137-148, Zitat S. 146.

[75] Manstein, Rückblick auf „Zitadelle", 18.7.1943, S. 17, in: Handakte des Oberbefehlshabers der Heeresgruppe Süd, Juli 1943, Privatarchiv Rüdiger von Manstein, Icking, Nachlass Erich von Manstein, unpaginiert.

[76] Erich von Manstein, persönliches Kriegstagebuch Nr. 5, März 1943-1.4.1944, Privatarchiv Rüdiger von Manstein, Icking, Nachlass Erich von Manstein, unpaginiert.

[77] Manstein, Rückblick auf „Zitadelle", 18.7.1943, S. 16, in: Handakte des Oberbefehlshabers der Heeresgruppe Süd, Juli 1943, Privatarchiv Rüdiger von Manstein, Icking, Nachlass Erich von Manstein, unpaginiert.

[78] Kriegstagebuch des Armee-Oberkommandos 6, Nr. 5, 17.7.-17.8.1943, BArch, RH 20-6/303, Bl. 4.

[79] Kriegstagebuch des Panzerarmee-Oberkommandos 1, Ia, Nr. 11, 1.5.-31.8.1943, BArch, RH 21-1/94, Bl. 82.

[80] Goebbels, Tagebücher, Teil II, Bd. 9, S. 85.

[81] Kriegstagebuch des Panzerarmee-Oberkommandos 1, Ia, Nr. 11, 1.5.-31.8.1943, BArch, RH 21-1/94, Bl. 86.

[82] Tagebuch Rainer Mulzer, 22.6.1942-18.7.1943, Original in Privatbesitz, Kopie im Besitz des Verfassers.

[83] Handakte des Oberbefehlshabers der Heeresgruppe Süd, Juli 1943, Privatarchiv Rüdiger von Manstein, Icking, Nachlass Erich von Manstein, unpaginiert.

[84] Erich von Manstein, persönliches Kriegstagebuch Nr. 5, März 1943-1.4.1944, Privatarchiv Rüdiger von Manstein, Icking, Nachlass Erich von Manstein, unpaginiert.

[85] Handakte des Oberbefehlshabers der Heeresgruppe Süd, Juli 1943, Privatarchiv Rüdiger von Manstein, Icking, Nachlass Erich von Manstein, unpaginiert.

[86] Kriegstagebuch des Armee-Oberkommandos 6, Nr. 4, 1.6.-16.7.1943, BArch, RH 20-6/286, Bl. 108.

[87] Münch, Stug.Abt./Brig. 210, S. 22.

[88] Kriegstagebuch des Armee-Oberkommandos 6, Nr. 5, 17.7.-17.8.1943, BArch, RH 20-6/303, Bl. 9.

[89] Ebd., Bl. 42.

[90] Kriegstagebuch des Panzerarmee-Oberkommandos 1, Ia, Nr. 11, 1.5.-31.8.1943, BArch, RH 21-1/94, Bl. 101.

[91] Kriegstagebuch des Armee-Oberkommandos 6, Nr. 5, 17.7.-17.8.1943, BArch, RH 20-6/303, Bl. 57.

[92] Kriegstagebuch der Operationsabteilung des Generalstabs des Heeres, 9.3.-31.7.1943, BArch, RH 2/3060, Bl. 257.

[93] Heiber, Lagebesprechungen, S. 275.

[94] Plato, Geschichte, S. 274.

[95] Ebd., S. 273.

[96] Kriegstagebuch Nr. 3, Panzerarmee-Oberkommando 2, Ia, 1.6.-13.8.1943, NARA, T-313, R. 153, F. 7407419.

[97] Ebd., F. 7407421.

[98] Panzerarmee-Oberkommando 2, Ia, Anlagen-Band 2, Ferngespräche O.B., Chef, Ia (Juli-Kämpfe), 12.7.-29.7.1943, NARA, T-313, R. 153, F. 7407884 f.

[99] Generalkommando XXXXI. Panzerkorps, Ia, Tagesmeldung, 15.7.1943, BArch, RH 24-41/84, unpaginiert.

[100] Heiber, Lagebesprechungen, S. 376 f.

[101] Kriegstagebuch Nr. 3, Panzerarmee-Oberkommando 2, Ia, 1.6.-13.8.1943, NARA, T-313, R. 153, F. 7407460.

[102] Ebd., F. 7407515.

[103] Ebd., F. 7407536.

[104] Kriegstagebuch Nr. 8, Armee-Oberkommando 9, Führungsabteilung, 26.3.-18.8.1943, NARA, T-312, R. 317, F. 7886221.

[105] Kriegstagebuch des Oberkommandos der 4. Panzerarmee, Ia, 25.3.-31.7.1943, BArch, RH 21-4/104, Bl. 212.

[106] Handakte des Oberbefehlshabers der Heeresgruppe Süd, Juli 1943, Privatarchiv Rüdiger von Manstein, Icking, Nachlass Erich von Manstein, unpaginiert.

[107] Panzerarmee-Oberkommando 4, Ia, Kriegstagebuch, Bd. 1, vom 1.8.-30.9.1943, NARA, T-313, R. 372, F. 8658841.

[108] Kriegstagebuch Nr. 2 (Bd. 2) des Armee-Oberkommandos 8, Ia (bis 16.8.43: Armee-Abteilung Kempf), 1.8.-31.8.1943, NARA, T-312, R. 54, F. 7569807.

[109] Ebd., F. 7569852, F. 7569854.

[110] Ebd., F. 7569861, vgl. auch F. 7569869.

[111] Handakte des Oberbefehlshabers der Heeresgruppe Süd, August 1943, Privatarchiv Rüdiger von Manstein, Icking, Nachlass Erich von Manstein, unpaginiert.

[112] Panzerarmee-Oberkommando 4, Ia, Kriegstagebuch, Bd. 1, 1.8.-30.9.1943, NARA, T-313, R. 372, F. 8658906.

[113] Ebd., F. 8658907.

[114] Handakte des Oberbefehlshabers der Heeresgruppe Süd, August 1943, Privatarchiv Rüdiger von Manstein, Icking, Nachlass Erich von Manstein, unpaginiert.

4. Abnutzungsschlacht: Die Konsequenzen der Sommerkämpfe 1943 an der Ostfront

[1] Eintrag Mansteins vom 27.8.1943 in seinem persönlichen Kriegstagebuch Nr. 5, März 1943-1.4.1944, Privatarchiv Rüdiger von Manstein, Icking, Nachlass Erich von Manstein, unpaginiert.

[2] Kriegstagebuch des Oberkommandos der 4. Panzerarmee, Ia, 25.3.-31.7.1943, BArch, RH 21-4/104, Bl. 162.

3   Kampfgruppe 7. Division, Ia, Kriegstagebuch Nr. 5 des Kommandos der 7. Infanterie-Division „Russland" für die Zeit vom 1.1.-30.9.1943, Teil B, BArch, RH 26-7/40, S. 1509.

4   Panzer-Artillerie-Regiment 103, II. Abteilung, Kommandeur, Taktische und artilleristische Erfahrungen in den Angriffs- und Abwehrkämpfen südlich Orel vom 5.7.-18.8.43, BArch, RH 10/58, Bl. 278-302, Zitat Bl. 284 (Hervorhebung im Original).

5   Bericht über die Ostfrontreise des Kommandeurs der Sturmgeschütz-Ersatz- und Ausbildungsabteilung 200 vom 30.8.1943 bis 22.9.1943, Abschrift, BArch, RH 10/58, Bl. 383-389, Zitat Bl. 385.

6   Brown, Flugzeuge, S. 48 f.

7   Panzerregiment „Großdeutschland", Ia-Tagesmeldung, 9.7.1943, BArch, RH 39/631, unpaginiert.

8   Anlage zum Kriegstagebuch Nr. 8 des Armee-Oberkommandos 9, Ia, Bd. II, Tagesmeldungen, Berichtszeit: 1.7.-17.8.1943, BArch, RH 20-9/144, unpaginiert.

9   Haag, Berichte, S. 81.

10 Interview mit Anton Bumüller, 18.2.2013.

11 Kriegstagebuch des Generalkommandos XXXXVIII. Panzerkorps, Ia, 1.7.-31.7.1943, BArch, RH 24-48/115, Bl. 54.

12 Kriegstagebuch der 4. Panzerdivision, Führungsabteilung, 1.7.-31.7.1943, Anlage d, Gefechts- und Erfahrungsberichte, NARA, T-315, R. 220, F. 149.

13 Bericht über die Ostfrontreise des Kommandeurs der Sturmgeschütz-Ersatz- und Ausbildungsabteilung 200 vom 30.8.1943 bis 22.9.1943, Abschrift, BArch, RH 10/58, Bl. 383-389, Zitat Bl. 384.

14 So Sokolow, Cost, S. 181.

15 Generalkommando XXXXVI. Panzerkorps, Ia, Kriegstagebuch Nr. 7 vom 1.6.-15.8.1943, BArch, RH 24-46/91, Bl. 90.

16 Dieses und alle folgenden Zitate zur Einschätzung der Kampfkraft der Divisionen aus: Anlagen zum Kriegstagebuch des Panzerarmee-Oberkommandos 4, Ia, Operationen vom 25.4.-31.7.1943, Teil 2, BArch, RH 21-4/111, Bl. 135-137; Anlagen 3 zum Kriegstagebuch (C 2 Operationen II) vom 1.1.-31.7.1943, Panzerarmee-Oberkommandos 4, Ia, BArch, RH 21-4/112, Bl. 300-302.

17 Kriegstagebuch Nr. 6 der 292. Infanterie-Division, Ia, für die Zeit vom 11.6.-30.9.1943, BArch, RH 26-292/43, unpaginiert.

18 Die Wehrmachtberichte 1939-1945, S. 524.

19 Kriegstagebuch des Armee-Oberkommandos 6, Nr. 5, 17.7.-17.8.1943, BArch, RH 20-6/303, Bl. 75.

20 Ebd., Bl. 81.

21 Goebbels, Tagebücher, Teil II, Bd. 9, S. 452 (Eintrag vom 9.9.1943).

22 Ebd., S. 142 (Eintrag vom 22.7.1943).

23 Klink, Gesetz, S. 329 f.

24 Hartmann, Hitler, Bd. 1, S. [263 f.].

25 Haag, Berichte, S. 86.

26 Reisebericht des Majors i. G. von Busse zur Heeresgruppe Mitte, 17.8.1943, BArch, RH 10/54, Bl. 92 (Hervorhebung im Original).

27 Boberach, Meldungen, Bd. 14, S. 5700 (Hervorhebung im Original).

28 Ebd., S. 5715 (Hervorhebung im Original).

29 Kolbow, Tagebücher, S. 598.

30 Schtemenko, Generalstab, S. 170 f.

31 Boris V. Sokolov: The Battle for Kursk, Orel, and Char'kov: Strategic Intentions and Results. A Critical View of the Soviet Historiography, in: Foerster, Gezeitenwechsel, S. 69-88, Zitat S. 86.

32 Solowjow, Wendepunkt, S. 13.

33 Jahn, Russen, S. 147.

5. Verlogene Siege: Die Schlacht um die Erinnerung

1 Teske, Spiegel, S. 188. Das Zitat wurde hier für die Überschrift verkürzt. Es lautet im Original: „Es ist nachträglich unerklärlich, wie die Oberkommandos der Wehrmacht, des Heeres und der Heeresgruppe Mitte diesem Plan Hitlers, der den Keim des Misslingens von vornherein in sich trug, zustimmen konnten."

2 Ebd.

3 Teske, Bedeutung, S. 121, Anm. 1.

4 Guderian, Erinnerungen, S. 283.

5 Kriegstagebuch Nr. 8, Armee-Oberkommando 9, Führungsabteilung, 26.3.-18.8.1943, NARA, T-312, R. 317, F. 7886159.

6 Kriegstagebuch Nr. 15, XXIII. Armeekorps, Abteilung Ia, 22.3.-22.7.1943, BArch, RH 24-23/123, Bl. 197.

7 16. Panzer-Grenadier-Division, Kommandeur, Zusammenarbeit mit Panzern „Ferdinand" und Sturmpanzern, 7.10.1943, BArch, RH 10/56, Bl. 90-92, Zitat Bl. 92.

8 Guderian, Erinnerungen, S. 280.

9 Kriegstagebuch Ia der Heeresgruppe Don/Süd, März bis Juli 1943, BArch, RH 19 VI/45, Bl. 78-82, Zitat Bl. 81 f. Auf dieses in der Forschung bislang noch immer weitgehend unbeachtete Protokoll wurde ich bereits im Jahr 2000 durch Dr. Karl-Heinz Frieser aufmerksam gemacht. 2003 habe ich den Militärhistoriker Dr. Marcel Stein darauf hingewiesen, der es dann in seiner 2004 erschienenen Manstein-Biografie wiedergab, vgl. Stein, Januskopf, S. 199-202.

10 Teske, Spiegel, S. 186.

11 Teske, Bedeutung, S. 127, Anm. 1.

12 Ebd., S. 127.

13 Mellenthin, Panzerschlachten, S. 146.

14 Ebd., S. 147.

15 Ebd., S. 165.

16 Anlagen zum Kriegstagebuch des Panzerarmee-Oberkommandos 4, Ia, Operationen vom 25.4.-31.7.1943, Teil 2, BArch, RH 21-4/111, Bl. 136 f.

17   Manstein, Siege, S. 502, 504. Kritisch dazu: Roman Töppel: Legendenbil-
     dung in der Geschichtsschreibung – Die Schlacht bei Kursk, in: Militärge-
     schichtliche Zeitschrift 61 (2002), S. 369-401, hier S. 387-392; Ders.:
     Kursk – Mythen und Wirklichkeit einer Schlacht, in: Vierteljahrshefte für
     Zeitgeschichte 57 (2009), S. 349-384, hier S. 378-384.
18   Breith, Angriff, S. 544.
19   Brief von Oberstleutnant Grundherr an Brand [sic!], 14.7.1943, BArch,
     RH 10/54, Bl. 50-57, Zitat Bl. 54 f.
20   Schriftliche Mitteilung von Prof. Dr. Jürgen Förster, Freiburg i. Br., vom
     16.8.2010.
21   Zamulin, Myth, S. 555. Das Zitat wurde hier für die Überschrift verkürzt.
     Es lautet im Original: „The victory at Kursk was achieved owing to the
     courage and selflessness of the Soviet warriors, and their exceptional resol-
     ve and readiness for self-sacrifice for the sake of crushing the foe."
22   Bagramjan, Geschichte, S. 278 f.
23   Wolfgang Will: Wo Panzer Geschichte schrieben, in: Berliner Morgenpost,
     20./21.7.1996, Beilage, S. 2.
24   Zamulin, Myth, S. 530.
25   Vgl. dazu Roman Töppel: Rezension von: Valeriy Zamulin, Demolishing
     the Myth. The Tank Battle at Prokhorovka, Kursk, July 1943, Solihull
     2010, in: sehepunkte 12 (2012), Nr. 1 [15.1.2012], (URL: http://www.se-
     hepunkte.de/2012/01/19013.html), letzter Zugriff: 30.7.2016.
26   Nikolaj N. Ramaničev: Die Schlachten bei Kursk: Vorgeschichte, Verlauf
     und Ausgang, in: Foerster, Gezeitenwechsel, S. 57-67, Zitat S. 62.
27   Ebd., S. 64.
28   Stopper, Straße, S. 409.
29   Ebd., S. 411.
30   Klink, Gesetz, S. 128.
31   Benjamin Bidder: Streit über Partisanen-Propaganda: Moskau stuft deut-
     schen Historiker als Extremisten ein, Spiegel Online, 16.6.2014, (URL:
     http://www.spiegel.de/politik/ausland/russland-stuft-deutschen-historiker-
     stopper-als-extremisten-ein-a-974971.html), letzter Zugriff: 31.7.2016.

Abbildungen

1 *Generalfeldmarschall Erich von Manstein (rechts im Vordergrund) bei einer Übung in der Nähe von Charkow am 26. Juni 1943 anlässlich des Besuchs des türkischen Generalobersts Cemil Cahit Toydemir (Mitte). Manstein war mit dem Ergebnis der Schießvorführung unzufrieden, was sich in seinem Gesicht widerspiegelt. Aufgrund seiner Fähigkeiten galt er schon damals als operatives Genie.*

2 *Russische Bäuerinnen beim Stellungsbau im Abschnitt der sowjetischen Zentralfront nördlich von Kursk am 2. Juli 1943. Beide Seiten zogen für Bauarbeiten in großem Umfang die lokale Bevölkerung heran. Laut sowjetischen Angaben setzte die Rote Armee zur Errichtung des ausgeklügelten Stellungssystems im Kursker Frontbogen 300.000 Zivilisten ein.*

3 Panzerkampfwagen VI „Tiger" der 2. Kompanie der schweren Panzerabteilung 503. Die 2./s.Pz.Abt. 503 hatte am ersten Tag des Unternehmens „Zitadelle" Pech: 13 ihrer 14 „Tiger" fielen aus, davon neun durch Minenschäden. Insgesamt musste die Kompanie während des Angriffs auf Kursk allerdings nur zwei „Tiger" als Totalausfälle abschreiben.

4 Fabrikneue Panzerkampfwagen V „Panther", Ausführung D, werden zum Eisenbahntransport verladen. Der „Panther" erlebte bei Kursk seinen ersten Fronteinsatz. 200 „Panther" waren während des Unternehmens „Zitadelle" beim Panzerregiment 39 im Einsatz, 58 davon wurden zerstört.

5 *Panzerkampfwagen IV mit Panzerschürzen. Bei dem abgebildeten Fahrzeug handelte es sich um den Panzer des Kommandeurs des Panzerregiments der „Leibstandarte SS Adolf Hitler" (LAH), ursprünglich ein reguläres Fahrzeug der Ausführung G, das die Truppe zu einem Panzerbefehlswagen mit mehreren Funkgeräten umgebaut hatte.*

6 *Sturmgeschütz, Ausführung G, der SS-Panzergrenadier-Division „Totenkopf". Der Division „Totenkopf" standen für den Angriff auf Kursk 35 Sturmgeschütze zur Verfügung. Die Fahrzeuge waren bei der Truppe sehr beliebt. Einer ihrer Vorteile war ihre geringe Höhe, wodurch sie dem Gegner ein relativ kleines Ziel boten.*

7 Sturmgeschütz bzw. Panzerjäger „Ferdinand" der schweren Panzerjäger-
Abteilung 653. Die Abteilung verfügte über 44 „Ferdinande", von denen
sechs beim Angriff auf Kursk zerstört wurden. Bei ihren Besatzungen galten
die Fahrzeuge aufgrund ihrer starken Panzerung und überlegenen Kanonen
als „wahre Lebensversicherung".

8 Sowjetische Selbstfahrlafette SU-152, bewaffnet mit einer 15,2-cm-Kano-
nenhaubitze ML-20S. Die SU-152 wurde von der Roten Armee als schweres
Sturmgeschütz und Jagdpanzer eingesetzt. Sie erwies sich als gefährlicher
Gegner für die deutschen Panzer und Selbstfahrlafetten. Allerdings standen
der Roten Armee zu Beginn der Schlacht bei Kursk nur 37 SU-152 zur Verfügung.

9 Panzerjäger „Marder II" der SS-Panzergrenadier-Division „Totenkopf" während des Unternehmens „Zitadelle" im Juli 1943. Die leichten Panzerjäger-Selbstfahrlafetten spielten bei den Kämpfen um Kursk eine wichtige Rolle, werden jedoch in den Kräftevergleichen in der Literatur meistens ausgeklammert.

10 Eine sowjetische Selbstfahrlafette SU-76 bei der Fahrt durch das Dorf Stariza nördlich von Orjol im August 1943. Die SU-76 war das sowjetische Gegenstück zum deutschen Panzerjäger „Marder". Für die Bekämpfung der schweren deutschen Panzer und Selbstfahrlafetten war sie indes zu schwach bewaffnet.

11 Artillerie-Selbstfahrlafette „Wespe" der „Leibstandarte SS Adolf Hitler"
beim Unternehmen „Zitadelle". Die „Wespe" war mit einer leichten Feld-
haubitze vom Kaliber 10,5 cm bewaffnet, die auch für den Kampf gegen
gepanzerte Ziele geeignet war. Am 12. Juli 1943 zerstörten „Wespen" der
„Leibstandarte" bei Prochorowka im direkten Richten mehrere Panzer des
sowjetischen 29. Panzerkorps.

12 Sowjetische Geschützbedienung beim Laden einer 15,2-cm-Kanonenhau-
bitze Modell 1937 (ML-20) im Abschnitt der Zentralfront im Juli 1943.
Im Gegensatz zur Wehrmacht besaß die Rote Armee keine „gepanzerte
Artillerie", dafür aber eine zahlenmäßig weit überlegene und auch technisch erstklassige Feldartillerie. Die ML-20 zählte zu den besten Geschützen, die im Zweiten Weltkrieg eingesetzt wurden.

13 *SPW und Panzer der „Leibstandarte SS Adolf Hitler" beim Vorstoß auf Teterewino (Nord) am 6. Juli 1943. Die mittleren Panzerkompanien und das SPW-Bataillon der „Leibstandarte" bildeten zusammen mit weiteren gepanzerten Einheiten derselben Division die „Panzergruppe LAH", die an diesem Tag von allen Angriffsverbänden am weitesten nach Norden vordringen konnte.*

14 *Ein T-34 Modell 1943, der am 6. Juli 1943 bei einem sowjetischen Gegenangriff gegen die „Panzergruppe LAH" abgeschossen wurde. Die markante Form des Turms verrät, dass dieses Fahrzeug im Panzerwerk von Tscheljabinsk („Tankograd") hergestellt worden war. Bei Kursk wurden die sowjetischen Panzerverbände taktisch ungeschickt sowie verzettelt eingesetzt und erlitten enorme Verluste.*

15 Am 6. Juli 1943 fuhr dieser Panzerbefehlswagen (Ausführung H) der „Leibstandarte" auf eine Mine, die das Laufwerk beschädigte. Es handelte sich
um den einzigen Befehlspanzer der Division, der nur eine Kanonenattrap-
pe besaß, alle anderen waren regulär bewaffnet. Das Fahrzeug diente beim
Stab des Panzerregiments der „Leibstandarte" als „fahrende Schreibstu-
be".

16 Sowjetische Soldaten mit einem 12-cm-Granatwerfer im Abschnitt der
Woronescher Front im Juli 1943. Die Rote Armee setzte bei Kursk eine
große Zahl von Granatwerfern ein und fügte der deutschen Infanterie
damit schwere Verluste zu. Generalfeldmarschall von Kluge äußerte die
Ansicht, der Angriff der 9. Armee auf Kursk sei nur wegen des sowjetischen
Artillerie- und Granatwerferfeuers gescheitert.

17 *Luftunterstützung während des Unternehmens „Zitadelle": Deutsche Sturzkampfflugzeuge vom Typ Junkers Ju 87 überfliegen die Panzerspitze der SS-Division „Totenkopf". Obwohl diese Division zu den materiell bevorzugten Stammdivisionen der Waffen-SS gehörte, bestand ihr Panzerregiment bei Kursk zur Hälfte aus veralteten Panzerkampfwagen III, von denen einige hier im Bild zu sehen sind.*

18 *Sowjetisches Schlachtflugzeug Iljuschin Il-2 „Schturmowik". Das berühmte Flugzeug verdankte seinen legendären Ruf auch der Tatsache, dass die Besatzungen ihre Erfolge massiv übertrieben. Die Il-2 war schwer gepanzert und deshalb relativ unempfindlich gegen Beschuss. Trotzdem verloren die sowjetischen Schlachtflieger-Regimenter bereits in den ersten Tagen der Kursker Schlacht Hunderte Il-2.*

19 Jagdflugzeuge vom Typ Messerschmitt Bf 109 G-6 der I. Gruppe des Jagdgeschwaders 52 im Juli 1943 auf einem Feldflugplatz bei Belgorod. Die
Version G-6 war die meistgebaute Ausführung der Bf 109 und 1943/44 der
Standardjäger der deutschen Luftwaffe. Im Sommer 1943 war sie den sowjetischen Jagdflugzeugen hinsichtlich Geschwindigkeit und Steigleistung
überlegen.

20 Soldaten der „Leibstandarte SS Adolf Hitler" untersuchen ein sowjetisches
Jagdflugzeug vom Typ Jak-7B, das in den ersten Tagen der Kursker Schlacht
nach einem Luftkampf notlanden musste. Die sowjetischen Jagdfliegerver-
bände waren ihren deutschen Gegnern bei Kursk taktisch deutlich unterlegen. Außerdem waren viele sowjetische Piloten unerfahren und schlecht
ausgebildet.

21 *Eine feuernde sowjetische 7,6-cm-Divisionskanone Modell 1942 (SiS-3) im Abschnitt der Woronescher Front im Juli 1943. Auf deutscher Seite wurden diese Kanonen wegen der charakteristischen Geräusche beim Abschuss und Einschlag der Geschosse „Ratsch-Bumm" genannt. Neben den 4,5-cm-Panzerabwehrkanonen bildeten die SiS-3 bei Kursk das Rückgrat der sowjetischen Panzerabwehr.*

22 *Soldaten der sowjetischen 2. Panzerabwehr-Artillerie-Brigade in Feuerbereitschaft an einer 5,7-cm-Panzerabwehrkanone Modell 1943 (SiS-2). Die SiS-2 hatte eine wesentlich höhere Mündungsgeschwindigkeit als die 7,6-cm-Kanone SiS-3, und ihre Geschosse besaßen eine deutlich größere Durchschlagskraft. Allerdings standen der Roten Armee bei Kursk nur sehr wenige SiS-2 zur Verfügung.*

23 Vorbereitung des deutschen Rückzugs aus Orjol. Die Bedienungsmannschaft einer 7,5-cm-Panzerabwehrkanone 40 beobachtet am 3. August 1943 die Sprengung der gegenüberliegenden Brauerei. Die Deutschen zerstörten alle militärisch und wirtschaftlich wichtigen Gebäude, bevor sie sich am 5. August aus Orjol zurückzogen.

24 „Tiger" der 3. Kompanie der schweren Panzerabteilung 503 vor der Dreiheiligenkirche in Charkow am 5. Juni 1943. Charkow wechselte 1943 dreimal den Besitzer. Am 23. August wurde die Stadt von der Roten Armee endgültig zurückerobert. Damit endete die Kursker Schlacht – nach genau 50 Tagen.

Karten

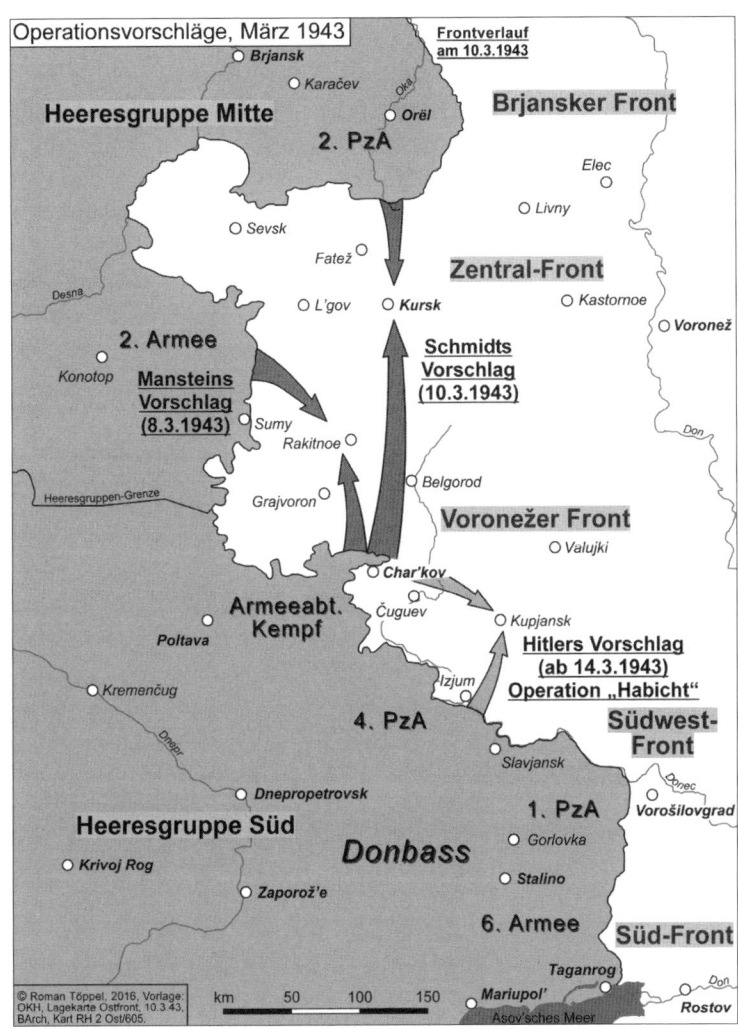

Karte 1

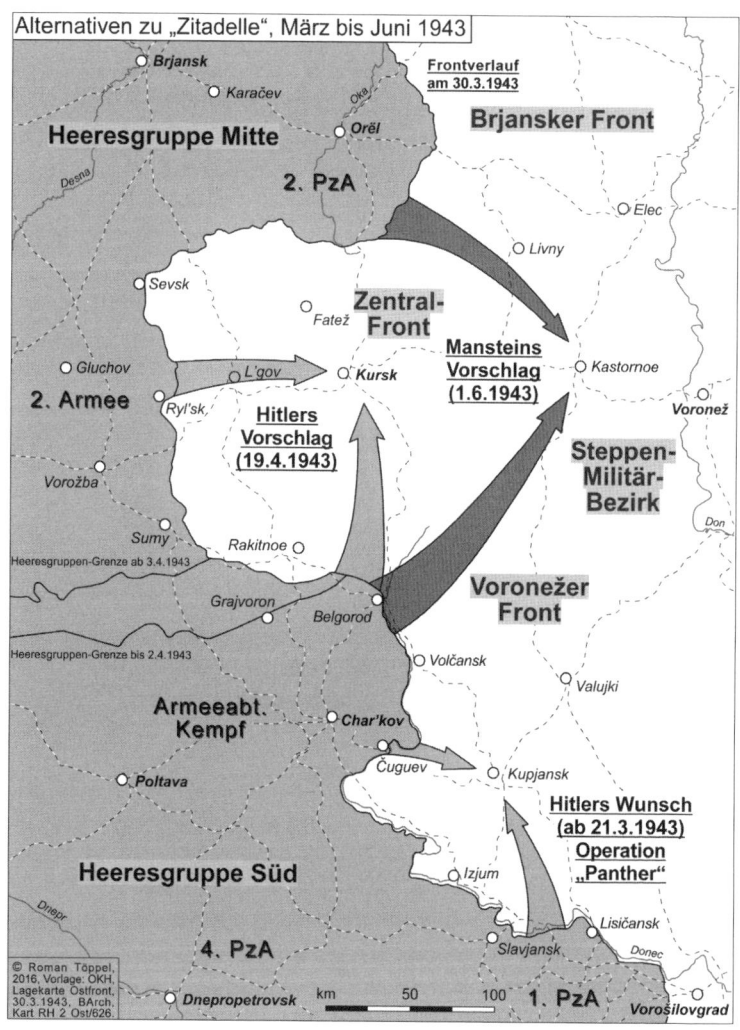

Karte 2

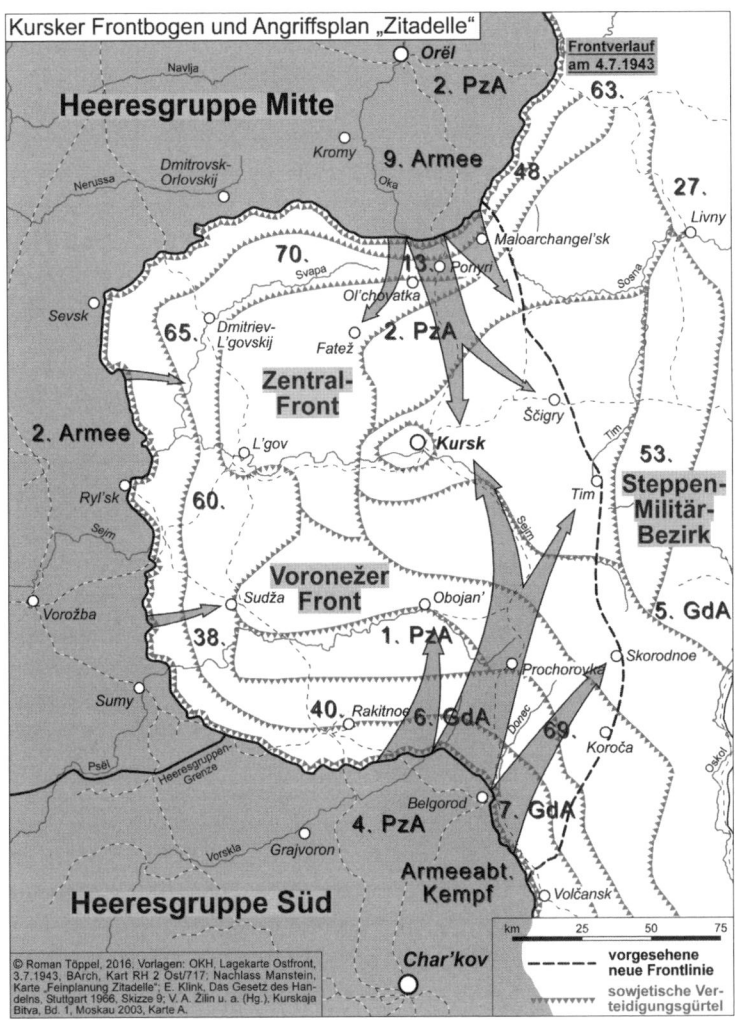

Karte 3

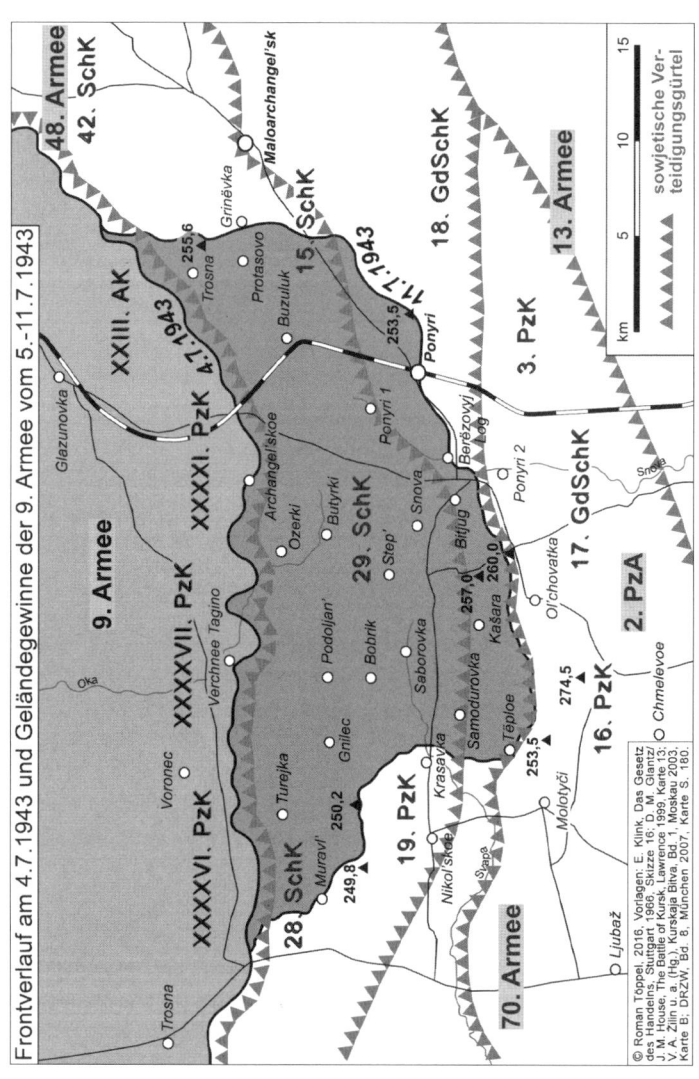

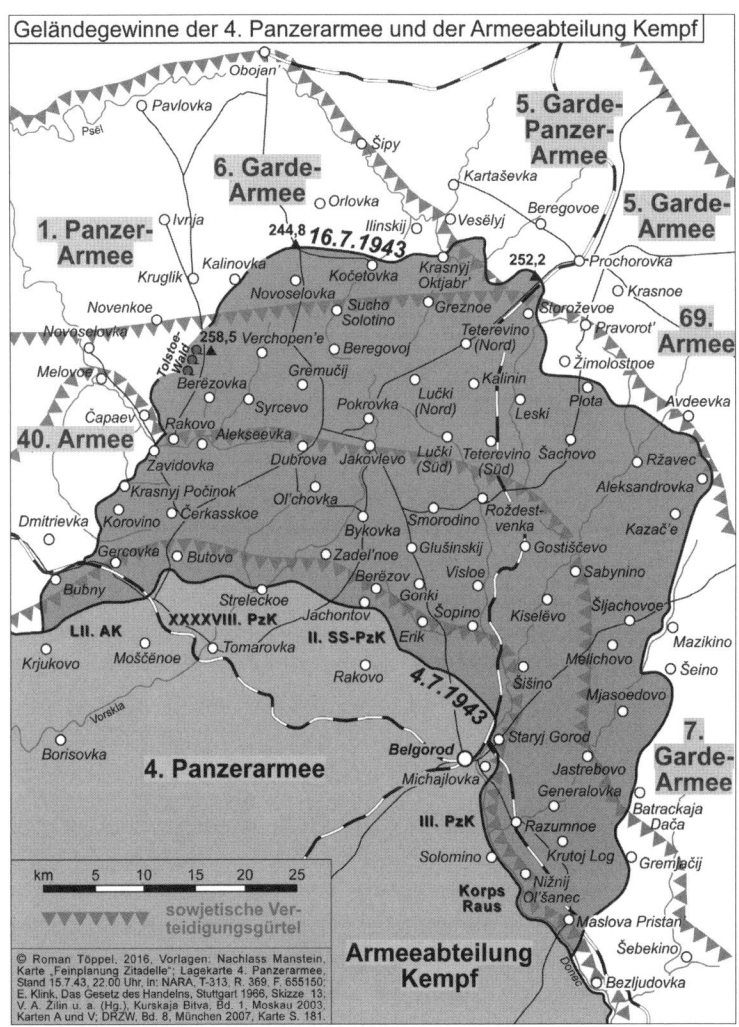

Karte 5

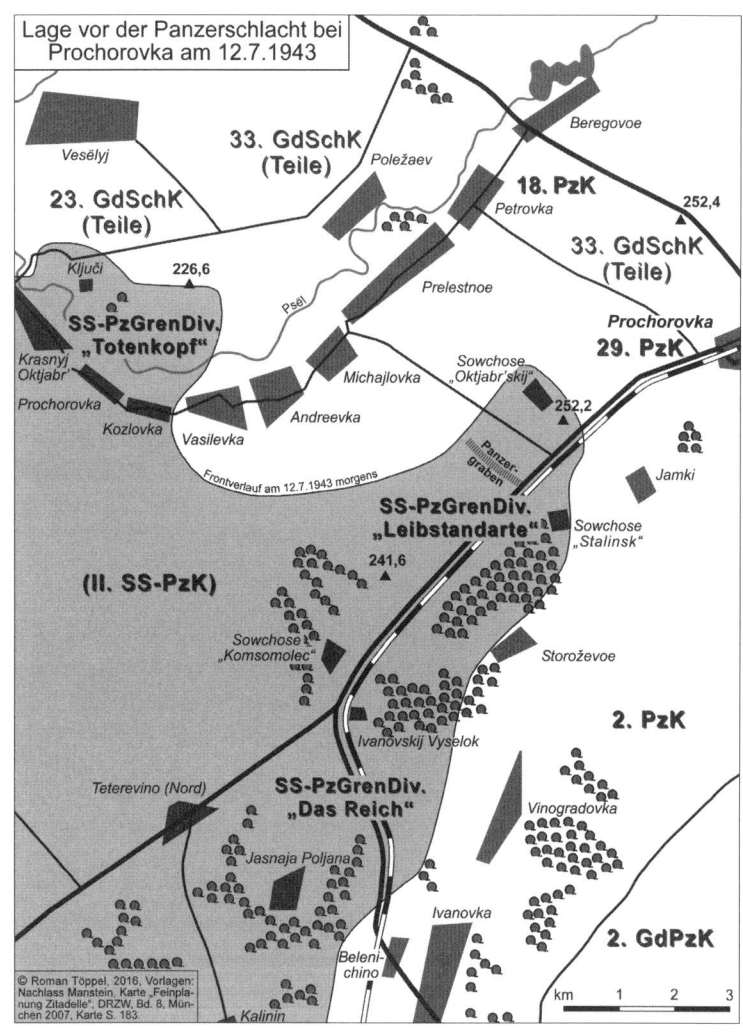

Lage vor der Panzerschlacht bei Prochorovka am 12.7.1943

Karte 6

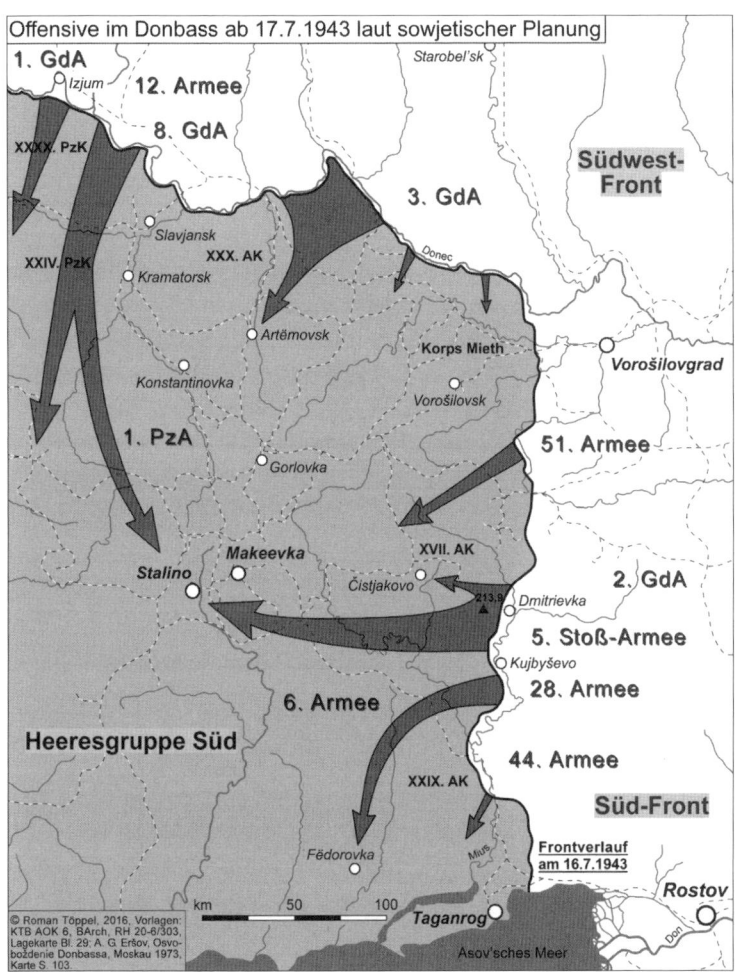

Karte 7

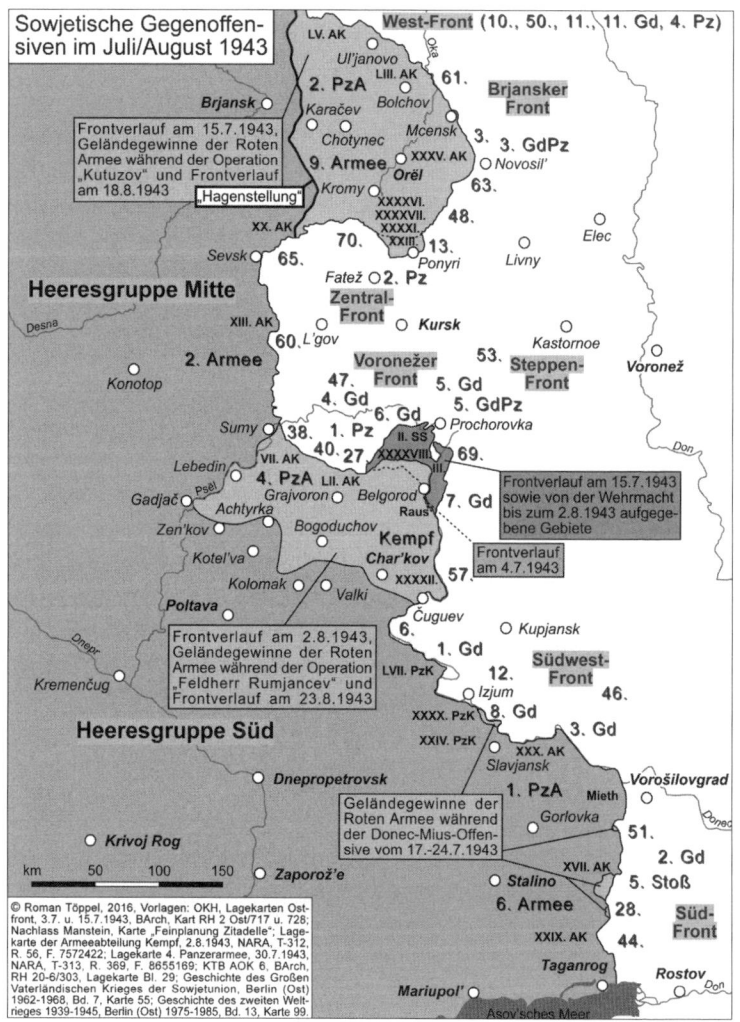

Karte 8

Zeittafel

2.2.1943	Die Reste der deutschen 6. Armee kapitulieren in Stalingrad.
8.2.1943	Die Rote Armee erobert Kursk zurück.
9.2.1943	Sowjetische Truppen erobern Belgorod zurück.
16.2.1943	Die Deutschen ziehen sich aus Charkow zurück.
18.2.1943	Joseph Goebbels ruft im Berliner Sportpalast den „totalen Krieg" aus.
3.3.1943	Die Rote Armee erobert Lgow zurück.
5.3.1943	Beginn der alliierten Luftoffensive gegen das Ruhrgebiet („Ruhrschlacht").
10.3.1943	Generaloberst Rudolf Schmidt schlägt einen Zangenangriff auf Kursk vor, der nach der Tauwetterperiode durchgeführt werden soll.
13.3.1943	Hitler erlässt den Operationsbefehl Nr. 5 und ordnet darin die Vorbereitung eines Zangenangriffs auf Kursk an.
14.3.1943	Deutsche Truppen erobern erneut Charkow.
18.3.1943	Deutsche Truppen erobern erneut Belgorod.
22.3.1943	Hitler befiehlt, dass der beabsichtigten Offensive auf Kursk ein Angriff über den Donez zur Vernichtung der feindlichen Kräfte westlich Kupjansk vorauszugehen habe.
24.3.1943	Das Oberkommando der Heeresgruppe Mitte befiehlt den unterstellten Armeen, den Angriff auf Kursk vorzubereiten. Der Deckname der Offensive lautet: Operation „Zitadelle".
27.3.1943	Die sowjetische Führung lässt im Kursker Frontbogen die ersten Verteidigungsstellungen anlegen.
12.4.1943	Die sowjetische Führung befiehlt, den Kursker Frontbogen umfassend zur Verteidigung einzurichten.
15.4.1943	Hitler erlässt den Operationsbefehl Nr. 6 und bestimmt darin, die Operation „Zitadelle" vor dem im Anschluss geplanten Stoß auf Kupjansk durchzuführen.
19.4.1943	Hitler schlägt vor, die Kräfte für den Zangenangriff auf Kursk nicht bei Belgorod und südlich von Orjol anzusetzen, sondern bei Belgorod und bei Rylsk.
26.4.1943	Hitler verschiebt die Operation „Zitadelle" auf den 5. Mai 1943.
27.4.1943	Aufgrund eines Vortrags von Generaloberst Model entschließt sich Hitler, das Unternehmen „Zitadelle" auf den 12. Juni 1943 zu verschieben.

4.5.1943   Auf einer Konferenz in München sprechen sich der Chef des Generalstabs des Heeres und die Oberbefehlshaber der Heeresgruppen Mitte und Süd gegen die weitere Verschiebung von „Zitadelle" aus. Der Generalinspekteur der Panzertruppen ist hingegen für die Verschiebung.

5.5.1943   Hitler gibt als neuen Termin für „Zitadelle" den 12. Juni bekannt.

13.5.1943 Die Reste der Heeresgruppe Afrika kapitulieren in Tunesien.

17.5.1943 Beginn des Unternehmens „Zigeunerbaron" zur Partisanenbekämpfung.

21.5.1943 Beginn des Unternehmens „Freischütz" zur Partisanenbekämpfung.

24.5.1943 Aufgrund der hohen U-Boot-Verluste befiehlt Großadmiral Karl Dönitz den Abbruch des Kampfs gegen die alliierten Geleitzüge im Nordatlantik. Insgesamt verliert die Kriegsmarine im „schwarzen Mai" 40 U-Boote.

1.6.1943   Hitler bestimmt, dass das Unternehmen „Zitadelle" frühestens am 25. Juni 1943 durchzuführen sei.

11.6.1943 Kapitulation der italienischen Inselfestung Pantelleria.

25.6.1943 Hitler bestimmt als endgültigen Termin für den Angriff auf Kursk den 5. Juli 1943.

2.7.1943   Stalin warnt die Oberbefehlshaber der Zentralfront und der Woronescher Front, dass die deutsche Offensive im Zeitraum zwischen dem 3. und 6. Juli 1943 beginnen werde.

4.7.1943   Das deutsche XXXXVIII. Panzerkorps beginnt mit Vorausangriffen, um seine Stellungen für „Zitadelle" zu verbessern.

5.7.1943   Beginn des Unternehmens „Zitadelle" und damit der Schlacht um Kursk.

10.7.1943 Die Angloamerikaner landen auf Sizilien (Operation „Husky").

11.7.1943 Die sowjetische Brjansker Front und die Westfront beginnen mit Vorausangriffen gegen den Frontbogen von Orjol.

12.7.1943 Die Rote Armee tritt zur Großoffensive gegen Orjol an (Operation „Kutusow"). Währenddessen findet im Südabschnitt des Kursker Frontbogens die Panzerschlacht von Prochorowka statt.

13.7.1943 Hitler befiehlt den Abbruch des Unternehmens „Zitadelle".

15.7.1943 Die sowjetische Zentralfront greift in die Schlacht um den Frontbogen von Orjol ein.

16.7.1943 Die Deutschen stellen ihre letzten Angriffe im Kursker Bogen ein.

17.7.1943 Die Rote Armee startet eine Offensive im Donezbecken.

22.7.1943 Sowjetische Truppen beginnen bei Leningrad eine Offensive, um die Blockade der Stadt durch die Deutschen zu beenden.

24.7.1943	Beginn der alliierten Luftoffensive gegen Hamburg (Operation „Gomorrha").
25.7.1943	Der italienische Diktator Benito Mussolini wird abgesetzt und verhaftet.
26.7.1943	Hitler befiehlt, den Frontbogen von Orjol so schnell wie möglich zu räumen.
28.7.1943	Generaloberst Model gibt den Befehl, den Rückzug auf die „Hagenlinie" vorzubereiten.
31.7.1943	Models Verbände beginnen mit dem schrittweisen Rückzug auf die „Hagenlinie" („Hagenbewegung").
3.8.1943	Die Rote Armee beginnt ihre Offensive bei Charkow (Operation „Feldherr Rumjanzew").
5.8.1943	Die Deutschen räumen Orjol und Belgorod.
7.8.1943	Die Rote Armee eröffnet ihre Offensive auf Smolensk.
10.8.1943	Die Deutschen räumen Tschugujew.
13.8.1943	Beginn der zweiten sowjetischen Donbass-Offensive.
15.8.1943	Die Rote Armee erobert Karatschew zurück.
18.8.1943	Models Verbände schließen den Rückzug auf die „Hagenstellung" ab.
23.8.1943	Die Rote Armee erobert Charkow zurück und beendet damit die „Kursker Schlacht".
26.8.1943	Beginn der sowjetischen Offensive auf Poltawa.

Zitierte Quellen und Literatur

Bagramjan, Iwan C. (Hg.): Geschichte der Kriegskunst. Berlin (Ost) 1973.

Boberach, Heinz (Hg.): Meldungen aus dem Reich 1938-1945. Die geheimen Lageberichte des Sicherheitsdienstes der SS. 17 Bde., Herrsching 1984.

Boelcke, Willi A. (Hg.): Deutschlands Rüstung im Zweiten Weltkrieg. Hitlers Konferenzen mit Albert Speer 1942-1945. Frankfurt/M. 1969.

Breith, Hermann: Der Angriff des III. Pz.Korps bei „Zitadelle" im Juli 1943, in: Wehrkunde 7 (1958), S. 543-548.

Brown, Eric: Berühmte Flugzeuge der Luftwaffe 1939-1945. 2. Aufl., Stuttgart 1991.

Buchheit, Gert: Verrat der „Kursker Offensive"? Eine Abwehrmeldung gibt Aufschluss, in: Die Nachhut 1 (1967), S. 1-3.

Die Wehrmachtberichte 1939-1945. Bd. 2: 1. Januar 1942 bis 31. Dezember 1943. Köln 1989.

Foerster, Roland G. (Hg.): Gezeitenwechsel im Zweiten Weltkrieg? Die Schlachten von Char'kov und Kursk im Frühjahr und Sommer 1943 in operativer Anlage, Verlauf und politischer Bedeutung. Hamburg u. a. 1996.

Frieser, Karl-Heinz: Die Schlacht im Kursker Bogen, in: Ders. (Hg.): Das Deutsche Reich und der Zweite Weltkrieg. Bd. 8: Die Ostfront 1943/44. Der Krieg im Osten und an den Nebenfronten. München 2007, S. 81-208.

Gehlen, Reinhard: Der Dienst. Erinnerungen 1942-1971. Mainz u. a. 1971.

Glantz, David M./Orenstein, Harold S. (Hg.): The Battle for Kursk 1943. The Soviet General Staff Study. London u. a. 1999.

Goebbels, Joseph: Die Tagebücher von Joseph Goebbels. Hg. von Elke Fröhlich, Teil II: Diktate 1941-1945. 15 Bde., München u. a. 1993-1996.

Großmann, Horst: Geschichte der rheinisch-westfälischen 6. Infanterie-Division 1939-1945. Bad Nauheim 1958.

Guderian, Heinz: Erinnerungen eines Soldaten. 13. Aufl., Stuttgart 1994.

Haag, Rudolf A. (Hg.): So war es. Berichte von und über Soldaten der Aufklärungsabteilung 7 der 7. Bayerischen Infanterie-Division. München 1985.

Hartmann, Christian u. a. (Hg.): Hitler, Mein Kampf. Eine kritische Edition. 2 Bde., 5. Aufl., München 2016.

Heiber, Helmut (Hg.): Hitlers Lagebesprechungen. Die Protokollfragmente seiner militärischen Konferenzen 1942-1945. Stuttgart 1962.

Heinlein, Walter: Vom Fahnenjunker zum Abteilungsführer. Hg. von Ingo Möbius, 2. Aufl., Chemnitz 2007.

Hubatsch, Walter (Hg.): Hitlers Weisungen für die Kriegführung 1939-1945. Dokumente des Oberkommandos der Wehrmacht. 4. Aufl., Erlangen 1999.

Jahn, Peter u. a. (Hg.): Unsere Russen, unsere Deutschen. Bilder vom Anderen 1800 bis 2000. Berlin 2007.

Josten, Günther: Gefechtsbericht. Kriegstagebücher 1939-1945. Hg. von Kurt Braatz und Wilhelm Göbel, Moosburg 2011.

Kindel, Richard (Hg.): Die 8. Panzer-Division der Deutschen Wehrmacht 1939-1945. Bilder, Texte, Dokumente. Bd. 2, 2. Aufl., Wuppertal 2007.

Klink, Ernst: Das Gesetz des Handelns. Die Operation „Zitadelle" 1943. Stuttgart 1966.

Kolbow, Karl Friedrich: Die Tagebücher Karl Friedrich Kolbows (1899-1945). Nationalsozialist der ersten Stunde und Landeshauptmann der Provinz Westfalen. Hg. von Martin Dröge, Paderborn 2009.

Krausnick, Helmut: Zu Hitlers Ostpolitik im Sommer 1943, in: Vierteljahrshefte für Zeitgeschichte 2 (1954), S. 305-312.

Lehweß-Litzmann, Walter: Absturz ins Leben. Hg. von Jörn Lehweß-Litzmann, Querfurt 1994.

Liedtke, Gregory: Furor Teutonicus: German Offensives and Counter-Attacks on the Eastern Front, August 1943 to March 1945, in: The Journal of Slavic Military Studies 21 (2008), S. 563-587.

Manstein, Erich von: Verlorene Siege. Erinnerungen 1939-1944. 13./14. Aufl., Bonn 1993.

Markin, Ilja I.: Die Kursker Schlacht. Berlin (Ost) 1960.

Mehner, Kurt (Hg.): Die geheimen Tagesberichte der Deutschen Wehrmachtführung im Zweiten Weltkrieg 1939-1945. Die gegenseitige Lageunterrichtung der Wehrmacht-, Heeres- und Luftwaffenführung über alle Haupt- und Nebenkriegsschauplätze: „Lage West" (OKW-Kriegsschauplätze Nord, West, Italien, Balkan), „Lage Ost" (OKH) und „Luftlage Reich". Bd. 7: 1. Juni 1943–31. August 1943. Osnabrück 1988.

Mel'čin, Sergej A.: „Obespečit' prevoschodstvo sovetskich tankov". Dokladnye zapiski I. V. Stalinu, in: Istoričeskij Archiv 1 (1993), S. 105-115.

Mellenthin, Friedrich Wilhelm von: Panzerschlachten. Eine Studie über den Einsatz von Panzerverbänden im Zweiten Weltkrieg. Neckargemünd 1963.

Münch, Karlheinz: Einsatzgeschichte der schweren Panzerjäger-Abteilung 654 1943-1945, ehemalige Panzerjäger-Abteilung 654 1940-1943. Schwetzingen 2002.

Ders.: StuG.Abt./Brig. 210. Katowice u. a. 2007.

Mund, Ernst (Hg.): Grenadiere, Jäger. Quellen und Darstellungen zu einer Geschichte des Infanterieregiments 17. Osterode 1959.

Neumann, Joachim: Die 4. Panzerdivision 1938-1945. 2 Bde., 2. Aufl., Bonn 1989.

Piekalkiewicz, Janusz: Unternehmen Zitadelle. Kursk und Orel: Die größte Panzerschlacht des 2. Weltkrieges. Lizenzausgabe, Herrsching 1989.

Plato, Anton Detlev von: Die Geschichte der 5. Panzerdivision 1938-1945. Regensburg 1978.

Popjel, Nikolai N.: Panzer greifen an. Berlin (Ost) 1964.

Rahn, Werner/Schreiber, Gerhard (Hg.): Kriegstagebuch der Seekriegsleitung 1939-1945. Teil A, 68 Bde., Herford u. a. 1988-1997.

Ribbentrop, Rudolf von: Mein Vater Joachim von Ribbentrop. Erlebnisse und Erinnerungen. Graz 2008.

Roes, Wilhelm: Freiwillig in den Krieg. Auf den Spuren einer verlorenen Jugend. Hg. von Jörn Roes, Berlin 2005.

Rotmistrov, Pavel A.: Stal'naja gvardija. Moskau 1984.

Schlabrendorff, Fabian von: Begegnungen in fünf Jahrzehnten. Tübingen 1979.

Schmidt, August: Geschichte der 10. Division. 10. Infanterie-Division (mot), 10. Panzer-Grenadier-Division, 1933-1945. Bad Nauheim 1963.

Schtemenko, Sergei M.: Im Generalstab. Berlin (Ost) 1969.

Schwarz, Eberhard: Die Stabilisierung der Ostfront nach Stalingrad. Mansteins Gegenschlag zwischen Donez und Dnjepr im Frühjahr 1943. Göttingen u. a. 1986.

Sokolov, Boris V.: The Cost of War: Human Losses for the USSR and Germany, 1939-1945, in: The Journal of Slavic Military Studies 9 (1996), S. 152-193.

Solowjow, Boris G.: Wendepunkt des Zweiten Weltkrieges. Die Schlacht bei Kursk. Köln 1984.

Stadler, Silvester (Hg.): Die Offensive gegen Kursk 1943. II. SS-Panzerkorps als Stoßkeil im Großkampf. Osnabrück 1980.

Stein, Marcel: Der Januskopf. Feldmarschall von Manstein – eine Neubewertung. Bissendorf 2004.

Stopper, Sebastian: „Die Straße ist deutsch." Der sowjetische Partisanenkrieg und seine militärische Effizienz. Eine Fallstudie zur Logistik der Wehrmacht im Brjansker Gebiet April bis Juli 1943, in: Vierteljahrshefte für Zeitgeschichte 59 (2011), S. 385-411.

Teske, Hermann: Die silbernen Spiegel. Generalstabsdienst unter der Lupe. Heidelberg 1952.

Ders.: Die Bedeutung der Eisenbahn bei Aufmarsch, Verteidigung und Rückzug einer Heeresgruppe. Dargestellt an der deutschen Operation „Zitadelle" gegen Kursk und ihre Auswirkungen im Sommer 1943, in: Allgemeine Schweizerische Militärzeitschrift 121 (1955), S. 120-135.

Wagner, Gerhard (Hg.): Lagevorträge des Oberbefehlshabers der Kriegsmarine vor Hitler 1939-1945. München 1972.

Waiss, Walter: Chronik Kampfgeschwader Nr. 27 Boelcke. Teil 4: 01.01.1943-31.12.1943. Aachen 2007.

Wasner, Adalbert: Inf.- und Pz.-Gren.-Regiment 74. Erinnerungen an den Weg des Regiments durch Polen, Holland, Belgien, Frankreich und Russland 1939-1945. Hannover 1970.

Woroshejkin, Arseni W.: Jagdflieger. Bd. 2, 3. Aufl., Berlin (Ost) 1985.

Zährl, Hugo: Vier Jahre in vorderster Front. Kriegstagebuch eines Trägers der Ehrenblattspange in der 3. SS-Panzerdivision „Totenkopf". Trier 2007.

Zamulin, Valeriy N.: Demolishing the Myth. The Tank Battle at Prokhorovka, Kursk, July 1943: An Operational Narrative. Solihull 2011.

Literaturempfehlungen

Bukejchanov, Pëtr E.: Kurskaja bitva. 3 Bde., Moskau 2011-2013.

Chamberlain, Peter/Doyle, Hilary L.: Encyclopedia of German Tanks of World War Two. A Complete Illustrated Directory of German Battle Tanks, Armoured Cars, Self-Propelled Guns and Semi-Tracked Vehicles, 1933-1945. 2. Aufl., London 1993.

Glantz, David M.: From the Don to the Dnepr. Soviet Offensive Operations, December 1942 – August 1943. London u. a. 1991.

Glantz, David M./House, Jonathan M.: The Battle of Kursk. Lawrence (Kansas) 1999.

Gorbač, Vitalij G.: Nad Ognennoj Dugoj. Sovetskaja aviacija v Kurskoj bitve. Moskau 2007.

Jentz, Thomas L.: Die deutsche Panzertruppe 1933-1945. Gliederungen, Organisation, Taktik, Gefechtsberichte, Verbandsstärken, Statistiken. 2 Bde., Wölfersheim-Berstadt 1998-1999.

Lawrence, Christopher A.: Kursk. The Battle of Prokhorovka. Sheridan (Colorado) 2015.

Lopuchovskij, Lev N.: Prochorovka. Bez grifa sekretnosti. Moskau 2007.

Nevshemal, Martin: Objective Ponyri! The Defeat of XXXXI. Panzerkorps at Ponyri Train Station. Sydney 2015.

Ščekotichin, Egor E.: Krupnejšee tankovoe sraženie Velikoj Otečestvennoj. Bitva za Orël. Moskau 2009.

Sokolov, Boris V.: The Role of the Soviet Union in the Second World War: A Re-Examination. Solihull 2013.

Zaloga, Steven J./Grandsen, James: Soviet Tanks and Combat Vehicles of World War Two. London u. a. 1984.

Zetterling, Niklas/Frankson, Anders: Kursk 1943. A Statistical Analysis. London u. a. 2000.

Abbildungsnachweis

National Archives and Records Administration, Archives II, Maryland, USA

Walter Henisch
Bild 23

Johan King
Bild 11

Helmut Laux
Bild 20

Privatbesitz

Horst Schumann
Coverbild, Bilder 3, 5, 9, 13, 14, 15

Richard von Rosen
Bilder 1, 24

Repros

Fowler, Will: Kursk. The Vital 24 Hours. Staplehurst 2005.
Bild 18

Held, Werner: Die deutschen Jagdgeschwader im Russlandfeldzug. Eine Bild-
dokumentation über Einsatz und Opfergang der deutschen Jagdflieger.
Friedberg 1986.
Bild 19

Kołomyiec, Maksim V./Swirin, Michail N.: Kursk 1943. Bd. 2, Warschau 1999.
Bild 8

Zamulin, Valeriy: The Battle of Kursk 1943. The View through the Camera
Lens. Solihull 2014.
Bilder 2, 10, 12, 16, 21, 22

Sammlung Autor

Erich Körner
Bild 6

Kurt Söhrmann
Bild 17

Sammlung Christian Bauermeister

Albert Riecker
Bild 7

Wikimedia Commons (public domain)

Bundesarchiv, Bild 183 H-26258 / CC-BY-SA 3.0
Bild 4

Index